中国证券业发展报告

（2010）

中国证券业协会　编

中国财政经济出版社

图书在版编目（CIP）数据

中国证券业发展报告.2010/中国证券业协会编.—北京：中国财政经济出版社，2010.11

ISBN 978-7-5095-2597-5

Ⅰ.①中…　Ⅱ.①中…　Ⅲ.①证券市场—经济发展—研究报告—中国—2010

Ⅳ.①F832.51

中国版本图书馆 CIP 数据核字（2010）第 215064 号

责任编辑：郁东敏　　责任校对：周丽君

封面设计：邹海东　　版式设计：苏　红

中国财政经济出版社 出版

URL：http：//www. cfeph. cn

E-mail：cfeph @ cfeph. cn

社址：北京市海淀区阜成路甲 28 号　邮政编码：100142

营销中心电话：010-88190406　北京财经书店电话：010-64033436

涿州市新华印刷有限公司印刷　各地新华书店经销

787×960 毫米　16 开　29.75 印张　485 000 字

2010 年 11 月第 1 版　2010 年 11 月第 1 次印刷

定价：52.00 元

ISBN 978-7-5095-2597-5/F·2211

（图书出现印装问题，本社负责调换）

本社质量投诉电话：010-88190744

中国证券业发展报告（2010）
编　委　会

中国证券业发展报告（2010）

作者名单

（按照姓氏笔画排序）

于旭辉　王小楠　王　伟　王英娜　王晓国
王惠娟　叶秋彬　司　进　朴　军　邢　波
张小莉　张立亚　李立峰　李　蓉　杨成长
陈向民　陈梦根　罗　刚　范茂洋　郑加峰
姜婧一　赵　臣　徐　阳　徐建华　秦晖玉
袁　熙　谈加虎　钱康宁　高　华　常志刚
曹炳艾　鹿　群　黄　辉　彭　颖　温庆华
董　乐　蒋健蓉　鲁　伟　廖炜君　谭先福
潘志坚　戴予佳

前 言

中国证券业协会会长 黄湘平

经过几个月的努力，中国证券业协会组织编撰的《中国证券业发展报告（2010）》与读者见面了。这是从2003年开始编撰系列报告以来出版的第八册暨2009年的年度报告。

2009年是新世纪以来我国经济发展最为困难的一年，也是我国资本市场经受住严峻考验、在逆境求得新发展的一年。这一年里，我国证券行业发展的市场环境、行业态势和上升动力发生了积极变化。具体表现在以下几个方面：

从行业所处的市场环境看，2009年我国资本市场成为全球资本市场的一大亮点，准确把握重启新股发行的时机，积极拓展资本市场优化资源配置的方式和渠道，市场功能得到较好恢复；积极稳妥推出创业板，多层次资本市场体系建设取得历史性突破；有效利用境外市场资源，支持企业境外上市和境内机构发展跨境业务，巩固和拓展了市场发展空间；国内股市在全球市场中率先回升，从2008年11月开始，早于国际主要市场回暖，与我国经济回升的态势基本吻合，市场运行与宏观经济更趋协调；资本市场改革发展情况好于2008年年初预期，在国际金融危机蔓延深化、市场大幅调整波动、市场维稳任务异常繁重的逆境中实现了重大发展，各种积极效应正在逐步累积和显现，市场运行的有利因素不断增多，证券行业持续发展的基础逐步夯实。

从行业运行的具体态势看，我国证券行业合规经营意识显著增强，风险防控能力和规模实力明显提高。截至2009年年底，106家证券公司总资产2.03万亿元，全年实现利润932.71亿元，同比增长93.51%，能够实现盈利的证券公司占比从2008年的89%上升至98.11%；证券公司在行业规模、业务布局、治理结构和监管制度等方面基本具备了一个相对完整的现代金融行业形态，打造了基本完整的保荐上市、证券承销、证券经纪、财务顾问等证券产品供给和证券自营、资产管理、基金代销、投资咨询等证券产品需求的业务结构，全面实施了客户交易结算资金第三方存管、保荐人内部质量控制制度、资产管理和自营业务的账户报备和监控制度等制度保障的服务规范，初步形成了符合《公司法》要求的现代企业制度、《证券公司治理准则》要求的内部制衡机制和《证券公司合规管理试行规定》的合规管理制度，构建了按照分类结果分配监管资源的分类激励机制和以《证券法》、各类部门规章、规范性文件与较为完善的自律规则为主体的法律法规体系，多层次约束从业机构与人员的资格准入、行为规范和主要业务环节，规范运作水平显著提升。正是这些基础性制度建设和总体稳健的财务状况，使得中国证券业有可能在宏观经济持续向好的形势下面临新的进一步发展机遇。

从行业发展的上升动力看，我国社会经济发展方式转变和结构调整以及资本市场健康运行为行业发展带来新的机遇。2008年召开的中央经济工作会议，提出了“积极扩大直接融资，引导和规范资本市场健康发展”的更高要求。2009年经济工作在总体要求上，一是更加注重推动经济发展方式转变和经济结构调整。这就为进一步依托资本市场向上市公司集中优质资源，改造、淘汰落后产能，促进资本形成、集聚和流转，深化资本市场服务经济提供了更为宽广的空间。二是更加注重推进自主创新。这就为进一步发挥资本市场利益共享、风险共担机制，促进资本资源与技术创新有机融合，加快我国战略性新兴产业的形成与发展创造了有利条件；同时也对保持宏观经济政策的稳定性和连续性，继续实施积极财政政策和适度宽松的货币政策，提升上市公司经营业绩，改善市场资金供求，稳定社会预期，维护市场稳定运行进一步奠定了基础。三是更加注重统筹国内、国际两个大局。国际化资源配置的需求增加，希望到我国资本市场挂牌的企业增多，我国资本市场也初步具备支持境内企业参与国际竞争的条件，从而进一步拓展了跨境市场的发展前景。随着这些政策措施全面到位、有效落实，如果国际金融领域不发生大的意外事件，我国资本市场平稳健康发展的总体趋势不会改变，为进一步深化证券行业改革发展提供了难得的发展机遇。充当资本市场最重要中介机构的证券公司，在提高直接融资比重、代理中介业务、参与市场改革创新、开展新业务、采用新模式以及在新的对外开放格局、跨境跨市场配置资源方面都存在着拓展空间和发展机遇。

但是，我们也应当清醒地看到，2010 年是中国经济最为复杂的一年，各种不确定、不稳定的因素增多。世界经济复苏基础脆弱与国内经济增长内生动力不足并存，各国经济刺激政策退出时机、力度和形式很难一致，国际大宗商品价格和主要货币汇率的波动可能加剧，导致影响我国资本市场上市公司业绩、市场流动性和投资者预期的不稳定、不确定因素很多。这些因素相互交织、相互作用、此长彼消，导致证券行业发展中的“两难”问题增多。开展中介代理的保荐、交易、投资、咨询、理财等存量业务，既要坚持市场细分、发展好个性服务，又要紧跟市场变化、选择好市场时机；参与融资融券试点与股指期货交易等增量业务，不但要设法抓住机会、改善盈利模式，而且要全力管控高杠杆、高风险；发展跨境业务，不仅要筛选境外市场，争取“用市场换技术”、“以资金换技术”，消化吸收再创新，同时要立足国内市场，不断增加市场影响力和国际话语权，培育自主创新的核心竞争力。需要通过依靠积极投身资本市场改革，创新差异化、个性化和特色化服务模式来解决我国证券行业长期以来存在的资产规模偏小、盈利模式单一、同质化竞争、创新能力不足等问题。这就要求我们必须准确把握资本市场和证券行业的新变化和新趋势，在规划年度行业发展报告的编撰上，不仅要有厚重的历史责任感，树立大局意识和使命意识，把握好重大原则和点点滴滴；而且要把握和驾驭好2009年度行业发展的鲜活素材，梳理好发展脉络，确定好报告基调。

在编撰过程中，我们始终坚持并贯彻以下几个基本原则：一是立足于整个证券行业，站在全行业的高度，全面系统反映2009年证券行业的发展轨迹。二是坚持客观真实，通过大量的准确数据、典型案例和重大事件，将2009年证券行业的主要变化和重大成就记录下来，为中国证券史的发展留下真实可靠的历史资料。三是从我国基本国情出发，力求准确把握证券市场的基本特色，为今后证券业的发展提供必要借鉴。四是理论提升与实际状况相结合、定性分析与定量分析相结合、实证分析与规范研究相结合、国内发展状况与国际发展趋势相结合，以期达到权威部门权威史册的社会期许。

本报告的主要内容、基本框架、写作范式是经过中国证券业协会与业内专家共同讨论确定的，是集思广益的结果，是集体智慧的结晶。主要内容涵盖了证券行业的方方面面，包括投资银行业、证券经纪业、证券咨询业、证券业新技术、投资者教育、证券理论研究、国际证券业的发展等等。许多章节的写作是由中国证券业协会与业内机构组成联合课题组共同完成的。为了确保本报告的质量，在初稿完成后，中国证券业协会还邀请各方面的权威专家进行了反复的推敲修改和认真审核。

《中国证券业发展报告（2010）》是一部年度报告。主要是准确记录中国2009年证券业在报告期的发展状况，全面反映中国证券行业创新发展的成果，深入探讨中国证券业的发展战略和发展趋势，客观描述国外证券业的最新进展。通过“中国证券业发展报告”的连续编撰，为中国证券业提供一个全面展示成果的平台，为社会各界提供一个了解中国证券市场的窗口，为有关专家学者提供一个研究中国证券市场的比较权威的史料。我们应该做而且能够做的，就是以严谨求实的态度，忠实记录昨天发生的历史。但我们也深知，《中国证券业发展报告（2010）》还存在许多有待完善、不尽如人意的地方，我们真诚希望业内同仁、广大读者提出批评、建议。

目前，中国证券业正处在非常重要的转折和发展变革时期。展望中国证券市场的未来发展，机遇与挑战并存，需要我们继续付出更多的热情、更大的努力，认真分析今天正在发生的变化，把握、适应并创造明天将要发生的历史。

2010年11月

目录

第一章 2009年中国证券业发展概况

第一节 2009年中国证券业发展的经济环境

一、世界经济与金融环境

2009年，为应对美国次贷危机引发的国际金融危机持续扩散及蔓延的影响，全球主要经济体均继续采取下调基准利率及向市场注入流动性等救助措施。救助政策于2009年下半年开始发挥作用，全球经济进入缓慢、曲折复苏阶段。受经济基本面恢复及主要经济体均实行宽松的宏观经济政策的共同推动，全球资产价格和商品价格在经过上一年度的暴跌之后大幅反弹，全球市场流动性充裕，主要金融市场的利率大幅下降，美元指数大幅走低，信贷市场状况明显好转。①

国际货币基金组织（IMF）2009年4月发布的《世界经济展望》预测，2009年世界经济增长-0.6%，比2008年的实际增长率下降3.6个百分点；发达经济体增长-3.2%，比2008年的实际增长率下降3.7个百分点。据IMF估计，2009年国际贸易下降明显，当年全球商品和服务贸易增长-10.7%，大幅低于2008年的2.8%。2009年发达经济体出口增长-11.7%，新兴和发展中

① 中国人民银行上海管理总部：《2009年中国金融市场发展报告》，http://www.pbc.gov.cn/，2010年4月28日。

经济体增长 -8.2%，分别比 2008 年下降 13.6 个和 12.2 个百分点。发达经济体进口增长 -12.0%，新兴和发展中经济体增长 -8.4%，分别较 2008 年下降 12.6 个和 16.9 个百分点。①

2009 年，在大规模经济刺激政策的作用下，美国、欧元区、日本均实现了缓慢复苏。美国经济从 2009 年下半年开始复苏，各季度实际 GDP 环比折年率分别为 -6.4%、-0.7%、2.2% 和 5.6%，前 3 季度 GDP 同比分别下降 3.3%、3.8% 和 2.6%，第 4 季度同比增长 0.1%，全年实际 GDP 下降 2.4%。第 4 季度创下 2003 年第 3 季度以来的最大增幅。消费支出和存货调整是拉动美国经济复苏的主要动力，二者在 2009 年第 4 季度对实际 GDP 增长分别拉动 3.39 个和 1.44 个百分点。美国全年商品和服务贸易逆差为 3 807 亿美元，和 2008 年 6 959 亿美元的逆差相比有较大幅度下降，创 8 年来最低水平。但是，经济走向复苏并未伴随失业率同步降低，美国经季节调整的失业率从 2009 年 1 月的 7.7% 升至 10 月的 10.1%，11、12 月均为 10%，就业形势依然严峻。2009 年 1～10月，美国消费者物价指数（CPI）各月同比涨幅均处于负值区间或接近于零，年末出现了较大幅度的上涨，12 月涨幅高达 2.7%。2009 年财政年度，美国的预算赤字达到创纪录的 1.42 万亿美元，财政状况不容乐观。

欧元区经济从 2009 年第 3 季度起缓慢复苏，全年实际 GDP 下降 4.1%。2009 年，欧元区各季度实际 GDP 环比增幅分别为 -2.5%、-0.1%、0.4% 和 0.1%，同比分别下降 5.1%、4.9%、4.1% 和 2.1%。其中，政府消费、外需拉动和存货调整对经济形势转好的作用较大。欧元区经常账户逐渐改善，各季度经常账户净额分别为 -380 亿、-217 亿、-27 亿和 48 亿欧元。2009 年欧元区失业率居高不下，经季节调整的失业率从 1 月的 8.5% 不断上升，11 月已达 9.9%，12 月进一步上升至 10%，为 1998 年 8 月以来最高水平。物价方面，欧元区消费者物价调和指数同比涨幅在前 5 个月总体下降，6～10 月处于负值区间，11、12 月转为正值。

在宽松货币政策和扩张性财政政策的刺激以及出口回暖的提振下，英国经济 2009 年第 4 季度开始走出衰退，经济增长率由负转正。2009 年前 3 季度英

---

① 数据引自国际货币基金组织：《世界经济展望》，http://www.imf.org/，2010 年 4 月。

国实际 GDP 环比分别下降 2.5%、0.6% 和 0.3%，第 4 季度环比增长 0.1%，全年实际 GDP 同比下降 4.8%，创 1949 年以来最大年度降幅。2009 年前 3 季度，经季节调整的贸易赤字分别为 73.5 亿、85.8 亿和 83.7 亿英镑，较 2008 年同期均有大幅下降。英国 2009 年失业率呈前升后降走势，1 月失业率为 6.8%，其后逐渐上升，至 6 月达到 7.8% 的年内最高点，12 月失业率大幅下降至 5%。消费者物价调和指数同比涨幅从 1 月的 3.0% 下降到 9 月的 1.1%，此后出现了回升，12 月上升至 2.9%，通货膨胀压力有所增大。尽管信贷紧缩状况在 2009 年年末已有缓解，但创纪录的财政赤字、缓慢的收入增长和高水平的家庭负债，使得英国经济复苏较为脆弱。

在一揽子经济刺激政策的作用下，日本经济受私人消费回升、企业存货调整和出口增长的拉动从 2009 年第 2 季度开始复苏，各季度实际 GDP 环比分别增长 -3.6%、1.5%、-0.1% 和 0.9%，全年实际 GDP 同比下降 5.2%。2009 年日本经常项目顺差为 13.28 万亿日元，比 2008 年下降了 18.9%，海外投资收益收支顺差出现大幅下降是导致经常项目顺差减少的主要原因。2009 年日本就业形势严峻，失业率由 1 月的 4.1% 逐渐上升至 7 月的 5.7%，此后失业率下降至 12 月的 5.1%，年平均失业率为 5.1%，为 2003 年以来年均失业率首次升至 5% 以上。2009 年日本物价水平持续走低，通货紧缩压力加大，CPI 同比涨幅从 1 月的 0 下降至 10 月的 -2.5%，11、12 月 CPI 同比降幅略有收窄，分别为 -1.9% 和 -1.7%。

新兴市场和发展中经济体经济表现差异较大。亚洲新兴市场和发展中经济体 2009 年保持了 6.5% 的经济增速，成为拉动全球经济增长的重要力量。其中，中国实际国民生产总值（GDP）比 2008 年增长 8.7%；印度实际 GDP 比 2008 年增长 5.6%。根据 IMF 的数据，非洲、中东新兴和发展中经济体 2009 年实际 GDP 分别增长 1.9% 和 2.2%，独联体、中东欧和西半球新兴和发展中经济体实际 GDP 分别下降 7.5%、4.3% 和 2.3%。其中，俄罗斯实际 GDP 比 2008 年大幅下滑 9%，巴西实际 GDP 略降 0.4%。2009 年，部分新兴市场经济体面临着短期资本流入和资产价格上涨过快的问题，但在一些中东欧和独联体国家，仍遭受着外部融资困难的困扰。①

2009 年，各主要经济体中央银行均采取极度宽松的货币政策，大幅调降基准利率，或通过一些方式增加货币供给。在政策目标上由保持金融机构流动性、防止金融危机蔓延为主向重新启动信贷市场、刺激经济复苏为主转变。在全球经济开始复苏、金融市场流动性压力显著缓解的背景下，出于对极度宽松货币政策增大未来通货膨胀和资产泡沫风险的担心，美国联邦储备委员会和欧洲中央银行下半年以来对前期执行的极度宽松货币政策进行了局部性调整，以色列、澳大利亚等国中央银行则启动了加息进程。为使经济尽快恢复增长，各主要经济体在2009 年均采取了刺激性的财政政策，导致赤字和债务水平进一步上升。

美国联邦储备委员会主要通过购买证券和提供贷款等措施，实施极度宽松的货币政策。这些措施包括：通过增加购买机构抵押支持证券给住房抵押贷款及住房市场以更大的支持，2009 年对该证券的购买总规模上限扩大到 1.25 万亿美元；加大购买机构债券的规模，使年内购买总额达到约 1 750 亿美元。为了改善私人信贷市场的流动性，美国联邦储备委员会 2009 年 3 月 18 日决定在随后的 6 个月内购买至多 3 000 亿美元的长期国债。美国联邦储备委员会还创设了定期资产支持证券贷款便利（TALF），以推动向小企业和家庭的信用扩张。美国联邦储备委员会持有的国债、政府机构债券以及机构抵押支持证券的总规模由2008 年年末的 4 959.94 亿美元上升至2009 年年末的 1.85 万亿美元，净增加 1.35 万亿美元。随着经济复苏迹象日渐明显、金融市场状况逐步改善，美国联邦储备委员会决定逐渐放慢购买机构债券和机构抵押支持证券的节奏，两次延长购买期限（最初从 10 月底延长到 2009 年年底，进而延长到 2010 年第 1 季度末）。美国联邦储备委员会在 12 月 16 日的声明中表示，随着金融市场运行状况的不断改善，其特别创设的多数流动性便利将于 2010 年 2 月 1 日到期。

欧洲中央银行于2009 年 1 月 21 日与 3 月 11 日分别下调主要再融资利率各

① 中国人民银行上海管理总部：《2009 年国际金融市场报告》，http://www.pbc.gov.cn/，2010 年 4 月 28 日。

50个基点，至1.5%；4月2日和5月7日，欧洲中央银行分别降息25个基点，将主要再融资利率下调至1%，为欧洲中央银行成立以来的最低水平。从2008年10月至2009年5月，欧洲中央银行大幅降低其主要再融资利率325个基点。欧洲中央银行还采取了许多非标准流动性及信用支持措施以减轻欧元区银行的流动性压力。欧洲中央银行在向商业银行无限制提供流动性的同时，将长期再融资操作期限延长至1年，并通过扩大参与再融资操作的交易对手方范围和再融资操作的抵押品范围，向市场提供流动性。2009年年末，欧洲中央银行开始释放出货币政策常态化的信号。

2009年国际贸易出现大幅萎缩。发达经济体在全球贸易中的份额继续下降，国际市场需求下降引发国际贸易价格大幅下滑，贸易保护主义在全球范围内有所抬头。据IMF估计，2009年全球商品和服务贸易量下滑11.9%，为近10年来首次负增长；全球商品和服务贸易总额为15.22万亿美元，比2008年下滑22.9%，相当于全球GDP的26.6%，低于2008年的32.4%。IMF统计数据显示，2009年原油和金属、粮食等非能源初级产品平均价格分别下滑36.6%和20.3%；全球制成品平均价格下滑9.1%，降幅小于大宗商品价格。受全球经济企稳复苏、美元贬值、通货膨胀预期等因素影响，原油、金属等主要大宗初级产品期货价格于2009年第1季度末出现探底回升。

2009年，国际资本流动规模大幅下降。据IMF估计，2009年全球资本净流动规模为10 439.4亿美元，下跌幅度达到40%，为2002年以来的第一次下跌。①

二、国内经济与金融环境

2009年，全国各族人民在党中央、国务院的领导下，以邓小平理论和“三个代表”重要思想为指导，深入贯彻落实科学发展观，认真贯彻积极的财政政策和适度宽松的货币政策，全面落实应对国际金融危机的一揽子计划和政策措

① 中国人民银行上海总部：《2009年国际金融市场报告》，http://www.pbc.gov.cn/，2010年4月28日。

施，国民经济形势总体回升向好，各项社会事业取得新的进展。[①]

2009年是新世纪以来我国经济发展最为困难的一年。面对国际金融危机带来的严峻挑战和极其复杂的国际国内形势，党中央、国务院坚持把保持经济平稳较快发展作为经济工作的首要任务，实施积极的财政政策和适度宽松的货币政策，出台并不断丰富完善应对国际金融危机的一揽子计划及相关政策措施，有效遏止了经济增长明显下滑的态势，保增长、调结构、促改革、惠民生取得明显成效。

2009年全年实现GDP 335 353亿元，按可比价格计算比2008年增长8.7%，增速比2008年回落0.3个百分点，4个季度的当季同比增幅分别为6.2%、7.9%、9.1%和10.7%。其中，第一产业增加值35 477亿元，增长4.2%；第二产业增加值156 958亿元，增长9.5%；第三产业增加值142 918亿元，增长8.9%。三次产业占国内生产总值的比重分别为10.6%、46.8%和42.6%。经济增长的动力结构有所改善，内需对经济增长的拉动作用明显增强。最终消费对经济增长的贡献率为52.5%，拉动经济增长4.6个百分点；资本形成总额的贡献率为92.3%，拉动经济增长8.0个百分点；货物和服务净出口的贡献率为-44.8%，拉动经济增长-3.9个百分点。[②]

2009年工业生产逐季回升，企业实现利润由大幅下降转为增长。全年全部工业增加值134 625亿元，比2008年增长8.3%。1~11月全国规模以上工业企业累计实现利润25 891亿元，比2008年同期增长7.8%。

全年CPI比2008年下降0.7%（相关资料参见图1-1），其中食品价格上涨0.7%。固定资产投资价格下降2.4%。工业品出厂价格下降5.4%，其中生产资料价格下降6.7%，生活资料价格下降1.2%。全年原材料、燃料、动力购进价格下降7.9%，农产品生产价格下降2.4%，农业生产资料价格下降2.5%。2009年，70个大中城市房屋销售价格上涨1.5%，其中新建住宅价格上涨1.3%，二手住宅价格上涨2.4%。此外，全年房屋租赁价格下降0.6%。

---

① 中华人民共和国国家统计局：《中华人民共和国2009年国民经济和社会发展统计公报》，http：//www. stats. gov. cn/，2010年2月25日。

② 国家统计局综合司：《2009年国民经济总体保持平稳较快发展》，http：//www. stats. gov. cn/，2010年4月6日。

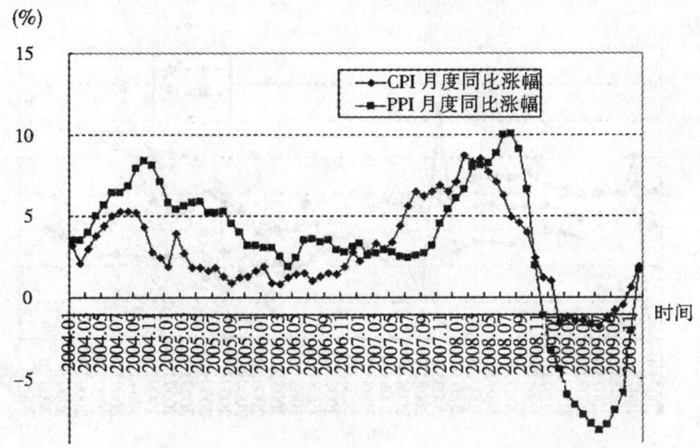

图 1－1　2004～2009 年物价水平走势

数据来源：国家统计局。

受国际金融危机的影响，我国外贸经历了自 2008 年 11 月以来的连续大幅下挫，到 2009 年 3 月开始企稳回升，8 月回升趋势基本确立，11 月进出口总值同比开始增长，12 月进口和出口同比双双出现强劲增长，环比也呈现大幅增长。2009 年我国进出口总值为 22 072.7 亿美元，比 2008 年下降 13.9%。其中，出口 12 016.7 亿美元，比 2008 年下降 16.0%；进口 10 056 亿美元，比 2008 年下降 11.2%。全年贸易顺差 1 960.7 亿美元，减少 34.2%。①

2009 年，为了应对日益严峻的外部环境和国内经济滑坡的风险，中国人民银行实施适度宽松的货币政策，全年货币信贷增长率和增长额创历史新高，市场流动性充裕，对经济整体扩张效应显著，刺激了经济的逐步回升（见图 1－2）。2009 年年末广义货币供应量（M_2）余额为 60.6 万亿元，比 2008 年年末增长 27.7%；狭义货币供应量（M_1）余额为 22.0 万亿元，增长 32.4%；流通中现金（M_0）余额为 3.8 万亿元，增长 11.8%。2009 年年末全部金融机构本外币各项存款余额 61.2 万亿元，比年初增加 13.2 万亿元。其中，人民币各项存款余额 59.8 万亿元，增加 13.1 万亿元。全部金融机构本外币各项贷款余额 42.6 万亿元，增加 10.5 万亿元。其中，人民币各项贷款余额 40.0 万亿元，增加 9.6 万亿元。

① ②中华人民共和国国家统计局：《中华人民共和国 2009 年国民经济和社会发展统计公报》，http：//www. stats. gov. cn/，2010 年 2 月 25 日。

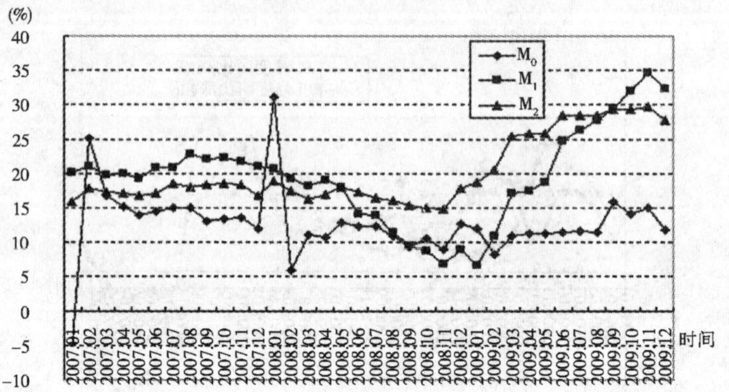

图1－2　货币供应量同比增长速度

数据来源：中国人民银行网站。

2009年，根据党中央、国务院的部署，我国实施适度宽松的货币政策，为扭转我国经济下滑的趋势提供了强有力的资金支持，金融体系流动性充裕，运行健康平稳。在自2008年9月以来5次下调存贷款基准利率的基础上，2009年利率政策保持稳定，存贷款基准利率保持稳定。2009年，中国国际收支继续呈现“双顺差”，经常项目顺差大幅下降。同时，中国政府继续积极参与国际和区域的经济金融合作，在力所能及的范围内继续对外提供各种形式的援助。全年国家外汇储备增加4 531亿美元，同比多增353亿美元。2009年12月末国家外汇储备余额为23 992亿美元，同比增长23.3%。

2009年，金融机构与相关主管部门通力合作，加强对银行业、证券业和保险业系统性风险的监测评估，密切监测交叉性金融工具的风险，配合监管部门处置非法集资事件，进一步加强金融稳定再贷款和委托处置资产管理，共同促进了我国金融体系的平稳健康发展。截至2009年年末，银行业资产总额为78.8万亿元，同比增长26.3%；商业银行不良贷款率为1.6%，同比下降3.8个百分点；商业银行资本充足率全面达标。截至2009年年末，保险公司总资产为4.1万亿元，较年初增长21.6%；保险资金运用余额为3.7万亿元，较年

初增长 8.8%。[①]

2009 年，中国农业银行股份有限公司正式挂牌成立，现代公司治理架构初步建立，内部改革和经营机制转换工作稳步推进。国家开发银行加快商业化转型步伐强化了风险管理和内部控制建设，拓展了商业性业务领域。同时，中国金融体系的改革与发展为金融市场对外开放奠定了坚实基础，在外资继续积极参与中国金融市场的同时，中资继续积极审慎地参与国际金融市场。

2009 年，我国跨境贸易人民币结算试点稳步启动。经国务院批准，2009 年 7 月上海市和广东省广州市、深圳市、珠海市、东莞市正式启动跨境贸易人民币结算试点，以帮助企业规避汇率风险，推动我国与周边国家和地区的经贸关系发展。截至 2009 年年末，银行累计为企业跨境贸易人民币结算业务 409 笔，金额为 35.8 亿元。境内代理银行为境外参加银行共开立 160 个人民币同业往来账户，账户余额为 6.9 亿元；中国银行（香港）有限公司（简称"中银国际"）为境外参加银行开立 53 个人民币同业往来账户，账户余额为 486.2 亿元。[②]

三、国内金融市场运行

2009 年，国内金融市场运行平稳，货币信贷快速增长，在国际金融市场流动性萎缩、世界经济深度衰退的情况下，为在短期内扭转我国经济增速下滑趋势发挥了关键性作用。

2009 年，中国金融市场规模快速增长，市场结构不断优化，在市场创新与制度完善等方面也取得了明显进展。2009 年，国内非金融企业债务融资工具市场发展迅速。数据显示，全年银行间债券市场共发行短期融资券 263 只，累计发行面额 4 612 亿元；中期票据 172 只，累计发行面额 6 885 亿元；同时，为支持中小企业发展，推出了中小非金融企业集合票据，已成功发行 12.65 亿元。

① ②中国人民银行上海总部：《2009 年中国金融市场发展报告》，http://www.pbc.gov.cn，2010 年 4 月 28 日。

（一）货币市场

2009 年，货币市场利率整体较 2008 年下降，但下半年较上半年有所提高。随着积极财政政策和适度宽松货币政策的实施，银行体系流动性总体充裕，加之受 2008 年年末超额准备金利率有所下调影响，2009 年上半年质押式回购和同业拆借月加权平均利率基本稳定在 0. 85% 左右的历史较低水平；下半年，随着宏观经济企稳向好，受新股密集发行及中央银行票据发行利率有所上行等因素影响，货币市场利率从低位有所回升。12 月，质押式回购和同业拆借月加权平均利率分别为 1. 26% 和 1. 25%，分别比 6 月上升 35 个和 34 个基点。截至 2009 年年末，隔夜、7 天期 Shibor 分别为 1. 1467% 和 1. 5650%，分别较 6 月末上升 6 个和 36 个基点；3 个月和 1 年期 Shibor 分别为 1. 8319% 和 2. 2502%，分别较 6 月末上升 51 个和 38 个基点。①

（二）债券市场

2009 年，债券市场继续保持健康发展，发行规模快速扩大。债券市场累计发行人民币债券 4. 9 万亿元，同比增长 68. 5%；国债、次级债券、中期票据、企业债券等债券品种发行量，较 2008 年均有较大幅度增加。截至 2009 年年末，债券市场债券托管总额达 13. 3 万亿元。市场交易活跃，成交量同比大幅增加，2009 年银行间市场累计成交 137 万亿元，全年收益率曲线整体呈现上移趋势。2009 年年初至 6 月，货币市场利率在 0. 9% ~1. 2% 的利率区间内小幅波动；7 月至 2009 年年底，货币市场利率再次呈现阶段性宽幅波动。特别是新股恢复发行，股票市场对货币市场利率的影响再次显现，大额新股发行冻结资金与货币市场利率阶段性波动相伴，货币市场利率波幅加大。②

（三）票据业务

2009 年，适度宽松货币政策有效刺激了商业银行通过开展商业票据承兑与

---

① 本小节部分内容与数据引自中国人民银行货币政策分析小组：《中国货币政策执行报告（2009 年第四季度）》，http：//www. pbc. gov. cn/，2010 年 2 月 11 日。

② 中国人民银行：《2009 年金融市场运行情况》，http：//www. pbc. gov. cn，2009 年 2 月 4 日。

贴现增加信贷投放的积极性和主动性，票据市场承兑与贴现交易量较2008年明显提高。2009年，企业累计签发商业汇票10.3万亿元，同比增长45%；累计贴现23.2万亿元，同比增长71.4%；累计办理再贴现248.8亿元，同比增长126.8%。但受货币政策调整和市场主体交易意愿影响，分季度看，票据市场签发量和贴现量环比平稳下降。截至2009年12月末，全国金融机构票据融资余额23 850.32亿元，比年初增加4 563.16亿元，在各项贷款中的占比为5.97%，环比下降0.34个百分点。2009年上半年，票据市场利率一直保持低位震荡整理运行态势；下半年，票据市场利率走出低位徘徊格局，出现较为明显的回升迹象。

（四）股票市场

2009年，股票指数总体上行。股票价格指数自2008年11月反弹以来，逐级震荡走高，至2009年8月见顶后出现调整，随后震荡上行。2009年年末上证综合指数收于3277.14点，与2008年底的1820.81点相比，上涨1456.33点，涨幅达79.98%。全年上证综合指数最高为3478.01点，最低为1844.09点，波幅为1633.92点。2009年，股票市场成交明显放大，其中上证A股市场全年累计成交金额为34.5万亿元，日均成交金额为1 415.8亿元，较2008年分别增长92.2%和93.7%。[①]

（五）保险市场

2009年我国保险业经受住了国际金融危机的严峻考验，整体发展好于预期，继续加大对经济的保障力度。全年保费收入首次突破1万亿元，达到11 137.3亿元，同比增长13.8%。财产保险业务继续保持较快增长，保费收入2 875.8亿元，同比增长23.1%，其中农业保险、出口信用保险、工程保险等非机动车辆保险业务分别同比增长21.0%、91.3%和31.6%。财产保险公司扭亏为盈，实现利润35.1亿元；人身保险业务保费收入8 261.5亿元，全年赔付3 125.5亿元。

---

① 中国人民银行：《2009年金融市场运行情况》，http：//www.pbc.gov.cn，2009年2月4日。

（六）外汇市场

2009 年，人民币汇率保持在合理均衡水平上的基本稳定。年末，人民币对美元汇率中间价为 6.8282 元，比 2008 年年末升值 64 个基点，升值幅度为 0.09%；人民币对欧元、日元汇率中间价分别为 1 欧元兑 9.7971 元人民币、100 日元兑 7.3782 元人民币，分别较 2008 年年末贬值 1.41% 和升值 2.53%。汇率体制改革以来至 2009 年年末，人民币对美元汇率累计升值 21.21%，对欧元汇率累计升值 2.21%，对日元汇率累计贬值 0.98%。人民币名义有效汇率升值 12.7%，实际有效汇率升值 16.3%。2009 年，人民币对美元双边汇率保持稳定，基本上在 6.81～6.85 元的区间内运行，人民币汇率预期相对平稳。全年人民币对美元汇率中间价最高为 6.8201 元，最低为 6.8399 元，最大单日升值和贬值幅度均为 0.07%（50 个基点），244 个交易日中 129 个交易日升值、1 个交易日持平和 114 个交易日贬值。[①]

第二节　2009 年中国证券发行市场与交易市场情况

一、中国证券发行市场情况

（一）国内非金融机构部门融资情况

2009 年，国内非金融机构融资规模比 2008 年大幅增加。全年新增贷款 95 769亿元；累计发行国债 16 418 亿元；发行企业债 4 252 亿元；股票市场募集资金 5 160 亿元，其中首次公开发行（IPO）募集资金 2 022 亿元，增发募集资金 3 032 亿元，配股募集资金 106 亿元（见图 1－3）。

① 中国人民银行货币政策分析小组：《中国货币政策执行报告（2009 年第四季度）》，http://www.pbc.gov.cn/，2010 年 2 月 11 日。

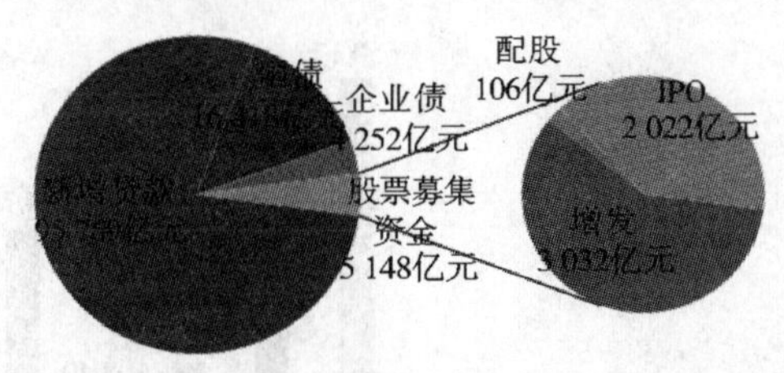

图1-3　国内非金融机构部门融资统计

数据来源：Wind资讯。

（二）股票发行市场情况

2009年6月新股IPO重启，9月创业板开启，全年A股发行市场的融资压力远大于2008年。下面就IPO融资、增发融资和配股融资分别作简要介绍。

2009年新股IPO家数为111家，合计募集资金2 021.97亿元（各月数据见图1-4），为2008年新股IPO募集资金量1 034.38亿元的1.95倍。其中，主板IPO家数为10家，募集资金1 318.20亿元；中小企业板IPO家数为59家，募集资金456.78亿元；创业板IPO家数为42家，募集资金246.99亿元。单个IPO募集金额超过100亿元的公司有：中国建筑501.6亿元，中国中冶189.7亿元，中国重工147.23亿元，中国北车139亿元，招商证券111.15亿元，光大证券109.62亿元，占总IPO募集总额的59.26%；IPO募集金额在50亿~100亿元之间的公司有：中国化学66.95亿元。单个IPO募集金额在50亿元以上的公司累计募集资金1 265.25亿元，占IPO募集总额的62.57%。对比2008和2009年数字，IPO募集金额超过100亿元和50亿元的公司合计募集金额大幅上升。

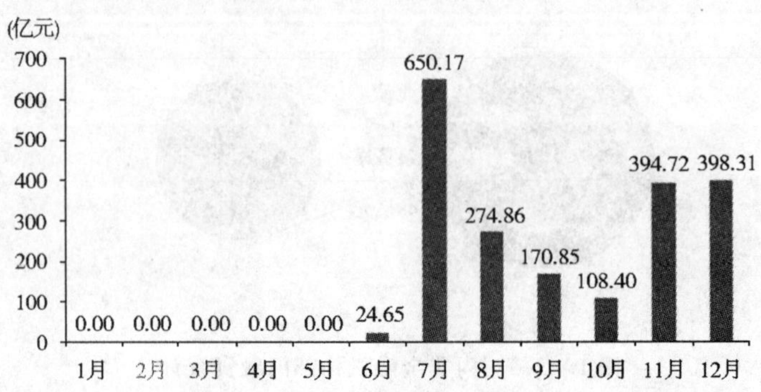

图 1-4　2009 年 A 股市场 IPO 融资统计

数据来源：Wind 资讯。

2009 年，两市共有 133 家 A 股公司完成增发，累计募集资金 3 019. 93 亿元（各月数据见图 1-5），是 2008 年增发累计募集资金 1 894. 84 亿元的 1. 59 倍。其中，公开增发募集资金 255. 86 亿元，占比 8. 47%；定向增发（现金）募集资金 1 614. 83 亿元，定向增发（资产）募集资金 1 149. 24 亿元，定向增发累计占比 91. 53%。金额较大的增发主要有：长江电力 201. 35 亿元，浦发银行 150 亿元，京东方 A 120 亿元，国元证券 99 亿元，＊ST 钒钛 91. 27 亿元，华域汽车 85. 19 亿元，世贸股份 83. 41 亿元，保利地产 80 亿元。

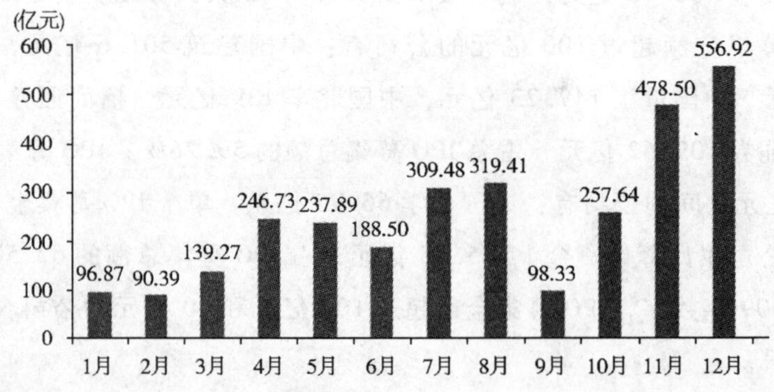

图 1-5　2009 年 A 股市场增发再融资统计

数据来源：中国证监会网站、Wind 资讯。

2009 年共有 10 家公司开展了配股融资，累计融资额为 105. 98 亿元，配股时间主要集中在下半年（见图 1-6）。其中，长江证券配股融资 32. 27 亿元，葛洲坝配股融资 20.54 亿元，二者合计占当年配股融资总额的 49.83%。

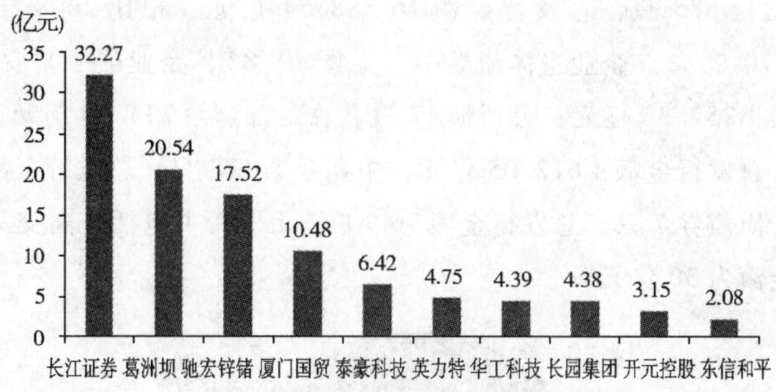

图 1－6　2008 年 A 股市场配股融资统计

数据来源：Wind 资讯。

2009 年，IPO、增发和配股累计融资 5 147.87 亿元，是 2008 年累计融资额 3 068.72 亿元的 1.68 倍，同比增加 67.75%。2009 年，A 股市场融资额的大幅增加给市场资金面带来了较大压力。

（三）债券市场发行情况

近年来，债券市场品种不断创新，发债规模不断扩大。在前几年银行间市场逐步推出商业银行次级债券、混合资本债券、短期融资券和中期票据，以及逐步引入回购交易、远期交易、利率互换等衍生产品的基础上，2009 年地方政府债券首次推出，同时以地方政府融资平台名义发行的城市建设投资债券（简称“城投债”）发行量大幅上升，交易所公司债市场也飞速发展。2009 年，债券市场为“4 万亿元”的投资计划做出了巨大的贡献，企业融资渠道得到了极大拓宽，长久以来直接融资占次要地位的局面正在改观，直接融资中债权融资的重要性日渐突出。

根据 Wind 资讯统计，2009 年全年各类债券共计发行 986 只（结构见图 1－7），总发行金额达到 8.7 万亿元，相比 2008 年分别增长了 43.94% 和 19.02%。中央银行票据仍是全部债券品种中的大头，2009 年共发行 71 只，总发行金额 38 240 亿元。其余券种中，国债发行 77 只，发行金额 16 418.10 亿元，相比 2008 年分别增长了 97.44% 和 90.58%；金融债发行 103 只，总发行金额13 758.50亿元，相比2008年分别增长了19.76%和16.74%；企业主体债券总计发行685只，总发行金额16 588.54亿元，相比2008年分别增长56.39%和70.27%。企业主体债券中（见图1－8），企业债一共发行190只，总发行金额4 252.33亿元；公司债47只，总发行金额734.90亿元；短期融资券263只，总发行金额4 612.05亿元；中期票据178只，总发行金额6 912.65亿元；可转换债券7只，总发行金额76.61亿元，其中包括分离交易可转换债券1只，金额为30亿元。

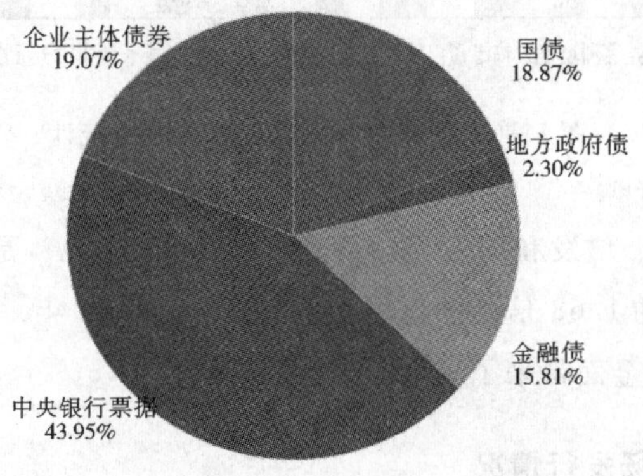

图1－7　2009年债券发行结构

数据来源：Wind资讯。

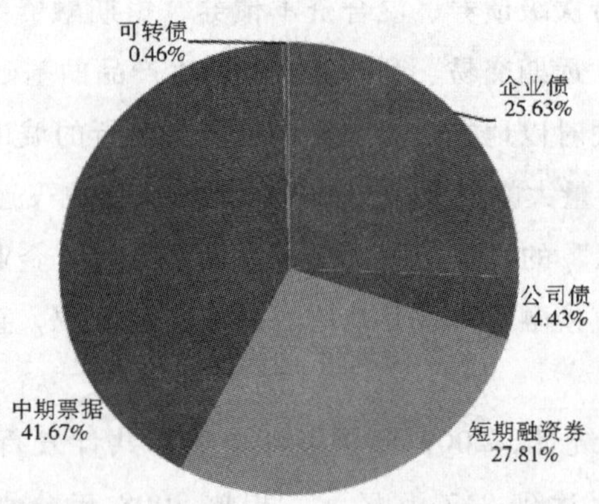

图1－8　2009年企业主体债券发行结构

从计息方式看，2009年共发行浮动利率债券3 865.55亿元，占总发行额的4.44%；发行累进利率债券4 951.26亿元，占总发行额的5.69%；其余为固定利率债券（见表1－1）。

表1－1　　2009年债券发行计息方式分类

类别	发行期数（只）	发行期数占比（%）	发行总额（亿元）	发行总额占比（%）
贴现债券	104	10.55	42 504.40	48.85
附息债券	603	61.16	35 394.14	40.68
其中：固定利率债券	402	40.77	26 577.33	30.55
浮动利率债券	39	3.96	3 865.55	4.44
累进利率债券	162	16.43	4 951.26	5.69
利随本清债券	279	28.29	9 106.60	10.47
合计	986	100.00	87 005.14	100.00

数据来源：Wind资讯。

1. 中央银行票据、正回购。2009年，中央银行票据继续成为中央银行投放或者回笼货币、调节货币供应的有效工具。从月度数据看，中央银行货币回笼和投放形成了比较有效的对冲，全年投放货币2 130亿元，较好地体现了适度宽松的货币政策（见图1－9）。

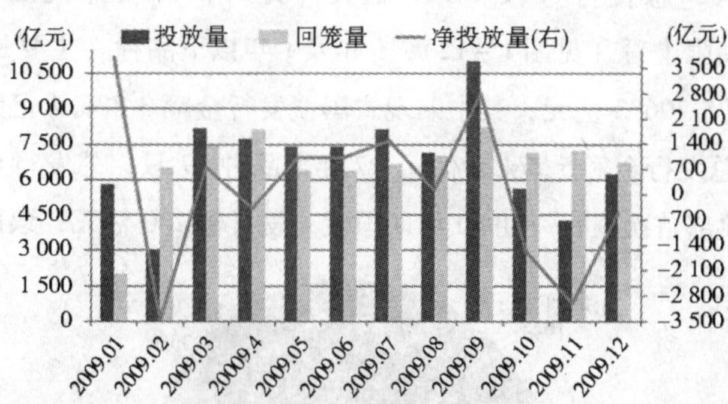

图1－9　2009年中央银行公开市场操作：月度货币投放与回笼

数据来源：Wind资讯。

从期限上看，2009年中央银行票据发行以3月期为主，全年共发行3月期中央银行票据47只，总发行金额29 500亿元；2009年7月10日中央银行重新启动了1年期中央银行票据的发行，下半年共发行1年期中央银行票据24只，总发行金额8 740亿元。回购方面，全年发行28天正回购48期，回笼资金29 010亿元；91天正回购23期，回笼资金12 700亿元。中央银行票据和正回购利率下半年相比上半年都在上升，年底28天、91天正回购和3月期、1年期中央银行票据发行利率分别为1.18%、1.33%和1.3280%、1.7605%（见图1－10和图1－11）。

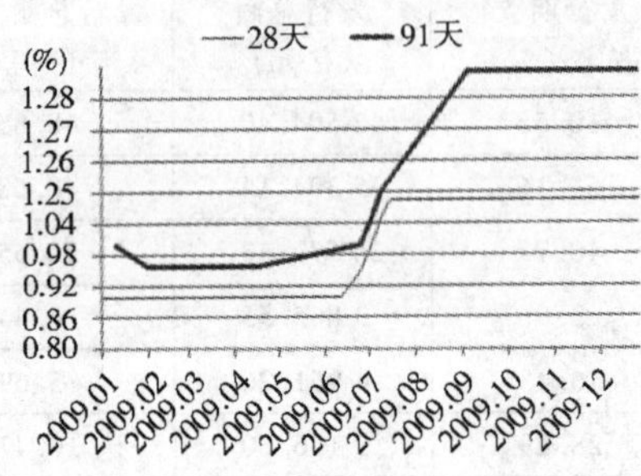

图1－10　2009年正回购发行利率

数据来源：Wind资讯。

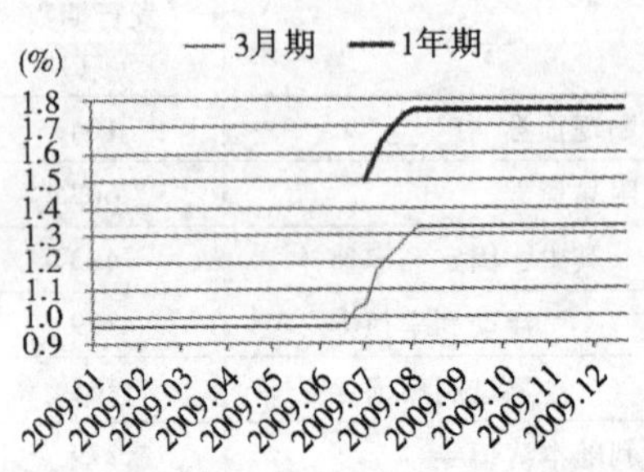

1－11　2009年中央银行票据发行利率

数据来源：Wind资讯。

2. 国债。2009年国债发行量大幅上升，比2008年增长近1倍。全部77只国债中包括：记账式国债33只，总发行金额8 831.70亿元；记账式贴现国债26只，总发行金额3 886.40亿元；凭证式国债10只，总发行金额2 000亿元；储蓄式国债8只，总发行金额1 700亿元。此外，财政部代发地方政府债券2 000亿元。从期限上看（见图1－12），1年及1年以下品种（主要是贴现国债）34只，总发行金额5 706.3亿元，其中贴现式国债发行金额3 886.4亿元；3年和5年期品种24只，总发行金额5 774.9亿元；7年期品种19只，总发行金额4 936.9亿元。2009年财政部首次发行一期50年期国债，发行额200亿元，票面利率4.3%。

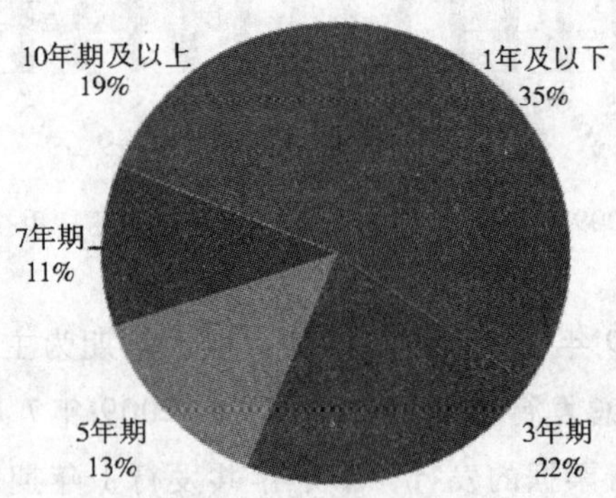

图1－12　2009年国债按发行期限分类的发行额占比

数据来源：Wind资讯。

从1年期品种的利率看，储蓄式和凭证式国债相比银行间市场上市的记账式国债发行利率高出约120BP，达到2.6%；在发行利率走势上，9月和11月发行的1年期国债相比5月高出50~60BP，同期3年期品种发行利率上行60~90BP，5年期、7年期和10年期品种发行利率大致经历了相同的变化（见图1-13）。

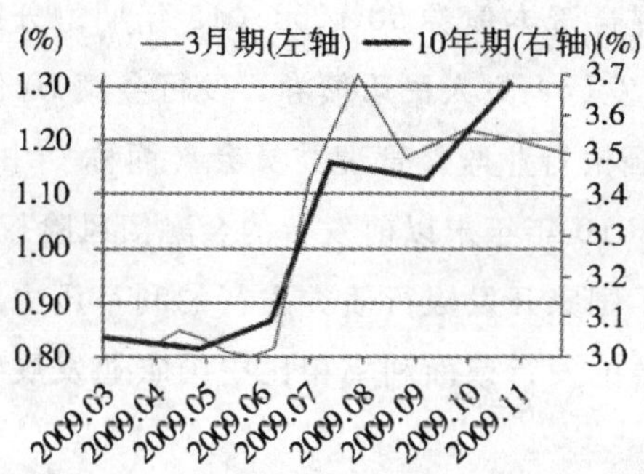

图1-13　2009年国债发行利率走势

2009年共发行地方政府债券2 000亿元，地方政府债券虽然用于地方建设，但是由财政部代发代偿，实际上相当于国债。从发行利率看，与国债基本相当（见图1-14）。

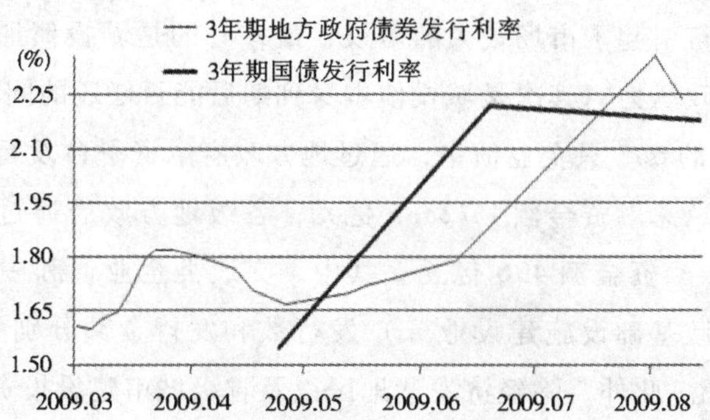

图1-14　2009年地方政府债券发行利率与国债比较

数据来源：Wind资讯。

3. 金融债。2009年发行的103只金融债中，政策性金融债共计发行51只，总发行金额10 677.5亿元。政策性金融债包括：中国农业发展银行发行17只，发行金额3 013.80亿元；中国进出口银行发行12只，发行金额1 963.7亿元；

国家开发银行发行22只，发行金额5 700亿元。国家开发银行金融债中包括次级债3只，发行金额400亿元。除政策性金融债外，各家商业银行共发行次级债38只，总发行金额2 696亿元；7家财务公司发行普通金融债券8只，总发行金额225亿元；2家商业银行发行普通金融债券3只，总发行金额100亿元。此外，民生银行发行混合资本债券50亿元（15年期，分固定和浮动利率两只品种）；亚洲开发银行发行1只人民币债券，发行金额10亿元。

2009年4月，中国银行业监督管理委员会（简称“中国银监会”）正式批复同意国家开发银行2010年年末以前发行的金融债风险权重为0，直至债券到期，一定程度上缓解了国家开发银行债券发行的利率压力。但从全年的情况来看，国家开发银行债券的发行票面利率相比中国农业发展银行和中国进出口银行高出5BP左右。

4. 企业主体债券。2009年是企业主体债券大发展的一年，其中最显著的是城投债的发行。城投债的发行主体是地方政府的投融资平台，其主要的业务是地方城市基础设施建设，包括土地一级开发、水务、基建、公共交通、供热供电等，特点是项目周期长、盈利能力低。但是城投债隐含地方政府担保，部分城投债的发行条款中直接写明财政兜底，或将用于质押的应收账款列入财政预算。城投债的发行引起了市场较大的争议，最核心的是城投债加大了地方政府的负债规模和财政压力，其次是城投债本身到期后能否偿还的问题。

2009年发行的685只企业债中，通过地方政府融资平台发行的基础设施建设类债券117只，总融资金额1 723.5亿元；各级地方政府通过融资平台发行中期票据17只，融资金额496亿元。其中，交通类企业债和中期票据（不涉及或较少涉及市政基础设施建设业务）发行数和发行金额分别为13只215亿元和4只50亿元。此外，除经济发达地区以及省级城市建设投资类企业外，狭义上的城投债（以基础设施建设业务为主，盈利能力低，收入来源主要依靠土地出让金和财政补贴，还本付息风险较大）一共是70只，总发行金额864.5亿元。城投债的发行主体以地级市居多，省会城市（含开发区）、地级市下属区县、县级市发行城投债的也有但是相对要少。

从2009年发行情况来看，应收账款质押担保或者土地使用权抵押担保是城投债比较普遍的增信方式。部分城投债所在地方政府将用来质押的应收账款偿付列入财政预算，或者直接将债券的还本付息列入财政预算，因此地方政府的财政收入成为考察城投债资信的一个非常重要的指标。除此之外，也有少数城投债采取股权质押或者商铺质押，或者第三方担保的方式。这其中，极少数城投债采取了互保的方式，甚至连环担保，这种担保方式已经被确认无效。发行期限上，城投债的发行期限主要为7年，5年、6年和10年的品种也有。7年期城投债期限上多采用5+2的方式，附有第5年末发行人上调票面利率选择权和投资者回售权，也有少数7年期城投债采取4+3的期限结构。5年、6年和10年期城投债多采用3+2、3+3和5+5的期限结构。除此之外，部分城投债采取提前还本的方式，减轻了发行人到期一次还本的财务压力。城投债期限大多不规则，对城投债的定价也成了一个难题。由于城投债相对风险加大，因而发行票面利率较高，大部分城投债票面利率都在6%左右或以上，超过7%的也不在少数，这也是城投债较为吸引投资者的主要原因。

2009年，除了地方融资平台债券外，普通企业债券一共发行73只，总融资额2 528.83亿元。其中，铁道部发行债券1 000亿元，10年期和15年期分别为720亿元和280亿元；国家电网发行债券400亿元，7年期和10年期分别为313亿元和87亿元；其他中央企业发行债券18只，总发行金额533亿元；其他地方企业发行债券41只，总发行金额595.83亿元。发行利率上，国家电网发行的债券票面利率相比铁道债略高，10年期和15年期铁道债的发行利率大约在4.70%和4.95%的水平。

2009年，交易所公司债发行量大幅增加。由于A股市场一度暂停融资，因此公司债发行直至7月才启动。2009年全年一共发行公司债47只，总发行金额734.9亿元，而2008年公司债发行额仅为15只288亿元。其中，房地产公司债发行24只，总发行金额354.8亿元。房地产公司发行利率普遍偏高，最高的是09东华债和09亿城债，票面利率达到8.5%。可转换公司债券（简称“可转债”）方面，传统可转债6只，均采取累进利率制，向下修正条款和回售条款比较苛刻，对投资人保护不如以前发行的可转债；可分离交易的可转换公司债券（简称“可分离债”）方面，仅发行长虹一只。权证市场的疯狂投机使得监管部门倾向于发行传统可转债，因此长虹可分离债短期内很可能是最后一只可分离债。

非金融企业债务融资工具方面，短期票据的发行量与2008年基本相当，但是中期票据发行规模迅速扩大，同时期限也拉长，铁道部发行了10年期中期票据，广东恒健投资和上海久事分别发行了8年期的中期票据。但是中期票据的主流品种仍是3年期和5年期品种。2009年发行的178只中期票据中，从期限上看，3年期品种63只总发行金额为3 163亿元，5年期品种103只总发行金额为3 454亿元；从利率类型看，固定利率品种159只总发行金额为6 629.65亿元，浮动利率品种13只总发行金额为128亿元（其中10只为1年定存浮息品种），累进利率品种6只总发行金额为155亿元，均附有调整票面利率选择权、赎回权或者回售权。从全年情况看，中短期票据发行利率逐步攀升（见图1－15和图1－16）。

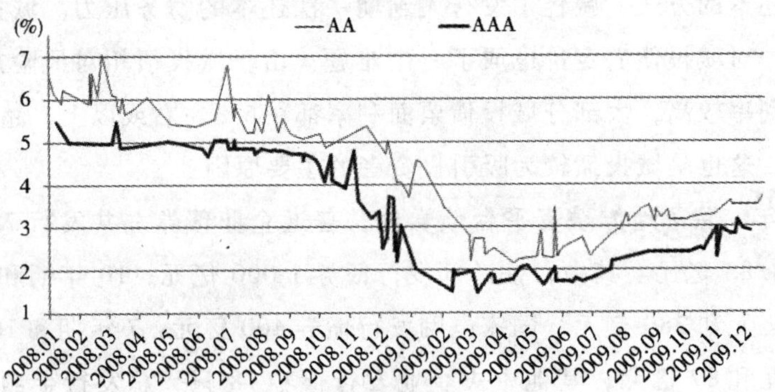

图1－15　1年期短期融资券发行利率走势

数据来源：Wind资讯。

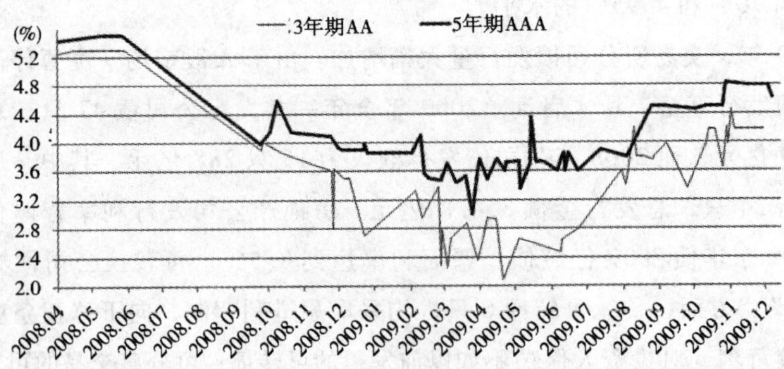

图1－16　AAA中期票据发行利率走势

数据来源：Wind资讯。

目前，债券市场的发行人包括财政部、中央银行、铁道部、政策性银行、商业银行、国际开发机构，以及各类大中小型国有或民营企业，债券品种和信用层次多样化，较好地做到了发行人和投资者之间的沟通，已经成为经济资源配置的重要平台。

从存量上看，2009 年年末在中央国债登记结算有限责任公司（简称“中登公司”）托管的债券余额达到 17.53 万亿元，相比 2008 年年底增加 2.42 万亿元，增长率为 16.02%。分券种看，国债、中央银行票据和金融债余额分别为 5.74 万亿元、4.23 万亿元和 5.10 万亿元，分别占总托管量的 32.75%、24.15% 和 29.07%，合计达到 85.97%。该比例相比 2008 年下降 2.75 个百分点，但利率品种仍然是债券市场的主体。与 2008 年年末相比，国债和金融债的托管余额分别增加 8 658.01 亿元和9 983.92亿元，增长率分别为 17.76% 和 24.37%；中央银行票据余额下降了5 794.84亿元，下降比例为 12.04%。

信用产品方面，2009 年年底企业债托管余额为 1.10 万亿元，比 2008 年年底增长了 61.25%。其中，中央企业债券 7 201.59 亿元，地方企业债券 3 769.08亿元，相比 2008 年年底分别增长了 37.99% 和 137.88%。地方企业债托管量激增，主要是城投债的贡献。短期融资券和中期票据托管余额分别为 4 561.05亿元和 8 622 亿元，较 2008 年分别增长 8.52% 和 415.67%（见图 1－17）。

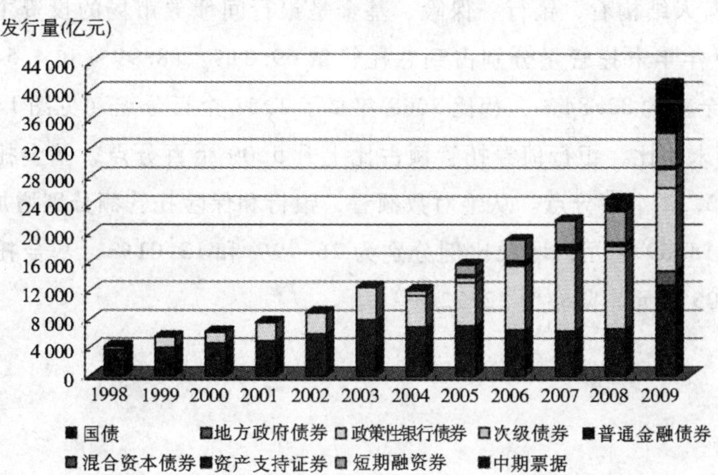

图 1－17　1998～2009 年银行间债券市场各类债券发行量变化

注：不考虑 2007 年发行特别国债因素。

数据来源：中央银行《2009 年金融市场运行情况》、中央国债登记结算有限责任公司。

从存量债券的期限上看，1年以下品种占比最大，为28.79%，其次是1～3年期品种，占比为21.04%（见图1－18）。除1～3年期品种外，其余各期限品种存量余额增加，其中1年以下品种、3～5年品种和5～7年品种存量余额增长都在30%以上，但1～3年期品种托管余额下降14.93%。

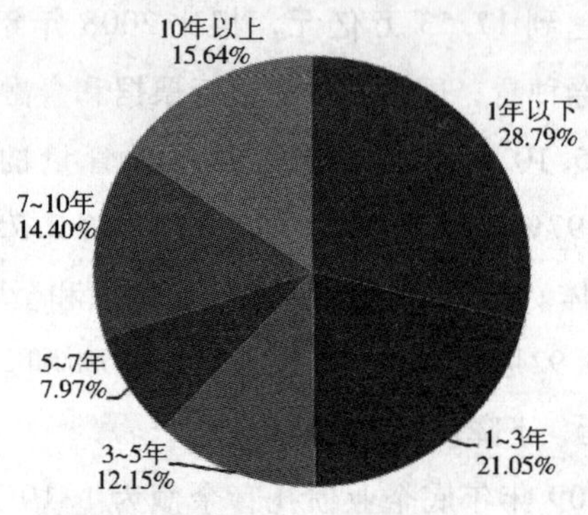

图1－18　2009年年底存量债券期限结构

数据来源：中国债券信息网。

（四）基金发行市场情况

从持有人结构看，银行、保险、基金是银行间债券市场的投资主体，三类机构2009年年末托管量分别占到总托管量69.31%、8.99%和4.54%，合计占总托管余额的82.84%，相比2008年高了1.51个百分点（见图1－19）。与2008年年末相比，银行债券托管额占比上升5.09个百分点，基金托管余额占比下降了3.32个百分点。从绝对数额看，银行和保险托管额分别增加25 818.9亿元和1815.69亿元，增长比例分别为26.99%和13.01%，基金托管余额下降3 871.05亿元，降幅为32.72%。

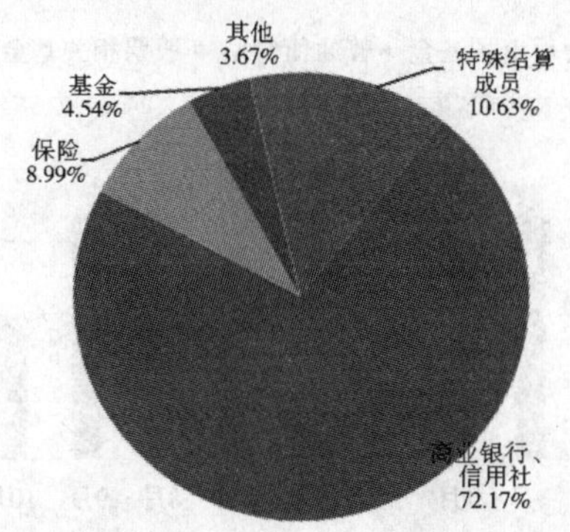

1-19　2009 年年底存量债券投机者结构

截至 2009 年年末，我国公募基金共有 632 只，较 2008 年年末增加 152 只，同比增长 31.67%；基金总规模达到 2.48 万亿份，同比下降 6%。2009 年全年共有 152 只基金成功募集，发行规模达到 4 324 亿份。虽然基金发行规模明显大于 2008 年水平，沪深 300 指数总体上也大幅上涨（2009 年基金发行各月数据见图 1-20），但是随着 A 股市场下半年震荡回落，基金赎回大幅增加，基金总体份额比 2008 年反而有所下降。股票价格指数的上涨也带动股票指数型基金的发行，华夏 300 的募集规模达到 248 亿份；股票指数型基金则为基金发行规模的增加做出了很大贡献。

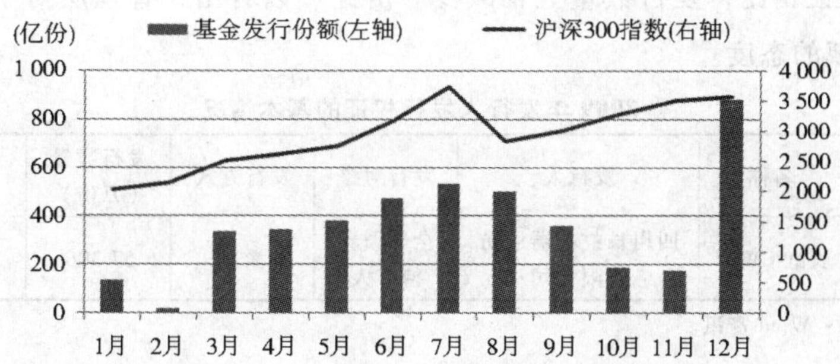

图 1-20　2009 年各月基金发行规模与沪深 300 指数

数据来源：Wind 资讯。

2009 年 A 股市场总体上处于牛市状态，与股票相关的基金（股票型基金、混合型基金）发行无论是在规模上还是在数量上都占据了绝对优势（见图 1-21），这与 2008 年熊市下纯债和货币市场基金的热发形成了鲜明对比。

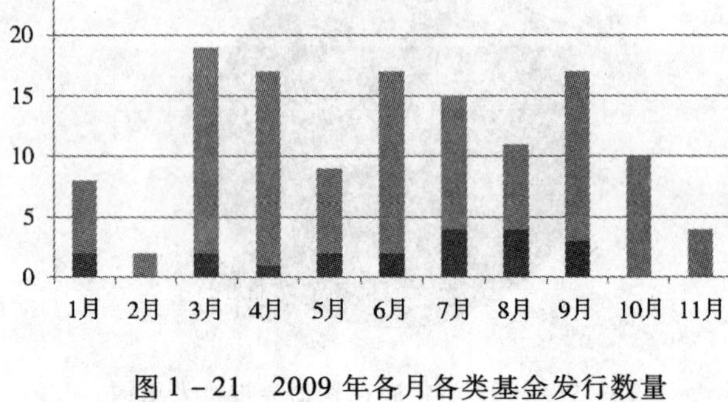

图 1－21　2009 年各月各类基金发行数量

数据来源：Wind 资讯。

（五）权证发行市场情况

2009 年权证市场扩容缓慢，退市权证 9 只，新发权证 1 只。流通权证只数逐渐减少，权证只数从 2008 年年末的 17 只下降到 2009 年年末的 9 只，其中在沪市上市的权证有 8 只，在深市上市的权证有 1 只，占比分别为 88.89% 和 11.11%。

2009 年仅 8 月新发长虹 CWB1 这一只权证（见表 1－2），与 2008 年共发行 13 只权证相比，发行数量大幅减少。由此可以看出，管理层对于权证市场持相对谨慎的态度。

表 1－2　　2009 年发行人发行权证的基本情况

代码	名称	发行人	发行对象	发行方式	发行数量（万份）	上市日期
580027. SH	长虹 CWB1	四川长虹电器股份有限公司	全体债券持有人	派送	57 300	2009. 08. 19

数据来源：Wind 资讯。

2009 年 9 只权证到期行权（见表 1－3）。其中，深市权证 2 只，沪市权证 7 只。在剩下的 9 只权证中，有 8 只也将在 2010 年到期行权。随着权证不断到期，权证市场整体规模进一步缩水，权证品种变得更加稀缺。

表 1－3　　2009 年权证行权基本情况

代码	名称	认购/认沽权证	行权方式	最后交易日	行权价格（元）	行权比例
580014. SH	深高 CWB1	认购权证	百慕大式	2009. 11. 02	13. 23	1. 00
580021. SH	青啤 CWB1	认购权证	百慕大式	2009. 10. 21	27. 82	0. 50
031005. SZ	国安 GAC1	认购权证	百慕大式	2009. 09. 24	17. 58	1. 00
580018. SH	中远 CWB1	认购权证	百慕大式	2009. 08. 27	19. 26	1. 01
031007. SZ	阿胶 EJC1	认购权证	百慕大式	2009. 07. 17	5. 43	1. 00
580023. SH	康美 CWB1	认购权证	百慕大式	2009. 05. 27	5. 36	1. 00
580013. SH	武钢 CWB1	认购权证	百慕大式	2009. 04. 20	9. 58	1. 00
580020. SH	上港 CWB1	认购权证	百慕大式	2009. 03. 10	8. 28	1. 00
580012. SH	云化 CWB1	认购权证	百慕大式	2009. 03. 10	17. 83	1. 00

数据来源：Wind 资讯。

二、中国证券交易市场情况

（一）股票交易市场情况

2009 年随着市场的转暖，A 股市场交投活跃，其中上半年在流动性充裕的推动下 A 股市场单边上扬，最大涨幅达91%。进入 8 月以后，在中央银行“动态微调”货币政策下，A 股市场开始展开宽幅震荡。

2009 年 A 股市场累计交易 244 天，累计成交 535 986. 74 亿元，日均成交额为 2 196. 67 亿元；累计成交 51 106. 99 亿股，日均成交量为 209. 45 亿股。2009 年 A 股市场股票日均成交额较 2008 年日均成交额 1 085. 82 亿元上升 102. 31%，较 2007 年的日均成交额 1 874. 96 亿元上升 17. 16%。A 股市场成交量经过2008 年的低迷之后再次快速放大，其中成交额最大的是 7 月，当月成交额高达 70 896 亿元（见图 1－22）。

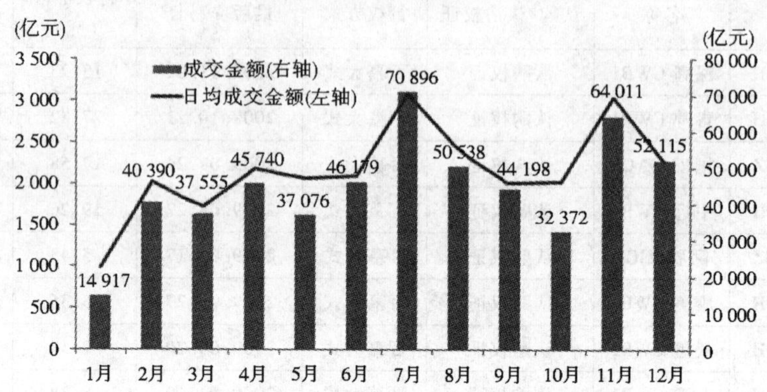

图 1－22　2009 年 1～12 月 A 股市场股票交易

数据来源：中国证监会网站、Wind 资讯。

（二）债券市场交易情况①

2009 年，银行间债券市场参与者达到 9 247 家，相比 2008 年增加 948 家，包括各类金融机构和非金融机构投资者，形成了以做市商为核心、金融机构为主体，其他机构投资者共同参与的多层次市场结构，进一步巩固了银行间市场作为各类市场主体进行投融资活动的重要平台（见图 1－23）。银行间同业拆借市场参与机构 854 家，比 2008 年增加 66 家，参与机构包括银行、证券、基金、保险、财务公司等多种类型的机构投资者。2009 年，基金公司特定资产管理组合和证券公司资产管理计划获准在银行间市场开户，银行间市场非法人机构投资者已涵盖企业年金、保险机构产品、信托产品、基金公司特定资产管理组合和证券公司资产管理计划 5 个类别。

① 部分内容或数据引自中央银行《2009 年金融市场运行情况》和中央国债登记结算有限责任公司《2009 年债券市场年度分析报告》。

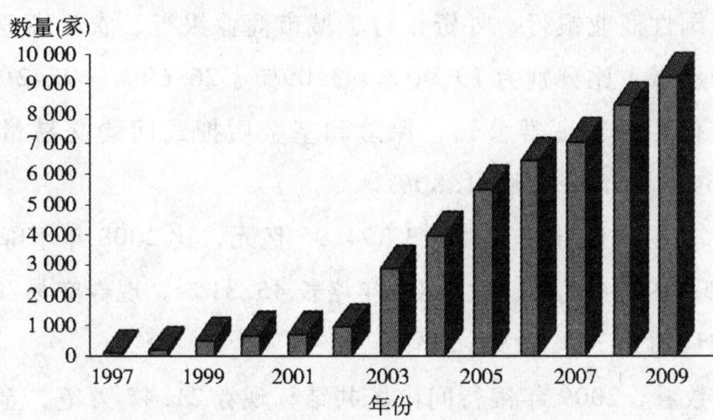

图 1－23 银行间市场参与者增长情况

数据来源：中央银行《2009 年金融市场运行情况》、中央国债登记结算有限责任公司。

2009 年，银行间市场总成交金额达到 135.77 万亿元，比 2008 年增长 25.45 万亿元，增长率达到 23.07%。其中，同业拆借、质押式回购、买断式回购和现券交易相比 2008 年增长情况如表 1－4 所示。

表 1－4 2009 年银行间市场成交量增长

交易类型	2009 年（万亿元）	2008 年（万亿元）	2009 年增长（万亿元）	增长率（%）
同业拆借	19.35	15.05	4.30	28.57
质押式回购	67.70	56.38	11.32	20.08
买断式回购	2.60	1.75	0.85	48.57
现券交易	46.12	37.14	8.98	24.18

数据来源：Wind 资讯。

在参与银行间现券交易的各类机构中，银行交易占比高达 76.39%，其次是信用社、证券公司和基金公司分别占 4.85%、8% 和 4.05%。银行类机构中，成交量占比最高的是全国性商业银行，占比达到 36.23%；其次是城市商业银行交易量占比达到 25.93%；外资银行交易量占比达到 7.02%。特殊结算成员和全国性商业银行是债市主要的买家，分别买入 6 132.41 亿元和 5 952.08 亿元；城市商业银行、证券公司、保险和基金均为净卖出，卖出金额分别为 5 585.89亿元、4 407.74 亿元、1 397.90 亿元和 1 257.03 亿元。

在参与银行间质押式回购的各类机构中，商业银行交易量占比达到 63.91%，这一比例相对于 2008 年下降超过 8 个百分点。商业银行质押式回购交易量中，全国性商业银行、外资银行、城市商业银行、农村商业银行和农村合作银行的交易量占比分别为19.90%、3.09%、26.69%、9.42%和4.80%；其他机构中，信用社、证券公司、保险和基金质押式回购交易量占比分别为11.65%、5.64%、5.98%和11.80%。

2009年，交易所债券成交额为3 394.95亿元，比2008年下降7.84%；回购交易成交35 319.14亿元，比2008年增长45.31%。现券交易和质押式回购分别占总成交量的8.77%和91.23%。

从结算笔数看，2009年银行间市场共结算现券21.47万笔，金额48.87万亿元；结算质押式回购17.63万笔，金额69.32万亿元；结算买断式回购6 870笔，金额2.6万亿元。结算总笔数增长27.78%，现券和回购成交量分别增长39.95%和42.25%。分券种看，国债成交4.01万亿元，金融债成交17.83万亿元，中央银行票据成交13.95万亿元，短期融资券成交2.51万亿元，企业债成交2.30万亿元，中期票据成交5.95万亿元，相比2008年分别增长9.43%、153.85%、-38.16%、7.21%、250.42%和880.09%。成交量大幅上升的主要是金融债、企业债和中期票据，其中中期票据主要是因为发行量大幅上升所致。中央银行票据成交量大幅下降，占总成交量的比例仅为29.80%，相比2008年的61.15%大幅下降；金融债成交量占总成交量的比例达38.08%，首次超过中央银行票据（见图1-24）。

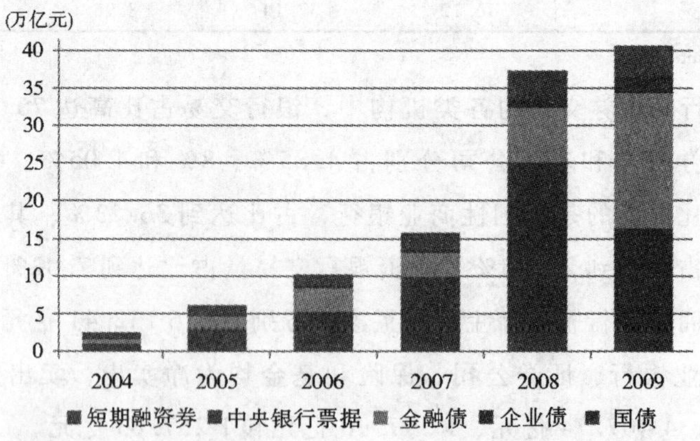

图1-24　2004~2005年各类券种成交量

数据来源：Wind资讯。

2004～2009 年，银行间市场现券及回购成交量逐年明显攀升（见图 1－25）。从 2009 年各月的情况看，交易量没有明显的变化趋势（见图 1－26），与 2008 年牛市预期下逐月上升的情况完全不同，也从侧面反映了 2009 年债券市场震荡为主的特征。

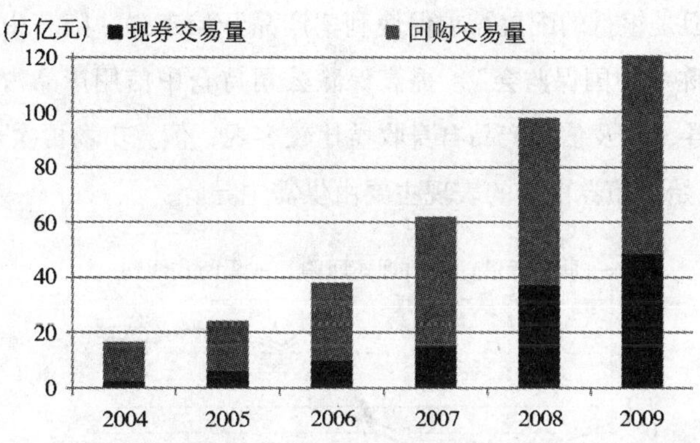

图 1－25　2004～2009 年银行间市场现券及回购交易量走势

数据来源：Wind 资讯。

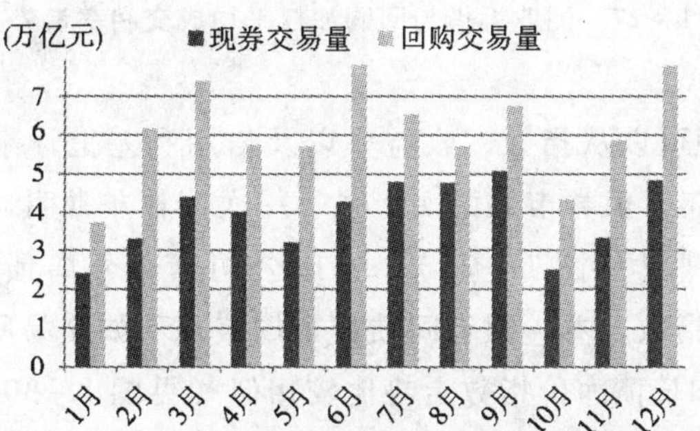

图 1－26　2009 年银行间市场各月现券及回购成交量走势

数据来源：Wind 资讯。

2009 年，银行间市场同业拆借和回购利率经历了年初的低位徘徊、年中的突然快速上升和下半年的震荡（如图 1－27 所示）。同业拆借和回购利率的变化基本上清楚地反映了债券市场的牛熊转换。2009 年初期，在基准利率已经降至低位、利率产品收益率已经大幅下降的情况下，高利差的信用产品获得了市场资金的青睐。2009 年第 1 季度完全是低评级信用产品牛市；随着第 2 季度通货膨胀预期的上升，债券市场经历逐步的走弱之后在 7 月终于迎来一轮较大的调整，各券种收益率大幅上升，尤其是信用产品绝对收益率和信用利差都已经到了保护性非常强的程度。8月，中国银监会公布的《关于商业银行资本补充机制的通知》（第三次征求意见稿）规定，商业银行在计算资本充足率时，应从附属资本中扣除交叉持有的商业银行次级债和混合资本债。这使得商业银行类债券遭受到较大的减持压力，也带动信用产品进一步调整，但是银行的配置需求促使利率产品开始走强。随着中国保险业监督管理委员会（简称“中国保监会”）提高保险公司持仓中信用产品占比上限以及试点投资无担保债券，以及信用产品自身收益比较客观，债券市场再次开始全面走强。从2009年7月开始，债券市场的表现主要由供需主导。

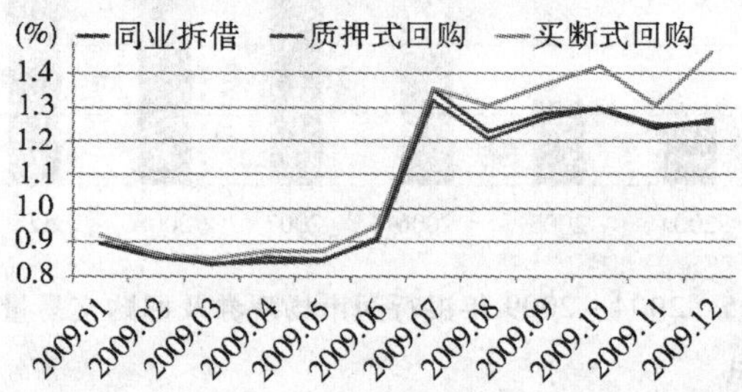

图1-27　同业拆借与回购加权平均成交利率走势

数据来源：Wind资讯。

债券市场的表现可以从指数、收益率以及信用利差上详细观察，下面分别作简要介绍。2009年，债券市场两次走强、一次调整非常明显，国债调整和上涨幅度都不如企业债（见图1-28）。相比公司债，分离债的波动更大（见图1-29）。从净价指数上看，银行间债券市场表现不如交易所市场强势，而中债中短债净价指数和长债净价指数走势比较相似（见图1-30、图1-31）。

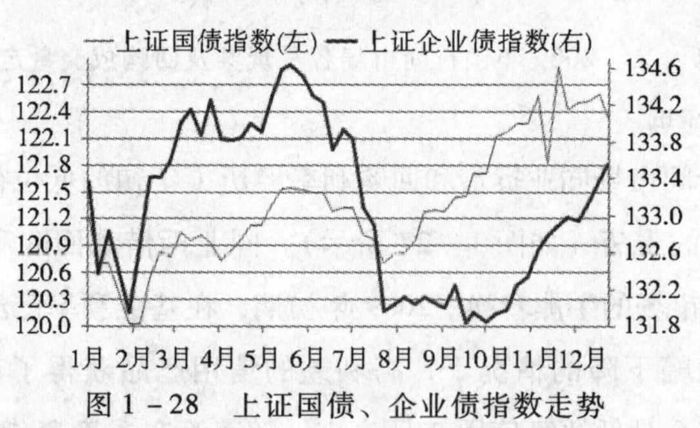

图1-28　上证国债、企业债指数走势

数据来源：Wind资讯。

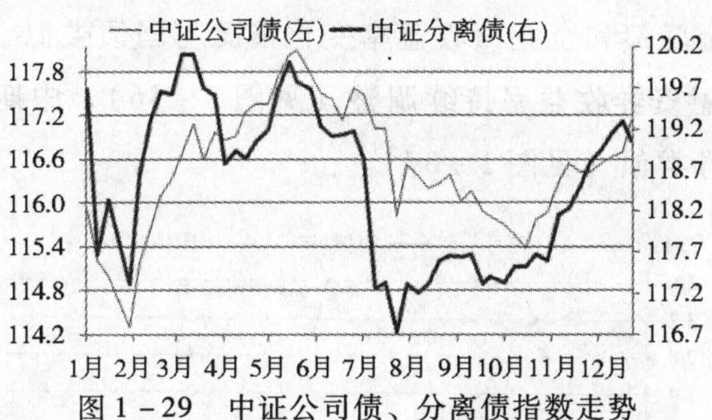

图 1－29　中证公司债、分离债指数走势

数据来源：Wind 资讯。

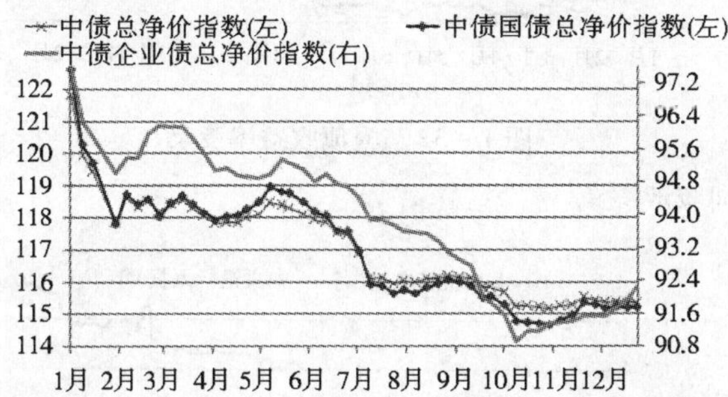

图 1－30　中债总净价、国债、企业债总净价指数

数据来源：Wind 资讯。

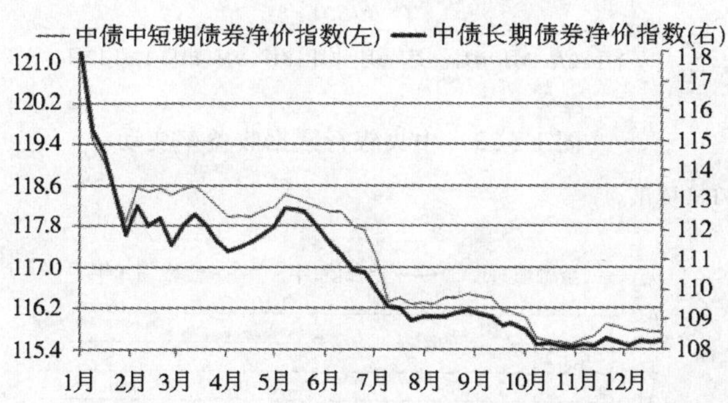

图 1－31　中债中短债、长债净价指数

数据来源：Wind 资讯。

2009 年，除 7 月收益率突然上调外，其他时间短期国债收益率波动不大，10 年期国债收益率波动较大，全年震荡向上（见图 1－32）。3 月期中央银行票据收益率下半年很平稳，1 年期中央银行票据收益率震荡向上（见图 1－

33）。2009年，金融债和企业债收益率变化情况与国债类似（见图1－34、图1－35），而短期融资券收益率持续调整（见图1－36），中期票据收益率变动情况与短期融资券类似（见图1－37）。

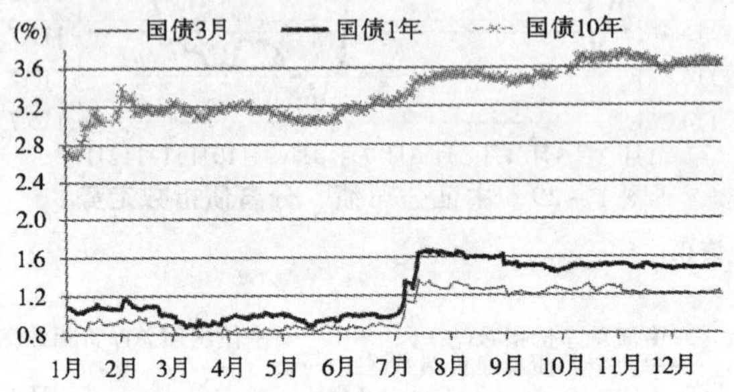

图1－32　国债收益率变动

数据来源：Wind资讯。

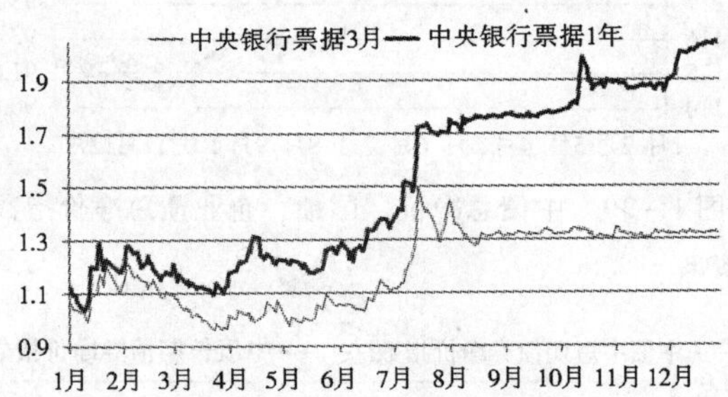

图1－33　中央银行票据收益率变动

数据来源：Wind资讯。

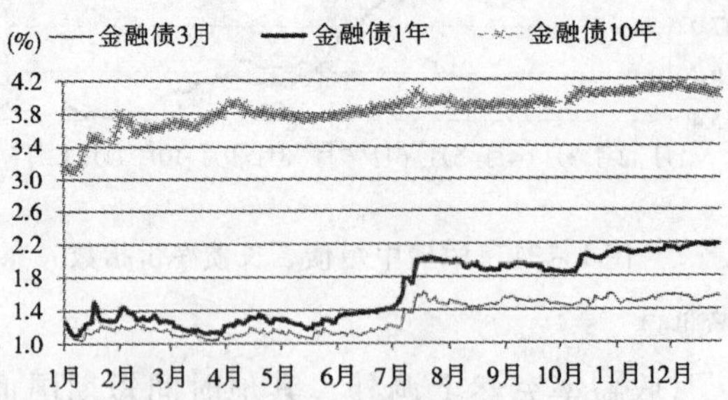

图1－34　金融债收益率变动

数据来源：Wind资讯。

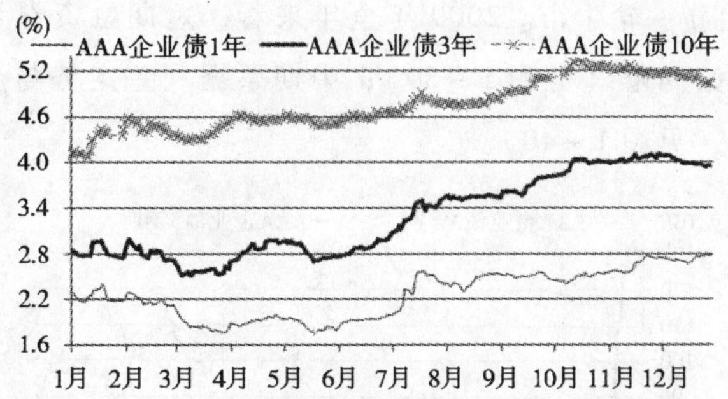

图 1-35　AAA 企业债收益率变动

数据来源：Wind 资讯。

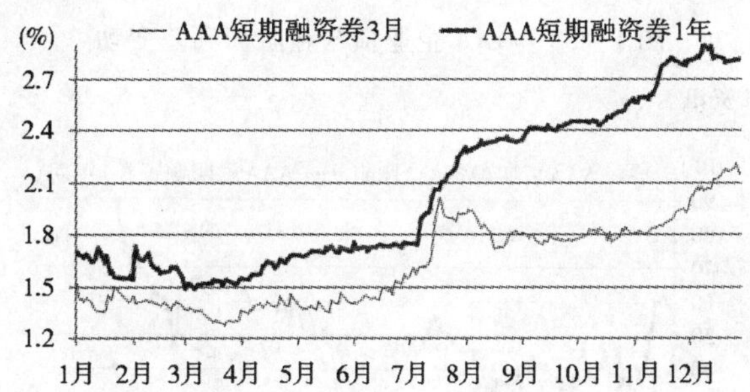

图 1-36　AAA 短期融资券收益率变动

数据来源：Wind 资讯。

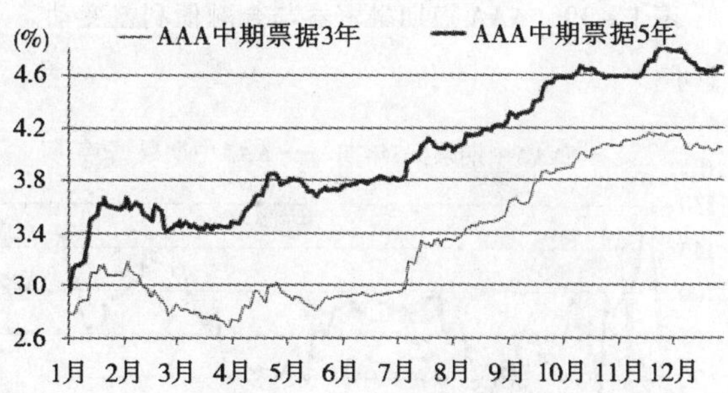

图 1-37　AAA 中期票据收益率变动

数据来源：Wind 资讯。

2009 年，第 1 季度企业债利差大幅下降，第 2 季度有所上升，7～8 月再次回到低位后持续上升，直至 10～11 月达到阶段性高点后开始回落（见

图1－38），开启新一轮牛市。2009年全年来看，短期融资券与金融债利差震荡上行，年底开始回落（见图1－39）；中期票据利差走势与金融债相似，但是波动幅度要小（见图1－40）。

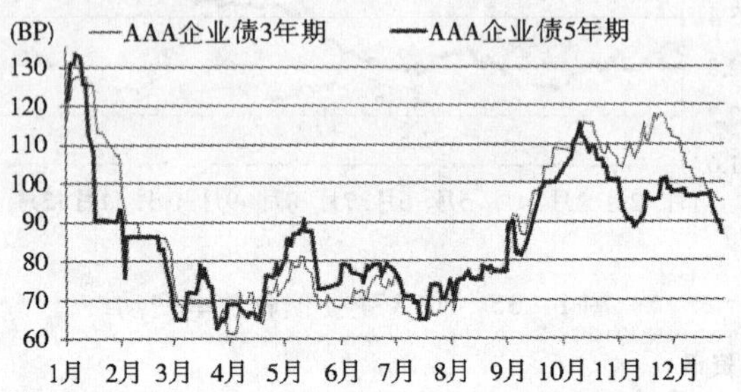

图1－38　AAA企业业债与金融债利差变动

数据来源：Wind资讯。

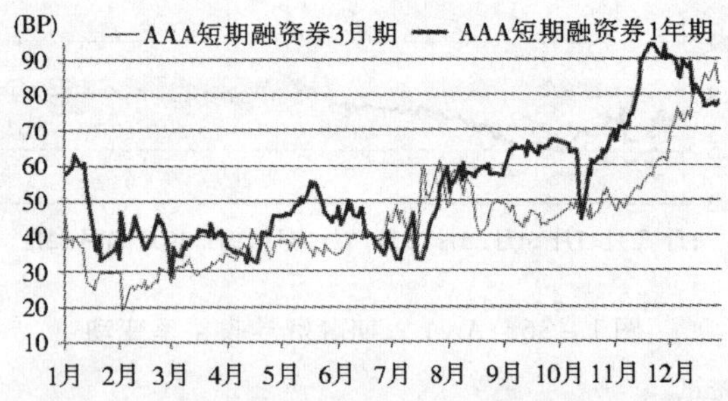

图1－39　AAA短期融资券与金融债利差变动

数据来源：Wind资讯。

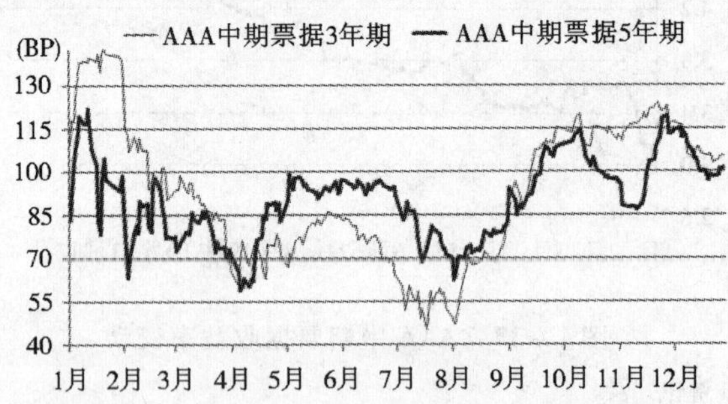

图1－40　AAA中期票据与金融债利差变动

数据来源：Wind资讯。

（三）基金交易市场情况

1. 基金规模较快增长，主要是股票型和指数型基金规模增长迅速。截至2009年年底，我国全部公募基金有632只，管理规模达到26 947亿元，较2008年上升38.8%。

2009年，基金份额相对平稳，基金净值规模变化的趋势与A股市场相似，第2季度比第1季度有所增长，第3季度略有回落，第4季度增长较多（见图1－41）。规模下降的是2008年表现出众的债券型基金；股票比重高的股票型、指数型基金净值规模明显增长，特别是指数型基金。同2008年比，股票型基金仍然占主导地位；债券型和混合型基金的重要性变得很小；货币市场基金由于在现金管理中不可替代的作用，规模仍有一定的增长，与股票型和指数型共同成为重要的投资品种（见表1－5）。按不同运作类型基金来看，封闭式基金第2、第4季度净值规模有所增长，但总体上变动幅度不大，开放式基金净值规模第2、第4季度上升较大（见表1－6）。

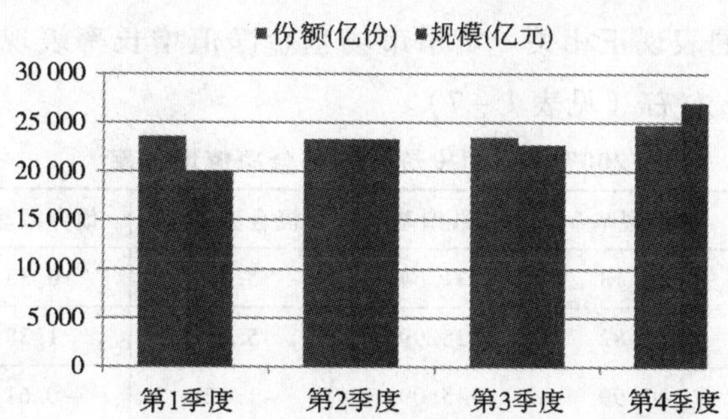

图1－41　2009年各季度基金份额及规模

数据来源：Wind资讯。

表1－5　　2009年不同投资类型基金净值　（单位：亿元）

季度	股票型基金	指数型基金	混合型基金	债券型基金	货币市场基金
第1季度	14 399.8	14 14.7	301.8	1 272.1	2 203.0
第2季度	17 640.0	1 853.8	331.1	1 113.6	1 628.7
第3季度	16 824.9	2 683.4	334.4	932.6	1 183.1
第4季度	18 936.3	3 549.8	322.4	807.7	2 595.3

数据来源：Wind资讯。

表 1－6　　2009 年不同运作类型基金各季度净值　　（单位：亿元）

季度	封闭式基金	开放式基金	LOF(1)	ETF(2)	QDII(3) 基金
第 1 季度	737.7	16 419.2	1 886.3	260.8	515.3
第 2 季度	836.2	18 489.5	2 252.4	349.1	671.6
第 3 季度	803.1	17 778.6	2 215.9	482.8	710.4
第 4 季度	920.7	20 973.7	2 625.3	662.1	735.6

注：（1）LOF 为上市开放式基金。

（2）ETF 为交易型开放式指数基金。

（3）QDII 为合格境内机构投资者。

数据来源：Wind 资讯。

2. 股票市场表现决定基金净值增长率，指数型基金表现出众。由于 A 股市场波动的幅度远大于债券和货币市场，股票市场成了不同类型基金净值增长率的决定因素。2009 年除了第 3 季度的调整外，其他季度股票市场有较大的上涨。在 3 个上涨的季度中，指数型基金净值增长最高，股票型基金次之。由于债券型基金中有较多可以投资于可转换债券和股票一级市场的基金，债券型基金总体上与股市的表现正相关。货币市场基金净值增长率表现稳定，年度净值增长率约在 1.5% 左右（见表 1－7）。

表 1－7　　2009 年不同投资类型基金净值增长率　　（单位：%）

季度	股票型基金	指数型基金	混合型基金	债券型基金	货币市场基金
第 1 季度	22.13	31.64	3.43	0.33	0.36
第 2 季度	19.82	25.99	5.46	1.38	0.38
第 3 季度	-2.99	-5.09	-1.12	-0.61	0.42
第 4 季度	18.71	16.63	7.15	3.81	0.33

数据来源：Wind 资讯。

3. 封闭式基金折价率下降，明显低于历史平均水平。2008 年，A 股牛熊市提高了封闭式基金的折价率，2009 年 A 股进入牛市，封闭式基金的折价率不断下降（见图 1－42），明显低于前几年 30% 的平均水平，投资者对市场保持着较高的信心。

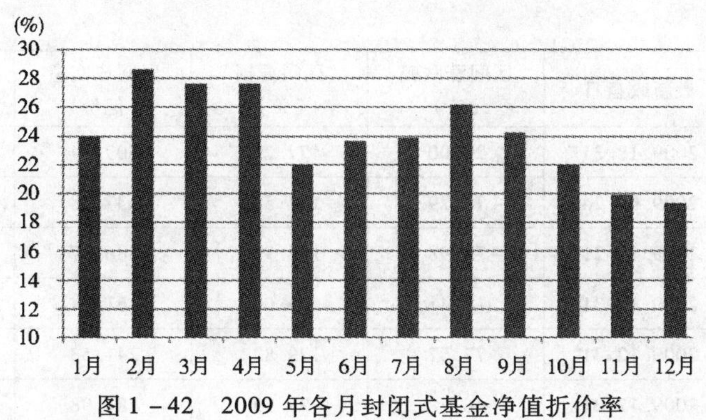

图1－42　2009年各月封闭式基金净值折价率

数据来源：Wind资讯。

（四）权证交易市场情况

2009年随着权证市场的萎缩，权证交易呈现下滑趋势。2009年全年权证市场总成交金额为53 646.70亿元。其中，上海证券交易所成交4.9万亿元，比2008年5.96万亿元的成交额减少了1.06万亿元，降幅达17.79%；深圳证券交易所成交4 639亿元，比2008年10 064亿元的水平下降了5 425亿元，降幅达53.91%。2009年共有244个交易日，权证日均成交额为219.86亿元，较2008年283.3亿元的水平下降约22.39%。权证市场全年成交量为18 403.87亿份，日均成交量为75.43亿份，较2008年日均成交187.77亿份的水平下降了59.83%。从单只权证来看，江铜CWB1成交额最大，全年成交达16 743.05亿元（见表1－8）。

表1－8　　2009年权证交易情况

名称	最新收盘日	区间涨跌幅（%）	区间振幅（%）	区间成交量（亿份）	区间成交额（亿元）
江铜CWB1	2009.12.31	286.49	414.54	4 613.18	16 743.05
石化CWB1	2009.12.31	3.35	52.32	4 090.88	7 055.37
宝钢CWB1	2009.12.31	26.12	79.24	2 851.06	4 595.67
上汽CWB1	2009.12.31	－95.96	208.23	896.40	3 396.34
葛洲CWB1	2009.12.31	－13.98	102.34	846.44	2 747.77
武钢CWB1	2009.04.20	－99.80	177.21	1 330.76	2 636.01

续表

名称	最新收盘日	区间涨跌幅（%）	区间振幅（%）	区间成交量（亿份）	区间成交额（亿元）
国电 CWB1	2009. 12. 31	29. 00	77. 28	709. 54	2 199. 92
国安 GAC1	2009. 09. 24	-74. 29	154. 59	337. 08	1 911. 68
青啤 CWB1	2009. 10. 21	-78. 98	164. 91	386. 07	1 842. 42
中兴 ZXC1	2009. 12. 31	-1. 41	76. 06	161. 44	1 681. 72
赣粤 CWB1	2009. 12. 31	77. 57	129. 82	241. 53	1 529. 29
长虹 CWB1	2009. 12. 31	46. 78	96. 95	484. 98	1 471. 89
康美 CWB1	2009. 05. 27	10. 14	119. 38	378. 65	1 354. 35
中远 CWB1	2009. 08. 27	-78. 55	159. 55	184. 08	1 145. 20
深高 CWB1	2009. 11. 02	-99. 46	152. 24	368. 05	1 108. 38
阿胶 EJC1	2009. 07. 17	49. 46	62. 00	84. 64	1 045. 94
云化 CWB1	2009. 03. 10	-33. 50	67. 57	51. 16	630. 94
上港 CWB1	2009. 03. 10	-98. 45	181. 50	387. 93	550. 73

数据来源：Wind 资讯。

从市值上看，截至 2009 年年末，权证市场市值为 209. 27 亿元，余额为 80. 40 亿份。其中，市值最大的 3 只权证是江铜 CWB1、石化 CWB1、宝钢 CWB1，合计市值为 162. 96 亿元，占权证市场总市值的 77. 87%；市值最小的是上汽 CWB1、赣粤 CWB1 和中兴 ZXC1，合计市值为 9. 83 亿元，仅占权证市场总市值的 4. 70%。

从涨幅上看，2009 年 A 股市场迎来一轮上涨行情，而权证市场则远远跑输正股。仍在交易的 9 只权证中，仅长虹 CWB1 跑赢了正股，其余权证全部大幅跑输正股，尤其是上汽、中兴、石化等权证落后正股 100% 以上。可见，在 2008 年正股大幅下跌时，对应的权证表现出了良好的抗跌特征，进入 2009 年后压涨特征也很明显。

第三节 2009 年中国证券业发展基本情况

一、证券公司规模和营业网络

（一）证券公司规模

据中国证券业协会数据，2009 年全国共有证券公司 106 家，比 2008 年减少 1 家。2003～2009 年证券公司数量及其增长率如图 1－43 所示。

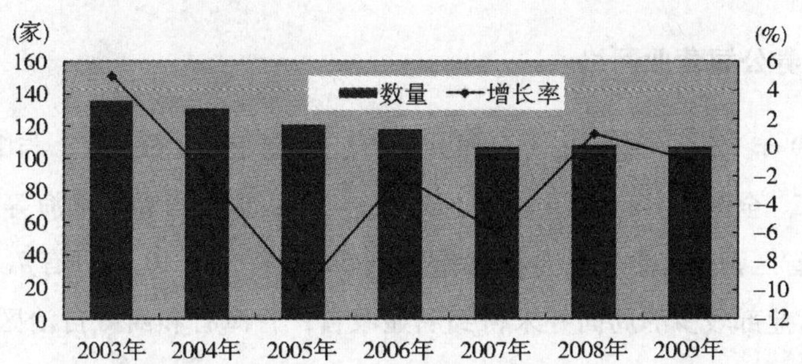

图 1－43 2003～2009 年证券公司数量及增长率

数据来源：中国证券业协会网站、Wind 资讯。

（二）证券公司资产规模

2009 年，106 家证券公司总资产规模合计 20 300 亿元。相比 2008 年 107 家券商总资产 12 000 亿元，同比增加 69.17%；平均每家券商总资产为 191.51 亿元，同比增加 70.76%。全部证券公司净资产规模合计为 4 839 亿元，同比增加 34.98%（见表 1－9）；平均每家券商净资产为 45.65 亿元，同比增加 36.27%。

表 1－9　　2009 年证券公司规模和经营业绩

指标	2009 年（亿元）	2008 年（亿元）	同比增长（%）
营业收入	2 050	1 251	63.87
代理买卖证券业务净收入	1 419	882	60.88
证券承销业务净收入	152	77	97.40
受托客户资产管理业务净收入	16	15	6.67
证券投资收益（含公允价值变动）	232	—	—
净利润	933	482	93.57
总资产	20 300	12 000	69.17
净资产	4 839	3 585	34.98
净资本	3 832	2 887	32.73

数据来源：中国证券业协会网站、Wind 资讯。

（三）证券公司营业网络

截至 2009 年 12 月，全国证券公司共设有证券营业部 3 663 家，与 2008 年相比增加了 544 家。全国证券营业部主要分布在长三角、珠三角和环渤海等经济发达地区，前 10 名省区营业部数量占全国比重达到 66.91%，后 10 名只有 7.92%，中西部地区证券营业部较少的局面并未得到明显改善，青海省和西藏自治区分别只有 6 家和 2 家营业部。

在地区排名方面，与 2008 年相比，前 10 名省区基本没有变化，仅福建省和湖北省排名对调。广东省营业部数量依然位居全国首位，达到 549 家，所占比重达到 14.99%，上海市、浙江省列第 2、第 3 位，占比分别为 12.56% 和 6.88%（见表 1－10）。

表 1－10　　2009 年证券公司营业部的地区分布

排名	地区	营业部数量（家）	所占比重（%）
1	广东省	549	14.99
2	上海市	460	12.56
3	浙江省	252	6.88
4	江苏省	234	6.39
5	北京市	203	5.54
6	山东省	189	5.16

续表

排名	地区	营业部数量（家）	所占比重（%）
7	辽宁省	162	4.42
8	四川省	148	4.04
9	福建省	137	3.74
10	湖北省	117	3.19
11	湖南省	115	3.14
12	黑龙江省	101	2.76
13	河南省	100	2.73
14	江西省	90	2.46
15	天津市	83	2.27
16	安徽省	80	2.18
17	河北省	79	2.16
18	重庆市	79	2.16
19	广西壮族自治区	66	1.80
20	吉林省	65	1.77
21	陕西省	64	1.75
22	山西省	55	1.50
23	甘肃省	48	1.31
24	内蒙古自治区	41	1.12
25	云南省	40	1.09
26	新疆维吾尔自治区	32	0.87
27	贵州省	26	0.71
28	海南省	25	0.68
29	宁夏回族自治区	15	0.41
30	青海省	6	0.16
31	西藏自治区	2	0.05
总计		3 663	100.00

数据来源：上海证券交易所网站。

二、证券公司财务状况、资产质量与经营风险测度指标

（一）证券公司财务状况和资产质量

受益于股市回暖，2009 年券商盈利较 2008 年出现大幅增长。2009 年证券公司实现营业收入总额为 2 050. 41 亿元，同比增长 63. 90%；实现净利润为 932. 71 亿元，同比增加 93. 51%。2009 年实现盈利的证券公司共有 104 家，比 2008 年增加 9 家。

在净利润的市场份额方面，证券行业呈现明显的两极分化态势。据 Wind 数据，中信证券以 89. 94 亿元的净利润排名第 1 位；国泰君安紧随其后，净利润达到 63. 02 亿元；广发证券排第 3 位，2009 年实现净利润 46. 90 亿元。2009 年跻身净利润前 10 位的其他券商依次是：海通证券、银河证券、国信证券、申银万国、华泰证券、招商证券、光大证券。在市场集中度方面，前 10 位的券商净利润总额为 475. 52 亿元，占 2009 年 106 家券商净利润总额的 50. 97%，说明我国证券公司盈利能力两极分化严重，综合实力较强的券商占据了大部分市场份额。

（二）证券公司经营风险测度指标

《证券公司风险控制指标管理办法》第 20 条规定，证券公司必须持续符合一系列特定风险控制指标。从 2009 年来看，全部证券公司净资本总额为 3 832 亿元，同比增加 32. 7%。净资本与净资产的比例为 79. 19%，高于监管层规定的 40% 的下限；净资本与负债的比例为 24. 78%，高于监管层规定的 8% 的下限；净资产与负债的比例为 31. 3%，高于 20% 的监管下限。2009 年，证券行业经营风险控制较为良好。

三、证券公司主要业务数据

（一）承销业务

2009 年，63 家证券公司承担了主承销业务，共完成 544 家股票债券主承

销，比2008年增加224家。其中，中信证券继续排名第1位，主承销55家；中国国际金融有限公司（简称“中金公司”）和国信证券排第2、第3位，分别主承销31家和30家（见表1-11）。在市场集中度方面，2009年证券公司股票和债券主承销家数的市场集中度 CR_4 达到26.47%，与2008年相比下降5.7个百分点；CR_8 达到44.67%，与2008年相比下降6.53个百分点。

表1-11　2008~2009年证券公司股票和债券承销家数排名前20名

名次	2009年公司排名	2009年主承销家数	2008年公司排名	2008年主承销家数
1	中信证券	55	中信证券	41
2	中金公司	31	国泰君安	23
3	国信证券	30	中金公司	20
4	中信建投	28	平安证券	19
5	平安证券	27	国信证券	18
6	银河证券	26	广发证券	17
7	国泰君安	24	银河证券	14
8	招商证券	22	海通证券	12
9	瑞银证券	16	中信建投	11
10	华林证券	15	中银国际	11
11	海通证券	15	招商证券	9
12	广发证券	15	联合证券	8
13	安信证券	13	安信证券	7
14	西南证券	13	宏源证券	7
15	中投证券	12	光大证券	6
16	光大证券	12	瑞银证券	6
17	中银国际	11	中投证券	6
18	华泰联合	11	东北证券	5
19	华泰证券	10	长江保荐	4
20	国元证券	10	第一创业	4

数据来源：中国证券业协会网站。

2008~2009年股票和债券承销金额排前20名的证券公司名单见表1-12所示。2009年证券公司股票和债券承销总金额为10 061.62亿元，较2008年增加3 714.98亿元，同比增长58.53%。中信证券和中金公司凭借其在承销方面的资源优势，占据了较大的市场份额，呈现出“强者恒强”的态势，两家证券公司分别占16.02%和10.37%的比重。中银国际的排名由2008年的第5名上升到2009年的第3名，市场占有率达到5.56%。2009年6月IPO重新开闸以及创业板开启之后，上市主体多以中小市值公司为主，数量众多，中小型证券公司可以从市场中分得一杯羹，带来市场集中度的下降。2009年，证券公司股票、债券承销金额的市场集中度 CR_4 和 CR_8 分别达到36.61%和53.94%，与2008年的相比分别下降了6.59和7.16个百分点。

表1－12　2008～2009年证券公司股票和债券承销金额前20名

名次	2009年排名	2009年承销金额（亿元）	市场占有率（%）	2008年排名	2008年承销金额（亿元）	市场占有率（%）
1	中信证券	1 612.26	16.02	中信证券	1 119.33	17.63
2	中金公司	1 043.24	10.37	中金公司	655.90	10.33
3	中银国际	559.42	5.56	国泰君安	515.52	8.12
4	中信建投	468.33	4.65	银河证券	449.92	7.09
5	瑞银证券	457.69	4.55	中银国际	442.12	6.97
6	招商证券	454.39	4.52	中信建投	272.95	4.30
7	国泰君安	419.44	4.17	安信证券	211.15	3.33
8	银河证券	412.35	4.10	招商证券	210.80	3.32
9	国信证券	346.07	3.44	国信证券	206.40	3.25
10	平安证券	318.97	3.17	平安证券	179.32	2.82
11	中投证券	241.96	2.40	广发证券	162.34	2.56
12	广发证券	216.86	2.16	海通证券	154.90	2.44
13	华泰证券	210.08	2.09	光大证券	154.10	2.43
14	光大证券	199.69	1.98	瑞银证券	147.63	2.33
15	宏源证券	199.48	1.98	宏源证券	112.34	1.77
16	华林证券	189.61	1.88	中投证券	96.44	1.52
17	长江保荐	180.55	1.79	高盛高华	92.98	1.47
18	海通证券	170.96	1.70	第一创业	86.59	1.36
19	西南证券	154.70	1.54	长江保荐	77.11	1.21
20	安信证券	148.77	1.48	西南证券	63.83	1.01

数据来源：中国证券业协会网站。

如图1－44所示，随着股票市场触底反弹，IPO重新开启使得股票市场恢复融资功能，加上酝酿许久的创业板市场于2009年10月30日正式开始交易，压抑许久的股票承销迅速增长。而债券承销继续保持稳定发展态势，2009年主承销金额达 4 309 亿元，同比增长 65.15%。根据中国证券业协会的统计，2009 年主承销金额 10 061.62 亿元已超过 2007 年，创历史新高。

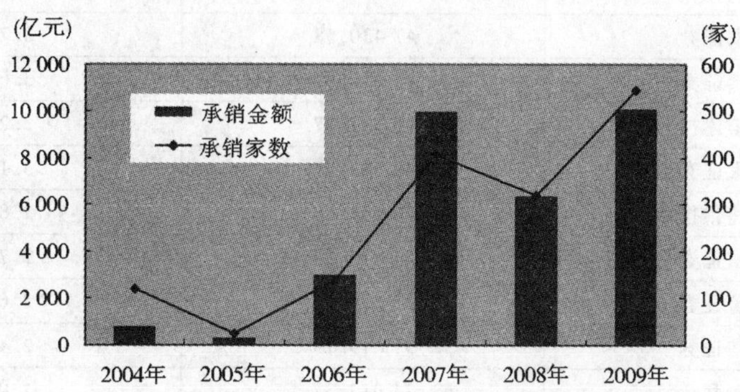

图 1－44　2004～2009 年证券公司承销家数和承销金额变化

数据来源：中国证券业协会网站、Wind 资讯。

（二）经纪业务

2009 年，A 股市场震荡上行，同时在充裕流动性和流通盘不断扩大的支持下，A 股市场成交量迅速放大，成为证券公司全年业绩的支撑。根据 Wind 数据，2009 年度全部证券公司经纪业务代理交易额（含股票、基金、债券和权证）达到 1 262 407.59 亿元，同比增加 74.16%。在证券公司经纪业务排名中，国泰君安、中国银河、国信证券等老牌券商继续保持经纪业务的传统优势，占据了排名的前 3 位（见表 1－13）。随着券商营业部数量的激增，证券经纪业务竞争日趋激烈，大型券商经纪业务市场份额有所下降。2009 年证券公司经纪业务的市场集中度 CR_4 为 20.22%，与 2008 年相比下降 2.18 个百分点。

表 1－13　　2009 年证券公司经纪业务前 20 名

证券公司	交易额合计（亿元）	交易额合计占比（%）
国泰君安	73 624.62	5.83
银河证券	70 732.55	5.60
国信证券	56 829.26	4.50
海通证券	54 115.32	4.29
申银万国	53 594.42	4.25

续表

证券公司	交易额合计（亿元）	交易额合计占比（%）
招商证券	50 595.42	4.01
广发证券	47 430.58	3.76
华泰证券	45 620.32	3.61
中信建投	40 587.57	3.22
光大证券	40 323.73	3.19
中国建银投资	36 151.80	2.86
安信证券	34 878.57	2.76
齐鲁证券	33 659.85	2.67
中信证券	31 019.79	2.46
华泰联合	24 012.37	1.90
方正证券	22 069.70	1.75
中金公司	20 535.28	1.63
长江证券	20 071.10	1.59
中信金通	19 191.00	1.52
兴业证券	17 729.96	1.40

数据来源：Wind 资讯。

在经纪业务净收入方面，2009 年全部券商实现代理买卖证券业务净收入 1 419亿元，比 2008 年同比增长 60.9%。其中，中信证券（合并报表）、银河证券、广发证券（合并报表）位列行业三甲，分别实现收入 169.19 亿元、86.7 亿元、81.35 亿元。

（三）资产管理业务

虽然目前证券公司主要收入来源仍是经纪、自营、承销三大传统业务，但资产管理业务对证券公司收入的贡献开始逐渐显现。截至 2009 年年末，券商集合理财产品现存续 78 只，资产净值达 951.37 亿元。华泰证券集合理财资产净值规模排在第 1 位，达 142.37 亿元（见表 1－14）。究其原因，从监管层面看，风险处置工作和客户资金第三方存管工作的完成排除了资金挪用风险，同时券商在上一轮市场下跌中整体自营风险控制表现较好，中国证监会推动的以净资本为中心的风险控制奏效，监管层开始提升产品审批节奏。另外，从券商层面看，很多券商其他业务发展空间受到挤压，开始把资产管理业务作为发展的重点，尤其是没有参股、控股基金公司的券商开始大力发展资产管理业务。

表 1－14　　2009 年证券公司集合理财净值情况

证券公司	集合理财资产净值（亿元）	市场排名
华泰证券	142.37	1
中信证券	113.35	2
光大证券	105.94	3
中金公司	47.36	4
东方证券	47.23	5
国信证券	47.00	6
招商证券	43.59	7
国泰君安	37.92	8
广发证券	33.63	9
长江证券	31.48	10
宏源证券	26.02	11
东海证券	25.34	12
申银万国	23.88	13
兴业证券	20.41	14
齐鲁证券	20.39	15

数据来源：Wind 资讯。

为了拓展业务线，寻找新的利润增长点，证券公司纷纷持股基金公司。按股权比例归属证券公司的公募基金资产净值规模排名，中信证券排第 1 位，2009 年第 4 季度为 2 657.59 亿元（见表 1－15）。券商投资基金公司的主要原因是利益冲动，基金公司管理费多、利润高，能为券商贡献更多的利润。作为股东，券商也会为基金公司做贡献，券商可以在自己的营业部推销其控股基金公司旗下的基金。如此，券商能收到手续费，基金公司基金销售情况良好，收到管理费，券商和基金公司实现双赢。

表 1－15　　2009 年按股权比例归属证券公司的公募基金资产净值　（单位：亿元）

证券公司	2009Q1	2009Q2	2009Q3	2009Q4
中信证券	2 027.50	2061.23	2493.86	2657.59
广发证券	618.65	763.68	803.97	932.71
招商证券	724.31	815.15	858.69	855.64

续表

证券公司	2009Q1	2009Q2	2009Q3	2009Q4
华泰证券	550.51	618.92	639.81	658.35
光大证券	384.80	473.94	478.42	531.95
长城证券	389.90	472.05	472.13	458.78
海通证券	311.54	396.07	393.09	415.25
东方证券	267.86	315.70	358.49	362.69
新时代证券	275.13	342.32	342.37	357.20
兴业证券	260.98	308.67	318.63	343.90
申银万国	207.05	258.52	255.54	340.11
中国银河证券	247.97	294.42	298.90	330.18
国信证券	241.93	265.62	280.04	298.37
西南证券	146.30	173.34	184.81	216.66
第一创业证券	146.30	173.34	184.81	216.66

注：2009Q1 表示 2009 年第 1 季度，依此类推。

数据来源：Wind 资讯。

（四）自营业务

根据 Wind 资讯中已公布完整自营业务资料的券商数据，2009 年 72 家券商自营业务净收入（公允价值变动净收益与投资净收益之和，未扣除联营和合营企业投资收益）总额为 266.21 亿元，较 2008 年该 72 家券商自营收入同比增长 254.21%。

从公司来看，2009 年上述证券公司自营业务两极分化严重。国泰君安以 35.7 亿元的自营净收入高居榜首，中信证券 35.3 亿元位列次席。广发证券、东方证券、招商证券分列第 3 到第 5 位，其自营业务净收入分别为 16.13 亿元、12.63 亿元、10.98 亿元（见表 1－16）。

表 1－16　　2008～2009 券商自营业务收入前 20 位　　（单位：亿元）

证券公司	2009 年	2008 年
国泰君安	35.70	61.45
中信证券	35.30	31.10
广发证券	16.13	10.03
东方证券	12.63	－21.21

续表

证券公司	2009 年	2008 年
招商证券	10.98	6.08
海通证券	10.39	10.41
申银万国	8.55	-3.51
华泰证券	7.42	-1.44
长江证券	7.17	6.10
中金公司	6.02	8.62
兴业证券	5.78	-5.43
东海证券	5.47	-4.65
光大证券	5.23	-2.03
齐鲁证券	4.78	-3.06
上海证券	4.69	-1.55
第一创业	4.68	1.97
东北证券	4.32	0.21
中天证券	4.23	-5.34
平安证券	4.21	1.52
宏源证券	3.65	0.09

数据来源：Wind 资讯。

（五）基金服务业

2009 年，券商更加注重研究服务。券商卖方研究服务既可以使券商获得佣金分仓收入，也可以树立券商品牌。根据 Wind 数据，2009 年券商从基金获得的分仓收入达 66.9 亿元，规模创历史新高，比 2008 年增加 58.27%。

由表 1-17 可以看到，申银万国、中信证券、中金公司分别占据证券公司基金交易分仓收入前 3 位，市场份额分别为 7.01%、6.79%、6.55%。一般来说，决定基金分仓的因素并非券商之间的费率竞争，因为基金需要付给券商的佣金费率差别非常小。基金更看重券商的研究能力，会根据券商的研究能力综合打分，再根据评分决定分仓的比例。因此，拥有实力强大的投资研究团队的大中型券商占据了基金分仓佣金的大部分份额，如业内公认的具有较强研究实力的申银万国、中金公司、中信证券，以及北京高华证券这种具有深厚外资背景的合资券商。

表 1－17　　2009 年证券公司基金交易分仓收入排名

名次	公司名称	分仓收入（亿元）	市场份额（%）
1	申银万国	46 877. 60	7. 01
2	中信证券	45 455. 48	6. 79
3	中金公司	43 812. 88	6. 55
4	国泰君安	40 929. 26	6. 12
5	海通证券	30 379. 84	4. 54
6	国信证券	30 022. 62	4. 49
7	招商证券	29 830. 45	4. 46
8	安信证券	27 975. 87	4. 18
9	华泰联合	24 321. 77	3. 64
10	国金证券	24 072. 79	3. 60
11	北京高华	21 928. 90	3. 28
12	中国银河	21 534. 02	3. 22
13	中信建投	20 977. 04	3. 14
14	中银国际	19 792. 68	2. 96
15	广发证券	17 924. 17	2. 68
16	长江证券	17 150. 81	2. 56
17	光大证券	17 008. 83	2. 54
18	长城证券	16 411. 87	2. 45
19	东方证券	14 753. 99	2. 21
20	兴业证券	14 255. 34	2. 13

数据来源：Wind 资讯。

随着中小券商积极介入基金交易分仓，市场集中度呈现逐步下降的趋势。2009 年证券公司基金交易分仓收入的市场集中度 CR_4 和 CR_8 分别达到了 26. 47%、44. 14%，较 2008 年下降了 1. 85 个百分点和 1. 22 个百分点（见表 1－18 和图 1－45）。

表 1－18　　2003～2009 年券商基金分仓收入和市场集中度变化

年份	分仓收入（亿元）	CR_4（%）	CR_8（%）
2003 年	27 070. 56	32. 70	50. 61
2004 年	42 509. 60	30. 87	49. 12

续表

年份	分仓收入（亿元）	CR_4（%）	CR_8（%）
2005 年	45 508. 80	32. 57	51. 27
2006 年	117 706. 00	31. 57	51. 34
2007 年	591 189. 30	29. 63	48. 86
2008 年	422 659. 70	28. 32	45. 36
2009 年	669 009. 12	26. 47	44. 14

数据来源：Wind 资讯。

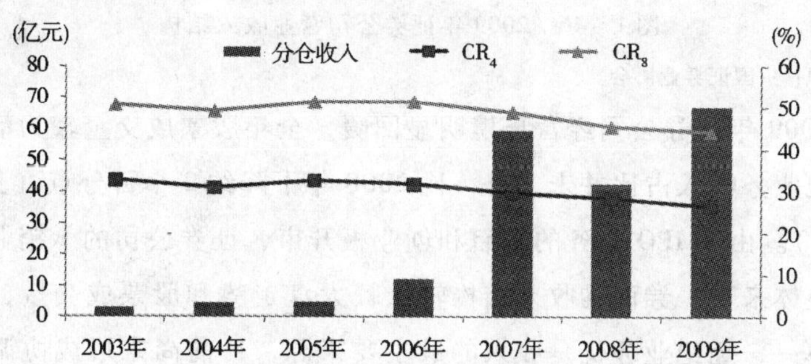

图 1－45　2003～2009 年证券公司基金交易分仓收入和市场集中度

数据来源：Wind 资讯。

四、券商业务利润变动和收入结构情况

2009 年沪、深股市稳步回升，使得证券公司收入和利润增长明显。据中国证券业协会数据，全年证券公司实现营业收入 2 050. 41 亿元，同比增加 63. 90%；实现净利润 932. 71 亿元，同比增加 93. 51%。

在营业收入的细项数据方面，据中国证券业协会的数据，代理买卖证券业务净收入 1 419. 45 亿元，证券承销与保荐及财务顾问业务净收入 151. 62 亿元，受托客户资产管理业务净收入 15. 96 亿元，证券投资收益（含公允价值变动）231. 73 亿元。可见，经纪、自营、承销三大传统业务依然是证券公司主要收入来源，所占比重分别为 69. 23%、11. 30%、7. 39%（见图 1－46）。

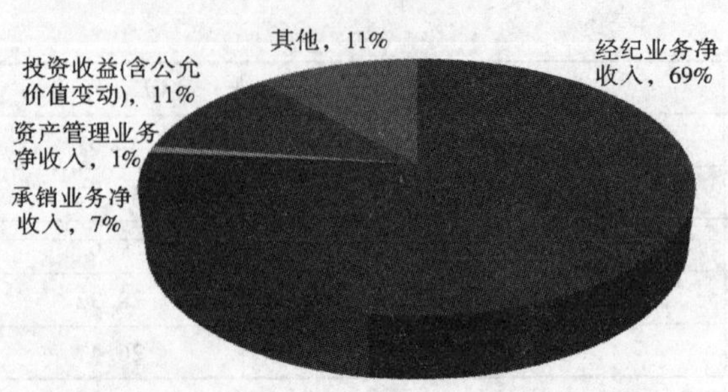

图 1－46　2009 年证券公司营业收入结构

数据来源：中国证券业协会。

尽管 2009 年证券公司经营环境明显回暖，全年股票成交量较为活跃，但证券公司经纪业务收入占比并未上升，比 2008 年下降约 2 个百分点（见图 1－46 和图 1－47）。由于 IPO 业务的重启和创业板开市，证券公司的承销业务占比有所增加。整体来看，券商的收入结构较依赖大盘走势和股票成交量，业务品种依然比较单一，经纪业务仍是收入的最主要来源，目前尚未形成协调发展和较为完善的业务结构和盈利能力，抗风险能力差。

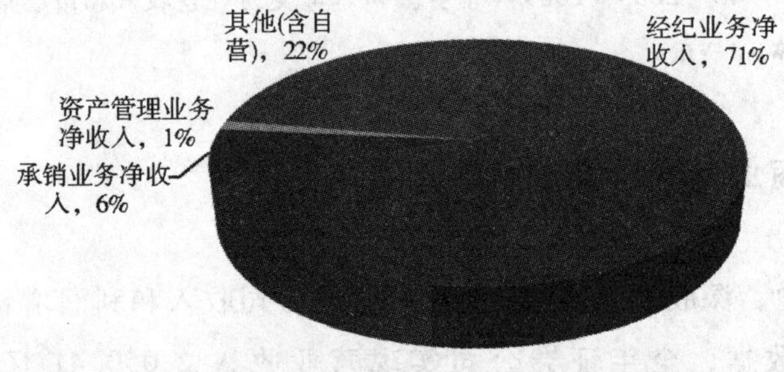

图 1－47　2008 年证券公司营业收入结构

数据来源：中国证券业协会。

五、监管部门的基础性制度建设

（一）中国证监会发布《关于加强上市证券公司监管的规定》

为加强对上市证券公司的监管，根据《中华人民共和国证券法》（简称

《证券法》)、《证券公司监督管理条例》等相关规定，中国证监会于2009年4月3日发布《关于加强上市证券公司监管的规定》(以下简称《规定》)。

在对上市证券公司的监管上，《规定》确立了“从严”、“从一般”原则。按照从严原则，上市证券公司既要符合机构监管法规的规定，又要符合发行、上市监管法规的规定，相关规定和监管要求有差别的从严执行。按照从一般原则，发行、上市监管法规的一般原则和规定不因上市证券公司的行业特点而例外豁免，如上市证券公司发行新股、可转换公司债等融资行为；同时，涉及证券公司变更注册资本的，应当向监管部门申请出具监管意见书并报送相关申请审核材料。上市证券公司的融资行为和重大资产重组涉及5%以上股权变更的，还应当报送股权变更审核材料。[①]

(二)《证券公司分类监管规定》出台

2009年5月26日，中国证监会正式发布《证券公司分类监管规定》，明确了5类11级的券商分类标准和评价程序，未来监管将根据证券公司分类结果对不同类别的证券公司实施区别对待的监管政策。

证券公司风险管理能力主要根据资本充足、公司治理与合规管理、动态风险监控、信息系统安全、客户权益保护、信息披露6类评价指标，按照《证券公司风险管理能力评价指标与标准》进行评价，反映证券公司对流动性风险、合规风险、市场风险、信用风险、技术风险及操作风险等的管理能力。证券公司市场竞争力主要根据证券公司经纪业务、承销与保荐业务、资产管理业务、成本管理能力、创新能力等方面的情况进行评价。证券公司持续合规状况主要根据司法机关采取的刑事处罚措施、中国证监会及其派出机构采取的行政处罚措施、监管措施及证券行业自律组织纪律处分的情况进行评价。

六、基金公司基本情况

2009年多数基金公司规模增长，易方达、广发和交银施罗德依靠出色的业

① 资料来源：中国证监会网站、《上海证券报》。

绩，规模发生了明显的扩大；而业绩靠后的工银瑞信在牛市中规模发生较大的下滑，已经跌出前10名（见表1－19）。净值规模前5名公司仍与2008年相同，但易方达从第5位上升到第2位，前5家的规模占总规模的31.6%，比2008年稍高。前10家公司中，银华基金和交银施罗德为新进入的2家，取代2008年的工银瑞信和上投摩根，前10家公司净值规模占比为49.3%，高于2008年的水平。

表1－19　2009年各基金公司公募基金规模变化

序号	基金管理公司	2009年（亿元）	2008年（亿元）	2009年增长（亿元）	增长率（%）
1	华夏	2 657.4	1 980.3	677.1	34.19
2	易方达	1595.3	885.9	709.4	80.08
3	嘉实	1 529.8	1 375.2	154.6	11.24
4	博时	1 504.5	1 257.6	246.9	19.63
5	南方	1 222.6	1 029.3	193.3	18.78
6	广发	1 104.7	669.3	435.4	65.05
7	大成	1 060.5	707.4	353.1	49.92
8	华安	930.1	695.0	235.1	33.83
9	交银施罗德	923.9	483.8	440.1	90.97
10	银华基金	747.1	524.3	222.8	42.49
11	富国	653.6	408.2	245.4	60.12
12	长盛	647.7	273.2	374.5	137.08
13	工银瑞信	626.8	752.3	－125.6	－16.68
14	华宝兴业	619.5	481.5	138.0	28.66
15	汇添富	615.5	472.2	143.3	30.35
16	鹏华	596.7	476.9	119.8	25.12
17	融通	595.3	367.4	227.9	62.03
18	国泰	594.0	316.6	277.4	87.62
19	上投摩根	584.5	490.0	94.5	19.29
20	景顺长城	536.9	417.4	119.5	28.63
21	诺安	511.6	332.2	179.4	54.00
22	中邮创业	482.7	258.0	224.7	87.09
23	海富通	458.1	385.0	73.1	18.99
24	建信	437.3	378.0	59.3	15.68

续表 1

序号	基金管理公司	2009 年（亿元）	2008 年（亿元）	2009 年增长（亿元）	增长率（%）
25	国投瑞银	437.2	235.2	202.0	85.88
26	兴业	434.6	251.0	183.6	73.15
27	长城	415.9	290.1	125.8	43.36
28	光大保德信	398.3	233.0	165.3	70.94
29	招商	355.6	396.6	-41.0	-10.34
30	泰达荷银	302.5	208.1	94.4	45.36
31	中银	290.0	222.6	67.4	30.28
32	长信	274.7	233.6	41.1	17.59
33	申万巴黎	236.6	104.6	132.0	126.20
34	友邦华泰	220.7	127.0	93.7	73.78
35	中海	204.8	154.8	50.0	32.30
36	国海富兰克林	183.5	135.6	47.9	35.32
37	万家	150.3	128.4	21.9	17.06
38	泰信	136.3	126.1	10.2	8.09
39	信诚	134.5	93.9	40.6	43.24
40	华商	133.8	47.8	86.1	179.92
41	农银汇理	131.7	97.2	34.5	35.49
42	银河	130.1	158.8	-28.7	-18.07
43	宝盈	114.3	92.4	21.9	23.70
44	东方	103.8	74.2	29.6	39.89
45	国联安	102.3	52.2	50.1	95.98
46	信达澳银	100.4	59.0	41.4	70.17
47	汇丰晋信	99.5	62.8	36.6	58.44
48	益民	76.5	56.9	19.6	34.45
49	新华	71.4	10.2	61.2	600.00
50	东吴	70.3	75.4	-5.1	-6.76
51	华富	59.3	48.0	11.3	23.54
52	天治	54.8	61.8	-7.0	-11.33
53	中欧	47.4	20.9	26.5	126.79
54	金鹰	46.5	18.9	27.6	146.03
55	天弘	45.0	33.9	11.1	32.74
56	诺德	44.7	33.7	11.0	32.64

续表2

序号	基金管理公司	2009年（亿元）	2008年（亿元）	2009年增长（亿元）	增长率（%）
57	金元比联	32.9	39.4	-6.5	-16.50
58	摩根士丹利华鑫	32.6	16.6	16.0	96.39
59	浦银安盛	18.4	16.7	1.7	10.18
60	民生加银	14.3		14.3	

数据来源：Wind资讯。

股票型基金净值增长率排在前3位的是东方、银华、光大保德信（见表1-20），其中没有2008年前3位的公司。可见牛市排名与熊市排名差异较大，基金公司管理业绩存在较大偶然性。

表1-20　2009年各基金公司净值增长率　（单位:%）

序号	基金管理公司	股票型基金	混合型基金	债券型基金	货币市场基金
1	东方	95.71		-1.38	1.55
2	银华	92.54	21.92	18.72	1.23
3	光大保德信	88.45		1.65	1.45
4	中邮创业	87.08			
5	新华	85.07			
6	华宝兴业	83.42		3.18	1.29
7	华商	80.67		9.83	
8	交银施罗德	79.41	7.69	7.14	1.50
9	兴业	79.18	36.23	1.06	0.98
10	易方达	78.50		6.47	1.85
11	国投瑞银	77.81	44.40	4.18	1.05
12	建信	77.47		6.18	1.71
13	鹏华	77.05		8.53	1.53
14	广发	74.76		1.78	1.17
15	长城	74.58		5.46	0.86
16	国泰	74.46	5.05	7.80	1.49
17	益民	73.19		0.29	0.66
18	富国	73.15		5.76	1.53
19	大成	72.82		8.16	1.43
20	诺安	71.55		2.29	1.20
21	华安	70.26		5.08	1.48

续表1

序号	基金管理公司	股票型基金	混合型基金	债券型基金	货币市场基金
22	长盛	68.85		8.26	1.62
23	博时	66.72		-0.17	1.69
24	泰达宏利	66.32	37.13	0.11	1.31
25	海富通	66.22		4.33	1.76
26	银河	66.17		7.07	1.12
27	国联安	65.71	32.52	5.97	
28	景顺长城	65.48			1.17
29	信达澳银	65.22		0.93	
30	上投摩根	65.05		1.00	0.97
31	国海富兰克林	64.91		2.42	
32	中银	64.63		3.95	1.46
33	诺德	64.56		4.42	
34	申万巴黎	63.94	12.21	1.69	0.84
35	摩根士丹利华鑫	63.42		0.00	1.74
36	长信	63.04		3.93	1.71
37	融通	62.57		1.74	1.66
38	华夏	61.32		6.71	1.74
39	中海	61.14		7.13	
40	信诚	60.11		2.23	
41	嘉实	58.10		4.16	1.44
42	南方	57.88	14.71	4.07	1.46
43	汇添富	55.67		1.83	1.51
44	泰信	53.42		1.84	1.47
45	宝盈	51.83		9.68	0.37
46	华泰柏瑞	50.64		6.13	0.37
47	招商	50.23	31.05	6.36	1.34
48	金鹰	49.76			
49	华富	49.73		11.61	1.60
50	天治	48.83		0.93	1.66
51	汇丰晋信	45.07	23.58	-1.42	
52	浦银安盛	44.16		0.40	
53	万家	42.65		6.02	1.70

续表 2

序号	基金管理公司	股票型基金	混合型基金	债券型基金	货币市场基金
54	工银瑞信	42.64		5.54	1.34
55	中欧	34.74		4.48	
56	东吴	33.99		0.74	
57	天弘	31.88		1.14	
58	民生加银	25.94		3.49	
59	农银汇理	24.17		2.38	
60	金元比联	20.19	2.23	1.29	

数据来源：Wind 资讯。

第四节 2009 年中国证券业重大事件与值得关注的市场创新和发展

一、2009 年值得关注的证券公司业务和产品创新

（一）新股发行制度改革

为了进一步健全新股发行机制、提高发行效率，2009 年 6 月 10 日，中国证监会正式公布《关于进一步改革和完善新股发行体制的指导意见》，并于 6 月 11 日起施行。现阶段主要推出如下 4 项措施：

第一，完善询价和申购的报价约束机制，形成更加市场化的价格形成机制。询价对象应真实报价，询价报价与申购报价应当具有逻辑一致性，主承销商应当采取措施杜绝高报不买和低报高买行为。

第二，优化网上发行机制，将网下网上申购参与对象分开。对每一只股票发行，任一股票配售对象只能选择网下或者网上一种方式进行新股申购，所有参与该只股票网下报价、申购、配售的股票配售对象均不再参与网上申购。

第三，对网上单个申购账户设定上限。发行人及其主承销商应当根据发行规模和市场情况，合理设定单一网上申购账户的申购上限，原则上不超过本次

网上发行股数的1‰。单个投资者只能使用1个合格账户申购新股。

第四，加强新股认购风险提示，提示所有参与人明晰市场风险。

（二）创业板正式开市

2009年10月23日，创业板市场正式开板，首批上市公司于10月30日挂牌上市交易，创业板的推出标志着我国资本市场发展进入一个新的阶段。截至2009年年末，创业板共有36家公司股票上市交易。

创业板市场又称“二板市场”，是指主板之外的针对高科技、成长性高、暂时无法赴主板上市的中小企业提供融资途径和成长空间的证券交易市场，是对主板市场的有效补充，在资本市场中占据着重要的位置。监管层对创业板的定位是非常明晰的——“两高六新”，即成长性高、科技含量高，新经济、新服务、新农业、新材料、新能源和新商业模式。

创业板的推出意义重大。首先，创业板将为中小企业的持续发展提供融资渠道，尤其为中小创新企业提供发展机会，使这些企业在条件较低的情况下发行股票进行融资，这对中国创业企业、高成长的民营企业、中小企业的发展将起到重要的作用；其次，创业板为创业投资、私募股权投资提供了退出机制和渠道。创业投资和私募股权基金投资于企业股权有助于缓解创业企业资金瓶颈，而创业板推出可以免除风险投资资金的后顾之忧。

二、2009年值得关注的债券市场创新和发展

2009年，为拓宽政府以及企业融资渠道并丰富债券市场投资品种，监管部门、交易所继续大力推进债券市场的制度和品种创新，进一步健全相关的法规和制度，产品、融资主体和投资者群体相比2008年都有了新的变化。[①]

（一）地方政府债券成功发行

我国《中华人民共和国预算法》严禁地方政府举债。2009年，为配合“4

① 部分内容或数据引自中央银行《2009年金融市场运行情况》和中央国债登记结算有限责任公司《2009年债券市场年度分析报告》。

万亿元”投资计划，同时也为了支持地方经济建设，地方政府债券终于获得实施。但是，2009 年中国所发行的地方政府债券与一般意义上的地方政府债券还是有着较大的不同，最主要的区别体现在目前地方政府债券是由财政部代发代偿的。从 2009 年 3 月的新疆债发行到 9 月河北省、上海市、浙江省及陕西省地方债上市，全年财政部共代理 30 个省份（不含西藏自治区）和 5 个计划单列市发行 2 000 亿元地方政府债券。除此之外，中央银行以及中国银监会于 2009 年 3 月亦曾发文表示支持地方政府组建融资平台发行企业债、中短期票据等债务融资工具，以缓解地方政府普遍面临的投资项目资金压力。从已发行的地方政府债券看，全部为 3 年期品种，持有人主要为银行。由于票面利率较低，市场需求并不明显，二级市场交投比较清淡。

（二）中小企业集合债券出台

中小企业融资难是一个困扰中国经济多年的问题，2009 年债券市场在这方面做出了有力的尝试，正式在银行间市场推出中小企业集合债券。2009 年 1 月 7 日，中国人民银行发布公告［2009 年（1）号］，取消了在银行间市场流通的债券发行规模必须不低于 5 亿元人民币的限制，这主要是为中小企业发行集合债券铺路。2009 年 3 月 23 日，中央银行、中国银监会联合发布了《关于进一步加强信贷结构调整促进国民经济平稳较快发展的指导意见》，支持有条件的地方政府组建投融资平台，发行企业债、中期票据等融资工具，拓宽中央政府投资项目配套资金融资渠道。2009 年 4 月，大连市中小企业集合债券成功发行。2009 年 11 月 12 日，在中国人民银行的指导下，中国银行间市场交易商协会发布《银行间债券市场中小非金融企业集合票据业务指引》。随后，首批 3 只中小企业集合票据成功面世，包括北京市顺义区中小企业集合票据、山东省诸城市中小企业集合票据和山东省寿光市“三农”中小企业集合票据，共计 23 家企业参与（见表1－21）。

表1－21　　　　2009年中小企业集合债券、票据

代码	债券名称	发行日期	发行数量（亿元）	期限（年）	票面利率（%）	债券发行评级	担保人
098066.IB；111054.SZ	09大连中小债	2009.04.28	5.15	6.00	6.53	AA+	大连港集团
0983001.IB	09顺义SMECN1	2009.11.23	2.65	1.00	4.08	A－1	北京首创投资担保
0983002.IB	09诸城SMECN1	2009.11.23	3.00	3.00	4.45	AAA	中债信用增进
0983003.IB	09诸城SMECN2	2009.11.23	2.00	3.00	6.00	AA－	中债信用增进
0983004.IB	09寿光SMECN1	2009.11.23	5.00	2.00	5.10	AA－	寿光金财

数据来源：Wind资讯。

中小企业集合票据的成功发行与中债信用增进投资股份有限公司的成立息息相关。事实上，中债信用增进投资股份有限公司正是在国家倡导着力解决中小企业融资难问题的大背景下成立的，其最重要的职责就是通过模式改造为不符合发债条件的中小企业创造直接融资的条件。

（三）上市商业银行重返交易所债券市场

2009年1月19日，中国银监会和中国证券监督管理委员会（简称“中国证监会”）联合发布了《关于开展上市商业银行在证券交易所参与债券交易试点有关问题的通知》，允许14家上市商业银行在经过中国银监会核准后，参与交易所债券市场交易试点。7月，中国银监会发布了《关于上市商业银行在证券交易所参与债券交易试点有关事宜的通知》，进一步发文明确了上市银行进入交易所债券市场的准入门槛。上市商业银行回归交易所债券市场，意味着建立统一债券市场迈出重要一步，交易所债券市场和银行间债券市场长期以来形成的分割问题有望逐步得到解决。由于银行流动性的注入，交易所债券市场规模偏小的问题也将逐步得到解决，交易所债券与银行间债券的利差将大幅缩小。

（四）外资机构赴港发行人民币债券获批

2009年5月14日和6月24日，经国务院同意，中国人民银行分别批准东亚银行（中国）和汇丰银行（中国）两家港资法人银行赴香港发行人民币债券40亿元和30亿元。

（五）50 年期国债成功发行

2009 年 11 月 27 日，备受国内关注的 200 亿元 50 年期国债正式招标，这意味着我国迄今为止发行期限最长的国债起航。此前，我国最长期限的国债为 30 年期。50 年期国债首次进入市场，使我国成为继英国、法国之后世界第 3 个发行 50 年期国债的国家。通过发行 50 年期国债来完善国债收益率曲线，对金融市场健康、合理、可持续运行都有重要意义。

（六）浮息中期票据和美元中期票据发行

2009 年 8 月银行间市场开始出现以 1 年期定存为基准的浮息中期票据。浮息中期票据的发行利差较低，缩短了久期，赢得了有效的市场需求。2009 年浮动利率中期票据共发行 54 亿元，其中中石油美元中期票据 10 亿美元。

表 1－22　　2009 年银行间市场浮动利率中期票据发行

代码	名称	发行总额（亿元）	期限（年）	票面利率	发行日期	债券信用评级
09820699. IB	09 中石油 USD1	10.00*	3.00	6 个月美元 Libor + 0.62%	2009.05.11	AAA
0982121. IB	09 国安集 MTN1	10.00	5.00	1 年定存利率 + 2.03%	2009.08.31	AA
0982132. IB	09 国安集 MTN2	10.00	7.00	1 年定存利率 + 2.20%	2009.09.23	AA
0982133. IB	09 鲁能 MTN2	15.00	3.00	1 年定存利率 + 1.6%	2009.09.24	AA +
0982137. IB	09 陕高速 MTN1	10.00	5.00	1 年定存利率 + 2.45%	2009.09.28	AA
0982139. IB	09 浙能源 MTN1	10.00	3.00	1 年期 Shibor20 日均值 + 1.15%	2009.10.16	AAA
0982141. IB	09 广晟 MTN2	15.00	5.00	1 年定存利率 + 2.2%	2009.10.23	AAA
0983002. IB	09 诸城 SMECN1	3.00	3.00	1 年定存利率 + 2.2%	2009.11.23	AAA
0983003. IB	09 诸城 SMECN2	2.00	3.00	1 年定存利率 + 3.75%	2009.11.23	AA －
0982157. IB	09 中节能 MTN2	13.00	5.00	1 年期 Shibor20 日均值 + 2.80%	2009.12.01	AA +
0982159. IB	09 光明 MTN1	20.00	3.00	1 年定存利率 + 1.74%	2009.12.03	AA +
0982165. IB	09 苏国信 MTN1	5.00	4.00	1 年定存利率 + 1.7%	2009.12.14	AAA
09821709. IB	09 中化 USD1	5.00*	5.00	6 个月美元 Libor + 1.0000%	2009.12.24	AAA

注：* 为美元计价的发行总额。

数据来源：Wind 资讯。

2009 年 5 月，中国石油天然气集团公司在银行间市场成功发行了 10 亿美元的境内美元中期票据，开创了国内非金融企业发行境内外币信用债的先河；2009 年 12 月中国中化集团发行了第二单境内美元中期票据。上述两期美元中期票据均为附息式浮动利率债券。境内美元中期票据的成功发行，为企业提供了新的外汇融资渠道，使企业能够以较低的成本募集到外汇资金，有利于加快债券市场发展，丰富机构与个人外汇资产投资品种，改变我国债券市场长期以来外币类品种少、规模小的格局，促进我国资本市场多层次、多角度的发展。此外，美元中期票据的发行还有利于我国债券市场从法律、税收、会计准则、信息披露、清算等方面与国际接轨，推动我国债券市场国际化进程。

（七）担保方式创新

2009 年，债券市场中除传统的第三方担保外，包括资产抵押、股权质押、应收账款质押、偿债基金等增信模式均被采用。企业债担保方式更加多元化，由于城投债发行主体资质普遍较差，信用增级方式对城投债发行及收益率定位影响较大，前期城投债普遍采用互保、第三方担保、偿债基金等方式，第 2 季度以 BT（建设－移交）项目协议产生的应收账款质押担保等新的方式出现，质押资产更加明确、合法化。

（八）保险公司获准投资无担保债券

2009 年 4 月，中国保监会发布《关于增加保险机构债券投资品种的通知》，放宽保险资金投资债券市场的比例和品种。11 月下旬，中国保监会正式批复 4 家保险资产管理公司投资信用债、无担保债。保险资金债券持仓中信用产品占比上限从 30% 提升至 40%，而且人保、人寿、平安和泰康 4 家保险资产管理公司获准试点投资无担保债券。

根据《中国保险业监督管理委员会关于保险机构投资无担保企业债券有关事宜的通知》（保监发〔2009〕132 号），保险机构可以投资境内银行间市场发行的无担保企业债券，其中无担保企业债券应当符合《保险机构投资者债券投资管理暂行办法》及有关规定的条件，具有国内信用评级机构评定的 AAA 级或者相当于 AAA 级的长期信用级别。保险机构投资无担保企业债券、非金融企业债务融资工具等无担保债券的比例，除按已有规定执行外，还应当符合下列规定：保险资金投资同一企业发行的无担保债券的余额，合计不超过该企业净资产的20%；同一集团保险机构投资同一期单品种无担保债券的份额，合计不超过该期单品种发行额的60%；单一保险机构投资具有关联关系企业发行的无担保债券的余额，不超过该保险机构净资产的10%。保险机构投资的无担保债券，应当采取公开招标方式发行，通过市场化方式确定发行利率、发行价格和相关费率，真实反映市场需求。

保险公司获准试点投资无担保债券对保险公司和发行人来说是双赢的结果，保险公司能获得更高的收益，发行人则面临更多的债券需求，融资成本下降。由于中国保监会规定保险机构投资的无担保债券必须采用公开招标方式，而大部分企业债目前发行都是采取簿记建档的方式，因而可选品种不多。但是部分新发的企业债券已经从发行方式上向保险公司倾斜，如南方电网公司债发行就采取了招标的方式。

三、2009年值得关注的基金市场创新和发展

2009年在监管部门的大力支持下，创新基金有了很大的发展，8月交银施罗德和华安的ETF联接基金获批发行，9月内地首只分级指数基金瑞和沪深300获批发行。

（一）ETF联接基金

中国证监会《交易开放式指数证券投资基金（ETF）联接基金审核指引》规定，ETF联接基金是指将其绝大部分基金财产投资于同一标的指数的ETF（即目标ETF），追求跟踪偏离度和跟踪误差最小化，采用开放式运作方式的基金。

ETF联接基金在产品设计上实现了对《中华人民共和国证券投资基金法》（简称《证券投资基金法》）的突破。《证券投资基金法》规定，基金本身不可以买基金。由于90%以上要投资于标的ETF，采用的是被动式投资，因此与标的指数基金非常类似。此类基金产品的创新点在于方便了银行渠道的客户去购买ETF产品，增强了ETF市场的交易活跃度，从而对ETF规模产生明显扩容效应，推动国内ETF市场的发展。

由于投资于标的ETF的部分不能收取管理费，因此发行联接基金的公司与发行标的ETF的公司是同一个基金公司，基金公司通过发行联接基金，扩大ETF的规模，增加标的ETF的管理费收入，以弥补联接基金管理费的不足。从图1-48可以看出，联接基金的推出确实起到了扩大ETF规模的作用，多数ETF如果没有联接基金，规模将大幅下降。

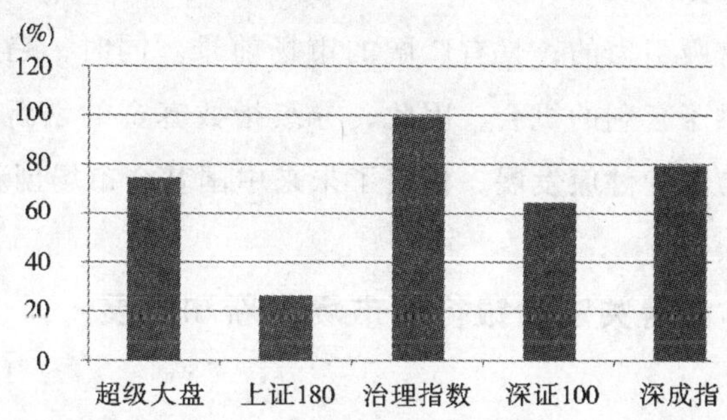

图1-48　2009年12月31日联接基金净值占标的基金规模比重

数据来源：Wind资讯。

（二）分级指数基金

2009年9月，国内第一只分级指数基金瑞和沪深300成立，募集资金33亿元，标志着创新基金的发展进入新的阶段。

一般而言，分级基金的分级结构将基金分为风险收益特征不同的两个级别的份额，根据协议分配基金的收益。分级的收益分配协议，往往使不同的份额对应不同的杠杆，杠杆的存在使基金净值波动在不同类别的份额上表现出不同的放大程度，满足不同风险偏好的投资需求。为了减少折价和溢价的程度，引入套利机制，允许不同类别的份额配对合并和分拆，在场外赎回和申购，场内交易。

分级指数基金和一般分级基金最大的不同在于，基金是指数基金，指数的表现决定基金净值的增长，通过分配协议影响不同类份额的收益；而其他类型的分级基金表现取决于基金的投资管理水平，基金的投资管理活动决定不同类型份额的表现。

由于份额主要受标的指数的影响，因此大大降低了人为因素对不同类型份额收益分配的影响，提高了分配结果的公正性。投资者在不同类型份额上的投资，只反映了投资者对指数的判断和自身风险的偏好，结果也仅取决于自身原因，不用考虑基金经理的信息不对称。由于套利机制的存在，基金份额二级市场的流动性对份额的表现影响不大，不用担心庄家。这种基金的收益仅取决于不受人为影响的指数的表现，以及分级杠杆的存在，对于多数偏爱趋势投资的投资者而言是很有吸引力的，具有广阔的市场前景。同时，趋势投资的活跃也为机构投资者提供了套利的机会。因此，分级指数基金的创新会形成多赢的局面，促进了证券市场的健康发展，代表了未来中国基金市场创新的重要方向。

四、2009 年值得关注的银行间市场创新和发展

2009 年，银行间市场参与主体、发行规模和交易量比 2008 年均有较大增长，在基础制度建设以及业务类型开拓上也取得了较大的发展。[①]

（一）金融衍生产品交易主协议文本统一

中国人民银行 2009 年 3 月 11 日发布公告，同意银行间市场交易商协会将原《中国银行间市场金融衍生产品交易主协议》与《全国银行间外汇市场人民币外汇衍生产品主协议》合并，发布新的《中国银行间市场金融衍生产品交易主协议》，使我国场外金融衍生产品交易均受统一的主协议管辖。

根据该公告，《中国银行间市场金融衍生产品交易主协议》（简称《主协议》）所涉及的金融衍生产品是指市场参与者之间以一对一方式达成的、按照交易双方具体要求拟订交易条款的金融衍生合约，包括符合上述条件的利率衍生产品、汇率衍生产品、债券衍生产品、信用衍生产品和黄金衍生产品，以及前述衍生产品交易的组合等。《主协议》关于单一协议和终止净额等约定适用于金融衍生产品交易；《主协议》签署后达成的金融衍生产品交易适用《主协议》；《主协议》签署前达成的金融衍生产品交易可由交易双方协商约定继续适

① 部分内容或数据引自中央银行《2009 年金融市场运行情况》和中央国债登记结算有限责任公司《2009 年债券市场年度分析报告》。

用原签署的主协议，或统一适用《主协议》。为保证新旧协议文本的平稳过渡，《主协议》发布之日后的6个月为《主协议》实施的过渡期。在过渡期内，未签署《主协议》的市场参与者，仍可在原相关主协议下进行金融衍生产品交易。过渡期结束后，仍未签署《主协议》的市场参与者，不得进行新的金融衍生产品交易。

（二）《银行间债券市场债券登记托管结算管理办法》发布

2009年3月26日，中国人民银行发布了《银行间债券市场债券登记托管结算管理办法》（中国人民银行令［2009］第1号，以下简称《办法》）。《办法》明确：固定收益类有价证券（以下简称“债券”）在银行间债券市场的登记、托管和结算适用本办法；商业银行柜台记账式国债的登记、托管和结算适用《商业银行柜台记账式国债交易管理办法》。

《办法》分8章56条，从机构、债券账户、债券登记、债券托管、债券结算以及法律责任等方面对银行间市场债券登记、托管、结算各个环节的权利责任作了明确的规定。在此之前，相关规定非常零散，不适合银行间市场登记托管结算的统一管理。

（三）银行间市场清算所股份有限公司成立

2009年11月29日，银行间市场清算所股份有限公司在上海市开业并举行揭牌仪式。银行间市场清算所股份有限公司注册名称为“上海清算所”，是经财政部、中国人民银行批准，中国外汇交易中心、中央国债登记结算有限责任公司、中国印钞造币总公司、中国金币总公司共同发起成立的，注册资本金为3亿元人民币。

作为专业化的、独立的清算机构，上海清算所将为银行间市场的债券交易、外汇交易、利率和汇率衍生产品交易等提供全面的、以中央对手为主的集中清算服务。近年来，我国金融衍生产品尤其是场外交易市场发展速度极快，降低交易对手风险和进行有效监管是保证场外衍生品市场安全的关键。上海清算所的成立，有助于降低金融市场交易成本和控制金融创新风险。

（四）银行间市场机构投资者日益丰富

为培育机构投资者，丰富投资者类型，中国人民银行2009年3月发布2009年第5号公告，允许基金管理公司以特定资产管理组合名义在银行间债券市场开立债券账户，并对其业务运作进行了规范。2009年7月，中国人民银行发布第11号公告，允许证券公司资产管理计划在银行间债券市场分别开立专用债券账户。至此，银行间债券市场非法人机构投资者类型已涵盖企业年金、保险机构产品、信托产品、基金公司特定资产管理组合和证券公司资产管理计划5个类别，投资者类型日益丰富。

（五）汽车金融公司和金融租赁公司获准发行金融债券

2009年9月1日，中国人民银行和中国银监会对外发布公告，明确允许汽车金融公司和金融租赁公司发行金融债券。根据该公告，所称金融租赁公司是指经中国银监会批准设立，以经营融资租赁业务为主的非银行金融机构；所称汽车金融公司是指经中国银监会批准设立，为中国境内的汽车购买者及销售者提供金融服务的非银行金融机构。中国人民银行和中国银监会依法对金融租赁公司和汽车金融公司金融债券的发行进行监督管理。中国人民银行对金融租赁公司和汽车金融公司在银行间债券市场发行和交易金融债券进行监督管理；中国银监会对金融租赁公司和汽车金融公司发行金融债券的资格进行审查。

金融租赁公司和汽车金融公司发行金融债券，应具备以下条件：具有良好的公司治理结构和完善的内部控制体系；具有从事金融债券发行和管理的合格专业人员；金融租赁公司注册资本金不低于5亿元人民币或等值的自由兑换货币，汽车金融公司注册资本金不低于8亿元人民币或等值的自由兑换货币；资产质量良好，最近1年不良资产率低于行业平均水平，资产损失准备计提充足；无到期不能支付债务；净资产不低于行业平均水平；经营状况良好，最近3年连续盈利，最近1年利润率不低于行业平均水平，且有稳定的盈利预期；最近3年平均可分配利润足以支付所发行金融债券1年的利息；风险监管指标达到监管要求；最近3年没有重大违法、违规行为以及中国人民银行和中国银监会要求的其他条件。对于商业银行设立的金融租赁公司，资质良好但成立不满3年的，应由具有担保能力的担保人提供担保。金融租赁公司和汽车金融公司发行金融债券后，资本充足率均应不低于8%。

中国银监会直接监管的金融租赁公司发行金融债券，向中国银监会提交申请，由中国银监会受理、审查并决定。各地银监局监管的金融租赁公司发行金融债券，向所在地银监局提交申请，银监局受理、初审后，报中国银监会审查并决定。

（六）金融债券发行操作管理规程和信息披露操作细则发布

2009年3月25日，中国人民银行发布《全国银行间债券市场金融债券发行管理操作规程》，进一步规范和完善了金融债券的发行与管理，提高金融债券发行审核的透明度，健全市场约束与风险分担机制。10月13日，经中国人民银行批准，全国银行间同业拆借中心与中央国债登记结算有限责任公司联合制定并对外发布了《全国银行间债券市场金融债券信息披露操作细则》，进一步规范与细化了银行间债券市场金融债券信息披露操作相关行为，确保了债券市场的透明度。该细则适用于政策性银行、商业银行、企业集团财务公司、国际开发机构及其他金融机构在全国银行间债券市场公开发行的金融债券和中国人民银行规定的其他券种。定向发行的金融债券，其信息披露对象仅限于认购人。

第二章　2009年中国投资银行业务发展报告

2009年是新世纪以来中国经济发展最为困难的一年，中国经济经受了国际金融危机的严峻考验，也是我国资本市场经受住严峻考验、在逆境中求得新发展的一年。

第一节　2009年中国投资银行业务面临的宏观经济环境和政策背景

面对国际金融危机的严重冲击，从2008年11月开始，党中央、国务院果断调整宏观经济政策，实施积极的财政政策和适度宽松的货币政策，迅速出台扩大内需、促进经济增长的十项措施，及时制定完善了一系列“保增长、扩内需、调结构”的政策，形成了系统完整的促进经济平稳较快增长的一揽子计划。2009年实现经济形势总体回升向好。

一、我国宏观经济运行情况

2009年全年实现国内生产总值（GDP）33.5万亿元，同比增长8.7%，增速比2008年回落0.9个百分点。国内生产总值增速逐季加快。分季度看，第1

季度增长6.2%，第2季度增长7.9%，第3季度增长9.1%，第4季度增长10.7%。[①] 2009年我国宏观经济运行主要有以下特点：

（一）国内需求稳步增长，是经济实现回升向好的关键

2009年经济的较快增长，国内需求的增长发挥了主要作用。2009年作为内需组成部分的投资和消费都实现了快速增长。社会消费品零售总额达到125 343亿元，比2008年增长15.5%，扣除价格因素实际增长16.9%，实际增速比2008年同期加快2.1个百分点，为1986年以来的最快增长。消费对经济增长的拉动作用明显增强，在8.7%的GDP增长中，消费拉动4.6个百分点，贡献率达52.9%，比2008年提高4.3个百分点。[②]

在一揽子经济刺激政策的带动下，固定资产投资增速快速回升。2009年，中国全社会固定资产投资224 846亿元，比2008年增长30.1%，增速比2008年加快4.6个百分点[③]，为1981年以来的最快增长（见图2－1）。

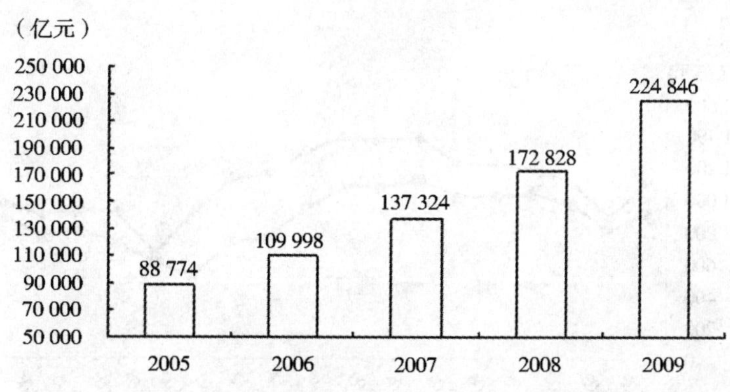

图2－1　2005～2009年全社会固定资产投资

① 数据来源：2010年1月21日，国务院新闻办公室举行新闻发布会，国家统计局局长马建堂介绍2009年国民经济运行情况，并答记者问。

② 数据来源：2010年4月22日，商务部发布的《2009/2010中国消费品市场发展报告》。

③ 数据来源：2010年2月25日，中华人民共和国国家统计局《中华人民共和国2009年国民经济和社会发展统计公报》。

（二）进出口总额全年下降，自 2009 年 11 月开始企稳回升

由于世界经济大幅下滑，国际市场需求严重萎缩，我国外贸发展遇到前所未有的困难。总体上看，随着应对国际金融危机的各项政策措施取得明显成效，我国外贸发展出现积极变化。2009 年我国出口面临严重困难，出口增幅连续下降，2009 年我国对外贸易进出口总值为 22 072.7 亿美元，比 2008 年下降 13.9%，略高于 2007 年的贸易总值。其中，出口 12 016.7 亿美元，下降 16%；进口 10 056 亿美元，下降 11.2%。全年贸易顺差 1 960.7 亿美元，减少 34.2%。①

受国际金融危机的影响，我国外贸进出口经历了自 2008 年 11 月以来的连续大幅下挫，到 2009 年 3 月开始企稳回升，8 月回升趋势基本确立，11 月进出口总值同比开始增长，12 月出口同比增长 17.7%，而当月进口大幅正增长，同比增长 55.9%（见图 2－2）。② 随着世界经济企稳回升、国际市场回补库存、前期促进出口政策效果不断显现，我国进出口贸易呈现出不断好转的态势。

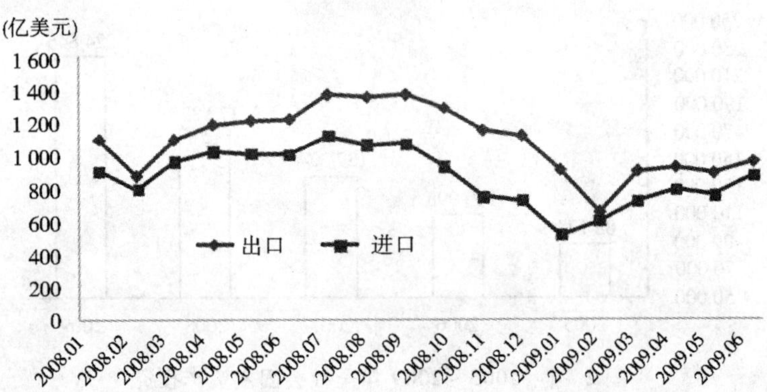

图 2－2　2008 年 1 月～2009 年 12 月我国外贸进出口值各月走势图

数据来源：海关统计。

① 数据来源：2010 年 2 月 25 日，中华人民共和国国家统计局《中华人民共和国 2009 年国民经济和社会发展统计公报》。

② 数据来源：2010 年 1 月 19 日，中华人民共和国海关总署综合统计司《2009 年我国对外贸易总值下降 13.9% 其中 12 月份出现恢复性快速增长》。

（三）农业继续稳定发展，工业运行呈现出“前低后高”走势

面对多年不遇自然灾害的重大考验，面对国内外农产品市场异常波动的不利影响，2009 年我国实现粮食产量 53 082 万吨，2008 年增加 211 万吨，增产 0.4%，再创历史新高，实现连续 6 年增产。

2009 年全部工业增加值 134 625 亿元，比 2008 年增长 3.4%（见图 2－3）。规模以上工业增加值增长 11.0%，增速比 2008 年回落 1.9 个百分点。工业生产逐季回升。其中，第 1 季度增长 5.1%，第 2 季度增长 9.1%，第 3 季度增长 12.4%，第 4 季度增长 18.0%。分经济类型看，国有及国有控股企业增长 6.9%，集体企业增长 10.2%，股份制企业增长 13.3%，外商及港澳台商投资企业增长 6.2%，私营企业增长 18.7%。分轻重工业看，轻工业增长 9.7%，重工业增长 11.5%。①

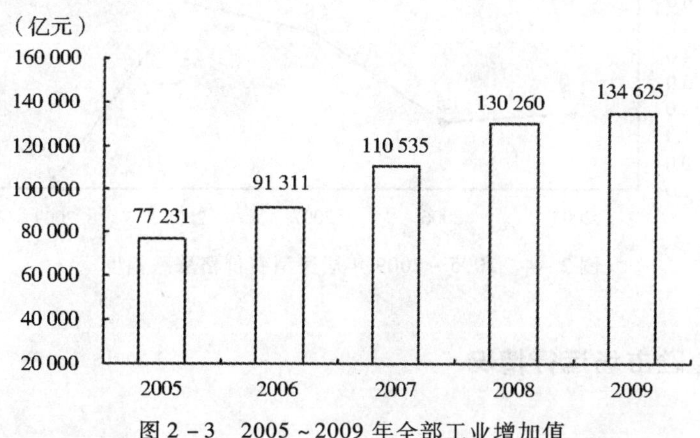

图 2－3　2005～2009 年全部工业增加值

（四）主要价格指标全年下降，年底出现上升

2009 年我国价格形势经历了从下跌到回升的过程。2008 年 9 月，受国际金融危机冲击影响，主要价格指标急剧回落。消费者物价指数（CPI）和工业品出厂价格分别于 2009 年 2 月和 2008 年 12 月步入同比负增长，在 2009 年 7 月达到本

① 数据来源：2010 年 1 月 21 日，国务院新闻办公室举行新闻发布会，国家统计局局长马建堂介绍 2009 年国民经济运行情况，并答记者问。

轮低点。此后，随着我国经济企稳复苏态势逐渐明朗，国际大宗商品价格不断上涨，主要价格指标开始回升。CPI 于 2009 年 11 月结束了连续 9 个月的同比负增长，同比上涨 0.6%；工业品出厂价格于 2009 年 12 月结束了连续 12 个月的同比负增长，同比上涨 1.7%。

2009 年全年居民消费价格比 2008 年下降 0.7%（见图 2－4）。其中，食品价格上涨 0.7%。固定资产投资价格下降 2.4%。工业品出厂价格下降 5.4%，其中生产资料价格下降 6.7%，生活资料价格下降 1.2%。原材料、燃料、动力购进价格下降 7.9%。农产品生产价格下降 2.4%。农业生产资料价格下降 2.5%。70 个大中城市房屋销售价格上涨 1.5%，其中新建住宅价格上涨 1.3%，二手住宅价格上涨 2.4%；房屋租赁价格下降 0.6%。①

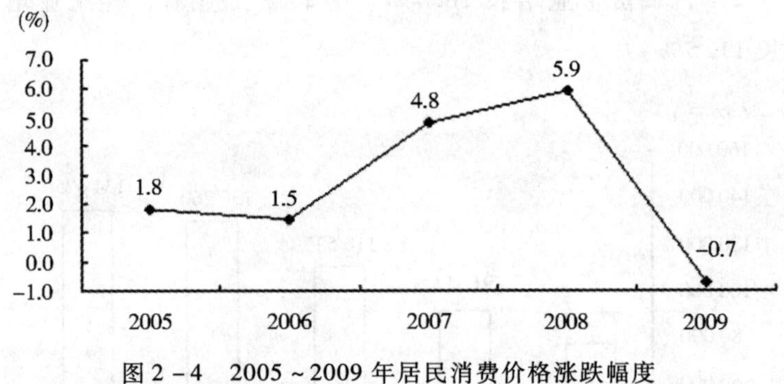

图 2－4　2005～2009 年居民消费价格涨跌幅度

二、金融市场运行情况

2009 年，我国金融市场总体运行平稳，市场流动性合理充裕。货币市场交易活跃，利率从低位有所回升；债券收益率曲线总体逐步上移，债券发行规模快速增加；股票交易量明显放大，股票指数大幅上扬。

① 数据来源：2010 年 2 月 25 日，中华人民共和国国家统计局《中华人民共和国 2009 年国民经济和社会发展统计公报》。

（一）货币供应量增长较快

2009年年末，广义货币供应量 M_2 余额为60.6万亿元，同比增长27.7%，增速比2008年高10个百分点。狭义货币供应量 M_1 余额为22万亿元，同比增长32.4%，增速比2008年高23.3个百分点，货币流动性不断增强。存款增长较快，活期化态势明显。贷款快速增长，中长期贷款增加较多。流通中现金 M_0 余额为3.8万亿元，同比增长11.8%，增速比2008年低0.9个百分点。2009年全年现金净投放4 027亿元，同比少投放71亿元。①

（二）金融机构存款平稳增长

2009年年末，全部金融机构（含外资金融机构，下同）本外币各项存款余额为61.2万亿元，同比增长27.7%，增速比2008年高8.4个百分点；比年初增加13.2万亿元，同比多增5.4万亿元。其中，人民币各项存款余额为59.8万亿元，同比增长28.2%，增速比2008年高8.5个百分点，比年初增加13.1万亿元，同比多增5.4万亿元；外汇存款余额为2 089亿美元，同比增长8.4%，增速比2008年低3.6个百分点，比年初增加162亿美元，同比少增157亿美元。②

（三）企业贷款融资比例有所下降，金融市场交易活跃

2009年国内非金融机构部门（包括住户、企业和政府部门）融资总量快速增加，全年累计融资1.31万亿元，同比增长1.2倍。从融资结构看，贷款仍然是主要融资方式，但占比有所下降。2009年新增贷款大幅增加，人民币贷款年末余额为40.0万亿元，同比增长31.7%，增速比2008年高13.0个百分点；比年初增加9.6万亿元，同比多增4.7万亿元。随着积极财政政策的实施，国债融资规模大幅增加，占比明显上升。股票及企业债券融资量均保持较快增长势头，占比则略有下降。

1. 货币市场交易活跃，利率从低位有所回升。2009年，货币市场回购、拆

---

①②数据来源：2010年2月11日，中国人民银行货币政策分析小组二〇〇九年第四季度《2009年中国货币政策执行报告》。

借交易量保持较快增长。全年回购累计成交 70.3 万亿元，日均成交 2 812 亿元，同比增长 21.4%；同业拆借累计成交 19.4 万亿元，日均成交 774 亿元，同比增长 29.1%。回购、拆借交易均主要集中于隔夜品种，其交易份额分别为 77.7% 和 83.6%，同比分别上升 14.0 个和 12.8 个百分点。交易所市场国债回购累计成交 3.6 万亿元，同比增长 46.2%。①

2009 年货币市场利率整体较 2008 年下降，但下半年较上半年有所提高。随着积极财政政策和适度宽松货币政策的实施，银行体系流动性总体充裕，加之受 2008 年年末超额准备金利率有所下调影响，2009 年上半年，质押式回购和同业拆借月加权平均利率基本稳定在 0.85% 左右的历史较低水平。下半年，随着宏观经济企稳向好，受新股密集发行及中央银行票据发行利率有所上行等因素影响，货币市场利率从低位有所回升。2009 年 12 月，质押式回购和同业拆借月加权平均利率分别为 1.26% 和 1.25%，分别比 6 月上升 35 个和 34 个基点。截至 2009 年年末，隔夜、7 天期 Shibor 分别为 1.1467% 和 1.5650%，分别较 6 月末上升 6 个和 36 个基点；3 个月和 1 年期 Shibor 分别为 1.8319% 和 2.2502%，分别较 6 月末上升 51 个和 38 个基点。

2. 债券市场发行规模快速增加，债券发行有所创新。2009 年累计发行各类债券（不含中央银行票据）4.9 万亿元，同比增长 64.3%，其中，国债、银行次级债、中期票据及公司债券发行量同比增幅均超过 100%，为促进我国经济企稳向好提供了有力的资金支持。2009 年年末，中央国债登记结算有限责任公司债券托管量余额为 17.5 万亿元，比 2008 年年末增长 16.0%。

债券发行利率持续走高，10 年期记账式附息国债发行利率由 3 月的 3.05% 上升至 11 月的 3.68%，累计上升 63 个基点。

2009 年国务院决定由财政部代理发行 2 000 亿元地方政府债券，用于中央投资地方配套的公益性建设项目及其他难以吸引社会投资的公益性建设项目。2009 年 11 月，中小企业集合票据成功发行，开辟了中小企业新的融资渠道。此外还推出中期票据的含权产品及美元中期票据等创新品种，满足了市场多样化融资需求。

---

① 数据来源：2010 年 2 月 11 日，中国人民银行货币政策分析小组二〇〇九年第四季度《2009 年中国货币政策执行报告》。

3. 股票市场。2009 年，沪、深股市累计成交 53.6 万亿元，同比多成交 26.9 万亿元；日均成交 2 197 亿元，同比增长 100.7%。2009 年年末上证、深证综合指数分别收于 3277 点和 1201 点，分别比 2008 年年末上涨 80.0% 和 117.1%。截至 2009 年年末，股票市场流通市值为 15.1 万亿元，同比增长 2.3 倍。沪、深两市 A 股平均市盈率分别从 2008 年年末的 15 倍和 17 倍回升到 2009 年年末的 29 倍和 47 倍。

三、宏观政策背景

2008 年 11 月 5 日，国务院常务会议确定了当前进一步扩大内需、促进经济增长的 10 项措施。同时，对财政政策和货币政策作出重大调整，实行积极的财政政策和适度宽松的货币政策。2008 年 12 月 8 日～10 日召开的中央经济工作会议进一步明确，保增长是 2009 年宏观调控的首要任务，统筹做好保增长、保民生、保稳定各项工作。

（一）货币政策

1. 公开市场操作。2009 年全年累计发行中央银行票据 4.0 万亿元，开展正回购操作 4.2 万亿元；截至 2009 年年末，中央银行票据余额为 4.2 万亿元。① 视国内外经济金融形势和银行体系流动性供求情况，2009 年上半年公开市场操作工具组合以 3 个月内短期操作为主。7 月初恢复了 1 年期中央银行票据发行，适当延长了流动性冻结时间；同时，灵活调整 3 个月以内的短期正回购操作期限结构，与中央银行票据在期限上形成互补，增强了流动性管理的针对性和灵活性。

与积极财政政策配合，中央银行逐步提高了中央国库现金管理商业银行定期存款业务的操作频率及规模，操作品种也进一步丰富。2009 年全年共开展 11 期业务，操作规模共计 3 100 亿元，年末余额为 1 200 亿元。

---

① 数据来源：2010 年 2 月 11 日，中国人民银行货币政策分析小组二〇〇九年第四季度《2009 年中国货币政策执行报告》。

2. 利率政策。在2008年9月以来5次下调存贷款基准利率的基础上，2009年利率政策保持稳定。其中，1年期存款基准利率维持在2.25%，1年期贷款基准利率维持在5.31%。

3. 优化信贷结构。2009年3月18日，中央银行、中国银监会联合印发《关于进一步加强信贷结构调整，促进国民经济平稳较快发展的指导意见》，要求人民银行系统和各金融机构深入贯彻落实党中央、国务院关于进一步扩大内需、促进经济增长的10项措施和《国务院办公厅关于当前金融促进经济发展的若干意见》精神，认真执行适度宽松的货币政策，促进国民经济平稳较快发展。5月13日，中央银行、中国银监会在北京市联合召开了货币信贷工作座谈会，引导金融机构合理把握信贷投放进度，进一步优化信贷结构，平衡好金融支持经济发展与防范金融风险的关系。7月，中央银行对部分贷款增长过快的商业银行发行定向中央银行票据，引导其注重贷款平稳适度增长。12月22日，中央银行会同中国银监会、中国证监会、中国保监会出台《关于进一步做好金融服务支持重点产业调整振兴和抑制部分行业产能过剩的指导意见》，提出金融业要保证重点产业调整振兴合理的资金需求，着力扩大内需、优化信贷结构，推动经济发展方式转变和经济结构调整，淘汰落后产能，提高经济发展质量和效益，保持国民经济平稳可持续发展。

4. 进一步完善合格境外机构投资者（QFII）和合格境内机构投资者（QDII）外汇管理。截至2009年年末，国家外汇管理局累计批准83家合格境外机构投资者，投资额度为165亿美元；批准65家商业银行、基金公司和保险公司等合格境内机构投资者，投资额度为633亿美元。[①]

（二）财政政策

为应对国际金融危机冲击，2009年我国实施了积极的财政政策，综合运用预算、国债、税收等政策工具，着力扩大内需，保障和改善民生，推动经济结构调整，促进经济回升向好。

---

① 数据来源：2010年2月11日，中国人民银行货币政策分析小组二〇〇九年第四季度《2009年中国货币政策执行报告》。

2009 年全国财政收入 68 476. 88 亿元，比 2008 年增加 7 146. 53 亿元，增长 11. 65%。全国财政支出 75 873. 64 亿元，增加 13 280. 98 亿元，增长 21. 22%。全国财政收支相抵，差额 7 396. 76 亿元。①

1. 增加政府公共投资，加强各项重点建设。通过统筹使用公共财政预算拨款、政府性基金收入、国有资本经营收益等，2009 年中央政府公共投资支出 9 243亿元，完成预算的 101. 8%，比 2008 年预算增加 5 038 亿元。其中，农业基础设施及农村民生工程投资 2 567 亿元，教育卫生等社会事业建设投资 965 亿元，保障性住房建设投资 551 亿元，节能减排和生态建设投资 777 亿元，自主创新、技术改造及服务业投资 681 亿元，重点基础设施建设投资 2 151 亿元，地震灾后恢复重建资金 1 305 亿元。发行2 000亿元地方政府债券，保障地方政府的配套资金需要。②

2. 优化税制，实行结构性减税。在全国范围内实施消费型增值税，调整增值税小规模纳税人的划分标准，并降低征收率，促进企业增加自主创新和技术改造投入。实施成品油税费改革，公平税费负担，推动节能减排。对 1. 6 升及以下排量乘用车暂减按 5% 征收车辆购置税。4 次提高纺织、服装、石化、电子信息等产品的出口退税率，多次调整部分商品进出口关税政策。取消和停征 100 项行政事业性收费。继续实施原有的税费减免政策。上述各项税费减免政策减轻企业和居民负担约5 000亿元，促进了企业扩大投资，拉动了居民消费。

3. 增加城乡居民收入，增强居民消费能力。进一步加大对农民的补贴力度，较大幅度提高粮食最低收购价格，促进农民增收。提高城乡低保对象、企业退休人员和优抚对象等群体的补助水平。

2009 年年初以来，相关部门采取了一系列“扩内需”的政策措施。1 月 1 日起实行增值税转型，减轻企业负担 1 200 亿元。此后几个月，家电下乡、汽车下乡、摩托车下乡等刺激农村需求的措施相继出台。进入下半年，国家又推出汽车、家电等以旧换新等补贴政策。地方政府也推出“消费券”等内需措

① ② 数据来源：2010 年 3 月 5 日，在第十一届全国人民代表大会第三次会议上国务院提出的《关于 2009 年中央和地方预算执行情况与 2010 年中央和地方预算草案的报告》

施。初步统计，家电下乡产品销售达3 450万台。[①]

（三）产业政策

为了扭转国际金融危机对我国经济发展的不利影响，实现“保增长、调结构”的宏观经济发展目标，2009年1月14日~2月25日，国务院陆续审议并通过了汽车、钢铁、纺织、装备制造、船舶、电子信息、石化、轻工业、有色金属和物流业十大产业调整和振兴规划，涵盖了我国所有重要工业行业。这十大规划及随后出台并落实的165项实施细则与配套政策总体实施效果良好，形成一批新的经济增长点。

对于部分行业出现的产能过剩和重复建设，2009年9月26日，国务院批转了国家发展和改革委员会（简称“国家发改委”）等部门上报的《关于抑制部分行业产能过剩和重复建设引导产业健康发展的若干意见的通知》（国发［2009］38号）（简称《若干意见》）。《若干意见》提出了抑制产能过剩的4个原则、9项措施。《若干意见》将钢铁、水泥、平板玻璃、煤化工、多晶硅、风电设备6个行业确定为调控和引导的重点。主要把握4个原则：一是控制增量和优化存量相结合；二是分类指导和有保有压相结合；三是培育新兴产业和提升传统产业相结合；四是市场引导和宏观调控相结合。同时，《若干意见》针对6个行业的发展实际，提出了支持、限制和禁止的重点，进一步明确了引导产业健康发展的产业政策导向。

第二节　2009年中国投资银行业务发展情况

一、主承销业务情况

2009年，我国证券市场首发、上市公司再融资（包括公开增发、融资性非

---

① 数据来源：2010年3月5日，在第十一届全国人民代表大会第三次会议上国务院提出的《关于2009年中央和地方预算执行情况与2010年中央和地方预算草案的报告》。

公开发行、配股、可转换公司债券、分离交易的可转换公司债券5类）共计发行家数235家，比2008年186家增加49家，增加幅度为26.3%；募集资金3 823.88亿元，比2008年同期3 169.46亿元增加654.42亿元，增加幅度为20.7%（见图2-5）。

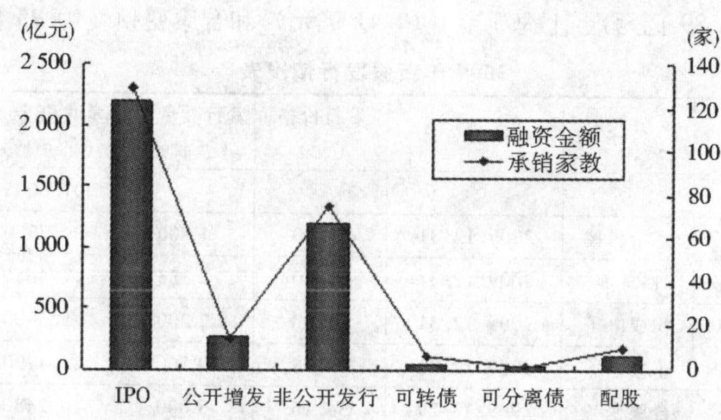

图2-5　2009年首发和上市公司再融资情况图

2009年承销市场具体情况如下：

（一）首发

2009年共完成首发项目129家，募集资金2 201.66亿元（见表2-1），平均每家17.07亿元；与2008年相比，承销家数增加55家，募集资金增加1 168.07亿元。129家首发主承销项目中，在上海证券交易所发行上市的项目12家，募集资金1 356.36亿元，占市场IPO融资量的62%，平均每家113.03亿元；在深圳中小企业板上市的项目共有67家，募集资金527.81亿元，占市场IPO融资量的24%，平均每家7.88亿元；在深圳创业板上市的项目共有50家，募集资金304.78亿元，占市场IPO融资量的14%，平均每家6.10亿元。

2009年首发项目融资额最大的公司是中国建筑，募集资金501.60亿元。2009年募集资金排在前5名的其他4家公司是：中国中冶（189.70亿元）、中国北车（166.80亿元）、中国重工（147.23亿元）和招商证券（111.15亿元）。以上5家企业均在上海证券交易所发行上市。中小企业板融资金额超过10亿元的公司有13家：洋河股份（27亿元）、人人乐（26亿元）、海大集团（15.68亿元）、中利科技（15.41亿元）、新朋股份（14.53亿元）、海峡股份

(13.27 亿元)、皖新传媒（12.98 亿元)、威创股份（12.71 亿元)、雅致股份（12.39 亿元)、焦点科技（12.34 亿元)、信立泰（11.96 亿元)、美盈森（11.41 亿元）和合众药业（11 亿元)。创业板融资金额超过 10 亿元的公司有 6 家：神州泰岳（18 亿元)、世纪鼎利（12.32 亿元)、华谊兄弟（12 亿元)、乐谱医疗（11.89 亿元)、上海凯宝（10.41 亿元）和合康变频（10.25 亿元)。

表 2－1　　**2009 年新股发行情况表**

序号	代码	名称	招股公告日	发行价格（元）	发行数量（万股）	募集资金（亿元）	主承销商
合计						2 201.6595	
129	002341.SZ	新纶科技	2009.12.31	23.00	1 900	4.3700	招商证券
128	002340.SZ	格林美	2009.12.31	32.00	2 333	7.4656	中德证券
127	002339.SZ	积成电子	2009.12.31	25.00	2 200	5.5000	海通证券
126	601877.SH	正泰电器	2009.12.31	23.98	10 500	25.1790	国泰君安
125	300048.SZ	合康变频	2009.12.29	34.16	3 000	10.2480	中信证券
124	300049.SZ	福瑞股份	2009.12.29	28.98	1 900	5.5062	平安证券
123	300043.SZ	星辉车模	2009.12.29	43.98	1 320	5.8054	广发证券
122	300045.SZ	华力创通	2009.12.29	30.70	1 700	5.2190	宏源证券
121	300046.SZ	台基股份	2009.12.29	41.30	1 500	6.1950	金元证券
120	300050.SZ	世纪鼎利	2009.12.29	88.00	1 400	12.3200	平安证券
119	300047.SZ	天源迪科	2009.12.29	30.00	2 700	8.1000	招商证券
118	300044.SZ	赛为智能	2009.12.29	22.00	2 000	4.4000	招商证券
117	002337.SZ	赛象科技	2009.12.25	31.00	3 000	9.3000	渤海证券
116	601801.SH	皖新传媒	2009.12.25	11.80	11 000	12.9800	国元证券
115	002338.SZ	奥普光电	2009.12.25	22.00	2 000	4.4000	平安证券
114	002334.SZ	英威腾	2009.12.22	48.00	1 600	7.6800	国信证券
113	002335.SZ	科华恒盛	2009.12.22	27.35	1 950	5.3333	东北证券
112	002336.SZ	人人乐	2009.12.22	26.98	10 000	26.9800	安信证券
111	002332.SZ	仙琚制药	2009.12.18	8.20	8 540	7.0028	中信建投
110	601117.SH	中国化学	2009.12.18	5.43	123 300	66.9519	中信建投
109	002333.SZ	罗普斯金	2009.12.18	22.00	3 920	8.6240	德邦证券
108	300037.SZ	新宙邦	2009.12.16	28.99	2 700	7.8273	华泰联合
107	300042.SZ	朗科科技	2009.12.16	39.00	1 680	6.5520	平安证券
106	300038.SZ	梅泰诺	2009.12.16	26.00	2 300	5.9800	招商证券
105	300039.SZ	上海凯宝	2009.12.16	38.00	2 740	10.4120	东吴证券

续表1

序号	代码	名称	招股公告日	发行价格（元）	发行数量（万股）	募集资金（亿元）	主承销商
104	300040. SZ	九洲电气	2009. 12. 16	33. 00	1 800	5. 9400	中德证券
103	300041. SZ	回天胶业	2009. 12. 16	36. 40	1 700	6. 1880	海通证券
102	002330. SZ	得利斯	2009. 12. 15	13. 18	6 300	8. 3034	民生证券
101	002329. SZ	皇氏乳业	2009. 12. 15	20. 10	2 700	5. 4270	光大证券
100	002331. SZ	皖通科技	2009. 12. 15	27. 00	1 400	3. 7800	国元证券
99	601299. SH	中国北车	2009. 12. 10	5. 56	300 000	166. 8000	中金公司 华泰证券 华融证券
98	002327. SZ	富安娜	2009. 12. 10	30. 00	2 600	7. 8000	平安证券
97	002328. SZ	新朋股份	2009. 12. 10	19. 38	7 500	14. 5350	齐鲁证券 有限公司
96	300030. SZ	阳普医疗	2009. 12. 08	25. 00	1 860	4. 6500	国信证券
95	300032. SZ	金龙机电	2009. 12. 08	19. 00	3 570	6. 7830	国信证券
94	300036. SZ	超图软件	2009. 12. 08	19. 60	1 900	3. 7240	平安证券
93	300031. SZ	宝通带业	2009. 12. 08	38. 00	1 250	4. 7500	齐鲁证券 有限公司
92	300033. SZ	同花顺	2009. 12. 08	52. 80	1 680	8. 8704	申银万国
91	300029. SZ	天龙光电	2009. 12. 08	18. 18	5 000	9. 0900	光大证券
90	300034. SZ	钢研高纳	2009. 12. 08	19. 53	3 000	5. 8590	国信证券
89	300035. SZ	中科电气	2009. 12. 08	36. 00	1 550	5. 5800	平安证券
88	601139. SH	深圳燃气	2009. 12. 03	6. 95	13 000	9. 0350	国信证券
87	002326. SZ	永太科技	2009. 12. 03	20. 00	3 350	6. 7000	日信证券
86	002325. SZ	洪涛股份	2009. 12. 03	27. 00	3 000	8. 1000	国信证券
85	002324. SZ	普利特	2009. 12. 01	22. 50	3 500	7. 8750	招商证券
84	002323. SZ	中联电气	2009. 12. 01	30. 00	2 100	6. 3000	金元证券
83	002322. SZ	理工监测	2009. 12. 01	40. 00	1 670	6. 6800	中信证券
82	002321. SZ	华英农业	2009. 11. 27	16. 98	3 700	6. 2826	光大证券
81	002320. SZ	海峡股份	2009. 11. 27	33. 60	3 950	13. 2720	海通证券
80	601989. SH	中国重工	2009. 11. 25	7. 38	199 500	147. 2310	中金公司
79	002317. SZ	众生药业	2009. 11. 23	55. 00	2 000	11. 0000	渤海证券
78	002318. SZ	久立特材	2009. 11. 23	23. 00	4 000	9. 2000	国信证券
77	002319. SZ	乐通股份	2009. 11. 23	13. 70	2 500	3. 4250	光大证券
76	002316. SZ	键桥通讯	2009. 11. 19	18. 80	3 000	5. 6400	东吴证券

续表2

序号	代码	名称	招股公告日	发行价格（元）	发行数量（万股）	募集资金（亿元）	主承销商
75	002315. SZ	焦点科技	2009. 11. 19	42. 00	2 938	12. 3396	国信证券
74	002312. SZ	三泰电子	2009. 11. 16	28. 60	1 500	4. 2900	国都证券
73	002313. SZ	日海通讯	2009. 11. 16	24. 80	2 500	6. 2000	平安证券
72	002314. SZ	雅致股份	2009. 11. 16	16. 82	7 364. 10	12. 3864	中国建银投资证券
71	002311. SZ	海大集团	2009. 11. 10	28. 00	5 600	15. 6800	广发证券
70	002310. SZ	东方园林	2009. 11. 10	58. 60	1 450	8. 4970	中信建投
69	002309. SZ	中利科技	2009. 11. 06	46. 00	3 350	15. 4100	国信证券
68	002308. SZ	威创股份	2009. 11. 06	23. 80	5 345	12. 7211	中信证券
67	600999. SH	招商证券	2009. 11. 03	31. 00	35 854. 61	111. 1493	高盛高华瑞银证券
66	002306. SZ	湘鄂情	2009. 10. 26	18. 90	5 000	9. 4500	招商证券
65	002307. SZ	北新路桥	2009. 10. 26	8. 58	4 750	4. 0755	光大证券
64	002305. SZ	南国置业	2009. 10. 19	12. 30	4 800	5. 9040	平安证券
63	002304. SZ	洋河股份	2009. 10. 19	60. 00	4 500	27. 0000	华泰证券
62	002302. SZ	西部建设	2009. 10. 12	15. 00	3 500	5. 2500	东方证券
61	002303. SZ	美盈森	2009. 10. 12	25. 36	4 500	11. 4120	国信证券
60	300028. SZ	金亚科技	2009. 10. 09	11. 30	3 700	4. 1810	联合证券
59	300026. SZ	红日药业	2009. 10. 09	60. 00	1 259	7. 5540	国都证券
58	300023. SZ	宝德股份	2009. 10. 09	19. 60	1 500	2. 9400	西部证券
57	300027. SZ	华谊兄弟	2009. 10. 09	28. 58	4 200	12. 0036	中信建投
56	300024. SZ	机器人	2009. 10. 09	39. 80	1 550	6. 1690	中信证券
55	300020. SZ	银江股份	2009. 10. 09	20. 00	2 000	4. 0000	海通证券
54	300022. SZ	吉峰农机	2009. 10. 09	17. 75	2 240	3. 9760	宏源证券
53	300021. SZ	大禹节水	2009. 10. 09	14. 00	1 800	2. 5200	华龙证券
52	300025. SZ	华星创业	2009. 10. 09	19. 66	1 000	1. 9660	申银万国
51	300013. SZ	新宁物流	2009. 09. 28	15. 60	1 500	2. 3400	东吴证券
50	300015. SZ	爱尔眼科	2009. 09. 28	28. 00	3 350	9. 3800	平安证券
49	300012. SZ	华测检测	2009. 09. 28	25. 78	2 100	5. 4138	平安证券
48	300011. SZ	鼎汉技术	2009. 09. 28	37. 00	1 300	4. 8100	兴业证券
47	300018. SZ	中元华电	2009. 09. 28	32. 18	1 635	5. 2614	海通证券
46	300019. SZ	硅宝科技	2009. 09. 28	23. 00	1 300	2. 9900	东海证券

续表3

序号	代码	名称	招股公告日	发行价格（元）	发行数量（万股）	募集资金（亿元）	主承销商
45	300016. SZ	北陆药业	2009. 09. 28	17. 86	1 700	3. 0362	瑞银证券
44	300014. SZ	亿纬锂能	2009. 09. 28	18. 00	2 200	3. 9600	红塔证券
43	300017. SZ	网宿科技	2009. 09. 28	24. 00	2 300	5. 5200	国信证券
42	002301. SZ	齐心文具	2009. 09. 24	20. 00	3 120	6. 2400	国信证券
41	300007. SZ	汉威电子	2009. 09. 21	27. 00	1 500	4. 0500	国金证券
40	300008. SZ	佳豪船舶	2009. 09. 21	27. 80	1 260	3. 5028	国元证券
39	300003. SZ	乐普医疗	2009. 09. 21	29. 00	4 100	11. 8900	信达证券
38	300005. SZ	探路者	2009. 09. 21	19. 80	1 700	3. 3660	东兴证券
37	300001. SZ	特锐德	2009. 09. 21	23. 80	3 360	7. 9968	广发证券
36	300004. SZ	南方风机	2009. 09. 21	22. 89	2 400	5. 4936	安信证券
35	300009. SZ	安科生物	2009. 09. 21	17. 00	2 100	3. 5700	国元证券
34	300006. SZ	莱美药业	2009. 09. 21	16. 50	2 300	3. 7950	国金证券
33	300010. SZ	立思辰	2009. 09. 21	18. 00	2 650	4. 7700	国海证券
32	002299. SZ	圣农发展	2009. 09. 21		4 100	8. 0975	招商证券
31	002300. SZ	太阳电缆	2009. 09. 21		3 400	6. 9904	兴业证券
30	300002. SZ	神州泰岳	2009. 09. 21	58. 00	3 160	18. 3280	中信证券
29	601888. SH	中国国旅	2009. 09. 15	11. 78	22 000	25. 9160	中信建投
28	002297. SZ	博云新材	2009. 09. 10	10. 80	2 700	2. 9160	海通证券
27	002298. SZ	鑫龙电器	2009. 09. 10	9. 50	2 800	2. 6600	国元证券
26	002296. SZ	辉煌科技	2009. 09. 07	25. 00	1 550	3. 8750	中德证券
25	002295. SZ	精艺股份	2009. 09. 07	13. 00	3 600	4. 6800	国信证券
24	601618. SH	中国中冶	2009. 08. 31	5. 42	350 000	189. 7000	中信证券
23	002293. SZ	罗莱家纺	2009. 08. 25	27. 16	3 510	9. 5332	平安证券
22	002294. SZ	信立泰	2009. 08. 25	41. 98	2 850	11. 9643	招商证券
21	002292. SZ	奥飞动漫	2009. 08. 21	22. 92	4 000	9. 1680	广发证券
20	002291. SZ	星期六	2009. 08. 18	18. 00	5 500	9. 9000	招商证券
19	002290. SZ	禾盛新材	2009. 08. 18	27. 80	2 100	5. 8380	平安证券
18	002288. SZ	超华科技	2009. 08. 14	12. 10	2 200	2. 6620	南京证券
17	002289. SZ	宇顺电子	2009. 08. 14	15. 88	1 850	2. 9378	平安证券
16	002286. SZ	保龄宝	2009. 08. 11	20. 56	2 000	4. 1120	国联证券
15	002287. SZ	奇正藏药	2009. 08. 11	11. 81	4 100	4. 8421	平安证券
14	002285. SZ	世联地产	2009. 08. 07	19. 68	3 200	6. 2976	第一创业

续表4

序号	代码	名称	招股公告日	发行价格（元）	发行数量（万股）	募集资金（亿元）	主承销商
13	002284. SZ	亚太股份	2009. 08. 07	18. 80	2 400	4. 5120	招商证券
12	002283. SZ	天润曲轴	2009. 08. 04	14. 00	6 000	8. 4000	国信证券
11	002282. SZ	博深工具	2009. 08. 04	11. 50	4 340	4. 9910	东方证券
10	002281. SZ	光迅科技	20090731	16. 00	4 000	6. 4000	广发证券
9	002280. SZ	新世纪	20090731	22. 80	1 350	3. 0780	国金证券
8	601788. SH	光大证券	20090727	21. 08	52 000	109. 6160	东方证券
7	002279. SZ	久其软件	20090723	27. 00	1 530	4. 1310	申银万国
6	002278. SZ	神开股份	20090720	15. 96	4 600	7. 3416	华欧国际
5	601668. SH	中国建筑	20090713	4. 18	1 200 000	501. 6000	中国公司
4	601107. SH	四川成渝	20090706	3. 60	50 000	18. 0000	银河证券
3	002277. SZ	家润多	20090630	19. 58	5 000	9. 7900	联合证券
2	002276. SZ	万马电缆	20090624	11. 50	5 000	5. 7500	平安证券
1	002275. SZ	桂林三金	20090619	19. 80	4 600	9. 1080	招商证券

（二）公开增发

2009 年共完成公开发行增发项目 14 家，募集资金 278. 83 亿元（见表 2－2），平均每家募集资金 19. 92 亿元；与 2008 年相比，发行家数减少 12 家，募集资金减少 268. 02 亿元。2009 年公开发行增发最大的项目为国元证券，募集资金 99 亿元。

表 2－2　　2009 年增发情况表

序号	代码	股票简称	主承销商	增发公告日	发行价格（元）	发行数量（万股）	募集资金（亿元）
合计							278. 8263
14	600033. SH	福建高速	广发证券	2009. 11. 26	6. 43	35 000. 0000	22. 5050
13	002154. SZ	报喜鸟	江南证券	2009. 11. 20	19. 96	4 008. 0000	8. 0000
12	600173. SH	卧龙地产	光大证券	2009. 11. 10	10. 98	12 000. 0000	13. 1760
11	600312. SH	平高电气	海通证券	2009. 11. 05	11. 70	15 000. 0000	17. 5500
10	600725. SH	云维股份	红塔证券	2009. 11. 02	16. 16	5 222. 3300	8. 4393

续表

序号	代码	股票简称	主承销商	增发公告日	发行价格（元）	发行数量（万股）	募集资金（亿元）
9	000728. SZ	国元证券	平安证券 银河证券	2009. 10. 27	19. 80	50 000. 0000	99. 0000
8	600267. SH	海正药业	安信证券	2009. 10. 27	19. 43	5 000. 0000	9. 7150
7	002088. SZ	鲁阳股份	联合证券	2009. 09. 21	18. 22	1 920. 9659	3. 5000
6	002019. SZ	鑫富药业	浙商证券	2009. 09. 18	11. 98	2 932. 0000	3. 5125
5	600308. SH	华泰股份	国联证券	2009. 09. 18	12. 66	10 000. 0000	12. 6600
4	002115. SZ	三维通信	恒泰证券	2009. 09. 16	17. 59	1 410. 0000	2. 4802
3	600596. SH	新安股份	中信证券	2009. 08. 11	44. 68	3 000. 0000	13. 4040
2	000778. SZ	新兴铸管	瑞银证券	2009. 08. 05	11. 70	30 000. 0000	35. 1000
1	000527. SZ	美的电器	中信证券	2009. 07. 28	15. 75	18 910. 6922	29. 7843

（三）非公开发行

2009 年共完成非公开发行项目 75 家，共计募集资金1 190. 67 亿元（见表 2－3），平均每家融资 15. 88 亿元；与 2008 年相比，发行家数增加 13 家，募集资金增加 404. 22 亿元。融资量最大的前 5 家是：浦发银行（150 亿元）、京东方 A（120 亿元）、保利地产（80 亿元）、ST 东航（64. 13 亿元）和东方电气（50. 45 亿元）。

表 2－3　　2009 年定向增发情况表

序号	代码	名称	发行价格（元）	发行数量（万股）	募集资金（亿元）	主承销商	增发公告日
合计					1 190. 6705		
75	002024. SZ	苏宁电器	17. 20	17 762. 92	30. 5522	中信证券	2009. 12. 30
74	600433. SH	冠豪高新	4. 60	6 000. 00	2. 7600	中信建投	2009. 12. 26
73	600060. SH	海信电器	18. 38	8 400. 00	15. 4392	平安证券	2009. 12. 25
72	600115. SH	ST 东航	4. 75	135 000. 00	64. 1250	中金公司	2009. 12. 24
71	600770. SH	综艺股份	12. 00	3 940. 00	4. 7280	西南证券	2009. 12. 19
70	600726. SH	华电能源	2. 51	59 760. 96	15. 0000	中信证券	2009. 12. 16
69	000594. SZ	国恒铁路	3. 20	68 369. 38	21. 8782	浙商证券	2009. 12. 11
68	000851. SZ	高鸿股份	6. 70	7 300. 00	4. 8910	西南证券	2009. 12. 17

续表1

序号	代码	名称	发行价格（元）	发行数量（万股）	募集资金（亿元）	主承销商	增发公告日
67	600787. SH	中储股份	8. 00	10 312. 50	8. 2500	民生证券	2009. 12. 10
66	002209. SZ	达意隆	12. 04	1 616. 27	1. 9460	广发证券	2009. 12. 09
65	600027. SH	华电国际	4. 70	75 000. 00	35. 2500	中信证券	2009. 12. 03
64	600875. SH	东方电气	42. 07	11 993. 00	50. 4546	中信证券	2009. 12. 03
63	600429. SH	三元股份	4. 00	25 000. 00	10. 0000	中信建投	2009. 11. 18
62	600822. SH	上海物贸	8. 99	7 792. 83	7. 0058	长江证券	2009. 11. 14
61	600496. SH	精工钢构	8. 39	4 200. 00	3. 5238	光大证券	2009. 11. 10
60	002177. SZ	御银股份	12. 00	4 124. 25	4. 9491	国信证券	2009. 10. 29
59	600498. SH	烽火通信	17. 57	3 180. 00	5. 5873	联合证券	2009. 10. 20
58	002255. SZ	海陆重工	25. 50	1 840. 00	4. 6920	国信证券	2009. 09. 30
57	600000. SH	浦发银行	16. 59	90 415. 91	150. 0000	中信证券 国泰君安 瑞银证券	2009. 09. 30
56	600486. SH	扬农化工	30. 20	1 543. 54	4. 6615	华泰证券	2009. 09. 30
55	600703. SH	三安光电	26. 00	3 150. 00	8. 1900	国金证券	2009. 09. 30
54	002011. SZ	盾安环境	10. 26	5 000. 00	5. 1300	平安证券	2009. 09. 16
53	000807. SZ	云铝股份	9. 20	13 043. 48	12. 0000	联合证券	2009. 09. 14
52	000950. SZ	建峰化工	13. 70	8 759. 12	12. 0000	申银万国	2009. 09. 08
51	600017. SH	日照港	5. 13	24 951. 00	12. 7999	安信证券	2009. 09. 08
50	002052. SZ	同洲电子	9. 00	4 777. 00	4. 2993	安信证券	2009. 09. 04
49	002146. SZ	荣盛发展	12. 50	9 600. 00	12. 0000	国信证券	2009. 09. 04
48	600079. SH	人福科技	7. 15	8 250. 00	5. 8988	东莞证券	2009. 09. 01
47	600084. SH	ST 中葡	5. 89	33 955. 85	20. 0000	爱建证券	2009. 09. 01
46	002015. SZ	霞客环保	5. 12	3 000. 00	1. 5360	国金证券	2009. 08. 28
45	600408. SH	安泰集团	6. 50	15 900. 00	10. 3350	国信证券	2009. 08. 27
44	600029. SH	南方航空	3. 16	72 115. 00	22. 7883	中金公司	2009. 08. 22
43	600383. SH	金地集团	14. 00	30 257. 14	42. 3600	国信证券 中金公司	2009. 08. 19
42	600589. SH	广东榕泰	6. 06	6 848. 00	4. 1499	东海证券	2009. 08. 05
41	600435. SH	中兵光电	16. 25	5 100. 50	8. 2883	西南证券	2009. 08. 04
40	002123. SZ	荣信股份	27. 08	1 920. 00	5. 1994	中国建银 投资证券	2009. 07. 31
39	000650. SZ	仁和药业	11. 84	6 000. 00	7. 1040	江南证券	2009. 07. 21

续表2

序号	代码	名称	发行价格（元）	发行数量（万股）	募集资金（亿元）	主承销商	增发公告日
38	600376. SH	首开股份	13.96	33 995.00	47.4570	中信证券	2009.07.21
37	600048. SH	保利地产	24.12	33 167.50	80.0000	中信证券	2009.07.16
36	600667. SH	太极实业	3.07	10 000.00	3.0700	民族证券	2009.07.11
35	600243. SH	青海华鼎	5.01	5 000.00	2.5050	安信证券	2009.07.09
34	600115. SH	ST 东航	3.87	143 737.50	55.6264	中信证券	2009.07.03
33	600536. SH	中国软件	6.21	6 438.28	3.9982	中信证券	2009.07.01
32	600591. SH	*ST 上航	45.00	22 222.22	10.0000	海通证券	2009.06.26
31	600720. SH	祁连山	9.11	7 900.00	7.1969	恒泰证券	2009.06.26
30	000836. SZ	鑫茂科技	7.71	2 859.10	2.2044	渤海证券	2009.06.25
29	600229. SH	青岛碱业	4.84	10 066.00	4.8719	国都证券	2009.06.24
28	600175. SH	美都控股	5.31	17 100.00	9.0801	金元证券	2009.06.19
27	000725. SZ	京东方 A	2.40	500 000.00	120.0000	长江证券 国信证券	2009.06.09
26	600069. SH	银鸽投资	5.26	12 404.94	6.5250	西南证券	2009.06.02
25	600137. SH	浪莎股份	9.09	2 640.00	2.3998	齐鲁证券	2009.06.02
24	600491. SH	龙元建设	7.2	8 500.00	6.1200	兴业证券	2009.06.02
23	600846. SH	同济科技	7.18	6 900.00	4.9542	长江证券	2009.05.26
22	002167. SZ	东方锆业	16.00	1 912.00	3.0592	广发证券	2009.05.25
21	600388. SH	龙净环保	15.50	4 090.00	6.3395	国金证券	2009.05.23
20	002066. SZ	瑞泰科技	9.99	2 550.00	2.5475	安信证券	2009.05.22
19	002149. SZ	西部材料	20.19	2 500.00	5.0475	西南证券	2009.05.18
18	600844. SH	丹化科技	12.98	8 474.57	11.0000	安信证券	2009.05.09
17	002073. SZ	青岛软控	13.51	4 500.00	6.0795	西南证券	2009.05.04
16	000100. SZ	TCL 集团	2.58	35 060.00	9.0455	中信证券	2009.04.24
15	600545. SH	新疆城建	5.08	8 415.00	4.2748	金元证券	2009.04.21
14	600239. SH	云南城投	15.18	13 175.00	19.9997	西南证券	2009.04.14
13	600683. SH	银泰股份	3.73	21 160.00	7.8927	国海证券	2009.04.11
12	600190. SH	锦州港	7.77	24 600.00	19.1142	国泰君安	2009.04.01
11	600765. SH	力源液压	10.50	16 000.00	16.8000	东海证券	2009.03.28
10	600320. SH	振华港机	17.78	16 979.47	30.1895	国泰君安	2009.03.19
9	000606. SZ	青海明胶	3.39	4 660.00	1.5797	民生证券	2009.03.06
8	600522. SH	中天科技	8.60	5 000.00	4.3000	海通证券	2009.03.06

续表3

序号	代码	名称	发行价格（元）	发行数量（万股）	募集资金（亿元）	主承销商	增发公告日
7	002108. SZ	沧州明珠	9.00	1 340.00	1.2060	华林证券	2009.03.04
6	002122. SZ	天马股份	47.00	2 500.00	11.7500	国信证券	2009.02.17
5	000887. SZ	中鼎股份	6.16	4 000.00	2.4640	平安证券	2009.02.12
4	600495. SH	晋西车轴	13.00	6 500.00	8.4500	国信证券	2009.02.11
3	600119. SH	长江投资	3.68	5 000.00	1.8400	国泰君安	2009.02.07
2	600122. SH	宏图高科	7.14	12 500.00	8.9250	西南证券	2009.01.16
1	600290. SH	华仪电气	9.95	3 000.00	2.9850	广发证券	2009.01.13

（四）配股

2009 年共有 10 家公司实施配股，总计募集资金 105.98 亿元（见表 2－4），平均每家 10.60 亿元；与 2008 年相比，发行家数增加 2 家，募集资金减少 33.53 亿元。募集资金量最大的前 3 家公司分别为：长江证券（32.27 亿元）、葛洲坝（20.54 亿元）和驰宏锌锗（17.52 亿元）。

表 2－4　　2009 年配股发行情况表

序号	代码	股票简称	主承销商	配股公告日	配股价格（元）	配售数量（万股）	募集资金（亿元）
合计							105.9809
10	600755. SH	厦门国贸	海通证券	2009.12.07	7.31		10.4800
9	002017. SZ	东信和平	信达证券	2009.12.02	4.60		2.0800
8	600497. SH	驰宏锌锗	长江证券	2009.11.26	7.69		17.5200
7	000783. SZ	长江证券	安信证券 长江证券	2009.11.04	6.50	49 643.38	32.2682
6	600068. SH	葛洲坝	中信建投	2009.10.29	4.26	48 217.41	20.5406
5	000516. SZ	开元控股	第一创业	2009.09.28	3.98	7 917.30	3.1511
4	000988. SZ	华工科技	宏源证券	2009.09.16	5.58	7 870.78	4.3919
3	600525. SH	长园集团	东方证券	2009.08.14	8.88	4 929.11	4.3770
2	000635. SZ	英力特	齐鲁证券	2009.08.03	12.00	3 958.67	4.7504
1	600590. SH	泰豪科技	海通证券	2009.07.27	7.56	8 494.25	6.4217

（五）可转换公司债券

2009 年共公告发行 6 家可转换公司债券，共计募集资金 46.61 亿元（见表 2－5），平均每家 7.77 亿元；与 2008 年相比，发行家数增加 1 家，募集资金减少 30.59 亿元。其中，募集资金量最大的公司是龙盛转债（12.50 亿元）。

表 2－5　2009 年可转换债券发行情况表

序号	公司代码	转债代码	转债名称	主承销商	发行规模（亿元）	期限（年）	票面利率（%）	补偿利率（%）
合计					46.61			
6	600859.SH	110008.SH	王府转债	中信建投	8.21	6	0.50	2.50
5	600966.SH	110007.SH	博汇转债	宏源证券	9.75	5	1.00	2.46
4	000969.SZ	125969.SZ	安泰转债	联合证券	7.50	6	1.00	2.17
3	600352.SH	110006.SH	龙盛转债	华龙证券	12.50	5	1.00	2.04
2	600558.SH	110005.SH	西洋转债	民族证券	2.65	5	1.00	2.04
1	600815	110004	厦工转债	联合证券	6.00	5	1.20	2.92

（六）分离交易的可转换公司债券

2009 年可分离债的债券品种基本处于停滞状态，全年只发行 1 家，即 09 长虹债，募集资金 30 亿元。

表 2－6　2009 年可分离债发行情况表

序号	公司代码	债券名称	主承销商	公告日期	发行规模（亿元）	权证规模（亿份）	数量（亿份）	初始行权价（元）
合计					30			
1	600839	09 长虹债	招商证券	2009.07.28	30	5.73	5.73	5.23

承销市场 2009 年与 2008 年情况比较见表 2－7。

表 2－7　　2009 年与 2008 年发行情况比较表

内容		承销家数	承销金额（亿元）	融资比例（%）
首发	2009 年	129	2 188.95	57.25
	2008 年	74	1 020.88	32.21
增发（公开发行）	2009 年	14	261.69	6.84
	2008 年	26	512.58	16.17
非公开发行	2009 年	75	1 190.67	31.14
	2008 年	62	786.45	24.81
配股	2009 年	10	105.97	2.77
	2008 年	8	139.50	4.40
可转债	2009 年	6	46.61	1.22
	2008 年	5	77.20	2.44
可分离债	2009 年	1	30.00	0.78
	2008 年	11	632.85	19.97
合计	2009 年	235	3 823.88	100.00
	2008 年	186	3 169.46	100.00

二、证券公司主承销排名

2009 年，共有 52 家券商完成 1 家以上的主承销项目（详见表 2－8、表 2－9）。

表 2－8　　2009 年主承销项目按承销金额排名情况　　（单位：亿元）

排名	机构名称	首发	配股	增发	非公开发行	可分离债	可转债	合计
1	中金公司	695.16			108.09			803.26
2	中信证券	243.85		39.58	377.38			660.81
3	国信证券	115.31			133.36			248.67
4	平安证券	101.68		49.50	23.03			174.21
5	中信建投	120.37	20.54		12.76		8.21	161.88

续表 1

排名	机构名称	首发	配股	增发	非公开发行	可分离债	可转债	合计
6	瑞银证券	58.61		35.10	50.00			143.71
7	国泰君安	25.18			101.14			126.32
8	东方证券	119.86	4.38					124.24
9	长江证券		33.65		71.96			105.61
10	招商证券	73.58				30		103.58
11	安信证券	32.47	16.13	6.70	33.15			88.45
12	广发证券	57.01		22.51	7.99			87.51
13	海通证券	37.14	16.90	12.21	14.30			80.55
14	华泰证券	73.33			4.66			77.99
15	银河证券	18.00		49.50				67.50
16	西南证券				64.48			64.48
17	华泰联合	21.80		3.50	17.59		13.50	56.39
18	高盛高华	55.57						55.57
19	华融证券	46.33						46.33
20	光大证券	28.30		8.00	3.52			39.82
21	国金证券	10.92			16.07			26.99
22	申银万国	14.97			12.00			26.97
23	国元证券	26.49						26.49
24	齐鲁证券	19.29	4.75		2.40			26.44
25	金元证券	12.50			13.3549			25.85
26	浙商证券			3.51	21.88			25.39
27	东海证券	2.99			20.95			23.94
28	宏源证券	9.20	4.39				9.75	23.34
29	渤海证券	20.30			2.20			22.50
30	爱建证券				20.00			20.00
31	东吴证券	18.39						18.39
32	民生证券	8.30			9.83			18.13
33	兴业证券	11.80			6.12			17.92
34	建银投资	12.39			5.20			17.59
35	中德证券	17.28						17.28
36	国联证券	4.11		12.66				16.77
37	国都证券	11.84			4.87			16.71

续表2

排名	机构名称	首发	配股	增发	非公开发行	可分离债	可转债	合计
38	江南证券			8.00	7.10			15.10
39	华龙证券	2.52					12.50	15.02
40	信达证券	11.89	2.08					13.97
41	国海证券	4.77			7.89			12.66
42	红塔证券	3.96		8.44				12.40
43	恒泰证券			2.48	7.20			9.68
44	德邦证券	8.62						8.62
45	第一创业	4.51	3.15					7.66
46	华欧国际	7.34						7.34
47	日信证券	6.70						6.70
48	东莞证券				5.90			5.90
49	民族证券				3.07		2.65	5.72
50	东北证券	5.33						5.33
51	东兴证券	3.37						3.37
52	西部证券	2.94						2.94
53	南京证券	2.66						2.66
54	华林证券				1.21			1.21
合计		2 188.93	105.97	261.69	1 190.65	30.00	46.61	3 823.86

注：联合保荐及主承销商则以平均承销金额计算。

表2－9　　2009年主承销项目按承销家数排名情况

排名	机构名称	首发	配股	增发	非公开发行	可分离债	可转债	合计
1	国信证券	14			7			21
2	平安证券	16		1/2	3			19 1/2
3	中信证券	6		2	9 1/3			17 1/3
4	招商证券	11				1		12
5	海通证券	6	2	1	2			11
6	中信建投	5	1		2		1	9
7	广发证券	5		1	3			9
8	安信证券	2	1/2	1	5			8 1/2
9	华泰联合	3		1	2		2	8

续表 1

排名	机构名称	首发	配股	增发	非公开发行	可分离债	可转债	合计
10	西南证券				8			8
11	光大证券	5		1	1			7
12	国金证券	3			3			6
13	国元证券	5						5
14	中金公司	$2^{1}/_{3}$			$2^{1}/_{2}$			$4^{5}/_{6}$
15	国泰君安	1			$3^{1}/_{3}$			$4^{1}/_{3}$
16	东方证券	3	1					4
17	长江证券		$1^{1}/_{2}$		$2^{1}/_{2}$			4
18	申银万国	3			1			4
19	齐鲁证券	2	1		1			4
20	宏源证券	2	1				1	4
21	金元证券	2			2			4
22	东海证券	1			2			3
23	兴业证券	2			1			3
24	国都证券	2			1			3
25	东吴证券	3						3
26	民生证券	1			2			3
27	渤海证券	2			1			3
28	中德证券	3						3
29	瑞银证券	$1^{1}/_{2}$		1	1/3			$2^{5}/_{6}$
30	华泰证券	$1^{1}/_{3}$			1			$2^{1}/_{3}$
31	民族证券				1		1	2
32	恒泰证券			1	1			2
33	国联证券	1		1				2
34	国海证券	1			1			2
35	第一创业	1	1					2
36	华龙证券	1					1	2
37	红塔证券	1		1				2
38	江南证券			1	1			2
39	建银投资	1			1			2
40	信达证券	1	1					2
41	浙商证券			1	1			2

续表 2

排名	机构名称	首发	配股	增发	非公开发行	可分离债	可转债	合计
42	银河证券	1		1/2				$1^1/_2$
43	华欧国际	1						1
44	华林证券				1			1
45	南京证券	1						1
46	爱建证券				1			1
47	东莞证券				1			1
48	东兴证券	1						1
49	西部证券	1						1
50	日信证券	1						1
51	德邦证券	1						1
52	东北证券	1						1
53	高盛高华	1/2						1/2
54	华融证券	1/3						1/3
合 计		129	10	14	75	1	6	235

注：联合保荐或主承销家数以各自承销次数为准。

三、并购重组财务顾问项目情况（资产并购重组审核委员会审核项目）

2008 年经由资产并购重组审核委员会审核的项目共有 64 家，其中通过审核的项目共有 57 家，比 2007 增加 10 家（见表 2 - 10）。

表 2 - 10　　通过审核的并购重组项目

序号	项目名	交易方式	交易类型	独立财务顾问	收购方财务顾问	过会时间
1	金岭矿业	发行股份购买资产	注入资产，规范及升级	广发证券	-	2009. 01. 23
2	ST 松江	发行股份购买资产	非同一控制下借壳上市	太平洋证券	第一创业	2009. 01. 23
3	中材国际	发行股份购买资产	注入资产，规范及升级	西南证券	-	2009. 02. 23
4	ST 方向	重大资产出售暨新增股份吸收合并	非同一控制下借壳上市	平安证券	西部证券	2009. 02. 23
5	徐工机械	发行股份购买资产	注入资产，规范及升级	华泰证券	-	2009. 02. 27

续表 1

序号	项目名	交易方式	交易类型	独立财务顾问	收购方财务顾问	过会时间
6	宁波富达	重大资产置换及发行股份购买资产	注入资产，规范及升级	光大证券	南京证券	2009.02.27
7	威远生化	发行股份购买资产	注入资产，规范及升级	国信证券	–	2009.03.16
8	诚志股份	发行股份购买资产	第三方注入资产，规范及升级	长城证券	–	2009.03.16
9	西南合成	发行股份购买资产	第三方注入资产，规范及升级	民生证券	–	2009.03.26
10	恒源煤电	发行股份购买资产	注入资产，规范及升级	国元证券	–	2009.04.02
11	众和机电	发行股份购买资产	第三方注入资产，规范及升级	中和应泰	国都证券	2009.04.03
12	华联股份	发行股份购买资产	注入资产，规范及升级	国都证券	江南证券	2009.04.10
13	*ST 昌河	重大资产置换及发行股份购买资产	同一控制下借壳上市	国信证券	东海证券	2009.05.06
14	新湖中宝	换股吸收合并	集团整体上市	西南证券	–	2009.05.11
15	同力水泥	发行股份购买资产	同一控制下借壳上市	国海证券	齐鲁证券	2009.05.18
16	天坛生物	发行股份购买资产	第三方注入资产，规范及升级	渤海证券	–	2009.07.01
17	ST 凤凰	重大资产置换及发行股份购买资产	非同一控制下借壳上市	申银万国	华融证券	2009.07.02
18	轴研科技	发行股份购买资产	注入资产，规范及升级	联合证券	宏源证券	2009.07.08
19	冀中能源	发行股份购买资产	注入资产，规范及升级	国泰君安	–	2009.07.08
20	ST 金瑞	重大资产出售及发行股份购买资产	同一控制下借壳上市	太平洋证券	中原证券	2009.07.17
21	东凌粮油	重大资产置换	同一控制下借壳上市	太平洋证券	联合证券	2009.07.23
22	鲁信高新	发行股份购买资产	注入资产，规范及升级	平安证券	国元证券	2009.07.23
23	川投能源	发行股份购买资产	注入资产，规范及升级	瑞银证券	–	2009.07.27
24	深圳华强	重大资产出售及发行股份购买资产	同一控制下借壳上市	招商证券	–	2009.07.30
25	闽闽东	重大资产出售及发行股份购买资产	非同一控制下借壳上市	广发证券	东方证券	2009.07.31
26	酒钢宏兴	发行股份购买资产	注入资产，规范及升级	国泰君安	–	2009.08.10
27	亚盛集团	发行股份购买资产	注入资产，规范及升级	太平洋证券	–	2009.08.20
28	宝商集团	重大资产置换	非同一控制下借壳上市	国盛证券	–	2009.09.07

续表2

序号	项目名	交易方式	交易类型	独立财务顾问	收购方财务顾问	过会时间
29	山煤国际	重大资产置换及发行股份购买资产	非同一控制下借壳上市	银河证券	安信证券	2009. 09. 07
30	华侨城	发行股份购买资产	注入资产，规范及升级	中信证券	-	2009. 09. 11
31	长江电力	发行股份购买资产	注入资产，规范及升级	中信证券	-	2009. 09. 11
32	三一重工	发行股份购买资产	注入资产，规范及升级	国信证券	-	2009. 09. 14
33	ST 宇航	重大资产出售及发行股份购买资产	同一控制下借壳上市	东海证券	江南证券	2009. 09. 14
34	科苑集团	重大资产出售及发行股份购买资产	同一控制下借壳上市	华泰联合	民生证券	2009. 09. 15
35	河北钢铁	换股吸收合并	地方产业整合	中金公司	-	2009. 09. 21
36	广百股份	发行股份购买资产	注入资产，规范及升级	广州证券	-	2009. 09. 24
37	西藏雅砻	重大资产出售及发行股份购买资产	非同一控制下借壳上市	东方证券	-	2009. 09. 25
38	电子城	重大资产置换及发行股份购买资产	同一控制下借壳上市	民族证券	太平洋证券	2009. 09. 25
39	*ST 三农	发行股份购买资产	非同一控制下借壳上市	招商证券	民生证券	2009. 10. 27
40	国投电力(600886)	发行股份购买资产	注入资产，规范及升级	中金公司	-	2009. 10. 30
41	ST 东航	换股吸收合并	地方产业整合	中金公司	-	2009. 11. 30
42	ST 东源	新增股份吸收合并	非同一控制下借壳上市	安信证券	联合证券	2009. 11. 30
43	*ST 清洗	重大资产置换及发行股份购买	非同一控制下借壳上市	华泰联合	中信建投	2009. 12. 01
44	万泽股份	发行股份购买资产	注入资产，规范及升级	江南证券	东方高圣	2009. 12. 07
45	*ST 长岭	重大资产出售及发行股份购买资产	破产重整，非同一控制下借壳上市	海通证券	宏源证券	2009. 12. 11
46	世荣兆业	发行股份购买资产	注入资产，规范及升级	海通证券	无	2009. 12. 16
47	航天科技	发行股份购买资产	注入资产，规范及升级	海通证券	航天证券	2009. 12. 21
48	四川湖山	重大资产置换及发行股份购买资产	同一控制下借壳上市	银河证券	-	2009. 12. 21
49	ST 科龙	发行股份购买资产	注入资产，保壳	平安证券	博星投资	2009. 12. 11
50	桂冠电力	发行股份购买资产	注入资产，规范及升级	中信证券	-	2009. 12. 11
51	上海医药	换股吸收合并、发行股份购买资产	地方产业整合	中金公司	-	2009. 12. 25
52	*ST 华源	发行股份购买资产	非同一控制下借壳上市	国金证券	-	2009. 12. 25

续表3

序号	项目名	交易方式	交易类型	独立财务顾问	收购方财务顾问	过会时间
53	上海建工	发行股份购买资产	注入资产，规范及升级	海通证券	无	2009.12.28
54	交大博通	重大资产置换及发行股份购买资产	注入资产，规范及升级	西南证券	新时代证券	2009.12.28
55	豫能控股	重大资产置换及发行股份购买资产	同一控制下借壳上市	银河证券	无	2009.12.29
56	道博股份	发行股份购买资产	注入资产，规范及升级	德邦证券	联合证券	2009.12.31
57	同方股份	发行股份购买资产	注入资产，规范及升级	民生证券	无	2009.12.31

四、企业债及公司债发行情况

2009年企业债券（指中央和地方企业发行债券，由国家发改委核准）和公司债券（指上市公司发行债券，由中国证监会核准）共计发行债券4 252.33亿元，具体情况如下：

（1）中央企业债情况：2009年共有20家中央企业发行债券，发行总量为2 029亿元，平均每家发行101.45亿元。

（2）地方企业发行情况：2009年共有143家地方企业发行债券，发行总量为2 223.33亿元，平均每家发行15.55亿元。

（3）公司债：2009年共计发行45家，发行总量为734.9亿元，平均每家发行16.33亿元。

第三节　2009年中国投资银行业重大事件

一、中国创业板正式开市与上市交易，多层次资本市场建设取得重大突破，支持创新型国家建设

2009年10月，中国创业板正式开市，首批28家创业板公司上市交易。创

业板的设立是我国资本市场建设的一个重要里程碑，对于建设多层次资本市场，促进经济转型和产业技术进步，都具有重大的积极意义。推出创业板是完善我国资本市场层次与结构、拓展资本市场深度与广度的重要举措，能够为数量众多的自主创新和成长型创业企业提供资本市场服务，同时通过资本市场的示范效应，拉动民间投资，推动产业结构升级。

2009 年 3 月，中国证监会起草并发布了《首次公开发行股票并在创业板上市管理暂行办法》（证监会令第 61 号，简称《办法》）。《办法》对创业板上市企业的发行条件、发行程序、信息披露、监督管理和法律责任等方面进行了详细规定。配套指导文件也相继出台，保证了创业板的平稳推出，如《创业板市场投资者适当性管理暂行规定》（证监会公告［2009］14 号）、《公开发行证券的公司信息披露内容与格式准则第 28 号——创业板公司招股说明书》（证监会公告［2009］17 号）、《公开发行证券的公司信息披露内容与格式准则第 29 号——首次公开发行股票并在创业板上市申请文件》（证监会公告［2009］18 号）、《公开发行证券的公司信息披露内容与格式准则第 30 号——创业板上市公司年度报告的内容与格式》（证监会公告［2009］33 号）。

深圳证券交易所发布了《深圳证券交易所创业板股票上市规则》，分别就创业板公司的信息披露、保荐机构和董事会、监事会决议、停牌、退市等交易事件方面作出了详细的规定。信息披露方面针对创业企业平均规模较小、经营不够稳定的特点，对创业板的公司作出了更严格的规定。此后发布的《深圳证券交易所创业板上市公司规范运作指引》，充分借鉴了目前主板和中小板市场行之有效的监管经验，同时还针对创业板上市公司的特点，提出了相应的监管要求，特别是对于超募资金的使用限制与及时披露作出规定，要求公司内部审计部门每季度应对货币资金的内部控制制度检查一次等。

创业板的定位是“两高六新”，即成长性高、科技含量高，新经济、新服务、新农业、新材料、新能源和新商业模式。这些企业正是中国经济增长中最为活跃的因素，通过为这些活跃的市场群体提供有力的金融支持，能够提高中国经济可持续增长的潜力。截至 2009 年年底，创业板已受理 223 家企业发行申请，50 家企业发行，36 家挂牌上市，开局良好。

按照我国发展多层次资本市场的目标和构想，未来我国的多层次资本市场将由蓝筹股市场、中小板市场、创业板市场和场外交易市场4个层面构成。创业板的推出，使我国多层次资本市场向前迈出了重要的一大步。

二、《关于进一步改革和完善新股发行体制的指导意见》正式公布，IPO重启并取得改革阶段性成果

2009年6月，中国证监会发布《关于进一步改革和完善新股发行体制的指导意见》（证监会公告［2009］13号，简称《指导意见》）。这是自2005年推出询价制度以来，继续深化和充实新股发行的各项制度、进一步强化市场约束机制的表现，标志着资本市场的基础性制度——新股发行体制的不断改革，逐渐走向成熟和完善。

《指导意见》主要涉及5个方面的内容：完善询价和申购的报价约束机制，取消IPO市盈率上限管制，形成进一步市场化的价格形成机制；优化网上发行机制，将网下网上申购参与对象分开；单个投资者只能使用1个合格账户申购新股，且对网上单个申购账户设定上限；适时调整股份发行政策，增加可供交易股份数量，完善回拨机制和中止发行机制；加强新股认购风险提示，提示所有参与人明晰市场风险。

经中国证监会批准，沪、深圳券交易所分别修订了沪、深市场《首次公开发行股票网下发行电子化实施细则》和《资金申购上网公开发行股票实施办法》，以适应新股发行体制改革的需要。其中，沪市上网发行资金申购的时间可以缩短1个交易日。桂林三金药业股份有限公司（简称"桂林三金"，代码002275）成为首家获得中国证监会发行批文的企业，暂停9个月的IPO重新开闸，重启之门正式打开。

以新股发行为契机，实时进行的新股发行体制改革措施落实情况较好，成效显著，初步达成了改革的预期目标。一级市场和二级市场的定价基准开始接轨，新股上市首日的炒作行为得到了显著抑制。大量资金申购新股的状况得到改观，中小投资者的参与愿望和收益率明显提高。网上网下发行执行情况较好，绝大部分机构投资者实现了真实报价和有效申购。市场参与主体履职尽责逐步清晰，主承销商的意识增强，询价对象更加注重研究公司的基本面，公众

投资者也更加明晰融资的风险。

三、推进保荐制度建设，业务信息披露制度不断完善

2009 年 3 月，中国证监会发布《发行证券的公司信息披露内容与格式准则第 27 号——发行保荐书和发行保荐工作报告》（证监会公告［2009］4 号，简称《发行保荐书和发行保荐工作报告》）和《证券发行上市保荐业务工作底稿指引》（证监会公告［2009］5 号，简称《工作底稿指引》）。这两个文件均为保荐制度的配套性规则。

《发行保荐书和发行保荐工作报告》将保荐机构尽职推荐发行人证券发行的工作分别反映在发行保荐书、发行保荐工作报告 2 个文件中。其中，发行保荐书主要要求保荐机构对发行条件、发行人存在的主要风险，保荐机构与发行人的关联关系，保荐机构的推荐结论等事项发表意见；发行保荐工作报告主要反映保荐机构尽职推荐发行人的工作过程，包括项目运作流程、项目存在的问题及其解决情况等。

《工作底稿指引》加强了对保荐工作底稿的规范，要求工作底稿应当真实、准确、完整地反映保荐机构尽职推荐发行人证券发行上市、持续督导发行人履行相关义务所开展的主要工作，并应当成为保荐机构出具发行保荐书、发行保荐工作报告、上市保荐书，发表专项保荐意见，以及验证招股说明书的基础。

四、全球投资银行业务强劲复苏，中国公司 IPO 居全球首位

2009 年，金融海啸酿成了全球性经济衰退，各主要经济体协调合作、采取了宽松的货币政策和刺激性的财政政策，世界经济开始走出衰退，缓慢复苏。全球资本市场再度活跃，投资银行业务强劲复苏。

摩根大通全年投资银行业务收入排名第 1，与转型后的摩根士丹利和高盛取代原华尔街五大投资银行，控制了全球四成以上的投资银行业务。全球资本市场通过 IPO 方式实现融资 1 210 亿美元，与 2008 年相比基本持平；通过二次发行方式融资 8 428 亿美元，不论数量还是融资额均有大幅增长。

2009 年中国首次成为全球 IPO 最为活跃的国家，中国公司 IPO 数量和融资额都出现激增，全球占比取代美国跃居首位，香港交易所和上海证券交易所分别位列 IPO 融资榜的第 1 名和第 3 名。共有 176 家中国企业在境内外资本市场上市，合计融资 546. 50 亿美元。境内外融资额各占半壁江山，并呈现如下特点：海外上市数量和融资额持续增加，融资市场明显增多；IPO 重启，境内新股密集发行；创业板带动企业融资小高潮。

五、上市公司并购重组稳步发展，其数量和规模均创下历史纪录

2009 年，沪、深两市参与并购重组的上市公司总数及交易资产总量均创下了历史纪录。全年共有 95 家上市公司启动重大资产重组，其中 57 家公司经中国证监会资产并购重组审核委员会审核通过，比 2008 年增加了 10 家；实施完成后总交易金额超过 2 300 亿元，相当于同年 A 股首发筹资额的 1. 27 倍。

2009 年度上市公司并购重组整体呈现出涉及行业广、交易金额大、热点领域集中等特点，涌现出众多影响力空前的并购重组案例。央企和地方国有资产监督管理委员会（简称“国资委”）所属上市公司仍然成为资产重组的主力军，以产业战略调整为目的的重组增多。房地产企业“借壳上市”盛行，其中又以民营企业为主要力量。并购重组的热点集中在与产业整合、产业转型和产业升级需求较密切的电力、钢铁、房地产、航空航天和生物医药等行业。

从交易类型看，并购重组显现定向增发、吸收合并、资产置换等多重方式结合，其中定向增发成为主导方式，股份支付的手段创新给并购重组打开了新的空间。与此同时，交易目的呈现出多样化的趋势和积极进取的态势。以挽救危机为交易目的的被动式并购重组，已逐步转向行业整合、产业升级为目的的积极式并购重组。

六、直接投资业务试点范围拓宽，“直接投资 + 承销”成券商盈利新模式

2009 年 5 月，中国证监会下发了《证券公司直接投资业务试点指引》，不

但降低了券商直接投资净资产的门槛，而且对券商完成的主承销项目、金额等方面的要求均有不同程度的放宽，意味着将有更多的券商参与到直接股权投资领域。随着创业板开启以及我国多层次资本市场体系的不断完善，中国境内退出渠道将更为畅通，会吸引越来越多的券商积极开展直接投资业务。

直接股权投资是券商发展与建立多层次资本市场所需的业务，是投资银行本质的回归。同时，直接投资试点的扩容将拓宽非上市企业的融资渠道，有利于部分非上市企业的运营和国内整体经济形势的好转。此外，创业板的开启为券商直接投资带来了空前的发展机遇。

中信证券、海通证券、国信证券率先体验到“直接投资 + 承销”新模式带来的盈利机会。创业板上述 3 家券商直接投资的平均收益达 5 倍左右，同时券商通常又是直接投资企业的承销商，能收获双重收益。截止到2009 年年底，获得直接投资试点资格的证券公司已达 17 家，直接投资公司投资案例数为 13 个，已披露金额为 2. 39 亿美元。

第四节 2009 年中国投资银行业面临的问题和发展前景

一、中国投资银行业面临的问题

20 多年以来，中国投资银行业从无到有，取得了长足的进步，并对推动中国经济发展发挥了巨大作用：促进企业的产权进一步明晰，协助企业建立现代法人治理结构，优化社会资源配置，推动高新技术产业化发展和技术进步。在取得这些成绩的同时，对比国外百年历史的同业，中国投资银行业也存在着一些问题，就这些问题进行深入分析并加以解决对中国投资银行业的发展将大有益处。

（一）证券发行审核及创新业务的开展需要进一步市场化

近几年，随着新股发行体制的改革和完善，股票发行已经在一定程度上实现了市场化。但是，现有发行体制仍存在行政控制环节过多、审批程序复杂、审核周期过长等问题。与纽约证券交易所、香港交易所等境外成熟市场股票发行普遍实行的便捷和标准化的注册制不同，我国内地股票市场发行体制仍然采用行政色彩较浓的核准制。发行人资格审查、发行规模乃至上市时间等，在很大程度上都由监管机构决定，使得投资银行等中介机构的作用不能充分发挥。为了稳步推进发行制度的市场化改革，更需要对发行审核制度进行优化，以充分发挥市场中介的积极作用，促成成熟的投资者、严格的信息披露制度等市场要素的形成，最终实现发行审核由核准制转向注册制的转变。

从国际市场来看，通常债券市场规模远大于股票市场，而我国目前债券市场规模却偏小，发行机制存在诸多缺陷是主要原因之一。目前我国由不同部门制定债券发行审批规则，不同债券产品的发行审批标准也不同。短期融资券和中期票据的发行实行备案制，由中国人民银行进行监管；一般企业债券的发行由国家发改委监管；上市公司债、可转换债券和可分离交易的可转换债券的发行实行核准制由中国证监会监管。

金融创新是金融行业特别是投资银行业发展的生命线，为了适时顺应和及时跟上客户需求变化和市场竞争发展的需要，投资银行业必须增强其创新能力，加强市场研究和产品创新，及时针对客户需求推出实用灵活、方便价低和风险较小的金融产品和交易工具，以满足现有客户和吸引潜在客户，持续稳定的扩大客户群体。目前国内投资银行创新业务需要取得监管部门的审批才能开展，在业务品种、开展业务的资格上均存在审批周期长、要求过高等一系列问题，在此背景下，国内投资银行进行创新业务有较大的困难。

（二）新的竞争对手加入将进一步加剧行业的竞争

目前国内不论是商业银行还是其他的金融机构都纷纷以各种形式尝试混业经营，如保险公司进行证券投资，商业银行进行代理基金业务，各商业银行也开始设立自身的投资银行部门。尽管到目前为止“分业经营、分业管理”的原则还没有改变，但中国金融混业经营的序幕已悄然拉开。与国内现有投资银行相比，潜在竞争对手如商业银行等大型机构在综合实力、客户储备、信誉以及风险内部控制等方面较现有投资银行都有明显的竞争优势，更易取得客户的信任，国内商业银行、保险公司、信托公司等潜在竞争对手的进入将进一步加剧国内投资银行业的竞争态势。

与此同时，2008 年 1 月 1 日起，已修改的《外资参股证券公司设立规则》（简称新《规则》）正式实施，监管部门重新启动审批合资证券公司。与原规则相比，新《规则》规定的外资参股证券公司的准入条件更为宽松，参股渠道更为多样，监管机制更为适当。新《规则》实施以来中国证监会审核批准了瑞信方正证券有限责任公司、中德证券有限责任公司的设立申请。未来随着我国证券业和资本市场对外开放步伐的有序推进，更多的外资投资银行将以合资方式进入中国抢占市场，在证券行业尤其是承销业务领域会出现更加激烈的竞争。国外投资银行凭借其雄厚的资金实力、灵活的经营机制、储备的高级人才、跨境业务操作经验等无可比拟的优势对中国本土投资银行业务构成一定威胁。从我国现有的合资证券公司经营情况看，中金公司、中银国际、高盛高华、瑞银证券近年在投资银行业务上显示出了相当的竞争优势。更多外资投资银行的进入将对中国投资银行的生存空间构成激烈的挤压。

在激烈的竞争压力下，部分经营不够稳健、业务缺乏规范、管理尚不完善、服务水平较低的投资银行可能被淘汰。为此，我国投资银行应未雨绸缪，主动在竞争中提高自身的整体素质，完善本土业务的同时，认真学习和借鉴国外投资银行的先进管理经验，积极推进以客户为中心的业务模式，提前做好各方面的准备工作，在竞争中卓越提升。

（三）国内投资银行业务过于单一

在成熟的资本市场中，投资银行已由单纯的提供一个平台为供求双方服务发展到更多地参与到经济活动中来，投资银行的功能也由单纯的中介机构向投资理财顾问的角色转变，形成以并购咨询、资产证券化、项目融资、资产管理、风险投资等为核心的新一代业务，投资银行具有了更多的主动创造性。虽然我国投资银行已经开始尝试资产证券化、直接投资等创新业务，但大部分投资银行业务仍然以证券承销为主。虽然部分投资银行目前也初步涉及风险投资、资产管理等创新型业务，但整体而言，由于体制、能力和市场环境的制约在一定程度上影响了投资银行创新的动力和投入，各投资银行创新业务还处于发展的初级阶段。

业务范围狭窄带来的突出问题是抵御市场风险的能力不足，承销业务目前仍然难以摆脱“靠天吃饭”的被动局面。面对市场的持续低迷和交易的日渐萎缩，投资银行将被迫默默承受证券市场下跌带来的沉重系统沽空压力，承销业务将持续减少。同时，投资银行还必须花费大量时间和精力去预防或应付不时爆发的各类业务风险，业务单一使投资银行面临较大的生存压力。

（四）投资银行风险监督及内部控制管理机制有待进一步完善

我国投资银行业的创新业务已经到了一个厚积薄发的临界点。直接投资等业务已开始试点，部分国内公司也介入了市值管理、风险投资顾问等业务，未来创新效应将在投资银行身上全面显现，对投资银行业务的推动不容小视。

各项创新业务的推出也对我国投资银行的风险监控提出了更高的要求。创新业务本身具有不同于传统业务的风险特征，风险控制难度加大。加之我国投资银行风险意识普遍淡薄，在各项创新业务推出的新环境下，加强风险意识是我国投资银行急切关注的问题。投资银行应在有效控制风险的前提下，依法开展经营方式创新、业务创新，并制订相应的风险控制方案对业务进行严格监控。

与此同时，我国各投资银行保荐业务的内部控制管理机制也有待提高。目前我国部分保荐机构的内部控制制度不完善，没有建立严格的质量控制制度和程序，业务流程各环节缺乏监督和制约，导致大量初始申报文件质量粗糙，对拟上市公司的信息披露不充分、不完整。各投资银行应当根据自身业务特点制定有效的业务管理办法、操作规程、工作细则等，并严格执行这些管理规范，加强权限和流程的内部控制，以完善内部控制管理机制，提高保荐质量，降低保荐风险。

二、中国投资银行的发展前景

中国投资银行业正在发生巨大的变革，创业板顺利推出，保荐制度进一步完善，并购重组等各项市场业务制度也在不断规范，投资银行业务呈多元化发展趋势，形成传统型（承销保荐业务）、创新型（企业并购业务、风险投资顾问）和延伸型（直接投资、市值管理）等多层次业务种类。可以预计，中国投资银行业将伴随着中国资本市场的成长迎来新的发展契机。

（一）创业板为投资银行带来新的发展契机

《首次公开发行股票并在创业板上市管理办法》于2009年3月31日颁布，于2009年5月1日起实施。2009年10月30日，创业板开市，首批28家创业板企业正式挂牌。创业板的推出，将进一步提升我国资本市场的广度与深度，是中国多层次资本市场建设的重要里程碑。其建立与有效运行不仅能够促进实体经济的发展，也为证券行业尤其是投资银行的承销业务、直接投资业务的发展带来巨大的机遇，进一步推动创新企业的发展。

我国是一个以中小型经济为特征的国家，具有数目众多的中小企业，其中高新技术企业占据了相当的数量。这不仅为创业板提供了得天独厚的上市资源，而且中小企业融资需求也对设立创业板提出了十分迫切的要求。推出创业板，无疑将大幅增加券商的承销业务量及其收入，并可以通过直接投资延伸价值链。很多投资银行在过去2～3年内已经对创业板做了大量准备工作，积极关注并储备了一批拟上市企业，创业板法规出台后就可以立即推出项目。从各个券商不同的业务类型分析，专注于中小投资银行项目且保荐人储备较多的投资银行将获得更多的承销机会。

此外，创业板将促使投资银行提升专业水准，并有助于完善投资银行风险管理制度。创业板市场以具有高成长、高创新特征的公司为主体，这类企业常具有规模相对较小、经营不稳定、市场前景不明朗的特点，因此各投资银行必须深入市场调研，做细致的行业及地区经济分析，进行专业化的挑选与挖掘，选出成长性好、有未来发展前景的项目。同时，由于中小创业企业项目具有高成长性特征，所以在选定项目后还有一个即时跟踪、随时提供专业化指导的服务过程，有利于投资银行业务向纵深领域拓展。这对于投资银行业务来说将是又一块试金石。同时，创业板对保荐机构的要求也将更高，保荐机构的责任也将更为重大。这客观上要求投资银行必须充分重视、了解并评价创业板业务风险，进一步规范内部控制制度。经过创业板的洗礼，各投资银行的抗风险能力和制度建设必将再上一台阶。

（二）上市公司重大资产重组和并购制度不断完善，相关业务得到大力推进

并购重组是资本市场永恒的主题之一。股权分置改革后，A股市场进入全流通时代，上市公司及其控股股东的行为模式正发生着深刻变化，上市公司的并购重组日趋活跃，重组方式也不断创新、方案日益复杂，谋求企业控制权、实现产业整合、向上市公司注入资产实现资产的证券化、增强协同效应等成为并购重组市场的主流。

在现代市场经济条件下，并购重组是资本市场的重要主题，是推动上市公司做优做强做大、实现资本市场资源优化配置功能的有效途径和重要方式。并购重组可以帮助上市公司以较小的成本实现快速扩张，有利于优秀的企业尽快进入和运用资本市场，促进行业整合；并购重组市场的发展可以促进上市公司完善治理结构，为提高上市公司规范运作水平提供了动力，有利于上市公司提高资源整合能力和市场运作效率；通过综合运用股权转让、资产重组、股份回购、吸收合并等多种并购重组手段，可以有效盘活存量资产，推动国有经济战略性改组，为产业结构升级和经济结构调整提供重要渠道，同时也有利于为投资者提供更多的投资机会。

10多年来，我国资本市场有300多家上市公司通过并购重组改善了基本面，提高了盈利能力、持续发展能力和竞争力。一批上市公司通过并购重组实现了行业整合、整体上市和增强控制权等做优做强的目的，同时也催生了一批具有国际竞争力的优质企业。2008年年初~2009年年底，中国证监会并购重组审核委员会共召开72次会议，审核了121家上市公司重大资产重组项目，涉及并购重组类型包括整体上市、保壳借壳、收购第三方资产以及其他类型。其中，整体上市、保壳借壳为目前上市公司并购重组最主要的类型。

2010年及未来一段时间，出于国有经济战略性改组、为产业结构升级和经济结构调整等一系列需要，并购机会将持续涌现，可以预期诸多因素将继续推动产业资本利用二级市场进行并购重组。投资银行可以对重点行业及优势领域进行深度挖掘，不断寻找产业并购、行业整合以及业务延伸的机会，分享中国资本市场并购重组的盛宴。

（三）直接投资获得快速发展

一直以来，国内投资银行业务只能取得承销保荐费等业务收入。国外的投资银行则利用自身的综合实力，不仅有承销业务上的收入，还能通过对企业的深入了解，寻找到利用自有资本或管理的资本投资入股的机会，获得企业上市后的投资增值。近年来，高盛、美林、摩根士丹利等国际知名投资银行都已在中国成功投资了多个 Pre－IPO 项目。

直接投资业务的开展，可以在一定程度上改变券商靠天吃饭的发展模式，形成新的利润增长点。截至 2009 年年底，国内已经有中信、中金、国信、华泰、广发、海通等券商能进入直接投资业务试点。随着证券业的做大做强及参与公司的增加，直接投资的规模也会不断增大。

创业板的推出也为投资银行直接投资业务的发展提供了契机。已获得私募股权投资（PE）试点资格且自有资本金较高的券商，将从直接投资业务中获得收益。以创业板市场为主体，大力发展直接投资业务，拓宽盈利渠道，可以平滑市场波动对投资银行收入带来的影响。

（四）国际板即将推出带来新的业务机会

2009 年，整个世界的金融格局发生着变化，上海证券交易所在总市值和股票交易量上均已成为全球最具影响力的交易所之一，全面推进国际化的条件已逐步成熟。推进境外企业在 A 股发行上市，可以增强中国证券市场的影响力和辐射力，提升中国资本市场的国际竞争力，并进一步推动人民币国际化。

目前，上海证券交易所正在就国际板的推出进行制度设计，中国证监会也就该板块 IPO 制度草案进行讨论。预计制度一旦完善，国际板就会推出。

从拟上市企业的定位上，国际板上市的企业为已在境外主要证券市场上市的中国红筹公司或优质蓝筹企业。国内投资银行参与这些规模庞大、资质较好的国际性公司的承销保荐工作，可以进一步扩大其客户范围，提高收益水平。

（五）投资银行业务立足国内、走向国际

目前我国的投资银行基本上以国内市场为主，这主要受制于我国投资银行

的实力。加入WTO后，按照对等原则，中国投资银行业也可以进入其他缔约国金融市场并享受该国资本的同等待遇。中国投资银行业获得了更多新的发展机遇，应该放眼世界，用全球化的眼光经营我国的投资银行业。国际业务的巨额利润致使我们不能放弃这个市场，开拓国际业务既有利于中国投资银行的国际接轨，也可以增强自己的业务能力。因此，开展国际业务势在必行。

中国投资银行开拓国际业务应该从以下两个方面开始：一方面，在海外设立分支机构，从组织建设上保证其国际业务的顺利开展，目前国内中信、国泰君安、国信、招商、光大、广发、海通等均在香港设立了子公司；另一方面，寻求与海外券商的深层次合作，现阶段的目标定位主要是学习和熟悉海外市场，向国际惯例靠拢，为全面参与全球一体化的资本市场竞争积累经验、培养人才。其中第一步就是与进入我国资本市场的外国投资银行竞争，在合作中竞争，在竞争中合作，不断历练自己。具体业务上可以先在中国企业的海外融资、兼并收购等业务上提供服务，再逐步参与国际资本市场的竞争。

第三章 2009年中国证券经纪业务发展报告

第一节 2009年中国证券经纪业务的发展环境

一、中国证券经纪业务的经济环境

2009年是席卷全球的国际金融危机影响最为深刻的一年，也是全球经济触底回升的一年，但由于金融危机的影响余波未了，世界经济复苏的前景并不明朗。对于中国经济来说，2009年是新世纪以来最为困难的一年，也是克服国际金融危机影响取得重大成就的一年。正是世界经济的触底回升尤其是中国经济的出色表现奠定了2009年中国证券经纪业务发展的主基调。

（一）世界经济触底回升，但基础仍不稳固

2009年上半年，发端于美国的世界危机进一步蔓延加剧，并从金融业向实体经济渗透，全球经济尤其是欧美发达国家经济陷入了数十年来最为严重的衰退，欧美主要经济体上半年普遍出现了程度不等的负增长。投资者情绪低落，消费者信心低迷，各国及地区失业率持续走高，贸易保护主义抬头。

为应对金融危机，世界主要经济体相继推出救市政策和经济刺激方案，而且以20国集团（G20）为代表的世界主要经济体之间通力合作共同应对危机。

2009年下半年，随着一系列救市政策和经济刺激方案发挥效力，金融危机在全球蔓延的势头得到遏制，大部分国家及地区经济回暖，尤其是以“金砖四国”（巴西、俄罗斯、印度和中国）为代表的发展中国家经济回升势头明显。

虽然全球经济出现触底回升势头，但经济复苏的基础并不稳固，未来仍有可能出现反复。由于欧美发达国家失业率仍然高企，消费信心仍有待恢复，同时救助所造成的巨额财政赤字也使得各国经济雪上加霜，有些国家甚至因为赤字过于庞大而直接导致其主权信用危机，有的国家则仍完全处于信贷紧缩的尴尬局面，再加上危机对实体经济的滞后冲击影响还没有充分暴露，全球经济回暖的道路仍旧是荆棘丛生。此次金融危机的影响无论是在广度还是深度都仍无法在短时间内完全消除。

（二）2009年中国经济整体走势

2009年，中国经济克服了国际金融危机的不利影响，取得了举世瞩目的成就。根据国家统计局初步核算，全年国内生产总值335 353亿元，比2008年增长8.7%。分季度看，经济增速逐季加快，第1～第4季度的当季同比增幅分别为6.2%、7.9%、9.1%和10.7%。分产业看，第一产业增加值35 477亿元，增长4.2%；第二产业增加值156 958亿元，增长9.5%；第三产业增加值142 918亿元，增长8.9%。第一产业增加值占国内生产总值的比重为10.6%，比上年下降0.1个百分点；第二产业增加值比重为46.8%，比2008年下降0.7个百分点；第三产业增加值比重为42.6%，比2008年上升0.8个百分点。

消费、投资为经济增长分别贡献了4.6个和8个百分点，弥补了净出口下拉3.9个百分点的缺口。财政金融对经济发展发挥了重要作用。全年国家财政收入6.85万亿元，增长11.7%；广义货币供应量M_2增长27.7%，新增人民币贷款95 940亿元。经济效益逐步好转，规模以上工业企业利润由降转升，1～11月实现利润2.59万亿元；在39个工业大类中，30个行业利润同比增长；亏损企业亏损额同比减少33.5%。

2009年全年居民消费价格比2008年下降0.7%，其中食品价格上涨0.7%。固定资产投资价格下降2.4%。2009年年末全国就业人员77 995万人，比2008年年末增加515万人。其中，城镇就业人员31 120万人，增加910万人，新增加 1 102 万人。2009 年年末城镇登记失业率为 4.3%，比 2008 年年末上升 0.1 个百分点。全年城镇居民人均可支配收入和农村居民人均纯收入分别达到 17 175 元和 5 153 元，剔除价格因素，比 2008 年实际增长 9.8% 和 8.5%。2009 年年末国家外汇储备 23 992 亿美元，比 2008 年末增加 4 531 亿美元。2009 年全年财政收入 68 477 亿元，比 2008 年年增加 7 147 亿元，增长 11.7%。其中，税收收入 59 515 亿元，增加 5 291 亿元，增长 9.8%。

（三）全社会固定资产投资快速增长

为了应对全球金融危机影响，2008 年年底中央果断推出“4 万亿元”投资计划，其中 2009 年安排中央投资 9 243 亿元。政府投资的扩大，直接增加了即期需求，引导带动社会投资，对促进经济企稳回升起到了至关重要的作用。

在政府投资的带动下，2009 年全社会固定资产投资 224 846 亿元，比 2008 年增长 30.1%。分城乡看，城镇投资 194 139 亿元，比 2008 年增长 30.5%；农村投资 30 707 亿元，增长 27.5%。分地区看，东部地区投资 95 653 亿元，比 2008 年增长 23.0%；中部地区投资 49 846 亿元，增长 35.8%；西部地区投资 49 662 亿元，增长 38.1%；东北地区投资 23 733 亿元，增长 26.8%。在城镇投资中，第一产业投资 3 373 亿元，比 2008 年增长 49.9%；第二产业投资 82 277亿元，增长 26.8%；第三产业投资 108 489 亿元，增长 33.0%。

2009 年全年房地产开发投资 36 232 亿元，比 2008 年增长 16.1%。其中，商品住宅投资 25 619 亿元，比 2008 年增长 14.2%；办公楼投资 1 378 亿元，增长 18.1%；商业营业用房投资 4 172 亿元，增长 24.4%。

（四）国内消费需求扩大有效拉动经济增长

2009 年，为了扩大国内消费需求，政府通过实施政策力度大、群众受惠面广的促进家电、汽车、节能产品和住房消费等措施，优化市场消费环境，有效挖掘了居民特别是农村居民的消费潜力。全年社会消费品零售总额 125 343 亿元，比 2008 年增长 15.5%，剔除价格因素，实际增长 16.9%。分地域看，城市消费品零售额 85 133 亿元，比 2008 年增长 15.5%；县及县以下消费品零售额 40 210 亿元，增长 15.7%。分行业看，批发和零售业零售额 105 413 亿元，增长15.6%；住宿和餐饮业零售额17 998亿元，增长16.8%；其他行业零售额1 932亿元，增长2.5%。

在限额以上批发和零售业零售额中，汽车类零售额比2008年增长32.3%，其中汽车销售1 364.5万辆，增长46.2%。粮油类增长13.0%，肉禽蛋类增长8.3%，服装类增长20.8%，日用品类增长15.6%，文化办公用品类增长6.7%，通讯器材类下降1.3%，化妆品类增长16.9%，金银珠宝类增长15.9%，中西药品类增长21.7%，家用电器和音像器材类增长12.3%，家具类增长35.5%，建筑及装潢材料类增长26.6%。全国商品房销售面积93 713万平方米，增长42.1%。

（五）外贸进出口额显著下滑

受国际金融危机影响，2009年我国外贸进出口总额出现明显下滑。根据海关总署的统计，全年货物进出口总额22 072.7亿美元，比2008年下降13.9%。其中，出口12 016.7亿美元，下降16.0%；货物进口10 056亿美元，下降11.2%。全年贸易顺差1 960.7亿美元，比2008年减少1 020亿美元，降幅为34.2%。

我国本轮外贸进出口的下滑始自2008年11月，到2009年3月出现企稳反弹，8月回升势头确立，10月经季节调整后的进口同比出现增长，11月进出口总值同比开始恢复性增长，到12月进口和出口同比双双出现强劲增长，月度进口值还创造了历史最高纪录。

从我国对外贸易的地区结构来看，欧盟仍为我国第一大贸易伙伴和第一大出口市场，中欧双边贸易3 640.9亿美元，比2008年下降14.5%，占我国进出口总值的16.5%。美国和日本分别为我国第二和第三大贸易伙伴，双边贸易总值分别为2 982.6亿美元和2 288.5亿美元。

（六）产业结构调整取得新进展

2009年我国重点行业结构优化升级积极推进。钢铁、汽车、造船、石化、轻工、纺织、有色金属、装备制造、电子信息、物流十大产业调整振兴规划以及相关细则有序实施。机械、钢铁、有色、造纸等行业兼并重组取得重要进展。产能过剩行业调整工作稳步推进。2009 年关停小火电机组 2 617 万千瓦，炼钢、炼铁、煤炭、水泥、电石、铁合金、焦炭、造纸、化纤行业分别淘汰落后产能 1 691 万吨、2 113 万吨、5 000 万吨、7 416 万吨、46 万吨、162 万吨、1 809 万吨、50 万吨、137 万吨。

基础设施和基础产业不断加强。南水北调等大中型水利工程投资力度加大。全国新增铁路通车里程 5 557 公里，新增公路通车里程 9. 8 万公里，其中高速公路 4 719 公里。新建、改扩建民用机场 35 个。大型专业化深水码头和长江干线航道项目加快建设。新增发电装机 8 970 万千瓦；全年原煤产量 30. 5 亿吨，比 2008 年增长 8. 8%；原油产量 1. 89 亿吨；发电量 3. 7 万亿千瓦小时，增长 6. 3%。

（七）节能减排工作进一步加强

2009 年我国节能减排取得新成效。单位国内生产总值能耗下降 2. 2%，二氧化硫、化学需氧量排放量分别下降 4. 6% 和 3. 3%。万元工业增加值用水量下降 8. 2%。工业固体废物综合利用率达 66. 6%，比 2008 年提高 2. 3 个百分点。生态建设和环境保护力度加大。全国新增城镇污水日处理能力 1 330 万立方米、城镇垃圾日处理能力 5 万吨，城市污水处理率和生活垃圾无害化处理率分别达到 72. 3% 和 69%，比 2008 年提高 2. 1 个和 2. 2 个百分点。

应对气候变化取得新进展。《中国应对气候变化国家方案》得到认真落实，大力推进清洁发展机制项目，积极推动气候友好技术的研发与应用。提出了到 2020 年我国控制温室气体排放行动目标。到 2020 年我国单位国内生产总值二氧化碳排放比 2005 年下降 40% ~45%，作为约束性指标纳入国民经济和社会发展中长期规划，并制定相应的国内统计、监测、考核办法。

（八）区域协调发展迈出新步伐

区域发展总体战略深入实施。西部大开发重点工作扎实推进，东北地区等老工业基地振兴步伐加快，中部崛起取得新进展，东部地区努力减轻外需下降的影响，经济特区、上海浦东新区、天津滨海新区开发、开放向纵深发展。

区域发展的协调性继续增强。出台实施了一批支持重点地区发展的规划和政策措施，落实长江三角洲发展意见和珠江三角洲发展规划，制定上海市“两个中心”建设、海峡西岸经济区和海南国际旅游岛的发展意见，编制江苏省沿海地区、辽宁省沿海经济带、黄河三角洲生态经济区等区域发展规划。生产要素跨区域流动呈现良好态势，区域产业分工调整加快，各地区比较优势进一步发挥。

（九）货币供应量和信贷投放量大幅增长

2009 年我国为应对国际金融危机的影响，实施了积极的财政政策和适度宽松的货币政策，全年货币供应量和信贷投放量显著增长。

2009 年年末，广义货币供应量 M_2 余额为 60.6 万亿元，同比增长 27.7%，增速比 2008 年高 10 个百分点。狭义货币供应量 M_1 余额为 22 万亿元，同比增长 32.4%，增速比 2008 年高 23.3 个百分点，货币流动性不断增强。存款增长较快，活期化态势明显。

贷款快速增长，中长期贷款增加较多。人民币贷款 2009 年年末余额为 40.0 万亿元，同比增长 31.7%，增速比 2008 年高 13.0 个百分点；比年初增加 9.6 万亿元，同比多增 4.7 万亿元。金融机构贷款利率先降后升，2009 年 12 月，非金融性公司及其他部门贷款加权平均利率为 5.25%，比年初下降 0.31 个百分点。

（十）上市公司业绩回暖，净利润首次突破万亿元

受益于国家“4 万亿元”刺激政策及宏观经济的 V 型反转，2009 年上市公司业绩明显回暖。据《中国证券报》数据中心统计，截至 2009 年 4 月 30 日，沪、深两市共有 1 837 家公司披露年报。这些公司共实现营业收入 123 231.39 亿元，同比增长 2.62%；实现归属于母公司的净利润 10 847.90 亿元，同比增长 25.23%，是上市公司净利润首次突破万亿元；加权平均每股收益 0.41 元，同比增加 0.07 元。

上市公司 2009 年业绩整体回暖。有 1 262 家公司业绩同比增长，1 642 家公司实现盈利。创业板公司业绩实现较大增幅。78 家创业板公司共实现净利润 45.42 亿元，同比增长 47.29%，加权平均每股收益 0.71 元。

二、中国证券经纪业务的政策和市场环境

虽然说2009年国际金融危机余波未了，但中国证券市场依然在加强制度建设、完善市场环境方面大踏步前进，中国证券经纪业务所面临的政策环境和市场环境进一步改善。创业板的推出意味着中国多层次资本市场的建设迈出新步伐，IPO重启让证券市场恢复了融资功能，对股市“黑嘴”和内幕交易的重罚和惩处显示了监管层完善市场环境的决心，这些都对2009年中国证券经纪业务的发展起到了不可忽视的作用。

（一）创业板推出，多层次资本市场建设迈出重要一步

2009年10月30日　筹备达10年之久的创业板开市，首批28只股票集体亮相。无论是从1998年12月国家计划发展委员会向国务院提出“尽早研究设立创业板块股票市场问题”，国务院要求中国证监会提出研究意见算起，还是从1999年1月15日深圳证券交易所向中国证监会正式呈送《深圳证券交易所关于进行成长板市场的方案研究的立项报告》，并附送实施方案开始，创业板从最初酝酿到最终面世经历10余年的时间，可谓是真正的“十年磨一剑”。

2009年创业板的推出过程可以说是紧锣密鼓：

- 3月31日，中国证监会发布《首次公开发行股票并在创业板上市管理暂行办法》，明确创业板的上市发行门槛不变，仍采用两套上市财务标准。创业板管理暂行办法5月1日起实施。
- 6月6日，深圳证券交易所正式发布《创业板股票上市规则》，并于2009年7月1日起施行。
- 9月13日，中国证监会有关部门负责人宣布，将于9月17日召开第1次至第4次创业板发行审核会议，审核7家企业的发行申请。
- 10月30日，创业板首批28只股票正式上市。由于过度炒作，28只股票上市首日均被深圳证券交易所按照规定进行了临时停牌，创下了中国股市的新纪录。

创业板市场的推出是2009年中国资本市场最重要的一件大事，更是我国资

本市场发展史上的一个重要里程碑。创业板的开市意味着我国多层次资本市场建设迈出了重要一步，是完善我国资本市场层次与结构、拓展资本市场深度与广度的重要举措，为数量众多的中小企业特别是数量众多的自主创新和成长型企业上市定价提供了一个市场化的机制，为不同投资风险爱好者提供了又一全新的投资渠道，为资本市场发展注入了新的活力，对于拉动民间投资、推动产业结构升级、以创业促就业、强化资本市场对国民经济发展的支持作用、推动创业型国家建设具有极为重要的意义。

（二）放开新设网点及服务部规范升级，对竞争格局冲击很大

2008 年 5 月，中国证监会公布了《关于进一步规范证券营业网点的规定》，拉开了证券公司新设网点和服务部规范升级的序幕。2009 年 10 月，中国证监会又公布了《关于修改〈关于进一步规范证券营业网点的规定〉的决定》，进一步放宽证券公司新设营业网点的资格标准，更多证券公司拥有了新设网点资格。同时，中国证监会有关部门负责人表示，接下来将进一步完善证券营业部审核工作，简化其流程，提高审核透明度，并将审核权逐步下放至派出机构。

由于经纪业务仍然是当前证券公司收入的主要来源，而经纪业务收入又基本上和网点数量成正比，在证券公司靠天吃饭的格局尚未从根本上改变的情况下，营业网点数量的多少在很大程度上决定了证券公司的竞争能力。因此放开新设网点将在很大程度上冲击原有的市场竞争格局，打破已有的平衡。这一点在 2009 年的市场中已经有了明显体现，最为明显的就是市场佣金率的快速下滑。

由于当前我国证券经纪业务同质化竞争严重，随着新设网点和服务部规范升级放开，证券争相新设网点，同时大量招聘营销人员，导致券商之间的竞争加剧。在缺乏其他有效竞争手段的情况下，“价格战”成为市场竞争的主要手段，导致 2009 年经纪业务佣金率快速下滑，证券公司增收不增利的情况较为突出。

但从长远来看，靠降低佣金的“价格战”终究是有底限的，这就将迫使证券公司寻求新的竞争手段来提高自己的核心竞争力，以提高服务水平来换取市场占有率将是不可避免的取向。

（三）打击内幕交易、强化市场监管频出重拳

2009 年，中国证监会及各地证监局、交易所加强市场监管，重点打击危害较大的内幕交易、上市公司大股东违规占资、虚假信息披露等违法违规行为，高度关注创业板过度炒作、合谋操纵、集中持股、内幕交易等方面的风险和违法违规行为；同时，司法介入也有力震慑了违法违规者。

•1 月 9 日，有中国“券商内幕交易第一案”之称的董某等 3 人涉嫌泄露内幕信息和内幕交易案由广州市天河区法院作出一审判决。董某泄露内幕信息罪名成立，被判处有期徒刑 4 年，并处罚金 300 万元。

•11 月，股市“黑嘴”汪某被强制执行，2.5 亿元罚没款上缴国库；宜宾五粮液股份有限公司也因涉嫌虚假信息披露等违法违规行为被调查，多个账户被限制交易。

2009 年监管部门在打击内幕交易和虚假信息披露等违规行为方面重拳频出，尤其是司法介入和巨额罚金，让内幕交易者的违规成本高于违规收益，有力震慑了违法违规者。

（四）新股发行体制进一步完善，IPO 暂停 9 个月后重启

•2009 年 6 月 10 日，中国证监会正式公布《关于进一步改革和完善新股发行体制的指导意见》，完善询价和申购的报价约束机制，杜绝高报不买和低报高买，同时网下网上渠道分开、网上申购设置上限，以提高中小投资者的中签率。

•6 月 18 日，A 股市场 IPO 在暂停 9 个月后重启，首单落定为中小板公司。桂林三金成为自 2008 年 9 月以来第一家获准新股发行的公司，自此开启了 2009 年天量融资的序幕。

另外值得一提的是，4 月 3 日中国证监会发行审核委员会公告，以通过“会后事项发审委会议”否决了立立电子的上市申请。由此，立立电子成为中国证券史上首例“募集资金到位但上市申请最终被否”的公司。

新股发行制度改革进一步明确了市场化的方向，但同时应该看到，我国资本市场“新兴 + 转轨”的发展阶段和特点决定了新股发行体制改革和完善不可能一蹴而就，而是一个不断调整、优化的过程，这要求我们必须在发展中对新

股发行体制不断加以改革和完善。IPO 重启意味着证券市场重新恢复了融资功能，而一个长期关闭融资渠道的市场肯定是不健全的。

（五）基金推出“一对多”业务，基金评价新规出台

• 2009 年 5 月 12 日，中国证监会颁布《关于基金管理公司开展特定多个客户资产管理业务有关问题的规定》，对“一对多”专户理财业务的投资者参与门槛、资产管理计划的设立条件、资产管理计划的销售方式以及开放参与和退出频率等作出明确规定。该规定于6 月 1 日施行。8 月初发布相关细则。9 月 1 日，首批基金“一对多”专户产品完成备案登记，获准募集。

• 8 月 13 日，中国证监会公布《证券投资基金评价业务管理暂行办法（征求意见稿）》，对基金评价机构的评价方法、信息采集、发布方式及行为进行规范，明确了从事基金评价业务的 8 种禁止行为。

• 11 月 17 日，中国证监会颁布《证券投资基金评价业务管理暂行办法》，并自 2010 年 1 月 1 日起施行。为了防止投资者被短期、频繁的基金评价结果误导和注重对基金的长期评价，该办法明确基金成立不到 3 年不能参与评价。

“一对多”业务的推出改变了基金业的发展路径和业务模式，有利于壮大基金规模，推动机构投资者队伍的建设，也给基金投资者更多的产品选择。通过制订基金评价管理办法，可以引导投资者更多地关注所投资基金的投资对象，而非其净值的短期波动，从而鼓励基金进行长期价值投资，并引导基金投资者进行长期投资，有助于发挥基金稳定市场的作用，有利于发挥资本市场对经济结构调整的促进作用。

（六）基金业严打“老鼠仓”，多位基金经理被调查

• 3 月，2009 年中国证监会公布修订后的《基金管理公司投资管理人员管理指导意见》，进一步加强了对基金管理公司投资管理人员的监管。

• 5 月，融通基金管理有限公司基金经理张某因“老鼠仓”被中国证监会调查。随后，中国证监会对张某实施行政处罚及市场禁入。

• 10 月 27 日，中国证监会主席尚福林在全国基金行业联席会议上表示，要继续促进机构投资者又好又快发展，任何机构和个人都不能触犯“老鼠仓”、

非公平交易和各种形式的利益输送这三条底线。

•11月，长城基金公司基金经理刘某、韩某和景顺长城基金公司基金经理涂某又因涉嫌“老鼠仓”被稽查。

基金业老鼠仓现象泛滥，甚至引发广大投资者对基金管理公司及其从业人员诚信度的全面怀疑。这对于以专家理财、投资组合为卖点的基金业来说无疑是一种重创。基金业严打“老鼠仓”行动，可以清理市场，重树市场信心。

（七）国有股转持新规出台，有助稳定市场走势

2009年6月19日，财政部、国务院国资委、中国证监会、全国社保基金理事会宣布，股权分置改革新老划断后，凡在境内证券市场首次公开发行股票并上市的含国有股的股份有限公司，除国务院另有规定的，均须按首次公开发行时实际发行股份数量的10%，将股份有限公司部分国有股转由社保基金会持有；社保基金会对转持股份承继原国有股东的禁售期义务，并延长3年禁售期。

国有股转持充实社保基金利在长远。国有股充实社保基金可以加强社保资金实力，有助于完善社保体系建设，从长期减少居民对未来支出的不确定性，进而促进消费、扩大内需。同时，转持也有助于A股市场平稳发展。股改后上市公司禁售限制在2009年6月开始陆续到期，国有股转持的3年禁售期有利于减轻市场减持压力。社保基金可通过分红获得收益，减持动机较弱，也将对市场起到稳定器作用。

第二节　2009年中国证券经纪业务的总体情况

一、证券经纪业务的总体特征

（一）业务规模：股票、基金、权证交易总量较2008年提升了75.3%

尽管2009年国际金融环境依旧笼罩在金融危机的阴霾之下，在宏观调控政

策的影响下，国内经济保持了平稳健康发展，经历2008年超跌的证券市场也迎来了一波“小阳春”行情。上证综合指数从2009年年初的1849.02点上涨到8月的最高3478.01点，年终收盘3277.14点，全年上涨1428.12点，涨幅达到77.24%。深证成分指数也从6557.42点，上涨到13699.97点，上涨了108.92%。

伴随行情回暖，2009年两市交易也趋向活跃（见图3-1）。全年，两市股票、基金、权证合计成交599 973亿元，较2008年增加了257 663亿元，上升幅度约75.3%；2009年股票、基金、权证日均成交2 459亿元，比2008年1 391亿元增加了1 068亿元，日均交易量上升幅度为76.8%。其中，股票、基金2009年成交546 327亿元，较2008年增加273 702亿元，提升幅度约为100%。权证品种的减少，权证交易量也随之下降。2009年权证成交53 647亿元，较2008年减少了16 038亿元，下降幅度为23%。B股2009年成交1 301亿元，比2008年增加了近79亿元，增加幅度约6.5%；债券成交39 889亿元，比2008年增加了11 288亿元，增加幅度为39.5%。

因印花税单边征收，2009年代扣印花税532亿元，比2008年减少了439.2亿元，减少了近45.2%。

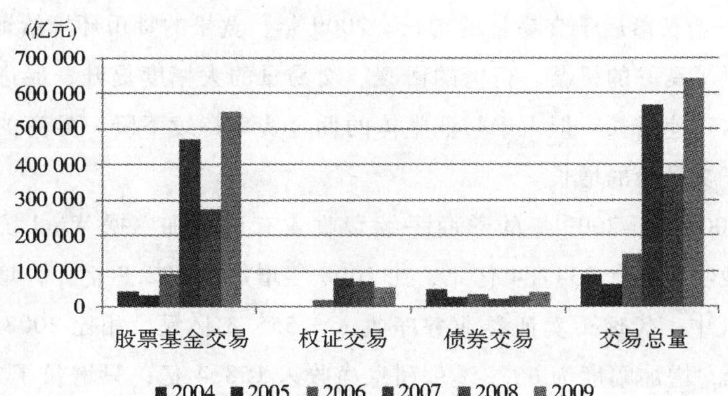

图3-1　2004~2009年市场交易情况变化

数据来源：上海证券交易所、深圳证券交易所。

随着行情的好转，资本市场筹资功能也有所恢复，相比2008年，2009年的筹资金总额有了很大幅度的提升。全年境内筹资总额为5 711.16亿元，较

2008 年增加了 2 716. 21 亿元，增加幅度为 90. 7%。其中，A 股首发 1 831. 38 亿元，较 2008 年增加了 797 亿元；增发融资 3 019. 94 亿元，比 2008 年增加 748. 14 亿元，增加了 1/3；另外债券融资超过 700 亿元。

2009 年新增扩容主要集中在中小板企业的上市，加上大小非解禁，市场总股本和流通股本持续增加。根据 Wind 统计资料，2008 年上市 A 股总数量是 1 602只，2009 年达到了 1 696 只，增加了 94 只。2008 年，A 股市场总股本 18 852亿股，总市值 121 366 亿元；流通股本 6 940 亿股，流通市值 45 214 亿元；A 股平均市盈率 15. 995 倍。2009 年，A 股市场总股本 20 913 亿股，比 2008 年增加了 10. 9%，与 2008 年的增幅基本相当；总市值上升到 290 879 亿元，相比 2008 年上升了近 140%；流通股本近 14 430 亿股，比 2008 年增加了近 108%。流通股本的增长速度远远高于总股本增长速度，说明存量解禁增加的流通股本占据主导地位。2009 年流通市值 149 615 亿元，相比 2008 年上升了 231%。2009 年 A 股平均市盈率为 27. 157，市场整体估值风险相比 2008 年明显增加。

（二）收入变化：收入增加落后于交易量的增长，佣金率持续下降

1. 收入增长落后于交易量的增长。2009 年，宽松的货币环境给证券经纪业务发展提供了良好的机会。行情的回暖、交易量的大幅度提升，促进了券商经纪业务收入迅速增长。但由于行业整体的佣金费率持续下降，券商的收入增长始终落后于交易量的增长。

相比 2008 年，2009 年的券商手续费收入有所增加。据 Wind 统计，2009 年券商营业收入共计 2347. 4 亿元，比 2008 年增加了 892. 9 亿元，增长幅度为 61. 3%。其中，代理买卖证券业务净收入 1 555. 3 亿元，相比 2008 年增加了 584. 4 亿元，增加幅度为 60. 2%；利息净收入 158. 4 亿，只增长了 7. 3 亿元，增长幅度只有 4. 8%；2009 代理买卖证券和利息收入占营业收入的比重为 73%，而 2008 年的占比为 77. 1%，主要是 2009 年的券商自营和承销业务收入相比 2008 年大幅度增长所致。收入结构上来看，经纪业务仍然是券商的核心收入来源。

与两市股票、基金交易量增长 75. 3% 相比，代理买卖证券的收入增长只有

60.2%，收入落后交易量增长15.1%，说明佣金费率还在进一步下降。

2. 佣金率持续下降。我国从2002年5月1日发布了《关于调整证券交易佣金收取标准的通知》，开始执行证券交易佣金最高上限（3‰）向下浮动制度。这一政策的推出，使得政策保护下的证券交易固定佣金制成为历史，给整个市场的竞争格局及证券行业的发展模式带来了深远的影响。

一方面，证券交易成本的降低，明显有助于提高投资者的投资信心、提高资本市场运行效率、提高资产配置的效率，培育了证券市场的竞争机制，也营造证券市场的繁荣，对我国证券市场走向规范化、国际化、市场化起到了积极的促进作用。

另一方面，在券商还不能普遍提供差异化的、满足客户需求的证券交易配套增值服务的情况下，券商之间的同质化竞争越来越严重，这就必然导致争夺客户的手段完全集中在价格这个因素上，从而使得2002年以来，围绕着佣金率的价格战越打越激烈，甚至陷入了恶性竞争的泥潭中。

从图3-2可以看出，2002年以来，行业综合佣金率（含股票、基金、权证）年年下滑，从2002年的0.298%，下滑到2009年的0.117%，下滑幅度高达60.7%，只有2007年，借着大牛市的影响，佣金率的下滑相较前一年不是太明显。

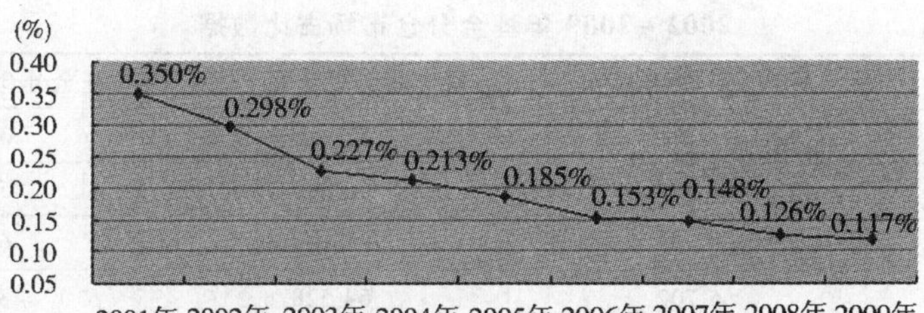

图3-2　行业综合佣金率的走势图（2001~2009年）

数据来源：国泰君安整理。

2009年，券商营业利润总额为2 370.5亿元，净利润1 842.9亿元，与2008年相比分别增加了1 154.4亿元和845.2亿元，增长幅度分别是94.9%和84.7%。

（三）市场参与主体：新增股东账户减少，机构持股比例增加

市场好转并没有扫除2008年大跌给投资者造成的阴影，2009年新增开户数量与2008年相比有所减少。

截至2009年年底，两市股票账户总数为14 027.88万户，比2008年增加了1 086.65万户，增加幅度约为8.4%。与2008年的增加1 311万户相比，2009年新增开户数量也明显下降。其中，A股13 781.78万户，增加了1 082.36万户；B股账户总数为246.1万户，增加了近4万户；剔除1 990万户的休眠账户后，两市期末股票有效账户数量为12 038户。

但是从持仓情况来看，2009年比2008年略有提高。2009年持仓账户占比为56.35%，比2008年的53.58%略有提高。其中，机构持仓从2008年的45.3%提高到2009年的55.6%，机构持仓比例进一步提高。

基金账户开户数量3 327.57万户，剔除销户的最后客户数量为3 121.8万户。与2008年相比增加了287.7万户。

基金分仓交易占比较2008年有所下降（见表3－1）。2009年基金分仓中的股票交易总量达到79 897亿元，占整个市场股票、基金交易总量的7.31%。2009年整个市场的单边股票、基金交易总量546 327亿元。

表3－1　2002～2009年基金分仓市场占比数据

年度	分仓交易量（亿元）	股票、基金交易量（亿元）	基金分仓占比（%）
2002	1 770	52 716	3.36
2003	3 379	60 890	5.55
2004	5 308	81 112	6.54
2005	5 702	64 528	8.84
2006	14 645	184 810	7.92
2007	73 085	938 352	7.79
2008	50 325	545 250	9.23
2009	79 897	1 092 654	7.31

数据来源：国泰君安证券股份有限公司整理。

基金分仓前10名的券商占了基金总分仓佣金收入的51.33%（见表3－2）。前10名的券商主要是以下几大券商：

表 3－2　　基金分仓前 10 名券商交易情况

排名	券商	交易总额（亿元）	分仓占比（%）	佣金收入（万元）	佣金占比（%）
1	申银万国	5 549.35	6.95	46 877.60	7.01
2	中信证券	5 440.06	6.81	45 455.48	6.79
3	中国国际	5 235.31	6.55	43 812.88	6.55
4	国泰君安	4 873.51	6.10	40 929.26	6.12
5	海通证券	3 618.49	4.53	30 379.84	4.54
6	国信证券	3 604.63	4.51	30 022.62	4.49
7	招商证券	3 585.81	4.49	29 830.45	4.46
8	安信证券	3 315.06	4.15	27 975.87	4.18
9	华泰联合	2 905.43	3.64	24 321.77	3.64
10	国金证券	2 878.41	3.60	24 072.79	3.60

数据来源：国泰君安证券股份有限公司整理。

二、证券经纪业务的竞争格局

（一）前十大券商份额综合略有下降

2009 年，券商整体业绩出现回升的同时，行业集中度出现下降。大型券商份额被中型券商蚕食。股票、基金、权证总份额排名前十大券商的份额总和相比 2008 年有所下降，从 2008 年的 43.61% 下降到 2009 年的 41.06%。

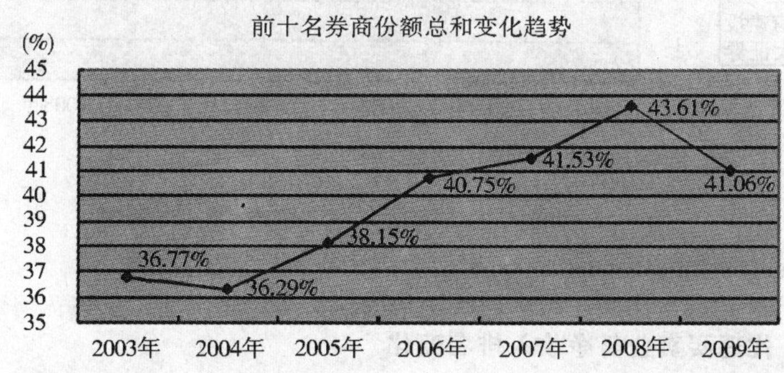

图 3－3　2003～2009 年前 10 名券商代理股票、基金、权证交易市场份额总和变化情况

数据来源：国泰君安证券股份有限公司整理。

（二）股票、基金交易量排名变化

2009 年，股票、基金、权证经纪业务市场份额前 10 名的券商分别是：银河证券、国泰君安、国信证券、招商证券、海通证券、广发证券、华泰证券、申银万国、中信建投和光大证券。与 2008 年相比，银河证券与国泰君安出现了互换，银河证券以 5.5551% 的份额取代了国泰君安在行业中排名第 1，国泰君安以 5.3420% 的份额退居第 2。

2009 年，券商份额排名座次变化也比较大（见图 3-4）。除银河证券和国泰君安互换名次以外，国信证券前进了 2 位，从 2008 年的第 5 名上升到 2009 年的第 3 名。第 4 名是 2008 年的第 6 名招商证券。海通证券下降 1 位，从 2008 年第 4 名下降为第 5 名。广发证券上升 1 位，2009 年排名第 6 名。华泰证券从 2008 年第 3 名下滑至 2009 年的第 7 名。申银万国排名不变，列第 8 名。中信建投从 2008 年的第 10 名上升为第 9 名，光大证券 2009 年首次排名进入前 10，列第 10 名。

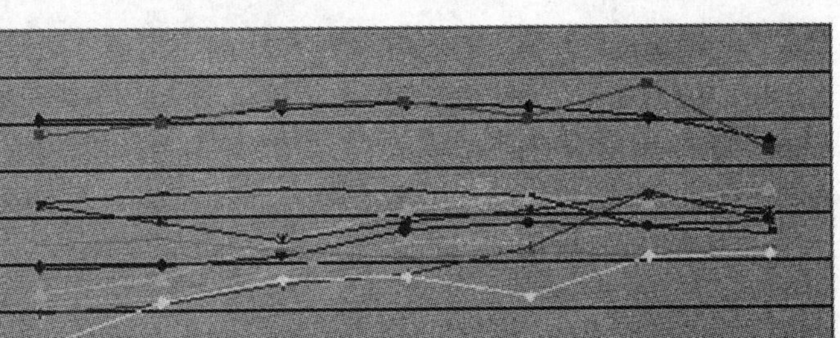

图 3-4　2003～2009 年前 10 名券商市场份额变动图

数据来源：国泰君安证券股份有限公司整理。

（三）代理买卖业务净收入排名变化

从经纪业务创收能力来看，前 4 名座次没有变化，依次是银河证券、国泰君安证券、广发证券和海通证券。2008 年第 5 名的申银万国被 2007 年的第 6 名赶超。

2009 年，国信证券排名第 5，申银万国排名第 6。第 7 名和第 8 名券商也有了新变化，华泰证券和中信建投互位。2009 年华泰证券排第 7 名，中信建投排第 8 名，排第 9 名的招商证券没有变化，齐鲁证券从 2008 年的 11 名前进 1 位，2009 年首次挤入前 10 名。

表 3－3　　代理买卖业务净收入前 20 名券商排名

2008 年排名	证券公司	2009 年排名	证券公司
1	银河证券	1	银河证券
2	国泰君安	2	国泰君安
3	广发证券	3	广发证券
4	海通证券	4	海通证券
5	申银万国	5	国信证券
6	国信证券	6	申银万国
7	中信建投	7	华泰证券
8	华泰证券	8	中信建投
9	招商证券	9	招商证券
10	光大证券	10	齐鲁证券
11	齐鲁证券	11	安信证券
12	中信证券	12	中投证券
13	中投证券	13	光大证券
14	安信证券	14	中信证券
15	联合证券	15	方正证券
16	中信金通	16	华泰联合
17	东方证券	17	华西证券
18	兴业证券	18	宏源证券
19	宏源证券	19	长江证券
20	方正证券	20	财达证券

数据来源：国泰君安证券股份有限公司整理。

（四）券商营业部之间的业务差距仍旧较大

营业部数量持续增加。2008 年全国增加营业部 26 家，营业部数量达到3 098家；2009 年增加了 604 家，数量达到 3 702 家。数量的增加必定导致部均份额的下降，营业部的部均市场份额由 2008 年 0.0323% 下降到 0.0270%。

2009 年统计数据显示，全国 3 702 家证券营业部的部均股票、基金、权证交易量为 324. 13 亿元，相较 2008 年的 220. 99 亿元上升了 46. 7%。部均交易量前 20 名券商的部均股票、基金、权证交易量为 792. 7 亿元，比全国平均水平高出 468. 56 亿元，高出幅度为 144. 6%。前 20 名券商的部均比 2008 年的部均 539. 08 亿元增加了 47%。

营业部单产方面（见表 3－4），中金公司一直独占鳌头。2009 年，中金公司增加了 1 家营业部，依旧以部均 3 167. 8 亿元的交易量，高出全国部均 8. 77 倍的优势稳居第 1 名，同时部均是第 2 名部均的 1. 94 倍。2009 年北京高华证券以部均 1 633. 2 亿元依旧排名第 2，部均倍数高出全国部均 4 倍。部均排名第 3 的国信证券 2009 年新增了 4 家营业部，部均倍数有所下降，但是部均交易量依旧高出全国平均部均 2. 5 倍。2009 年，中信金通证券只增加了 1 家营业部，但是从 2008 年的部均第 6 名上升到本年的第 4 名，部均超过全国部均的 156. 7%；部均排第 5 名的是 2008 年排 11 名招商证券，当年没有网点扩张，部均超过全国部均的 118. 7%；排第 6 的是兴业证券，新增了 1 家营业部，但是部均排名从 2008 年的第 4 名下降到第 6 名，部均超过全国部均的 110%；排第 7 的是中信证券，2009 年增加了 1 家营业部，排名位次没有发生变化，其部均超过全国部均的 108. 5%。以上 7 家券商的部均超过全国平均部均 1 倍以上。排第 8 的中银国际证券 2009 年新增 1 家营业部，位次前进了 1 名，部均倍数超过全国平均部均的 91%；排第 9 的是华泰联合证券，新增了 2 家营业部，2008 年部均排名是第 5 名，下降了 4 名，部均倍数超过全国部均 88. 4%；排第 10 位的是浙商证券，增加了 1 家营业部，2008 年排名是第 17 名，名次提升最快，部均超过全国平均部均 74. 3%；排 11 名的是国泰君安证券，2008 年排名第 8 名，部均超过全国平均部均 72%；依次下来部均排名前 20 名的还有华林证券、西藏证券、东吴证券、长城证券、国金证券、第一创业证券、东莞证券、华泰证券和平安证券。2009 年从前 20 名退出的有中国建银投资证券、方正证券和光大证券，当年新挤入前 20 名的券商有华林证券、国金证券和平安证券。

表 3-4　　2009 年部均股票、基金、权证前 20 名券商排名

排名	券商	股票、基金、权证交易量（百万元）	营业部数量（家）	部均交易量（百万元）	与全国部均比增减幅（%）
1	中国国际金融有限公司	1 267 100	4	316 775	877.29
2	高华证券有限责任公司	326 644	2	163 322	403.87
3	国信证券股份有限公司	5 420 242	48	112 922	248.38
4	中信金通证券有限责任公司	1 913 912	23	83 214	156.73
5	招商证券股份有限公司	4 890 822	69	70 881	118.68
6	兴业证券股份有限公司	1 702 212	25	68 088	110.06
7	中信证券股份有限公司	2 838 751	42	67 589	108.52
8	中银国际证券有限责任公司	1 300 188	21	61 914	91.01
9	华泰联合证券有限责任公司	2 381 428	39	61 062	88.38
10	国泰君安证券股份有限公司	1 186 227	21	56 487	74.27
11	华林证券有限责任公司	6 410 161	115	55 741	71.97
12	西藏证券经纪有限责任公司	604 481	11	54 953	69.54
13	浙商证券有限责任公司	271 227	5	54 245	67.35
14	东吴证券股份有限责任公司	1 056 525	20	52 826	62.98
15	长城证券有限责任公司	1 294 507	25	51 780	59.75
16	国金证券股份有限责任公司	828 365	16	51 773	59.73
17	第一创业证券有限责任公司	361 730	7	51 676	59.43
18	东莞证券有限责任公司	722 989	14	51 642	59.32
19	华泰证券股份有限责任公司	4 600 529	91	50 555	55.97
20	平安证券有限责任公司	1 103 079	23	47 960	47.96

数据来源：国泰君安证券股份有限公司整理。

三、经纪业务资源的区域分布

（一）股票、基金交易量区域分布

2009 年，上海市和广东省仍然以绝对优势占据交易量的前两名，但是其交易量总和明显下降，2008 年两地股票交易量的总和为市场的 34.71%，2009 年下降为 34.31%，下降了 0.4%。

排在第 3 ~ 第 5 名的依旧是浙江省、北京市和江苏省。前 5 名地区股票，

基金市场份额从2008年的61.6%下降到60.69%，份额下降了0.91%。份额前10名的区域2008年份额总和是79.42%，2009年依旧略有下降，份额总和变为78.28%。

2009年，有20个区域的交易量排名位次没有变化，分别是位居前5名的广东省、上海市、浙江省、北京市和江苏省以及排名最后的内蒙古自治区、贵州省、宁夏回族自治区、青海省和西藏自治区。另外，四川省、辽宁省、湖北省、江西省、河北省、重庆市、云南省、新疆维吾尔自治区、甘肃省、海南省各区域的位次也没有变。

2009年的区域交易量排名变化情况如下：山东省和福建省发生了易位，河南省和湖南省位次做了交换，黑龙江省的交易量排名从第14名下降到第18名，导致陕西省和安徽省的排名均上升了1名，落到第14、第15名，天津市从第18名上升到第16名。吉林省的交易量排名从第20名下降到第22名，导致山西省和广西壮族自治区的排名均上升了1名，落到第20、第21名。总体来看，名字变化次序不是很大。

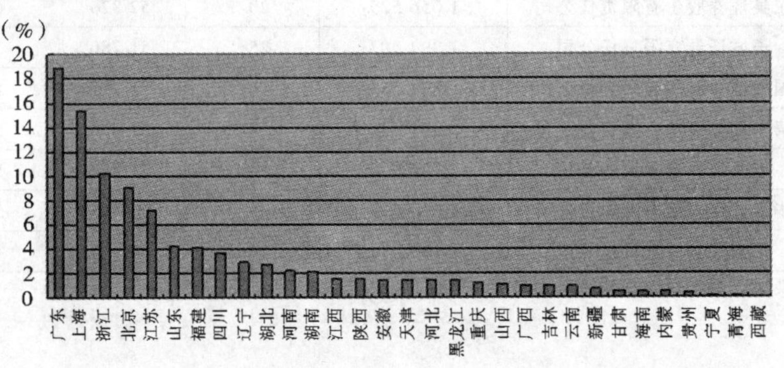

图3－5　股票、基金交易量占比各省（市、自治区）分布图

数据来源：国泰君安证券股份有限公司整理。

31个区域中，总份额超过2%的地区有广东省、上海省、浙江省、北京市、江苏省、山东省、福建省、四川省、辽宁省、湖北省、河南省和湖南省，江西省和陕西省份额分别为1.59%、1.53%，其他区域的份额都小于1.5%，吉林省以后的份额都小于1%，排名后5个区域的份额总和为1.049%，区域差异依旧很大。

（二）地区网点情况

随着资本市场的发展，全国营业网点数量呈现稳步上升的趋势（见表3－5）。2004年，全国券商营业网点2 972家；2005年增加46家达到3 018家；2006年在此基础上又增加了26家，总数量达到3 044家；2007年增加了28家，达到3 072家；2008年增加了26家，总数量达到3 098家；2009年增加了604家，达到3 702家。

2009年，券商根据网点的密度和区域资本市场发展潜力进行了布局调整，部分区域有增有减。2009年，广东省网点数量增加最多，增加了80家，其次是湖南省、浙江省，各增加了42家，江西省、山东省、江苏省、黑龙江省分别增加了39家、38家、34家、32家。广西壮族自治区、河南省、北京市、福建省、安徽省、甘肃省网点增加数超过20家。河北省、湖北省、内蒙古自治区、四川省、山西省、贵州省、吉林省、重庆市网点增加数超过10家。辽宁省、上海市、云南省、天津市网点增加数超过5家。海南省、宁夏回族自治区、新疆维吾尔自治区、陕西省、青海省、西藏自治区网点数量增加数少于5家。

表3－5　2009年地区市场份额与地区营业部网点数对比表

省（市、自治区）	市场份额（%）	营业部（家）	当地营业部家数占全国营业部总家数比例（%）	地区市场份额与营业网点数比例与对比值（%）
广东	18.97	558	15.07	1.26
上海	15.34	459	12.40	1.24
浙江	10.18	250	6.75	1.51
北京	9.03	203	5.48	1.65
江苏	7.17	243	6.56	1.09
山东	4.18	194	5.24	0.80
福建	4.13	124	3.35	1.23
四川	3.62	147	3.97	0.91
辽宁	2.88	162	4.38	0.66
湖北	2.77	124	3.35	0.83
河南	2.22	97	2.62	0.85
湖南	2.15	116	3.13	0.68
江西	1.60	101	2.73	0.59

续表

省 （市、自治区）	市场份额 （%）	营业部 （家）	当地营业部家数 占全国营业部总 家数比例（%）	地区市场份额与 营业网点数比例 与对比值（%）
陕西	1.53	63	1.70	0.90
安徽	1.48	85	2.30	0.64
天津	1.45	80	2.16	0.67
河北	1.43	86	2.32	0.61
黑龙江	1.39	103	2.78	0.50
重庆	1.24	79	2.13	0.58
山西	1.07	52	1.40	0.76
广西	1.02	64	1.73	0.59
吉林	0.99	69	1.86	0.53
云南	0.89	43	1.16	0.77
新疆	0.69	34	0.92	0.75
甘肃	0.54	50	1.35	0.40
海南	0.47	27	0.73	0.64
内蒙古	0.43	40	1.08	0.40
贵州	0.35	24	0.65	0.53
宁夏	0.15	16	0.43	0.34
青海	0.09	7	0.19	0.48
西藏	0.03	2	0.05	0.64

数据来源：国泰君安证券股份有限公司整理。

（三）各地经纪业务部均差异依然明显

相对于区域总交易量排名，部均交易量变化要明显一些。各省（市、自治区）中，北京市、浙江省、广东省、上海市、福建省和江苏省的部均明显高于市场整体部均份额（见图3－6）。

2009年全国营业网点数量快速增长，部均排名变化较大。北京市、浙江省部均仍然占据第1名和第2名。北京市部均高于市场平均份额65%，浙江省高出51%；广东省网点数量增加了80家，而部均却由2008年第4名上升为第3名。上海市网点数量增加了8家，部均由2008年第5名上升为第4名。广东省高出全国部均倍数26.5%，上海市高出全国平均部均24.4%。另外两个部均份额高出全国平均水平的地区是福建省和江苏省。福建省新增了21家营业部，部均由2008年第3名下降为第5名。江苏省增加了34家营业部，部均依旧排名第6。福建省部均超过全国平均份额23.8%，江苏省超过9.9%。

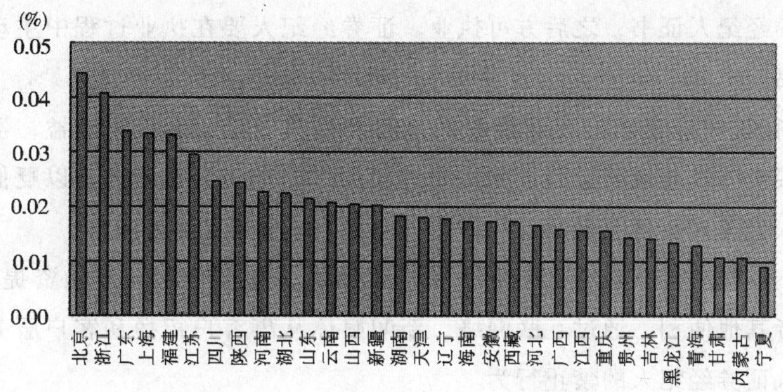

图3－6　经纪业务各省（市、自治区）部均股票、基金份额分布图

数据来源：国泰君安证券股份有限公司整理。

第三节　2009年中国证券经纪业务重大事件与值得关注的市场创新和发展

一、市场创新和发展

（一）《证券经纪人管理暂行规定》实施，证券经纪人规范管理得以实现

2009年3月16日，中国证监会发布《证券经纪人管理暂行规定》（简称《暂行规定》），并自2009年4月13日起开始执行。困扰行业和投资者的证券经纪人规范管理问题得到彻底解决，为推动经纪业务的规范发展、提升证券行业的竞争能力与盈利能力提供了良好基础。

《暂行规定》要求，证券经纪人的执业活动不得超出证书载明的代理权限范围，不得替客户办理账户开立、注销、转移以及证券认购、交易或者资金存

取、划转、查询等。

根据《暂行规定》及有关自律规则的要求，证券经纪人应当通过所服务的证券公司向中国证券业协会办理执业注册登记，并领取由所服务的证券公司颁发的证券经纪人证书，之后方可执业。证券经纪人要在执业过程中主动向客户出示证书。

《暂行规定》要求，证券经纪人不能与客户约定分享投资收益，不能对客户证券买卖的收益或者赔偿证券买卖的损失作出承诺，也不允许以贬低竞争对手、进入竞争对手营业场所劝导客户等不正当手段招揽客户。

此外，泄漏客户的商业秘密或者个人隐私，为客户之间的融资提供中介、担保或者其他便利，通过互联网络、新闻媒体从事客户招揽和客户服务等活动也被列入证券经纪人的禁止行为。

（二）创业板市场开板，首批28家公司集体打包上市

2009年，创业板市场建设取得重大成就。在相继出台施行了一系列规章制度后，创业板市场于2009年10月23日正式宣布开板；10月30日，首批28家公司集体在创业板打包上市交易。

（三）新股发行制度改革实施，新股发行工作重启

在对发行体制改革问题进行深入调查研究后，2009年5月22日，中国证监会就《关于进一步改革和完善新股发行体制的指导意见》向社会公开征求意见。6月10日，新股发行制度改革指导意见发布并于6月11日正式实施。随后，停滞大半年之久的新股发行工作重新启动。桂林三金药业成为新股发行制度改革后首只发行上市的新股。

（四）国务院决定在境内证券市场实施国有股转持政策

经国务院批准，6月19日，财政部、国务院国资委、中国证监会和全国社保基金理事会联合发布《境内证券市场转持部分国有股充实社保基金实施办法》，从当日起在境内证券市场实施国有股转持政策。规定在股改新老划断后，凡在境内首发上市的公司须按首发时实际发行股份数的10%，将部分国有股转

社保基金持有。社保基金在承继原国有股东禁售期的基础上延长3年禁售期。

（五）人民币国债首次在香港发行

2009年9月28日，中国中央政府在我国香港发行60亿元人民币国债。虽然此前已有多家企业在香港发行了近300亿元人民币的公司债券，但此次发行则是中国国债首次在内地以外地区发行，也是首次在内地以外地区发行以人民币计价的主权债券。

（六）A股市场IPO募集资金名列全球市场前茅

2009年，沪、深证券市场融资额创出历史新纪录。统计数据显示，截至12月25日，沪、深证券市场融资额已达4 671.5亿元，超出2008年1 136亿元。其中，有111家公司IPO合计融资达1 790.52亿元，是2008年的1.73倍。这使得启动仅半年的内地A股市场2009年IPO融资额仅次于香港地区，在全球IPO市场名列前茅。

（七）银行间市场清算所股份有限公司即上海清算所挂牌成立

2009年11月28日，银行间市场清算所股份有限公司在上海外汇交易中心正式挂牌成立，作为一家专业、独立的清算机构，为金融市场提供本外币清算业务，并监控本外币利率、汇率等衍生品的交易风险。

二、重要事件回顾

（一）1月重要事件

6日，财政部部长谢旭人在全国财政工作会议上指出，2009年将实行结构性减税政策，继续执行暂免征收储蓄存款和证券交易结算资金利息所得税、降低证券交易印花税税率及单边征收政策。

7日，2009年中国人民银行工作会议于1月5日~6日在北京市召开。会议指出，保持货币信贷合理平稳增长位居中央银行2009年重点工作首位。

8日，《境外投资管理办法》草案完成，并在商务部网站公布征求公众意见。其中规定，境外投资1亿美元以上须报商务部核准。

9日，有中国“券商内幕交易第一案”之称的董某等3人涉嫌泄露内幕信息和内幕交易案由广州市天河区法院作出一审判决。董某泄露内幕信息罪名成立，被判处有期徒刑4年，并处罚金300万元。

10日，中国证监会颁布内地首部《证券期货统计管理办法》，将于3月1日起实施。

17日，周小川指出，保持资本市场稳定健康发展，加快建设多层次资本市场体系，充分发挥市场的资源配置功能，对于促进经济结构调整、转变经济增长方式、保持国民经济平稳健康发展具有重要意义。

20日，中国证监会和中国银监会共同发布《关于开展上市商业银行在证券交易所参与债券交易试点有关问题的通知》，宣布开展上市商业银行在证券交易所参与债券交易的试点。

21日，国务院审议并原则通过《关于深化医药卫生体制改革的意见》和《2009－2011年深化医药卫生体制改革实施方案》。经过有关部门的修改完善，新医改方案终于尘埃落定。

上海证券交易所与香港交易所签订《沪港交易所更紧密合作协议》，进一步加强彼此之间的合作。在其后的2009年工作策略发布会上，上海证券交易所总经理张育军表示，上海证券交易所基本完成融资融券准备工作。

28日，中国证监会公布《证券公司定向资产管理业务实施细则（暂行）》，并向社会各界征求意见。

（二）2月重要事件

2日，上海证券交易所向各上市公司和相关股东下发《关于执行〈上市公司收购管理办法〉等有关规定具体事项的通知》，以进一步规范投资者买卖上市公司股份，特别是持有上市公司限售存量股份股东的交易行为。该通知的要点在于明确将大宗交易系统的股份买卖纳入《上市公司收购管理办法》的管辖范围。

8日，国务院国资委主任李荣融接受媒体专访时表示，上市中央企业应该给投资者好的回报，因为投资者首先承担了风险。李荣融指出，这几年中央企业之所以发展得比较快，资本市场的支持起了很重要的作用，国资委未来将继续鼓励国有企业上市。

9 日，国家统计局公布的中国宏观经济预警监测结果显示，2008 年 12 月，我国宏观经济预警指数为 78.7，比 11 月的 85.3 有所下降，亮起了表示经济偏冷的“浅蓝灯”。这是自 2002 年 6 月以来，我国宏观经济首次由稳定状态的“绿灯”转为“浅蓝灯”。

11 日，中国金融期货交易所（简称“中金所”）有关负责人表示，为落实“将适当的产品销售给适当的投资者”理念，保护投资者合法权益，中国金融期货交易所正着手进行股指期货投资者适当性制度设计。

12 日，中国人民银行公布的金融数据显示，1 月人民币贷款大幅增加 1.62 万亿元，同比多增 8 141 亿元。1 月的天量新增信贷成为宽松信贷政策的开端，直至 8 月初中央银行提及“动态微调”为止。

17 日，财政部有关专家透露，有关地方政府债券发行的操作性文件已发给地方讨论，发债方式为“中央政府代地方政府发行”。

28 日，国务院总理温家宝接受网友提问时表示：“我对中国的经济有信心，对中国的企业发展有信心，因而对中国的资本市场也有信心。”他指出，我国经济振兴系列措施已经初见成效。

（三）3 月重要事件

1 日，十一届全国人大常委会第七次会议表决通过《〈刑法〉修正案（七）》。其中明确规定，我国严惩金融从业人员“老鼠仓”行为，最高可处 10 年有期徒刑。

5 日，国务院总理温家宝作政府工作报告指出，推进资本市场改革，维护股票市场稳定，发展和规范债券市场，稳步发展期货市场。

7 日，中国证监会主席尚福林表示，中国证监会将积极采取措施促进股市稳定，创业板准备工作已比较充分，中国证监会正在对基金的专户理财“一对多”业务进行研究。

9 日，十一届全国政协委员、中国人民银行副行长苏宁举行小型记者见面会时表示，民间融资不违法的要规范，违法的要坚决打击；并表示目前人民银行和有关部门正在研究如何规范民间融资活动。

13日，中国人民银行公布《2008年国际金融市场报告》指出，应进一步优化金融市场参与者结构；并表示在股票市场，进一步研究红筹企业回归A股市场以及推进国际板建设的相关问题，增强中国证券市场的影响力和辐射力，提升中国资本市场的国际竞争力。

16日，中国证监会公布《证券经纪人管理暂行规定》。该规定将于2009年4月13日起施行。

17日，财政部发布《金融企业国有资产转让管理办法》，规定无论通过协议方式还是大宗交易，对外转让上市金融企业国有股份和金融企业对外转让上市公司国有股份都必须遵照市价执行。

20日，中国证监会发布《基金管理公司投资管理人员管理指导意见》。和2006年发布的指导意见相比，基金经理任职资格更严格，对于直系亲属买卖股票有了明确的规定。另外还要求基金公司实时监控MSN等通信工具。

23日，国务院发布《国务院关于落实〈政府工作报告〉重点工作部门分工的意见》部署55项重点工作，其中对金融、财税部门分工作出具体部署。要求人民银行、中国银监会、中国证监会、中国保监会、国家发改委、财政部等对“维护股票市场稳定”等项工作进一步加以落实。

25日，国务院总理温家宝主持召开国务院常务会议，审议并原则通过关于推进上海市加快发展现代服务业和先进制造业、建设国际金融中心和国际航运中心的意见，决定提高部分产品出口退税率。

27日，根据上海期货交易所发布关于螺纹钢和线材期货上市交易有关事项的通知，螺纹钢和线材期货合约自2009年3月27日起开始挂牌交易。

31日，中国证监会发布《首次公开发行股票并在创业板上市管理暂行办法》，明确创业板的上市发行门槛不变，仍采用两套上市财务标准。创业板管理暂行办法5月1日起实施。

（四）4月重要事件

1日，中国银监会主席刘明康在中国金融法治年会上表示，为了保证银行体系的高度安全，今后如果再有外资战略投资者入股，其锁定期必须达到5年。

中国证监会公布《中国证监会2008年监管信息公开年度报告》。

2日，中央银行和阿根廷中央银行签署双边货币互换协议。该协议互换规模为700亿元人民币/380亿阿根廷比索。协议实施有效期3年，经双方同意可以展期。

3日，为保持汽车市场稳定增长，商务部、中国银监会、中国保监会等八部门联合下发《关于促进汽车消费的意见》，鼓励金融机构开展新车和二手车消费信贷业务，不断扩大汽车信贷消费。

深圳证券交易所总经理宋丽萍表示，不合条件散户可通过其他渠道投资创业板（可以通过基金或者其他的方式间接进入创业板，这个渠道都是畅通的）。

中国证监会发行审核委员会公告，已通过“会后事项发审委会议”否决了立立电子的上市申请。由此，立立电子成为中国证券史上首例“募集资金到位但上市申请最终被否”的公司。

7日，《医药卫生体制改革近期重点实施方案（2009－2011年）》发布。2009~2011年重点抓好五项改革：一是加快推进基本医疗保障制度建设；二是初步建立国家基本药物制度；三是健全基层医疗卫生服务体系；四是促进基本公共卫生服务逐步均等化；五是推进公立医院改革试点。

交银施罗德宣布，公司已与国内知名企业正式签署了首单QDII专户合同。

8日，中国保监会发通知决定调整保险机构债券投资政策，拓宽投资范围，增加投资品种，改善资产配置。

国务院召开常务会议，决定在上海市和广东省广州市、深圳市、珠海市、东莞市4个城市开展跨境贸易人民币结算试点。

国务院常务会议讨论并原则通过《全国新增1000亿斤粮食生产能力规划（2009－2020年）》。

9日，国务院总理温家宝主持召开国务院常务会议，指出2009年企业兼并重组的力度明显加大，要依法规范操作，切实防止国有资产流失，维护职工合法权益；要严厉打击操纵股市、官商勾结、内幕交易等行为，加强股市监管，提振市场信心。

10日，财政部发出通知，规范国有金融机构高级管理人员薪酬分配秩序。

通知明确，国有金融机构在清算2008年度高级管理人员薪酬（指税前薪酬，包括基本薪酬、绩效薪酬、社会保险、各项福利等，下同）时，按不高于2007年度薪酬90%的原则确定。

上海国资国企改革发展工作会议消息，2010年上海经营性国资资产证券化率将由目前的18%至少提高到30%。

11日，财政部下发关于支持文化企业发展若干税收政策问题的通知。

来自中国证监会、财政部、中央银行、中国银监会等金融监管部门的官员11日在第五届中国金融改革高层论坛上表示，中国银监会已和中国保监会就银行试点保险公司达成共识，首先将在4家大型银行进行试点；金融高级管理人员薪酬要与所承受的风险对等，与业绩挂钩。

13日，上海证券交易所公司管理部专门发布实施《关于进一步做好上市公司公平信息披露工作的通知》。

中国证监会批准上海证券交易所上市早籼稻期货合约，具体挂牌时间由郑州商品交易所根据市场状况及各项准备工作的进展情况确定。在此之前，中国证监会于3月23日批准郑州商品交易所开展早籼稻期货交易。

《证券经纪人管理暂行规定》正式施行，证券经纪人取得证书方可执业。

14日，财政部发布《关于当前应对金融危机加强企业财务管理的若干意见》。

15日，中国证监会主席尚福林表示，鼓励期货公司通过兼并重组等方式做优做强，并建立健全退出机制。

16日，国务院15日正式发布《电子信息产业调整和振兴规划》，提出目标：产业发展对GDP增长的贡献不低于0.7个百分点，3年新增就业岗位超过150万个，软件和信息服务收入比重将从12%提高到15%。

17日，中国银监会强调，银行业金融机构要充分认识应对危机冲击的长期性，高度关注银行放贷冲动下的风险隐患积聚，防止不审慎行为。要求重点检查贷款流向，防投机股市。

中国证监会发布《证券期货业与银行间业务数据交换消息体结构和设计规则》行业标准。

18日，中国证监会就完善创业板市场配套规则和制度体系，修改中国证监会发行审核委员会办法和保荐办法向社会公开征求意见。

20 日，我国首家由中央企业发起并经国务院批准设立的产业基金——中广核产业投资基金一期 70 亿元募集协议 4 月 18 日在北京市签署。该基金一期主要投资于核电等清洁能源及相关产业项目。

中证指数公司正式发布了上证中央企业 50 指数、中证中央企业综合指数和中证中央企业 100 指数。基日均为 2008 年 12 月 31 日，基点均为 1000 点。

21 日，上海证券交易所创新实验室发布的《上海证券交易所市场质量报告(2009)》显示，由于 2008 年股市深度调整，投资者交易意愿下降，沪市流动性有所下降，市场质量各项指标出现下降。

22 日，财政部会同商务部、工业和信息化部、发改委、国家质量监督检验检疫总局等家电下乡联席会议成员单位制定了《家电下乡操作细则》。

24 日，国务院印发物流业、纺织业调整和振兴规划全文，鼓励企业兼并重组。

25 日，国家外汇管理局 24 日发布《2008 年中国国际收支报告》，2007 年下半年开始，我国证券投资项下呈净流入态势，2008 年我国证券投资净流入 427 亿美元，较 2007 年增长 128%。

27 日，深圳市专门制定出台 18 条措施，推动中小企业加快改制上市步伐。

28 日，作为中国内地首只可分离交易基金，长盛同庆可分离交易基金将于 5 月 6 日通过深圳证券交易所场内挂牌发售。

上海期货交易所批准工商银行、交通银行、兴业银行、民生银行 4 家商业银行为首批黄金期货自营会员。

29 日，推动上海市建设两个中心的“政策引擎”——《国务院关于推进上海加快发展现代服务业和先进制造业建设国际金融中心和国际航运中心的意见》正式公布。

中国保监会主席助理袁力表示，银行参股保险公司已获国务院原则通过。

30 日，台湾地区“金融监督管理委员会”表示，大陆合格境内机构投资者(QDII) 赴台投资，不能参与上市公司的经营权，也不能当选董事、监事。

(五) 5 月重要事件

5 日，中央银行发布《2008 年中国金融市场发展报告》，提出了 2009 年金融市场发展应该关注的5个方面的问题。报告建议，既要防止单个子市场在一段时间发展过快、过猛而导致的暴涨暴跌，又要防止某些子市场发展停滞不前，成为制约整个金融市场体系发展的短板。

8日，中国证监会主席尚福林就做好资本市场法治建设和依法行政工作提出5点要求：进一步完善法律制度体系；规范行政执法行为；推进执法体制创新；强化监督制约机制；加强依法行政能力建设。数据显示，中国证监会分4批取消和调整了行政审批项目105项，超过原有行政审批项目的2/3。

9日，商务部副部长姜增伟与香港特别行政区政府财政司司长曾俊华在香港签署的《内地与香港关于建立更紧密经贸关系安排》（CEPA）补充协议六，在粤港金融合作方面进一步取得突破，其中最值得关注的亮点就是纳入有关银行、证券行业在广东省先行先试的政策措施，允许广东省向香港地区扩大开放金融证券业。

10日，深圳证券交易所总经理宋丽萍在《创业板上市规则（征求意见稿）》新闻座谈会上表示，在创业板上市规则制定中，深圳证券交易所贯穿了优化资源配置的理念，根据资本市场基本特征来努力提高信息的有效性、真实性和公平性，强化市场约束。

11日，渝富资产管理公司与亿泰证券就合资组建重庆亿泰股权投资基金管理公司举行了签字仪式。亿泰股权投资基金是重庆市乃至整个西部地区第一家私募股权投资基金，管理金额将达50亿元人民币。

上海证监局制定《上海辖区期货公司首席风险官工作指引（试行）》，探索建立首席风险官功能发挥的长效机制。

12日，中国证监会颁布《关于基金管理公司开展特定多个客户资产管理业务有关问题的规定》，对“一对多”专户理财业务的投资者参与门槛、资产管理计划的设立条件、资产管理计划的销售方式以及开放参与和退出频率等作出明确规定。该规定于6月1日施行。

上海证监局制定《上海辖区期货公司首席风险官工作指引（试行）》，探索建立首席风险官功能发挥的长效机制。

14日，国金证券公告证实，其董事长雷某正接受有关方面调查。

15日，中国证监会正式发布关于修改《中国证券监督管理委员会发行审核委员会办法》和《证券发行上市保荐业务管理办法》的决定，将于6月14日实施。这是创业板市场制度完善的重要一步。

16日，中国保监会与上海市政府签署部市合作备忘录，就保险业参与和促进上海市“两个中心”建设作出总体安排。

19日，中国证监会在废止前7批规章和规范性文件的基础上，对从成立以来至2008年12月31日期间公布的证券期货类部门规章进行了再次清理。

20日，中国建银投资将手中的中投证券100%的股份，全部转让给中央汇金公司，股权转让手续目前正在办理当中。

22日，中国证券业协会制作完成了6集动画《投资风险案例》，采取通俗易懂、生动活泼的方式，向投资者揭示了近期频频出现的投资“陷阱”。

23日，中国证监会就《关于进一步改革和完善新股发行体制的指导意见（征求意见稿）》公开征求社会意见。

25日，国务院批转2009年深化经济体制改革工作意见，提出，加快研究鼓励民间资本进入石油、铁路、电力、电信、市政公用设施等重要领域的相关政策，带动社会投资；要求财政部、税务总局、发改委、住房和城乡建设部4部委深化房地产税制改革，研究开征物业税。

（六）6月重要事件

1日，中国银监会发布《中国银行业监督管理委员会2008年报》披露，2008年，银行业金融机构资产总额首次突破60万亿元，达到62.4万亿元，相当于国内生产总值的207.5%，比年初增长18.6%。

5日，国务院办公厅正式发布《促进生物产业加快发展的若干政策》全文，确定了现代生物产业发展重点领域，包括生物医药、生物农业、生物能源、生物制造、生物环保五大领域，并具体规定了对生物产业实施税收优惠的办法。

6日，深圳证券交易所正式发布《创业板股票上市规则》，并于2009年7月1日起施行。

8日，经国务院批准，财政部和国家税务总局联合对外宣布，从6月1日起再度提高部分商品出口退税率。

9日，中国证监会发布《创业板市场投资者适当性管理暂行规定（征求意见稿)》。文件要求，投资者须具备2年交易经验才可直接开通创业板投资交易。

10日，中国证监会正式公布《关于进一步改革和完善新股发行体制的指导意见》，完善询价和申购的报价约束机制，杜绝高报不买和低报高买，同时网下网上渠道分开、网上申购设置上限，以提高中小投资者的中签率。

13日，中国证券业协会发布修订后的《证券公司代办股份转让系统中关村科技园区非上市股份有限公司股份报价转让试点办法（暂行)》及相关配套规则和协议文本。

17日，筹备多时的中国证监会期货二部成立。调整后，期货一部（原期货部）主要监管交易所及市场，并新设产品创新处；新成立的期货二部将履行监管期货机构的职能。

18日，A股市场IPO在暂停9个月后重启，首单落定为中小板公司。桂林三金成为自2008年9月以来第一家获准新股发行的公司。自此开启了2009年天量融资的序幕。

19日，财政部、国务院国资委、中国证监会、全国社保基金理事会宣布，股权分置改革新老划断后，凡在境内证券市场首次公开发行股票并上市的含国有股的股份有限公司，除国务院另有规定的，均须按首次公开发行时实际发行股份数量的10%，将股份有限公司部分国有股转由社保基金会持有。社保基金会对转持股份承继原国有股东的禁售期义务，并延长3年禁售期。

22日，民政部、财政部、人力资源社会保障部、卫生部出台《关于进一步完善城乡医疗救助制度的意见》。

23日，中国证券业协会发布《证券公司网上证券信息系统技术指引》。

26日，中央银行发布《2009年中国金融稳定报告》。中央银行将积极推动国际金融体系改革，避免主权信用货币作为储备货币的内在缺陷，创造一种与主权国家脱钩并能保持币值长期稳定的国际储备货币。

（七）7月重要事件

1日，全国首家私募股权交易所在广州市揭牌。与此同时，广州环境资源交易所、广州农村产权交易所和广州企业财务清算有限公司也同时“走马上任”。

中国证监会下发《关于进一步加强新股申购工作有关问题的通知》。

2日，中国人民银行公布《跨境贸易人民币结算试点管理办法》，明确跨境贸易人民币结算试点企业、清算行、出口退税等政策细节。该办法自7月1日起实施。

中国证监会发布《创业板市场投资者适当性管理暂行规定》，投资者可在7月15日起申请开通创业板市场交易。

3日，中国证监会作出成立创业板发行审核办公室的决定。

深圳证券交易所发布《关于完善中小企业板首次公开发行股票上市首日交易监控和风险控制的通知》。实行两档停牌制度，即当盘中涨幅或跌幅达到或超过20%和50%时，各停牌30分钟。

8日，中国证监会6月核准邓普顿投资顾问有限公司、东亚联丰投资管理有限公司、日本住友信托银行股份有限公司的合格境外机构投资者的资格。

银行理财资金禁入股票二级市场。

9日，中国银监会发布了《关于进一步加强商业银行个人理财业务投资管理有关问题的通知》，明确了商业银行理财资金不得投资于境内二级市场公开交易的股票或与其相关的证券投资基金，但是可以参与新股申购。

10日，国务院机关事务管理局发布《中央行政事业单位国有资产管理暂行办法》指出，各部门行政单位和参照公务员法管理的单位，不得将国有资产用于对外投资。

13日，中国证监会13日公布施行《关于进一步加强期货公司信息技术管理工作的指导意见》。

15日，国家外汇管理局发布《境内机构境外直接投资外汇管理规定》，扩大境内机构境外直接投资的外汇资金来源。该规定自8月1日起施行。

17日，中国银监会主席刘明康要求加强风险管理，银行拨备覆盖率年内须提至150%以上。

22日，由中国证券投资者保护基金有限责任公司组织编写的《投资者手册》（第一辑）正式出版发行，中国证监会主席尚福林主席为手册作序。

24日，中央银行发布公告，就证券公司开展证券资产管理业务在全国银行间债券市场开立债券账户作出规定。规定除债券分销业务外，同一证券公司管理的各债券账户之间不得相互进行债券交易，并从16日开始允许证券公司为开展证券资产管理业务在全国银行间债券市场开立债券账户。

30日，中国证监会发布《期货公司分类监管规定（试行）（征求意见稿）》，拟将期货公司分为AAA、AA、A、BBB、BB、B、CCC、CC、C、D、E5类11个级别。根据同日发布的《期货市场客户开户管理规定（征求意见稿）》，期货市场将落实开户实名制，并实行统一开户。

中国证监会行政处罚委员会和上海、深圳证券交易所纪律处分委员会召开首次联席会议。自此，中国证监会行政处罚与交易所纪律处分之间协调、沟通机制正式建立，将打击开盘或尾盘价格操纵。

上海证券交易所发布《上海证券交易所上市公司持续督导工作指引》。

（八）8月重要事件

5日，中央银行报告指出未来货币政策注重动态微调。

13日，中国证监会公布《证券投资基金评价业务管理暂行办法（征求意见稿）》，对基金评价机构的评价方法、信息采集、发布方式及行为进行规范，明确了从事基金评价业务的8种禁止行为。

19日，第一东方投资集团宣布，其全资附属公司第一东方（上海）股权投资管理有限公司已获批准注册，成为首家在上海市正式落户的国际私募股权投资管理公司。

国务院常务会议提出，要加快创业板市场建设，增加中小企业直接融资规模，稳步扩大中小企业短期融资券和集合债券的发行规模。

招商银行19日首创了国内第一单TOT（Trust of Trust）——平安财富东海盛世一号保管业务。TOT指信托中的信托，即通过母子信托的方式，将母信托资金按一定比例投资于不同的子信托，并产生投资收益的一种创新产品。

22日，基金追踪机构EPFR Global报告称，对中国市场流动性的担忧已导致全球新兴股市资金外流量升至2009年以来最高，投资者正逐步转向债券投资。

26日，国务院常务会议研究部署抑制部分行业产能过剩和重复建设，引导产业健康发展。

（九）9月重要事件

1日，中登公司统计周报显示，A股持仓账户数突破5 000万户，创出有统计以来的历史新高。

中央银行和中央银监会公布公告，允许符合条件的金融租赁公司和汽车金融公司发行金融债券，并明确规定了申请发行金融债券的具体条件。

2日，在8月沪综指累计大跌21.81%期间，市场也遭遇2009年以来最汹涌的资金出逃潮，两市净流出1 299.2亿元，环比增长35.6%。

3日，中国证监会副主席刘新华称，监管当局会继续进行多方面改革，全力维护市场稳定健康发展。

首批36只专户理财“一对多”产品获得中国证监会批准，标志着中国基金业正式迎来“一对多”时代。

4日，国家外汇管理局公布了《合格境外机构投资者境内证券投资外汇管理规定（征求意见稿）》。征求意见稿中最大的亮点就是将单家合格境外机构投资者（QFII）机构申请投资额度的上限由8亿美元增至10亿美元。此外，将中长期QFII的投资本金锁定期缩短至3个月。

中国银监会对《关于完善商业银行资本补充机制的通知（征求意见稿）》作出适当调整，对银行间交叉持有的次级债从附属资本中扣除，将按照“老债老办法，新债新办法”来执行；同时，银行互相持有的新增次级债将分年从持有方附属资本中扣除。

5日，国家外汇管理局称已经批准QFII 70多家，获批额度在150亿美元左右，按照4日人民币汇率计算，相当于给A股市场带来约1 024.50亿元人民币增量资金。

7日，财政部出台《中央级事业单位国有资产使用管理暂行办法》。该办法已经自2009年9月1日起施行，并强调应严格控制货币性资金对外投资。

8日，中国证券业协会正式发布《证券营业部信息技术指引》。这是继证券集中交易、IT治理、网上证券等多个信息技术指引发布后的又一部重要指导性文件，标志着证券公司信息技术安全保障工作从总公司延伸到各个证券营业场所。

9日，商务部、国家统计局、国家外汇管理局联合发布《2008年度中国对外直接投资统计公报》。2008 年我国对外直接投资净额 559.1 亿美元，较 2007 年增长 111%。这也是我国年度对外直接投资流量首次超过 500 亿美元。

10 日，中国银行已获准通过全资子公司中银保险参股恒安标准人寿。中国银行由此成为继交通银行获准从中国人寿接过中保康联人寿 51% 的股权后，第二家获准参股保险公司的银行。

中国保监会批准中德安联、金盛人寿、中英人寿等 4 家保险公司增资，增资金额近 12 亿元。

11 日，霸菱资产管理有限公司获得 QFII 资格。截至 8 月底，获得 QFII 资格的总家数达到 87 家。

12 日，私募股权投资基金的全国性行业自律组织——中国股权基金协会不久将成立。该协会筹备组秘书处主任邱子凡透露，协会的筹备已经进入最后阶段，筹备方案已上报国务院。

13 日，中国证监会有关负责人透露，创业板首次发行审核委员会将于 9 月 17 日召开，首批 7 家企业过会。

14 日，中国证监会晚间公布，18 日将审核 6 家公司的创业板 IPO 申请。

16 日，深圳证券交易所对《中小企业板上市公司限售股份上市流通实施细则》进行了修订，并予发布。

17 日，中国证监会公布《关于证券公司缴纳证券投资者保护基金有关事项的补充规定》。该补充规定指出，证券公司持有其他证券公司股权，且被投资证券公司已按规定缴纳证券投资者保护基金的，准许其从证券投资者保护基金计缴基数中扣除来源于被投资证券公司的股权投资收益（不含长期投资处置收益）。

深圳证券交易所发布《深圳证券交易所股票上市公告书内容与格式指引（2009 年 9 月修订）》，主要增加了创业板发行人的特别信息披露要求等内容。

中国证监会宣布，当日上会的 7 家公司，全部有条件通过了创业板发行审核委员会的审核。

21 日，10 家创业板公司获中国证监会发行批文，开始公开招股。预计平均每家募集资金约 2.84 亿元。

22 日，作为全球网络计划的一部分，韩国最大共同基金公司未来资产

(Mirae Asset Global Investments) 计划在中国投资约46亿韩元（合380万美元），与华宸信托合作在中国成立一家合资基金公司，未来资产占25%的股权。

23日，国务院发布《关于进一步促进中小企业发展的若干意见》，从信贷、财税等方面加大对中小企业发展的扶持力度。这是继9月“六项措施”出台后，国务院再次发文支持中小企业发展。

中国证监会向基金公司下发《关于证券投资基金投资创业板上市证券的说明》，指出创业板作为一个新的证券品种，基金可以参与投资，但具体的基金能否投资创业板，要看合同契约的约定。

深圳证券交易所23日发布《关于创业板首次公开发行股票上市首日交易监控和风险控制的通知》，创业板在中小企业板现有新股上市首日开盘价±20%、±50%临时停牌阀值的基础上，新增±80%停牌阀值且直接停牌至14：57。

25日，财政部、国家税务总局下发通知，表示将对期货投资者保障基金采取税收优惠政策，减免税种包括企业所得税、营业税以及印花税。该政策的执行期为2008年1月1日~2010年12月31日，已缴纳的应予免征的营业税可从以后应缴纳的营业税税款中抵减。

28日，中国保监会发布修订后的《保险公司管理规定》，自2009年10月1日起施行。中国保监会有关部门负责人表示，修订后的《保险公司管理规定》主要是提高了准入门槛。

29日，中国证监会第二届上市公司并购重组审核委员会在北京市召开成立大会。中国证监会表示，正在研究完善推进资本市场并购重组的工作安排。

中国证监会稽查局和沪、深证券交易所在北京市召开“创业板执法及异常交易监管三方联席会”，制定了将在4个方面加大对创业板违规行为的打击力度。

（十）10月重要事件

18日，深圳证券交易所负责人透露，23日中国证监会举行创业板开板仪式之后，深圳证券交易所将于30日举行创业板开市仪式，首批创业板公司将集中在深圳证券交易所挂牌上市。

19日，中国证监会主席尚福林表示，要持续深化证券公司合规管理工作，大力推动证券公司有效实施合规管理。从2010年起，将合规管理实施状况纳入证券公司常规监管。

20日，中国证监会通报5起证券市场违法违规案件，分别涉及卢某操纵市场案和4名上市公司高级管理人员违规买卖股票案。

21日，中国证券业协会证券公司合规专业委员会正式成立。何如等26人被聘任为第一届委员会成员。

22日，中国证监会副主席姚刚表示，监管部门将严密监控，坚决杜绝创业板过度炒作和股价操纵行为。中国证监会不干预创业板公司定价，但会严格监管募集资金的使用。

23日，经过紧锣密鼓筹备十余年，创业板在深圳市正式举行开板仪式。首批28家创业板上市企业的融资规模在155亿元左右。

中国保监会公布通知称，将上调保险机构投资企业债的比例，由不超过该保险机构上季末总资产的30%，调整为不超过该保险机构上季末总资产的40%。

24日，深圳证券交易所上市审核委员会召开会议审议了创业板首批28家公司的上市申请。会议认为青岛特锐德电气股份有限公司等28家公司在总股本、公开发行股份占比、公司股东人数等方面均符合《创业板股票上市规则》规定的上市条件，审议通过28家公司的上市申请。

30日，首批创业板公司正式上市，首日交易即遭市场爆炒，28只个股盘中均停牌，整体市盈率达到111倍，“批发”生产了近百名亿万富豪。对于市场的非理性炒作，今日各大权威媒体纷纷发文警示创业板泡沫风险。

（十一）11月重要事件

5日，中国证监会4日发布施行《中国证监会工作人员行为准则》。该行为准则共9章33条，对中国证监会工作人员在日常工作和监管中的行为提出明确的规范和要求。

6日，深圳证监局正式公布，景顺长城基金公司基金经理涂某、长城基金公司基金经理韩某和刘某涉嫌利用非公开信息买卖股票被调查，目前案件调查正在进行之中。

中国证监会副主席刘新华表示，将加大对创业板市场的监管力度，遏制市场炒作，严厉打击操纵市场、内幕交易等违法违规行为，维护创业板平稳运行、健康发展。

9 日，中国证监会研究中心主任祁斌指出，2009 年中国市场 IPO 约 900 亿元，已成为世界最大 IPO 市场。

天津铁合金交易所 9 日正式开业，这是我国第一家铁合金交易所，也填补了国内铁合金电子交易平台的空白。

12 日，中国证监会发布修订后的《股份有限公司境外公开募集股份及上市（包括增发）审批申请材料目录和申请书示范文本》，简化了境外创业板上市公司转到境外主板上市申请所需要的申请材料。

国务院台湾事务办公室发言人杨毅 11 日表示，两岸金融监管机构依照《海峡两岸金融合作协议》确定的原则，已经进行了充分的沟通和协商。双方对签署两岸金融监管合作备忘录所涉及的业务性、技术性问题已经达成一致意见。

13 日，国家外汇管理局在《2009 年上半年中国国际收支报告》中提出：进一步放宽境外直接投资外汇管理，推进 QDII 制度实施并扩大 QDII 投资规模。

16 日，上海证券交易所宣布，新一代交易系统将于 23 日替换现用交易系统，切换上线投入运行。

上海证监局新一代期货监管信息系统项目目前经专家评审验收后正式上线。

17 日，招商证券登陆 A 股主板上市。截止收盘，招商证券仅涨 8.42%，打破了自 IPO 重启以来新股上市首日涨幅最低的纪录。

中国证监会 17 日发布《证券投资基金评价业务管理暂行办法》，以进一步规范证券投资基金评价业务。该办法自 2010 年 1 月 1 日起施行。

19 日，光大证券发布公告，其设计申报的“光大阳光集结号混合型一期集合资产管理计划”成功获得中国证监会批复。自此，在基金“一对多”产品面世 2 个月后，券商对应的第一个“小集合”产品也正式出炉。产品是面向 100 万元以上的贵宾级客户。

20 日，北京首放投资顾问有限公司总经理汪某因被认定操纵市场，被没收违法所得 1.25 亿余元，并处罚款 1.25 亿余元。钱款已上缴国库，被称为中国证监会最大一笔个人罚单。

21 日，国家外汇管理局再次放行境外证券投资的外汇额度，博时基金获批 10 亿美元的额度。

23 日，海通证券公告称，其全资子公司海通（香港）金融控股有限公司将以 18.22 亿港元收购大福证券 52.86% 股份。

中国证券业协会发布《网上基金销售信息系统技术指引》，从基本要求、门户网站、客户端、服务端、安全管理 5 个方面对网上基金销售信息系统建设和管理提出了明确要求，要做到防止不法分子利用木马等黑客程序窃取客户账号和口令。

27 日，中国银监会发布《商业银行投资保险公司股权试点管理办法》，对商业银行投资保险公司股权试点的机构准入条件、申请程序、风险控制及监督管理等作出明确规定。

中国证监会发布《证券登记结算管理办法》修改决定，修改后的《证券登记结算管理办法》将于 12 月 21 日开始实施。

30 日，中国证监会负责人表示，将加强资本市场会计监管，尽快推出会计师事务所和会计师责任认定指引，对会计师事务所和注册会计师的责任认定进行明确界定，加大对大案、要案及恶意协同造假行为的处罚力度，净化市场化环境。

（十二）12 月重要事件

2 日，易方达亚洲精选股票型证券投资基金获中国证监会批复募集，将于 12 月初公开发售。这是 QDII 发行暂停 15 个月之后重启的第一只基金。

7 日，汇添富亚洲澳洲成熟市场优势精选基金（QDII）获得中国证监会批准，这是业内首度有重点投资澳洲市场的 QDII 基金。

10 日，由中国证监会上市公司监管部、深圳证券交易所及相关派出机构联合举办的创业板首批上市公司培训会在北京市举行，首批 28 家上市公司董事长、总经理在会上签署了《规范运作承诺书》，公司控股股东和实际控制人同时签署了《诚信承诺书》。

在创业板第二批公司上市之际，中国证监会再出重拳，警示各界切勿逾越虚假信息披露、操纵股价和内幕交易、损害上市公司利益、滥用募集资金和盲目扩张四大禁区。

11 日，作为中国中小企业创业投资基金的管理人，中发君盛（北京）投资管理有限公司 12 日宣布成立，标志着中国中小企业创业投资基金的募集工作正式启动。

13日，根据编制规则，深圳证券交易所和上海证券交易所决定对深证成分指数、深证100指数以及上证180、上证50等系列指数样本实施调整。本次样本股调整将于2010年1月第1个交易日正式生效。

15日，中国证监会11月批准3家QFII。至此取得QFII资格的机构已增至91家。

17日，《中国银监会关于加强信托公司主动管理能力有关事项的通知》下发到相关部门负责人手中征求意见。该通知对信托公司开展银信合作业务等提出了具体限制和规定。

18日，社保基金理事长戴相龙表示，拟适当减少对固定收益产品的投资，维持对股票投资的比例，把对境外投资比例从现在的7%提高到20%。此次调整之后，全国社保基金境外投资比例已提高到投资上限。

22日，广发基金获得国家外汇管理局批准境外证券投资额度10亿美元。至此，2009年共有易方达、招商、博时、汇添富和广发5家基金公司获得共计45亿美元的外汇额度。

23日，中国证监会机构部主任黄红元表示，支持证券公司不断提高专业服务能力，中国证监会将逐步放宽证券营业部设立的资格条件，适时考虑进一步下放审批权限。

尚福林透露，2010年中国证监会在打击内幕交易等不法行为上，将不再仅仅拘泥于传统的方法，还将会创新监管方式和内容，加强部门监管协调，严惩内幕交易、操纵市场、侵占上市公司利益等行为，保护投资者合法权益。

25日，中国证监会公布创业板发行监管部的六大主要职责。

27日，中国证监会发布《公开发行证券的公司信息披露内容与格式准则第30号——创业板上市公司年度报告的内容与格式》。

29日，从23日至28日的连续4个交易日内，12只新股发行，创下了新股发行的历史纪录。12只新股募资将超过百亿元。

30日，截至年底，已有10家外国或境外机构通过审批，获得了在中国境内提供金融信息服务许可证。

第四节　2009年中国证券经纪业务面临的问题和发展前景

一、面临的问题

（一）佣金率持续快速下滑

自佣金率下限被取消后，行业佣金率持续下滑，中国证监会于2008年中期发布《关于进一步规范证券营业网点的规定》，并于2009年10月对该规定作出修订，进一步放松了新设营业部的条件限制。根据深圳证券交易所的统计数据，放开新设营业部限制后，2009年营业部增长率达20%，由此引起行业竞争程度愈发激烈（见图3－7）。新设营业部缺乏客户资源，而在券商经纪业务同质化竞争的环境下，佣金战成为新设营业部最简便易行的营销手段，而原有营业部为了防止客户资源流失也被动参与到佣金价格战之中，导致全市场佣金率呈加速下滑趋势。2009年行业平均佣金率0.126%，较2008年下降16.7%（见图3－8）。从2010年第1季度上市券商披露数据看，快速下滑的势头仍在继续，各家券商在降低佣金的循环博弈中已经陷入到典型的“囚徒困境”中。

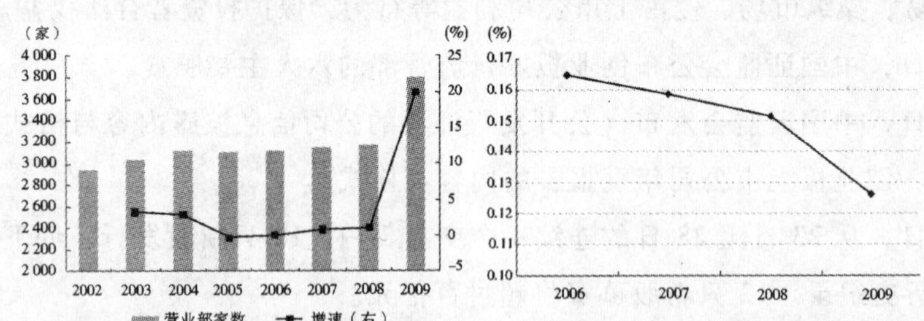

图3-7 2002~2009年证券公司营业部发展情况

数据来源：交易所、国泰君安证券。

图3-8 2006~2009年佣金率情况

数据来源：中国证券业协会、国泰君安证券。

（二）交易量总体维持稳定，换手率维持较低水平

随着2009年以来经济回暖，市场流动性得以明显增加，当年成交金额创出历史新高（见图3－9）。全年日均股票、基金成交额2 238亿元，同比增加102%；全年成交54.6万亿元，同比增加100%。

2009年以来，随着市场重心的下滑，交易量有所回落。2009年第1季度日均股票、基金成交额2 039亿元，同比增加23%，但环比减少19%（见图3－10）。我们预计在流通市值快速增长，创业板成交活跃的背景下，市场整体成交额仍能维持较高水平。

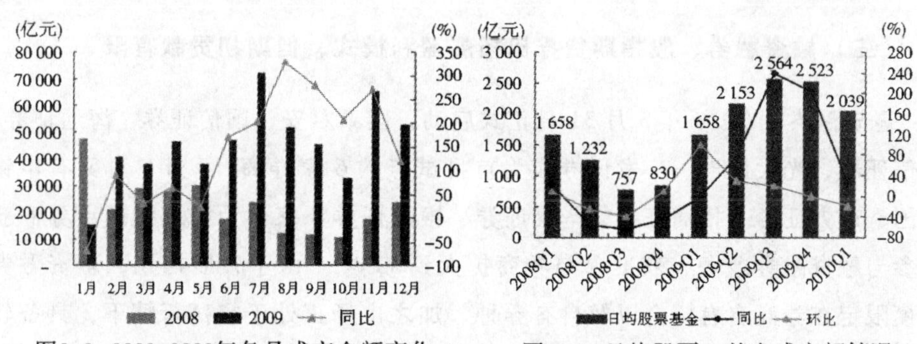

图3-9 2002~2009年各月成交金额变化

数据来源：国泰君安证券研究所。

图3-10 日均股票、基金成交额情况

数据来源：交易所，国泰君安证券。

尽管成交水平大幅提升，但由于流通市值的增长，行业换手率并未出现同比例增幅，且近期呈下降趋势（见图3－11）。2009年行业换手率5.9倍，较2008年增加44%。而2010年以来，日均换手率仅1.3%，接近2008年的低点，年化换手率3.1倍，相比较美国、日本等成熟市场依然偏高（见图3－12）。虽然市场弱势可能是市场短期内换手率低迷的首要原因，但是随着以股票型基金为主的机构客户逐渐增多，市场资金选股逻辑的重心会逐步向理性价值投资的方向靠拢，同时伴随着中小投资者的逐渐成熟和股票供给的增加，市场中的投机氛围会逐渐减弱，市场散户化的特征将会发生一定程度的改变。因此，换手率下降将是长期趋势。

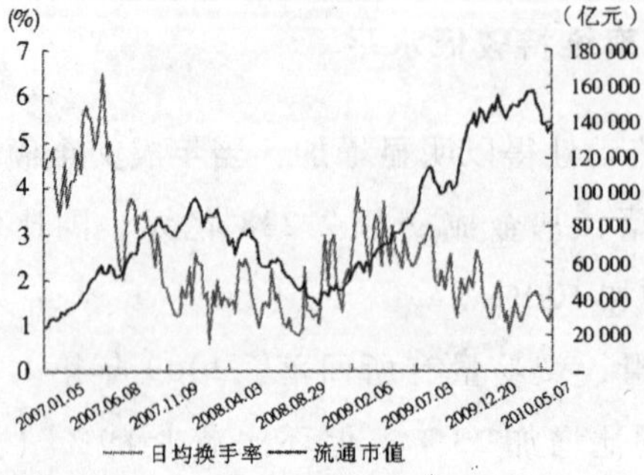

图3-11 中国市场换手率情况

数据来源：Wind资讯、国泰君安证券。

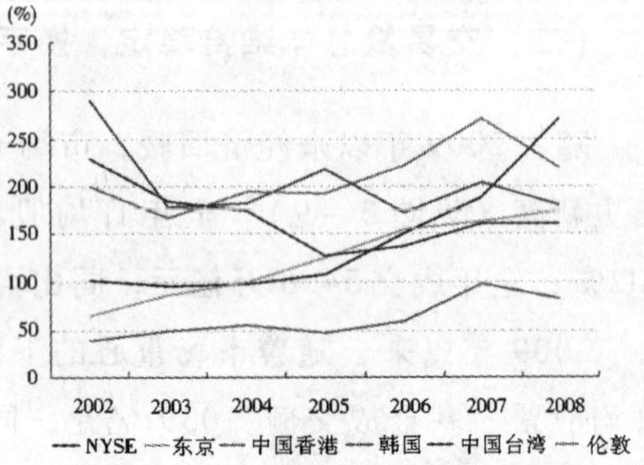

图3-12 成熟市场换手率情况

数据来源：国泰君安证券。

（三）融资融券、股指期货推出拓展盈利模式，但期初贡献有限

融资融券于2010年3月31日正式启动，国泰君安、国信证券、海通证券、中信证券、光大证券、广发证券成为首批试点的6家券商。6月8日又有申银万国、东方证券、招商证券、华泰证券、银河证券5家作为第二批试点券商获准参与融资融券业务，获准参与券商扩大到11家。由于开展初期，融资融券规模限定在券商自有资金以及自有券种，加之市场正处于震荡行情下，具备较大不确定性，因此目前融资融券业务量仍十分有限。自融资融券业务开展以来至2010年7月2日，融资、融券余额分别为15亿元和0.15亿元，融资买入额合计37亿元，仅占现货交易的0.03%，远低于境外市场15%左右的水平，对试点券商业绩的贡献十分有限（见表3－6，日本信用交易的情况见图3－13）。

表3－6 融资融券业务量情况 （单位：百万元）

日期	融资	融券	周融资买入额
2010.04.02	13	0.03	23
2010.04.09	70	0.12	73
2010.04.16	178	1.30	170
2010.04.23	261	3.20	147
2010.04.30	381	3.38	213
2010.05.07	527	5.36	290

续表

日期	融资	融券	周融资买入额
2010.05.14	661	10.54	286
2010.05.21	817	15.31	340
2010.05.28	1 018	9.87	474
2010.06.04	1 131	21.22	306
2010.06.11	1 238	14.03	375
2010.06.18	1 295	14.34	130
2010.06.25	1 426	18.40	445
2010.07.02	1 498	14.64	388

数据来源：上海证券交易所、深圳证券交易所、国泰君安证券。

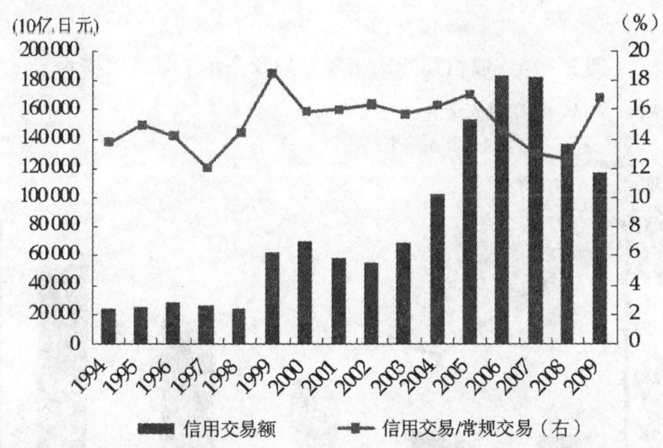

图3－13　日本信用交易额是常规交易额的15%左右

数据来源：TSE、国泰君安证券。

股指期货于2010年4月16日上市交易，推出以来成交量超出预期且快速增长。截至2010年7月2日，股指期货成交额达11.1万亿元，日均成交额2 126亿元，占现货交易的122.9%，接近境外评级水平。但同样由于激烈的市场竞争，佣金率仍为各期货公司吸引客户的主要手段之一，股指期货交易净佣金率多为万分之0.1～0.5左右，不足现货交易的1/10，股指期货经纪业务对各家券商业绩贡献十分有限。相关资料见图3－14～图3－16。

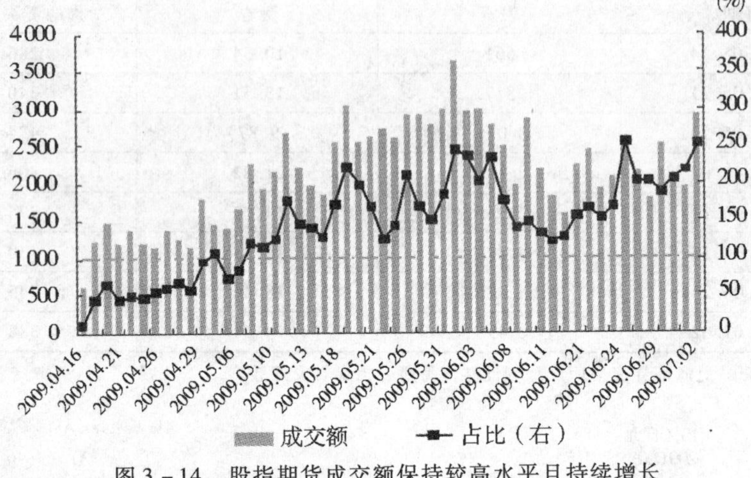

图 3－14　股指期货成交额保持较高水平且持续增长

数据来源：Wind 资讯、国泰君安证券。

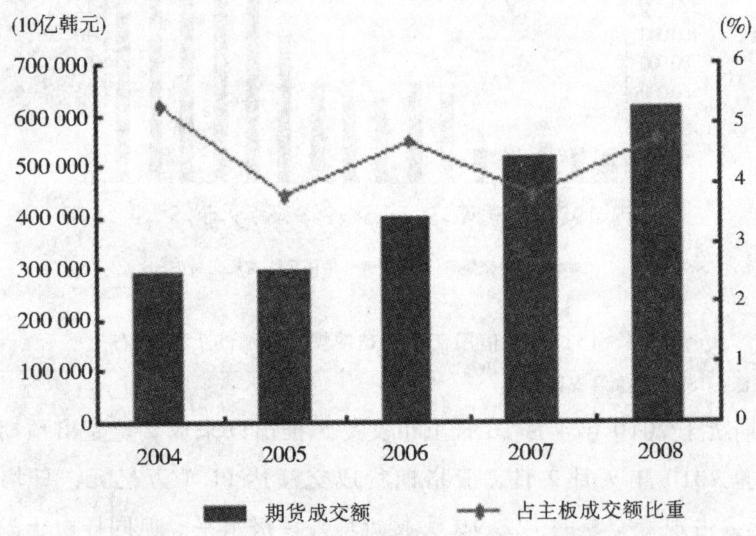

图 3－15　韩国股指期货成交额占主板市场成交额 4～5 倍

数据来源：国泰君安证券。

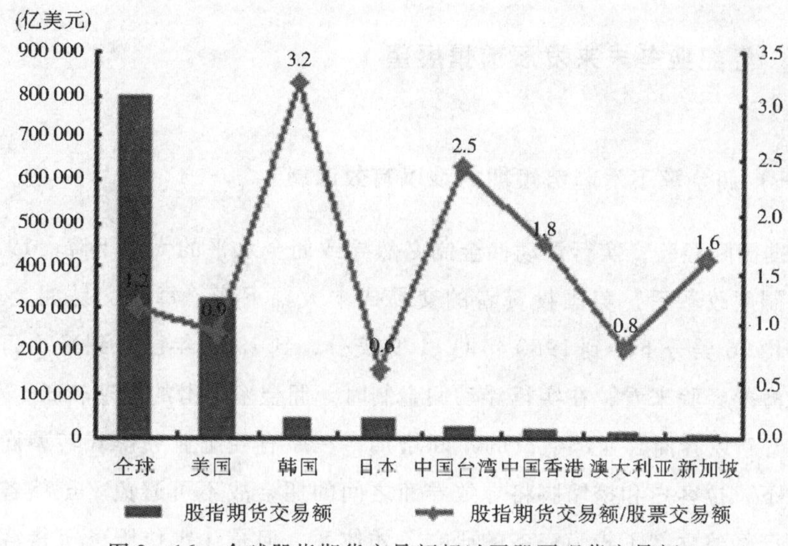

图 3－16　全球股指期货交易额超过了股票现货交易额

数据来源：国泰君安证券。

(四) 经纪业务收入结构单一

目前国内各券商经纪业务收入结构单一，同质化服务竞争格局未变，经纪业务几乎完全依赖佣金收入。随着创新业务的推出，通过融资融券获取利息收入有望成为参与券商经纪业务收入结构调整的契机。但是由于融资融券开展时间较短，参与门槛相对较高，特别是震荡市中投资者对于未来市场走势的判断难以形成一致预期，融资买入和融券卖出的风险较高，投资者直接参与融资融券的热情不足，导致融资融券仅占现货交易极少的份额，对经纪业务的贡献非常有限。

在美国等西方成熟证券市场上，证券经纪人往往也扮演理财顾问的角色，在为客户提供交易通道的同时，还可以提供全方位的一揽子金融理财服务，并间接通过差别化的佣金或者直接收取一定份额的咨询费用，扩展了经纪业务的深度。但是目前我国证券经纪人还处于“拉客、开户、炒股”的低层次营销阶段，券商经纪业务很大程度上也仅仅为投资者提供了交易的通道并收取少量的通道费用，没有做到对客户资源的有效开发，没有充分发挥券商“价值发现者”的作用，也没有体现出“服务”对于提升券商品质和业务的巨大作用。

二、经纪业务未来发展前景展望

（一）佣金率下滑趋势短期内难以有效遏制

依据国际经验，实行浮动佣金制必然导致佣金水平的大幅下降。1975 年美国佣金制度改革后，美国投资者的交易成本大幅下降，每股交易佣金从 1975 年的平均 26 美分下降到 1980 年的 11.9 美分，到 1997 年已降到平均每股 5 美分。从海外经验来看，在实行浮动佣金制时，佣金率下滑的周期较长。

随着新设券商营业部数量的不断增加，在原有经纪业务模式转型尚需时日的条件下，拉客户和挖墙脚将导致券商之间的佣金战不可避免。虽然各大中型券商都已经建立起了较为完备的研究人才体系，但是让定位服务机构客户的券商研究所直接服务个人投资者并不现实，而各券商建立起服务中小投资者的高层次投资理财顾问人才队伍又尚需时日。所以，在当下难以提供给客户差异化服务的时候，降低佣金成为最方便直接的竞争方式，因此佣金率下滑的趋势短期内难以得到有效遏制。

（二）经纪业务收入在证券业总收入中的占比将下降

从海外的经验来看，在 1975 年美国证券市场佣金市场化以后，经纪业务收入占比从接近 40% 快速下降至目前的 10% 左右（见图 3 – 17、图 3 – 18），而以资产管理、并购等为代表的创新业务成为驱动行业增长的主要因素。

根据中国证券业协会公布的数据，2008 我国证券行业共实现经纪业务收入 881.7 亿元，占全行业收入的 71.6%；2009 年经纪业务收入 1 428.6 亿元，占总收入 69.6%。与西方成熟市场相比，经纪业务收入占我国证券行业收入的 70% 左右，占比相对较高。过分依赖经纪业务使得证券行业难以改变靠天吃饭的行业属性，抵抗行业风险的能力较差。在监管机构鼓励创新的大背景下，创新业务规模化才刚刚开始显现。伴随着创新业务的崛起，将会在一定程度上改善券商的收入结构。同时，伴随着全行业佣金率不断下滑，各家券商也有加大创新寻求其他盈利增长的激励，经纪业务在全行业收入结构中占比持续下降的趋势将难以改变。

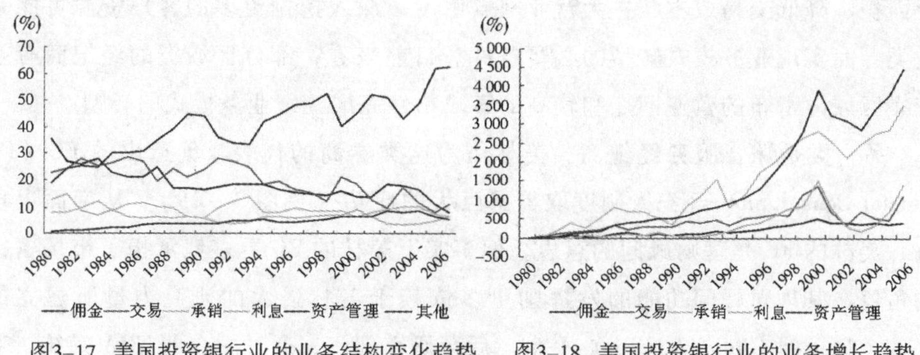

图3-17 美国投资银行业的业务结构变化趋势　　图3-18 美国投资银行业的业务增长趋势

数据来源：SIMFA。

（三）境外经纪业务现状对我国未来经纪业务发展的启示

尽管美国证券市场与我国证券市场的成熟度以及监管环境存在差异，但是成熟市场的成功案例可以为我们提供一些有益的借鉴。在美国实行浮动佣金制之后，证券经纪业分化成两种模式：一是专门注重交易通道服务，取消附加性的服务，保证提供廉价的交易佣金，以嘉信、E－trade为代表，称为“折扣经纪商”；另外一种就是将交易通道服务和附加服务分开收费，并且通过提供更高水平的附加服务来弥补交易佣金收入的不足，称为“综合服务经纪商”。根据客户定位与渠道的差异，综合服务经纪商又可以分为两类：一类以美林为代表，定位中高端客户；另一类则是像爱德华·琼斯那样定位于服务中小投资者。根据客户定位的不同，经纪商会对投资者收取数额不等的交易佣金，并且提供差异化的服务以满足不同投资者的交易偏好。但是，随着行业竞争的日益激烈，这两类模式又出现了相互交融的情况。总体来说，折扣经纪商越来越少，综合服务经纪商成为美国证券业发展的主流。

以E－trade为代表的折扣经纪商主要服务于美国的中小投资者，网点密布城市中的各个社区，收取极其廉价的交易佣金，但并不给投资者提供投资咨询服务。因为折扣经纪商不提供附加服务，因此成本相对较低，盈利增长主要依靠低佣金策略吸引客户集聚以及交易规模化带来的单位成本下降。目前，国内已经有部分中小券商意图往折扣经纪商的发展方向进行尝试。压缩单个营业场所面积、降低交易成本、扩大营业网点密度、深入挖掘更多的客户资源可能是这类券商实现业务模式转型的必要条件。目前来看，部分区域类的经纪商有望依靠区域内密布的营业网点和较高的客户粘性完成经纪业务模式的转型。

另一类是综合服务经纪商，美林作为这类券商的代表，创造出的 FC（Financial Consultant）经纪人制度取得了巨大的成功（见图 3 - 19）。从字面上理解，美林的 FC 是理财顾问的意思，但事实上美林的 FC 更多地承担了市场营销的角色，其理财顾问功能的发挥则更多依赖于美林强大的研究力量所建立的 TGA（Trusted Global Advisor）平台。后台研究部门，通过中台的 TGA 系统，对前台 FC 的营销工作提供大量的支持，以此创造了研究部门有效服务中小投资者的业务模式。

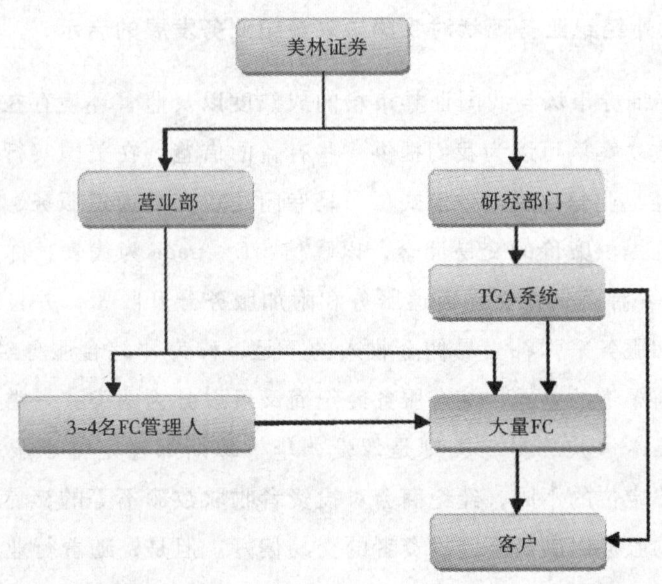

图 3 - 19　FC 经纪人制度

当下，我们正在积极推行证券经纪人制度，各家券商特别是各大中型券商都力争打造一支强大的理财顾问团队，但是目前将后台研究部门的研究成果有效传递到一线中小投资者的渠道仍然不很通畅。随着未来专业理财团队的业务水平不断提高，以及连接研究部门与中小客户之间的 IT 支持平台日益成熟，部分研究开发实力较强的券商经纪业务有望实现以提供交易通道为主向以提供投资咨询服务为主的转变。

从美国经纪业务模式变迁的历史中可以发现，虽然美国经纪商分化之后又出现了一定程度的融合，但是由于客户对于投资咨询业务的需求不一致，交易习惯不同，导致经纪商分化为折扣经纪商和综合服务经纪商可能是证券业发展的长期趋势。折扣经纪商出现并且长期存在将是客观现实，而发展综合服务经纪商则需要后台研究开发部门具备雄厚实力、前台拥有高素质的理财队伍、中台能够实现客户与研究开发的合理对接。

第四章 2009年中国证券投资咨询与资信评级业务发展报告

第一节 2009年中国证券投资咨询业务发展报告

一、2009年中国证券投资咨询业的发展环境

（一）股票市场大幅反弹，带动了投资咨询服务的需求

2009年，面对国际金融危机的冲击，我国政府果断采取了扩大内需、促进经济增长的一揽子措施。在国家采取的一系列宏观经济政策刺激下，我国经济在世界经济中率先实现回升向好，并保持快速增长。受益于基本面的好转，2009年我国证券市场也出现大幅反弹。年初，上证综合指数以1849.02点开盘，年终收于3277.14点，全年上涨77.24%；深证成分指数以6557.42点开盘，收于13699.97点，全年上涨108.92%；沪、深两市总市值从年初12.13万亿元升至24.39万亿元。股票市场交易量也大幅增加，2009年股票全年成交额为53.59万亿元，较2008年增长100.33%（相关资料可见表4－1）。

证券市场大幅反弹和成交量大幅增加带动了投资者对投资咨询产品和服务的需求，直接为证券投资咨询机构带来了业务机会。

表4－1　1998～2009年来股市的流通市值和成交金额比较　（单位：亿元）

年份	流通市值	股票和基金成交金额
1998	5 746	24 546
1999	8 214	33 805
2000	16 088	63 627
2001	14 463	40 866
2002	12 484	29 156
2003	13 178	32 477
2004	11 688	42 815
2005	10 631	32 397
2006	25 003	92 442
2007	93 100	454 734
2008	45 213	272 943
2009	151 258	546 235

注：流通市值为年度最后一个交易日收盘市值。

（二）基金、QFII等机构投资者增加，对证券投资咨询业经营理念和服务模式产生重大影响

近年来以基金、社保基金、QFII为主的机构投资者发展迅速。作为机构投资者的最重要组成部分，中国证券投资基金业在2009年取得了较快发展，2008年全年共有157只基金完成募集。截至2009年12月31日，不包括QDII基金在内的621只证券投资基金，资产净值合计26 760.80亿元，份额规模合计24 638.56亿份。同时，社保基金、QFII、证券公司、保险资金、企业年金的入市规模也在不断扩大。截至2009年年末，包括证券投资基金、全国社保基金、QFII、保险公司、企业年金、证券公司、一般机构在内的各类机构投资者持股市值占流通市值比重达到了69%，同比提高了15个百分点，而5年前这个比例不到10%。

投资者机构化的趋势对证券投资咨询业产生深远影响。首先，机构投资者的投资理念和行为对市场的影响越来越大，其倡导的“价值投资”理念逐渐得到市场的广泛认同。其次，投资者结构的变化影响市场对投资咨询产品的需求，机构投资者更看重对上市公司的基本面分析，技术分析的重要性逐渐降低，以券商研究所为代表的对上市公司开展深度研究，提供有特色、估值准确的研究报告越来越受到市场欢迎。此外，机构投资者具有不同的投资目标，需

要差别化和细分化的投资咨询服务。机构投资者增加，对证券投资咨询业经营理念和业务模式产生重大影响，一般性的股评已经不能满足市场需求，定位于高端的对行业和上市公司的深度研究逐渐受到欢迎。

（三）上市公司规模扩大，带动了对财务顾问服务的需求

近几年，A股市场上市公司数量大幅增加，不仅有中国石油、中石化、工商银行、建设银行、中国平安、中国神华等大盘蓝筹股上市，更有大批中小企业在中小板、创业板上市。尤其是中小板、创业板开通后，上市公司数量快速增加。截至2009年年底，沪、深两市的上市公司数量已达1 718家，较2008年年底增加93家。随着大小非逐步进入流通，上市公司的流通股份比例也大幅提高。截至2009年年底，上市公司75%股份处于可流通状态。上市公司规模扩大，大小非逐步流通，带动了对财务顾问服务的需求。

中国大量上市公司或刚刚上市，或刚刚从股权分置改革中调整过来，对于如何在一个全流通的资本市场中平衡公司股价和日常经营管理的关系，如何建立和机构投资者、个人投资者之间健康的关系，如何进行高效融资，如何进行收购与反收购，如何解决公司治理中委托代理问题，以及如何适应资本市场变化形势调整公司的战略等等问题，都是从来没有经历过的，急切需要一些专业机构提供相关专业意见。中小板、创业板开通后，有大量民营资本进入证券市场，这些公司急需一些专业机构为其提供市值管理等服务。上市公司的发展壮大给证券投资咨询机构提供更多并购、重组等财务顾问机会，促进证券投资咨询机构财务顾问业务快速发展。目前我国证券投资咨询机构有1/3主要从事财务顾问业务。从保护公众投资者利益的角度，更需要有独立的财务顾问从公众投资者利益出发给出独立的意见。

二、2009年中国证券投资咨询业发展的基本情况和经营状况

（一）证券投资咨询机构的类型

根据国务院1997年12月25日发布的《证券、期货投资咨询管理暂行办

法》，申请证券投资咨询业务资格的机构应具备的条件是：(1) 有5名以上取得证券投资咨询从业资格的专职人员；(2) 有100万元人民币以上的注册资本；(3) 有固定的业务场所和与业务相适应的通讯及其他信息传递设施；(4) 有公司章程；(5) 有健全的内部管理制度；(6) 具备中国证监会要求的其他条件。2005年新修订的《证券法》规定证券公司经营证券投资咨询业务还需符合注册资本达到人民币5 000万元要求。

根据中国证券投资咨询机构的发展演变过程，我们大体可将现有的证券投资咨询机构分为以下三类：

第一类是独立运作的证券投资咨询公司。这类机构大多为民营企业，独立经营，有自身独特的公司规划和市场化的盈利模式，业务范围涵盖了证券研究、投资顾问、基金销售、财务顾问、管理咨询、证券信息咨询和专业培训等诸多领域。这类机构占整个证券投资咨询行业的绝大多数，是行业的主要存在形式，其中以天相投资顾问有限公司、上海大智慧投资咨询有限公司为代表。

第二类是券商附属的、未独立运营的各类证券研究所或研发中心。这类机构研究范围广泛，研究风格细致，从国际到国内、从宏观到微观、从货币市场到资本市场、从上市公司到非上市公司，都采取动态跟踪的方式予以有点有面的研究，力求为投资者提供全方位的建议，研究成果对公司投资策略的制定和操作都有深远影响。这类机构以中信证券研究部、国泰君安证券研究所、海通证券研究所、招商证券研究发展中心等为代表。

第三类是从券商中独立出来实行企业化运作的专业研究机构。这类机构既与券商保持密切联系，又依靠自身优势独立运营。他们致力于为投资者提供独立、全面、前瞻和务实的证券研究与投资咨询服务，为企业和各类机构提供市场化、专业化和规范化的特色财务顾问服务。这类机构数量较少，以申银万国证券研究所为代表。

（二）证券投资咨询机构的经营业务

根据1998年实施的《证券、期货投资咨询业务管理暂行办法》第二条规定，证券投资咨询业务是指证券投资咨询机构及其投资咨询人员通过下列形式为证券投资人或者客户提供证券投资分析、预测或者建议等直接或者间接有偿咨询服务的活动。所述“下列形式”包括：接受投资人或者客户委托，提供证券投资咨询服务；举办有关证券投资咨询的讲座、报告会、分析会等；在报刊上发表证券投资咨询的文章、评论、报告，以及通过电台、电视台等公众传播媒体提供证券投资咨询服务；通过电话、传真、电脑网络等电信设备系统，提供证券投资咨询服务；中国证监会认定的其他形式。之后，中国证监会发布了《证券、期货投资咨询业务管理暂行办法实施细则》，对“接受投资人或者客户委托，提供证券投资咨询服务”作了进一步解释，规定上述业务包括提供涉及证券发行、交易以及与之相关的企业财务顾问等方面的有偿咨询服务。

上述业务构成了中国证券投资咨询机构业务的主基调。其后，证券投资咨询机构的法定业务空间得到进一步拓展。2002 年 12 月 1 日实施的《上市公司收购管理办法》，对上市公司发生收购或被收购情形时，引入独立财务顾问提供专业咨询意见作了详细规定，确立了证券投资咨询机构在上市公司并购业务中的财务顾问作用。2003 年 10 月 8 日，《证券公司债券管理暂行办法》正式实施，将证券投资咨询机构纳入了债券代理人范畴。2003 年 10 月 28 日颁布的《证券投资基金法》，将证券投资咨询公司列入了基金管理公司的主要股东范围。2004 年 7 月 1 日，中国证监会出台《证券投资基金销售管理办法》，规定满足一定条件的证券投资咨询机构可以向中国证监会申请基金代销业务资格。

1. 面向机构投资者的证券研究服务。近两年来，随着机构投资者队伍迅度发展壮大，客观上为证券研究业务的发展提供了市场基础，并创造出极大的证券研究咨询产品需求。证券研究产品化是机构投资时代的必然。对于这部分位于市场高端的机构投资者，包括基金管理公司、保险公司和 QFII 等，证券投资咨询机构提供的主要产品是关于证券市场的研究报告，报告主要包括宏观经济研究、行业研究、公司研究和债券研究等，其目的是为机构投资者的投资决策提供支持。

证券研究服务主要与研究团队规模和研究人员素质有关，所以在该类业务上的竞争优势主要依赖于其专业人才优势和长期积累。因此有券商背景的研究机构尤其是实力雄厚的大型券商研究所具有得天独厚的优势，而独立的中小咨询公司则很难介入。独立咨询公司中仅天相公司、港澳资讯等少数机构依靠资本投入、人才积累、资讯支持开展证券研究业务，并已占据一定细分市场地位。

提供证券研究服务获得收益的形式有两种：一种是机构投资者直接支付咨询费获得研究报告；另一种是通过机构投资者在券商席位的交易实现佣金分成。这两种方式在很大程度上是基于机构投资者、券商和投资咨询机构三者的合作。目前各券商对基金分仓争夺激烈，基金公司在挑选券商分仓时，除考虑股东关系、券商分销基金能力外，考虑更多的还是券商的研究实力。据 Wind 统计，2009 年证券公司基金分仓佣金 63.6 亿元，同比增长 48.8%，分仓佣金靠前的十大券商市场占比 50%。研究实力决定分仓量，这也从一个侧面反映出大券商研究机构凭借强大的研究团队对机构客户业务的垄断势头。但近年来随着中小券商的加入，该市场份额正呈现分散化趋势。

2. 面对个人投资者的投资咨询服务。面向个人投资者的投资咨询服务是投资咨询机构的一项传统业务。在 20 世纪 90 年代初，当证券市场刚刚成立时，人们对股票和证券投资还一无所知，证券公司的证券营业部为了开发客户，就必须对个人投资者进行入门指导，这种指导就是面向个人投资者的投资咨询服务的雏形。部分投资咨询公司，特别是成立时间较早的，延续了该项业务。由于该项业务的主要服务对象是中小投资者，所需的人力、物力和财力成本比提供证券研究服务所需的成本要低，所以独立咨询机构主要以该类业务为主。

面向个人投资者的投资咨询服务获得收益的形式主要有以下几种：发展会员，收取年费，通过传真、电子邮件、手机短信及其他通讯方式定期向会员提供投资报告及咨询；在营业部开设工作室，为营业部的投资者和会员提供即时咨询服务，从买卖股票的交易佣金中提取一定比例作为咨询费；与证券营业部签订合同，每天通过互联网提供数次语音实时解盘，向营业部收取一定的费用。近年来，一些投资咨询机构探索开展会员制业务，但在开展会员制业务中暴露出不少问题。主要表现在以下几个方面：一些分析师或营销人员承诺或变相承诺收益；某些咨询公司在媒体上做节目夸大其词，不客观公正；投资人在支付会员费后，根据咨询意见所作投资的收益往往不如预期而不满；还有一些投资者在退会时遇到各种障碍等等。针对这一情况，中国证监会于 2005 年年底颁布了《会员制证券投资咨询业务管理暂行规定》，并于 2006 年 1 月 1 日正式实施。《会员制证券投资咨询业务管理暂行规定》的颁布，有利于促进会员制业务的健康、规范发展，维护行业形象，保护投资者利益，对于进一步发展中国专业化、规范化、个性化的证券投资咨询服务具有重要意义。

近年来，为留住客户、增加业务收入，一些证券公司和少数咨询公司开始探索投资顾问服务。与传统的“股评”业务不同，投资顾问服务是咨询机构根据投资者财务状况、风险偏好等，提供具体的、有针对性的证券投资咨询服务。这种业务模式通过提供长期服务，收取年费来实现营利。在实践中，证券公司、咨询公司普遍呈现出投资顾问业务角色缺位，投资者的顾问服务需求不能得到满足的突出问题。

3. 财务顾问。财务顾问业务有广义与狭义之分。广义的财务顾问业务是指为上市公司、政府机构、企业集团、金融机构等组织提供发展战略设计、中远期规划、资本市场运作（包括收购兼并、各种资产重组等）、项目投资建议、企业重整等专业的顾问服务。狭义的财务顾问是指在涉及上市公司的股权收购、资产（债务）重组、发展规划业务中，为上市公司及其董事会或上市公司股东或拟收购上市公司的自然人、法人以及其他组织机构提供的相关专业服务的总称。目前业界谈论的财务顾问业务在很大程度上是指狭义的财务顾问业务。需要说明的是，《上市公司收购管理办法》所提及的“独立财务顾问”，事实上是财务顾问业务的一种特殊形式。独立财务顾问旨在强调财务顾问的提供主体奉行公正、中立、科学、高效的“独立第三人”身份，且提供的相关财务顾问报告或意见必须向社会披露，其目的在于保护所有股东特别是中小股东的权益。

从目前实践中已存在的财务顾问业务开展状况来看，业务准入已成为摆在从业机构与监管部门面前急需解决的问题。目前，除了证券投资咨询机构从事财务顾问业务外，还有证券公司投资银行部、银行、保险公司、信托投资公司、会计师事务所、律师事务所等也在从事该类业务。特别需要指出的是，由于没有准入限制，众多的未经注册的投资咨询公司、投资管理公司、资产管理公司等等都在从事财务顾问业务。为加强对上市公司并购重组财务顾问业务管理，2008 年 8 月 4 日中国证监会发布了《上市公司并购重组财务顾问业务管理办法》，对证券公司、咨询公司以及其他财务顾问机构申请从事上市公司并购重组财务顾问业务资格设置了准入条件。

证券公司投资银行部、会计师事务所和律师事务所具有法定业务资格，通过把法定业务和财务顾问业务结合起来，使其在与独立的证券投资咨询机构的竞争中处于绝对优势地位。与证券投资咨询机构相比，它们具有资本雄厚、人才众多、营业网络和信息渠道发达等优势。所以目前比较大的财务顾问项目市场基本上被后者占有。而投资咨询机构的竞争力主要体现在具体的企业并购、重组方面，具有代表性的公司有北京清华紫光、北京东方高圣、上海荣正、大连北部资产等。

4. 财经资讯服务。目前部分投资咨询机构的一项主营业务是提供财经资讯服务。主要产品包括：金融资讯数据采集、加工、服务，金融分析软件研究、开发、服务，金融企业信息应用系统咨询、分析、开发、集成，金融投资咨询等。其主要服务对象包括：证券行业用户，也可以看做是证券研究业务的一个延伸，如证券公司（包括其营业部）、证券投资咨询机构、上市公司和拟上市公司；中间信息服务商，主要有报刊、杂志、网络等媒体；手机短信、PDA 等无线运营商；宽带/宽带增值运营商；证券公司网站、各地信息港网络门户；金融、保险行业用户，包括金融机构用户、保险行业用户和期货外汇行业用户。在此方面比较有代表性的是万国测评开发的大智慧软件以及天相投资咨询公司开发的天相分析系统。

5. 基金代销业务。证券投资咨询机构可以凭借专业化的基金研究，向投资者提供系列化的基金研究产品，包括基金市场跟踪、基金评级、投资风格研判、基金定期报告分析点评、基金组合产品和基金理财规划等；采用电子邮件、短信、传真、刊物等方式向投资者提供理财资讯服务；定期组织基金理财交流互动活动，包括基金经理交流会、投资者交流会等。在与基金管理公司建立广泛业务合作的基础上，可以与其建立代销关系，实现基金投资的一站式服务。此外，还可为基金管理公司提供基金发行期和持续营销期的整体营销策划，并进行相关的基金营销培训，包括销售队伍管理、基金营销技巧、渠道营销管理等；为基金销售合作伙伴制定基金营销策划方案，提供专业基金资讯支持，进行基金产品培训和基金营销培训等。2004 年天相投资顾问有限公司的开放式基金代销业务资格获得中国证监会核准，成为中国首家取得基金代销业务资格的证券投资咨询机构。对于基金代销机构，中国证监会下发的《证券投资基金销售管理办法》为其设置了准入门槛：注册资本不低于2 000万元人民币，且必须为实缴货币资本；高级管理人员已取得基金从业资格，熟悉基金代销业务，并具备从事2年以上基金业务或者5年以上证券、金融业务的工作经历；持续从事证券投资咨询业务3个以上完整会计年度；最近3年没有代理投资人从事证券买卖的行为等等。由于准入门槛较高，咨询公司很难获得基金代销业务资格。

6. 其他服务。目前投资咨询机构除了经营以上五种业务外，还根据各自的发展方向和优势提供其他一些服务。

（1）专题研究服务。从事此类业务需要投资咨询机构具有相当的研究实力，主要是接受政府机关和企业的委托对某些领域进行深入研究，由政府和企业支付一定的研究费用。

（2）培训服务。该类业务主要是向股民和营业部客户经理提供培训，收取一定的培训费用或者免费为股民培训；发展会员、介绍会员到有合作关系的营业部开户，营业部按照一定的比例向投资咨询机构返还其会员的交易佣金。由于一些没有证券投资咨询资格的机构也从事此类业务，此项业务的竞争非常激烈。

（三）证券投资咨询机构的数量和名单

目前106家证券公司中，有88家证券公司设立了研究部或研究所，未设立研究所（部）的18家公司主要是经纪类证券公司或专门的承销保荐公司。根据中国证券业协会的问卷调查统计，88家研究所（部）分析师总人数2 592人，平均每家29人；分析师人数超过50人的研究所有14家，分析师人数20~49人的研究所有35家，10~19人的研究所23家，10人以下16家。各研究所（部）规模差距较大，两极分化较严重。据统计，分析师人数50人以上的14家研究所（部）分析师人数为1 127人，占分析师总人数41%；分析师人数前30家研究所（部）分析师人数为1 697人，占分析师总人数65%。

目前全国独立运作的证券投资咨询公司98家（见表4－2）。其中，通过中国证监会2008年年检的90家；广东百灵信、江苏现代、哈尔滨新思路、哈尔滨大富、上海天力、深圳市股海观潮、深圳智多盈、深圳前沿8家公司存在不同程度的违规行为，暂缓通过年检，正在整改中。独立运作的证券投资咨询机构的数量保持相对稳定。

表4-2　　证券投资咨询公司名单

辖区	序号	公司全称
北京市	1	北京首证投资顾问有限公司
北京市	2	北京清华紫光投资顾问有限责任公司
北京市	3	北京盛世华商投资咨询有限公司
北京市	4	北京金昌投资咨询有限公司
北京市	5	北京金美林投资顾问有限公司
北京市	6	和讯信息科技有限公司
北京市	7	北京京放投资管理顾问有限责任公司
北京市	8	北京君之创证券投资咨询有限公司
北京市	9	北京中方信富投资管理咨询有限公司
北京市	10	北京中和应泰财务顾问有限公司
北京市	11	北京新兰德证券投资咨询有限责任公司
北京市	12	天相投资顾问有限公司
北京市	13	北京中资北方投资顾问有限公司
北京市	14	北京博星投资顾问有限公司
北京市	15	北京海问咨询有限公司
北京市	16	北京和众汇富咨询有限公司（原北京和君咨询有限公司）
北京市	17	北京禧达丰证券投资顾问有限公司*
北京市	18	北京东方高圣投资顾问有限公司
天津市	19	天津证券投资咨询有限公司
天津市	20	天津市中融投资咨询有限公司
辽宁省	21	沈阳盈捷投资顾问有限公司
江苏省	22	江苏天鼎投资咨询有限公司
江苏省	23	无锡金百灵投资咨询有限公司
四川省	24	成都倍新投资咨询有限责任公司
四川省	25	成都银华投资资讯有限公司
四川省	26	成都汇阳投资顾问有限公司
河南省	27	河南九鼎德盛投资顾问有限公司
河南省	28	河南万国咨询开发有限公司

续表 1

辖区	序号	公司全称
大连市	29	大连恒基投资顾问有限公司
大连市	30	大连北部资产经营有限公司
黑龙江省	31	黑龙江省容维投资顾问有限责任公司
安徽省	32	安徽大时代投资咨询有限公司
安徽省	33	安徽华安新兴证券投资咨询有限责任公司
福建省	34	福建天信投资咨询顾问有限公司
厦门市	35	厦门市鑫鼎盛证券投资咨询服务有限公司
厦门市	36	厦门高能投资咨询有限公司
厦门市	37	厦门世纪金龙投资咨询有限公司
厦门市	38	厦门市新汇通投资咨询有限公司
云南省	39	云南产业投资管理有限公司
海南省	40	海南港澳资讯产业股份有限公司
海南省	41	海南精信资讯有限公司
山东省	42	山东神光咨询服务有限责任公司
山东省	43	山东英大投资顾问有限责任公司
浙江省	44	浙江国金投资咨询有限公司
浙江省	45	杭州海能证券投资顾问有限公司（原杭州新希望证券投资顾问有限公司）
浙江省	46	杭州三元证券投资顾问有限公司
宁波市	47	宁波海顺投资咨询有限公司
深圳市	48	深圳市天生人和经济信息咨询有限公司
深圳市	49	深圳市尊悦证券投资顾问有限公司
深圳市	50	深圳市珞珈投资咨询有限公司
深圳市	51	深圳市芙浪特证券投资顾问有限公司
深圳市	52	深圳市怀新企业投资顾问有限公司
深圳市	53	深圳市中证投资资讯有限公司
深圳市	54	深圳市新兰德证券投资咨询有限公司
深圳市	55	深圳市国诚投资咨询有限公司
陕西省	56	陕西巨丰投资资讯有限责任公司
陕西省	57	陕西融泰投资咨询有限公司
重庆市	58	重庆东金管理顾问有限公司
上海市	59	上海中广信息传播咨询有限公司
上海市	60	上海益邦投资咨询有限公司

续表2

辖区	序号	公司全称
上海市	61	上海新兰德证券投资咨询顾问有限公司
上海市	62	上海森洋投资咨询有限公司
上海市	63	上海亚商投资顾问有限公司
上海市	64	上海世基投资顾问有限公司
上海市	65	上海申银万国证券研究所有限公司
上海市	66	上海东方财富证券研究所有限公司
上海市	67	上海万盛投资咨询有限公司
上海市	68	上海金汇信息系统有限公司
上海市	69	上海荣正投资咨询有限公司
上海市	70	上海新世纪资信评估投资服务有限公司
上海市	71	上海证联投资咨询服务有限责任公司
上海市	72	上海涌金理财顾问有限公司
上海市	73	上海证券综合研究有限公司
上海市	74	上海大智慧投资咨询有限公司
上海市	75	上海新资源证券咨询有限公司
上海市	76	上海益同投资管理有限公司
上海市	77	上海迈步投资管理有限公司（原青岛安信投资顾问有限责任公司）
上海市	78	上海凯石证券投资咨询有限公司（原重庆博股通金证券投资咨询有限公司）
河北省	79	河北源达证券投资咨询有限公司
青岛市	80	青岛市大摩投资咨询有限公司
湖南省	81	湖南金证投资咨询顾问有限公司
广东省	82	广州运财行理财投资有限公司
广东省	83	珠海博众证券投资咨询有限公司
广东省	84	广州博信投资咨询有限公司
广东省	85	广州越声理财咨询有限公司
广东省	86	广州市万隆证券咨询顾问有限公司
广东省	87	广东科德投资顾问有限公司
广东省	88	广州新升咨询顾问有限公司
广东省	89	广州汇正财经顾问有限公司
吉林省	90	吉林省北方万盛投资管理顾问有限公司
广东省	91	广东百灵信投资管理有限公司 *
江苏省	92	江苏现代资产投资管理顾问有限公司 *

续表 3

辖区	序号	公司全称
黑龙江省	93	哈尔滨新思路投资咨询有限公司＊
黑龙江省	94	哈尔滨大富证券投资顾问有限公司＊
上海市	95	上海天力投资顾问有限公司＊
深圳市	96	深圳市股海观潮投资顾问有限公司＊
深圳市	97	深圳市智多盈投资顾问有限公司＊
深圳市	98	深圳前沿投资顾问有限公司＊

注：带“＊”的公司未通过中国证监会 2008 年年检。

（四）独立证券投资咨询机构资本规模及经营状况

按照《证券、期货投资咨询管理暂行办法规定》，证券投资咨询机构最低注册资本是 100 万元。对于独立运作的证券投资咨询机构，根据已有数据统计，注册资本在 500 万元以下，人员只有一二十人左右的投资咨询机构占到 80% 以上；注册资本达到 500 万元以上的占咨询公司总数的比例小于 20%，注册资本达到 1 000 万元以上的不到 10 家。证券投资咨询机构之间的差距也在不断拉大，并日渐呈现出业务和资金向规模大的公司集中的现象。排名前列的证券咨询机构，主要集中在上海市、北京市、深圳市等经济发达城市。由于投资咨询机构的规模不等，分析师的人数也有很大差异。

对于具有券商背景、独立运营的证券投资咨询机构，由于机构盈利的很大一块来源于对内服务，因此此类证券投资咨询机构的盈利途径比较稳定，其一般会有具体的利润指标，收入来源主要是为母公司业务部门服务的回报、为基金提供研究服务获取的佣金收入分成及为其他机构客户提供服务收取的费用。而对于缺少券商背景的独立证券投资咨询机构，由于规模比较小、业务范围狭窄、服务方式和手段单一，较券商背景的研究机构盈利状况逊色，一些咨询公司挣扎在亏损破产边缘。究其原因，既有客观因素，更有主观原因，但根本上还是多数咨询机构主要看重短期赚钱效益，少有机构真正沉下来做研究，思考服务模式。

非独立运营的券商证券研究机构作为证券公司的一个部门，一般没有具体的利润指标，只以部门考核指标进行衡量，如对内、外服务为公司带来的经济效益，研究报告的数量、质量，基金及其他机构分仓量，以及部门建设、媒体曝光率、公司品牌等。

三、2008 年中国证券投资咨询业的重大事件回顾

（一）投资咨询机构不断完善公示信息

为保护投资者合法权益，发挥社会监督作用，防范非法证券投资咨询活动，方便投资者查询合法证券投资咨询机构名单、联系电话等基本信息，自 2007 年起，具有证券投资咨询业务资格的 95 家咨询公司在中国证券业协会网站向社会公示公司基本信息。投资者可登录中国证券业协会网站（www. sac. org. cn）查询合法证券投资咨询机构名单、注册地址、办公地址、法人代表、总经理、投诉电话，以及取得证券投资咨询执业资格人员名单、执业资格证书号码等信息。2009 年咨询机构持续跟踪和及时修改公示信息，更新公司办公地址、联系电话和从业人员信息等内容，保证其所公示信息的真实、准确、完整。证券投资咨询机构信息公示是证券投资咨询机构加强自我约束和合规建设，接受社会监督作出的重要举措。

（二）中国证券业协会第三届证券分析师委员会第三次会议召开

中国证券业协会第三届证券分析师委员会第三次会议于 2009 年 8 月 27 ~28 日在内蒙古自治区呼伦贝尔市召开，会议讨论了证券投资咨询行业当前发展现状，重点对中国证监会机构部起草的《发布研究报告业务暂行规定》（草稿）、《投资顾问业务暂行规定》（草稿）（以下简称两个《暂行规定》）进行讨论，提出修改意见，并对证券分析师、投资顾问人员注册管理等问题进行研究。

与会人员认为，两个《暂行规定》明确了发布研究报告业务和投资顾问业务是证券投资咨询业务两项基本业务形式，并对证券公司、证券投资咨询机构发布研究报告和开展证券投资顾问业务的内部控制制度建设、业务流程、利益冲突防范等提出了相应要求。两个《暂行规定》制定符合当前我国证券市场发

展需要和行业现状，也符合国际惯例，是我国证券投资咨询业基础制度建设的重大突破，具有重要意义。两个《暂行规定》制定实施将促进证券公司研究业务规范发展，引导证券投资咨询机构业务转型，重塑咨询行业新业态；同时，对于促进证券公司深化对投资者服务、推动经纪业务转型也将发挥积极作用。

与会人员赞同对证券分析师和投资顾问人员分开注册和管理，在两个《暂行规定》实施后，将现有证券投资咨询从业人员分为证券分析师和投资顾问两类执业人员，分别进行注册。会议还对打击非法证券咨询活动、证券分析软件管理等问题进行讨论研究。

（三）举办注册国际投资分析师（CIIA）考试

中国证券业协会分别于2009年3月、9月举办了两次CIIA中国考试，共有685人次参加，卷一平均通过率为43.76%，卷二平均通过率为46.44%。

CIIA考试是由注册国际投资分析师协会（ACIIA）为金融和投资领域从业人员量身订制的一项高级国际认证资格考试。ACIIA是由欧洲金融分析师联合会、亚洲证券分析师联合会，以及欧洲、亚洲和拉丁美洲等近30个国家和地区的投资分析师协会联合成立的国际性专业机构，在国际上具有很大的影响。CIIA考试包括国际通用知识考试和本地考试两部分。国际通用考试部分包括两级：基础考试和最终考试。国际通用考试涉及经济学、财务会计与报表分析、公司财务、股票、固定收益产品、衍生产品、投资组合等科目，分两卷进行考试。

中国证券业协会于2001年成为该组织的会员。中国证券业协会决定引入并启动CIIA考试，其目的在于建立、完善中国多层次水平考试体系，使CIIA考试成为证券分析师水平考试中的重要组成部分，使证券分析师的水平和素质与国际资本市场接轨，为中国资本市场融入全球金融体系作好人力资源准备和知识储备。经中国证券业协会与注册国际投资分析师协会协商，通过中国证券业协会组织的资格考试全部5科的人员，可直接参加CIIA最终考试。通过CIIA考试的考生可申请成为CIIA中国注册会员，并可获得由中国证券业协会和注册国际投资分析师协会联合颁发的资格证书。中国证券业协会每年举办2次CIIA中国考试，考试时间由ACIIA统一规定。

自2006年3月中国证券业协会举办CIIA中国考试以来，中国证券业协会已举办了8次CIIA中国考试。国内共有1 724人次参加了CIIA考试，其中166人通过了CIIA的两券考试，120人已取得CIIA资格证书。经过4年的发展，CIIA考试及资格认证逐渐得到了业界和社会的认可，报考人数呈逐年上升趋势。

（四）开展国际交流活动

2009年6月23～26日，中国证券业协会会长黄湘平、中国证券业协会副会长、分析师委员会主任委员林义相率团参加了在立陶宛首都维尔纽斯召开的注册国际投资分析师协会（ACIIA）年度大会及理事会会议。2009年10月14～17日，林义相主任委员带队参加了在马来西亚召开的亚洲证券投资联合会（ASIF）年度大会，在本次会上林义相主任委员当选为ASIF副主席。

2009年11月26～27日，中国证券业协会在北京市成功承办了ACIIA2009年度理事会会议，陈自强副会长、林义相主任委员、钟蓉萨副秘书长参加了会议，黄湘平会长举行晚宴招待与会人员。会后还举办了“2009年CIIA中国讲坛”，邀请ACIIA主席、ACIIA国际考试委员会主席和协会有关领导与部分国内CIIA持证人、业内人士进行了面对面交流。

中国证券业协会通过积极参与国际证券分析师组织的活动，增进了我国分析师与国外分析师同行的了解，提高了我国证券分析师在国际资本市场中的影响力和话语权。

（五）中国证监会严厉打击利用网络等媒体开展非法投资咨询活动

2009年中国证监会对利用网络等媒体开展非法证券活动进行严厉打击。利用网络等媒体开展非法证券活动的主要形式是，不法机构和个人设立网站（包括冒用证券公司、证券投资咨询机构名义，设立名称相近的网站），或者利用门户网站的论坛、股吧、博客、QQ群等互动栏目，以及利用电视、广播、报刊等媒体作为营销平台，通过虚假信息、夸大宣传、承诺收益等手段，招揽会员或客户，推荐股票、在线咨询或代客理财，以收取会费、收益分成等方式牟利。

中国证监会针对此类非法证券活动的新形式、新特点，会同地方政府、公安机关、司法机关、工商行政管理部门等有关单位，对利用网络等媒体开展非法证券活动予以严厉打击，共关闭非法网站1 184个，清理网络非法证券活动信息2 700余条，叫停涉及非法机构和人员的广播电视违规证券节目100个，叫停报刊违规证券广告栏目29个。各地公安机关立案侦破非法证券活动案件96起，工商部门取缔非法机构25个。通过严厉打击，有力保护了投资者合法权益，维护了证券行业声誉和证券市场经营秩序，保证了市场的平稳健康发展和社会稳定。

与此同时，证券监管部门还协同行业协会和证券经营机构，以“整非”活动为抓手，深入开展投资者教育活动。各地证监局和协会以多种形式开展投资者教育活动140余场，组织动员证券公司开展正面宣传和投资者教育活动13 000余次。帮助投资者树立了参与证券投资活动的基本理念：只有选择合法市场和服务，自身权益才能得到充分保障。中国证监会、中国证券业协会和中国证券投资者保护基金公司在其网站持续公示证券公司、证券投资咨询机构名称、地址、网址及业务范围等基本信息，提醒投资者在获取证券服务时注意核实业务资质。各地证监局还通过报纸、门户网站、财经网站公示非法网站和非法机构“黑名单”。

四、中国证券投资咨询业面临的问题

（一）中国证券投资咨询业面临的外部问题

1. 来自外资证券投资咨询机构的竞争压力逐步加大。中国加入WTO后，证券市场逐步开放，允许国外实力雄厚的证券投资咨询公司利用平等的竞争条件，进驻中国市场，他们通过提供丰富的金融服务，与国内证券投资咨询公司争夺客户和利润。

然而在中国证券投资咨询业竞争能力薄弱的情况下，外资证券投资咨询机构的进入势必会带来较大的竞争压力。与国外证券投资咨询机构相比，中国的证券咨询机构普遍规模较小，抵御市场风险的能力较弱；业务单一，企业并购、资产证券化、财务顾问等业务还有待拓展。而外资证券投资咨询机构拥有为各国不同类型企业提供咨询的成功案例和实际操作经验。国内证券投资咨询机构之所以尚能独善其身，主要是因为境外机构暂时还未大规模涉足。如果国内证券投资咨询业不能尽快形成龙头企业，培育出证券投资咨询的民族品牌，将会面临国际投资咨询业的巨大冲击。

2. 证券投资咨询业法定业务缺乏。国务院于1997年底颁布的《证券、期货投资咨询管理暂行办法》规定了证券投资咨询机构为证券投资人或者客户提供证券投资分析、预测或者建议等直接或者间接有偿咨询服务的5种形式，这5种形式形成了中国证券投资咨询行业业务范围的主要框架。之后，随着资本市场的发展和进一步完善，证券投资咨询行业的业务空间也得到了进一步拓展。但是，《证券、期货投资咨询管理暂行办法》及其细则等相关法规对证券投资咨询机构业务范围的规定在新的市场环境下仍然显得过于狭窄。法定业务的缺乏，事实上严重制约了证券投资咨询机构的发展。

目前中国证券投资咨询机构业务主要涉及证券投资咨询、管理咨询等方面。就其最关键的证券投资咨询业务来讲，通常由于二级市场和管理层面的过多限制致使其业务空间较小。例如财务顾问业务，股票上市规则中规定了在股份回购等情况下应聘请财务顾问进行尽职调查并出具财务顾问报告，但这一要求只停留在一般性的规定之上，对具体业务要求没有明确规定。独立财务顾问报告往往也只是流于形式，很难起到独立第三人的监督作用，因此在防止上市公司董事、大股东损害中小投资者的利益方面，独立财务顾问作用不明显，发展空间也不大。相比发达国家的业务现状，中国证券投资咨询行业今后的发展，可以包含更为广泛的业务，囊括证券投资咨询、财务顾问、资产管理等诸多方面。证券投资咨询机构作为证券市场中重要的中介机构，在推动中国证券市场规范发展的过程中起到了重要作用，拓展其法定业务，将会使一些信誉好、业绩佳的证券投资咨询机构大有作为。

3. 证券投资咨询法律法规有待进一步完善。为了规范证券投资咨询机构的经营，加强行业监管，我国出台了一系列涉及证券投资咨询业务操作规则的法律法规。1997年12月25日原国务院证券委员会发布、1998年4月1日起正式施行的《证券、期货投资咨询管理暂行办法》；1997年12月12日中国证监会、原新闻出版署、原邮电部、原广播电影电视部、国家工商行政管理局、公安部发布并于1998年4月1日施行的《关于加强证券期货信息传播管理的若干规定》；1998年4月23日中国证监会发布并施行《证券、期货投资咨询管理暂行办法实施细则》；1999年7月1日正式实施、2005年再次修订的《中华人民共和国证券法》；2001年10月11日由中国证监会发布并施行《关于规范面向公众开展的证券投资咨询业务行为若干问题的通知》。此外还有一些行业性规定，如《关于加强会员制证券投资咨询业务自律管理的通知》、《证券从业人员诚信信息管理暂行办法》、修订后的《中国证券分析师职业道德守则》等。

随着证券市场的发展，法规环境的变化，在亚洲金融危机这样的大环境下出台的《证券、期货投资咨询管理暂行办法》（以下简称《办法》）及《证券、期货投资咨询管理暂行办法实施细则》的内容已不能完全适应证券投资咨询业的发展要求。例如，《办法》未区分公开发表意见的咨询活动和一对一投资顾问服务功能，未区分证券分析师与一般顾问人员的市场角色，未对证券分析师发布研究报告过程中的利益冲突防范机制作出相应的规定，对咨询机构广告营销行为缺乏相应的规范等。因此当前急需对《办法》进行修订，对证券投资咨询业务重新定位，建立相应的业务规范和防范利益冲突制度，取消限制行业发展的法律障碍，拓宽行业发展空间，明确证券分析师市场角色，建立证券分析师管理体系，促进证券投资咨询业长期健康发展。

（二）中国证券投资咨询业面临的内部问题

1. 机构规模小、数量多、抵御风险能力弱。与海外机构相比，中国证券投资咨询机构的规模偏小，注册资本过千万元的不足10家，平均每家资产额不足2 000万元，平均每家公司人数不足20人。在独立经营的咨询机构中，由于主营业务利润来源不稳定，相当多数咨询机构难以形成规模效应，向外扩展能力较弱，限制了企业的发展。规模小，不利于提高机构的执业水平；数量多，必然出现过度竞争现象，从而造成证券投资咨询机构之间严重的不正当竞争。

2. 业务结构雷同、业务单一、创新能力不足。在业务模式上，除少数有实力的证券投资咨询机构以证券研究和财务顾问业务为主营业务外，大多数机构都把业务集中在投资咨询和财经资讯服务等方面。业务结构有雷同，并且服务方式和服务手段单一，行业内部竞争激烈，业务“同质化”现象严重。

在境外成熟市场中，证券投资咨询机构的业务都具有明显的特色。例如我国香港一些大证券公司的研究开发咨询机构，其研究开发咨询的对象主要针对机构投资者。在他们的业务和利润构成中，零售业务即经纪业务占的比重都不大，并且这些机构的研究开发有的以研究香港本地公司见长，有的研究 H 股公司，有的关注 B 股企业，具有鲜明的发展方向和服务对象。

此外，中国证券投资咨询机构还缺乏新的盈利模式，创新能力不足。如何找到可持续发展的盈利模式始终是困扰咨询机构的核心问题。传统的盈利模式缺乏持续生存和发展的空间，因此，培育新的盈利模式和利润增长点是中国证券投资咨询业面临的新挑战。

3. 内部管理机制不健全。在内部管理问题上，很多证券投资咨询机构缺乏健全的法人治理结构和内部管理控制机制，而内部管理机制不健全往往引致经营风险，使得公司抵御风险的能力不强。

各机构在管理上参差不齐，很多名义上独立的咨询机构并没有形成独立的企业制度，人员松散，缺乏起码的内部控制机制，即便是一些管理相对成熟的机构，也没有建立起健全的法人治理结构。机构的管理往往采取家族式、经验式、情感式管理，缺乏自身的企业文化，对高级人才的吸引力较差。这类机构的组织结构如果不能根据市场变化而适当调整，建立起现代企业制度，必然会影响到今后的发展。

4. 行业缺少高层次专业人才。证券投资咨询行业缺少高层次、专业的人才。投资咨询业是一种人力资源密集型行业，是一种融各种专业知识与技能为一体的智力服务型行业，证券分析师是其骨干。而作为一名优秀的证券分析师，必须具备如下综合素质：首先，有一定的知识结构，包括从事基本面分析必不可少的经济学、金融学、财政学、货币学、统计学等基本知识，甚至包括自然科学、社会科学常识等等；其次，在必要的知识结构基础上，证券分析师还必须具备综合能力，包括文字组织能力和口头表达能力；最后，证券分析师在知识结构和综合能力的基础上，必须具有强烈的社会责任感和职业道德修养。

然而，由于相当一批咨询机构没有成熟的业务模式，缺乏稳定的收入来源，公司业务大幅收缩，一些优秀人才逐渐离开了咨询机构；而证券公司的研究人员由于受到工作压力大，薪资水平较低、个人发展空间不足等影响，人员流动也较频繁。咨询业缺乏高层次、专业的人才极大地制约了咨询行业的发展。

五、中国证券投资咨询业的发展展望

展望未来，中国经济的持续稳定增长、股权分置改革的完成、资本市场发展壮大、金融产品的不断创新，都将为中国证券投资咨询业的发展提供巨大的空间。与此同时，为了更好地发展，中国证券投资咨询业也正面临着转型，尤其是行业定位、业务拓展、人才培养、运行机制方面的改革和创新。未来在良好的外部环境下，应该用改革和开放的思路对中国证券投资咨询业进行战略规划。

（一）积极探索证券投资咨询新的业务模式

随着机构投资者的迅速壮大、投资者结构和投资理念的转变，一般性的咨询服务已经不能满足机构投资者的需求，定位于高端的有关行业和上市公司的深度研究逐渐受到机构投资者青睐。向个人投资者提供的一次性或短期性咨询服务也难以满足市场需求，持续性、长期化的投资顾问服务逐渐受到个人投资者接受。目前，一些证券公司和少数咨询机构已开始尝试投资顾问服务，根据客户的财务状况、风险偏好等，提供具体的、有针对性的证券投资咨询服务。

咨询公司应积极探索业务转型，具有研究实力的机构可开展针对行业或上市公司深度研究，为机构投资者提供有特色、估值准确的研究报告。研究力量不够的机构可大力发展投资顾问业务，填补证券公司、基金公司服务缺口，为广大中小投资者提供投资顾问服务。

另外，针对目前证券市场上的“私募基金”云集而形成了监管的“盲区”，可考虑由运作规范、稳健经营的咨询公司试点。在发行承销前，上市公司的辅导可独立出来由证券投资咨询公司承担。改制前辅导可以发挥证券投资咨询人员的专业特长，同时也有利于证券投资咨询机构作为相对独立的“第三方”介入，对券商形成监督，而上市公司也可以听取不同的声音。此外，在证券 IPO

中规定由咨询机构提供非承销商的第三方研究机构投资价值分析报告，可让投资者了解更为全面的信息，也保证了投资价值分析报告的独立性和公正性。

（二）鼓励发展投资顾问业务

目前，占我国投资者绝大多数的中小投资者的咨询服务需求没有得到有效满足。咨询公司应积极发展投资顾问业务，探索与证券公司合作模式，为证券公司经纪客户提供投资顾问服务。证券公司可从佣金中拿出一部分作为顾问费支付给咨询公司。对与证券公司合作的咨询公司，除佣金分成外，还可由投资者直接给咨询公司支付咨询费。

同时监管部门应加强立法，研究制定有关投资顾问业务规则，对投资顾问业务进行引导和规范。监管部门应允许有资格的咨询机构和人员进入营业部，让他们为营业部中小客户提供投资顾问服务；允许证券公司在其收取的佣金中区分通道佣金和投资顾问费用，建立起投资咨询收费的合理管道。协会应制定投资顾问业务和从业人员自律管理制度，规范投资顾问人员行为，提高投资顾问人员业务水平。

（三）规范发展证券研究业务

目前国内大部分证券公司都建立了专门的研究部门或研究所，证券研究已逐步被市场及社会认同。规模较大的或有外资背景的证券公司，主要做卖方报告，服务于基金等外部机构客户，并已逐渐建立起研究品牌。本土中小证券公司中的研究部门定位与大券商不同，还主要服务于内部经纪、投资银行、自营、资产管理等多项业务。

各证券公司对研究业务的管理缺乏统一的标准和法规依据，管理水平参差不齐，规范程度和市场定位有很大差别。大部分证券公司没有建立起研究业务与投资银行、自营、资产管理等业务之间“隔离墙”，未能有效防范研究业务与公司其他业务的利益冲突，不能公平对待所有投资者。投资银行、自营部门参加对研究人员的薪酬考核，直接影响研究部门和研究人员的独立性。

证券公司内部应建立健全证券研究业务隔离墙制度。研究人员要配合融资项目进行工作，需办理“越墙”手续；分管研究业务的证券公司高级管理人员不应同时分管其他有利益冲突的部门，研究部门独立选择所覆盖股票的范围；证券公司不应对研究部门和研究人员设置盈利指标，投资银行、自营、资产管理部门不能干扰研究人员的薪酬考核；合规部门应严格监控研究报告发布流程，同一时间发布研究报告，公平对待所有客户。同时，监管部门应尽快制定相应的业务规则，规范证券研究业务；协会应制定证券研究业务和分析师自律管理规则，举办分析师水平考试。

（四）对证券投资咨询业加强监管与扶持相结合

目前，国内证券投资咨询业出现的问题与生存压力，不仅同行业和个别公司中存在的不规范行为有关，也同监管机构的谨慎思维有关。管理部门出于对证券市场整体发展的考虑，着重证券公司及上市公司的质量，有时忽视了更需要扶持的证券投资咨询业，即对证券咨询业在某种程度上可能只强调“管理和整顿”。从某种程度上说，这与整个社会对证券投资咨询业的定位有关。到底是将其定位为一个行业，还是定位于一个行业（即证券业）的附属，对整个证券投资咨询业的战略发展影响巨大。近几年，证券投资咨询业几起几落，落得迅猛，而起得缓慢，与这一战略指导定位有直接的关系。目前证券公司经纪业务竞争激烈，佣金下降，证券公司应通过为客户提供专业的咨询服务，吸引投资者，增加收入，提升经纪业务竞争力。监管部门和市场各方应对发展证券投资咨询业予以重视，将证券咨询业发展成为一个真正产业。

对证券咨询业监管应着眼于行业制度的建设和完善，在具体的监管措施上，也可以模仿证券公司的监管模式。一方面，按照不同的证券咨询业务规定不同的注册资本金底线，让不同资本实力的证券咨询公司从事不同的业务；另一方面，对证券咨询公司实施分类管理，例如有创新类证券咨询公司、规范类证券咨询公司及达标类证券咨询公司之分，发挥不同类型咨询公司的作用来服务于投资者。同时，应联合有关部门对市场上无咨询资格从事证券投资咨询的行为予以严惩，“无证经营”比“超范围经营”对投资者和市场发展的损害更大。

（五）鼓励行业内的收购兼并

目前，中国证券投资咨询业还不成熟，参与竞争的能力还不强。虽然近几年中国证券投资咨询业有所发展，但与外资证券投资咨询机构相比，其业务水平、人员和资本积累、综合实力等方面都存在着极大的差距。规模普遍较小，业务的设置也呈现“小而全”的状况，能形成自己独特品牌形象的较少，服务手段较为单一。证券投资咨询机构的主营业务利润来源不稳定，受证券市场影响较大。面对对外开放的压力，中国证券投资咨询业的当务之急是增强证券投资咨询机构的抗风险能力。

因此，应鼓励行业内的收购兼并，整合中国零散的证券投资咨询机构，组建有实力的品牌机构。收购兼并可以淘汰一批资质不佳的咨询机构，以利于证券投资咨询机构形成规模效应，克服制约其规模发展和技术储备的障碍，从内部运行机制、人员素质、中介行为等方面进行质的提高，加大其向外扩展的能力，以适应市场的需求，并增强证券投资咨询行业的竞争力，为其健康步入国际竞争行列打下良好的基础。

应尽快放开业务准入，引进新鲜血液，让更多有资金实力、业务实力的机构和人员进入市场，积极促进现有咨询机构转型，自然淘汰不合格的现有咨询机构，逐步形成良性循环。鼓励咨询机构增资扩股，扩大资本规模，鼓励社会资本积极参与咨询机构股权投资，鼓励有实力、运营规范、具有稳定的客户基础和企业品牌的咨询机构到中小板和创业板上市，做大做强，带领行业发展壮大。

（六）逐步推进证券投资咨询业的对外开放

世界经济一体化的趋势日益加深，作为现代经济重要组成部分的证券业以及证券投资咨询业也不例外。加入 WTO 以后，中国证券市场的开放步伐明显加快，这就要求为证券市场发展服务的证券投资咨询业加快对外开放。随着中国证券业的对外开放，国内企业在境外证券市场上市、国内投资者投资国际市场以及跨国并购都将迅速增加。这些跨境业务都需要本地证券投资咨询机构提供信息和向导性服务，这也将成为中国证券投资咨询活动的重要内容。

证券投资咨询业作为证券业的有机组成部分，对中国证券业的健康、稳定、有序发展具有积极意义，但证券投资咨询业与银行、保险业，甚至券商还存在着较大的不同，它不是一个战略行业，基本上类似于会计师行业。在对外开放方面，对其进行比券商更多的限制是不合理的。证券业可以开放，证券投资咨询业更可开放。更何况，随着 QFII 制度的推出，一批合资券商和基金公司在国内证券市场成立，其运作方式、投资理念对中国证券市场已经产生了一定的影响，而且这些影响从总体上来说是积极的，能够推动中国证券市场健康有序地发展。因此，应该以开放的思维修改与实践不相适应的法律法规，放松对证券投资咨询业引入外资的要求，引进国外知名投资银行证券投资咨询服务的经营理念、业务模式和方法、技术，推动我国证券投资咨询业的健康、稳定、有序发展。

当然，由于外资证券投资咨询机构与国内证券投资咨询机构相比具有明显的优势，所以在对外开放的过程中，要在适度保护和采取激励措施促进民族证券投资咨询业发展的同时，大力提倡国内证券咨询公司引入具有外资背景的战略投资者，引进先进的管理理念、经营模式，从而推动国内证券咨询业与国际接轨。在开放的过程中应坚持逐步、有序的“三步走”原则：先开放外资尤其是鼓励国外著名的券商或证券咨询机构参股现有的证券投资咨询公司；然后逐步开放到允许其控股现有的证券投资咨询公司；最后发展到允许其独资或单独申请设立，以避免现有脆弱的证券投资咨询业遭受巨大的冲击，防止具有激励作用的“鲶鱼效应”变为外资通吃的“鲨鱼效应”。

（七）加强人才建设，培养一批高素质证券分析师队伍

在知识经济时代，知识创新能力与人才优势是十分重要的。而证券投资咨询行业最大的价值就在于使客户成功地提高经营绩效，唯有聚集了杰出人才的优秀组织才能真正做到这一点。当前我国应加强证券分析师队伍建设，加强证券分析师职业培训，增加与市场发展相适应的培训内容和课程体系；同时，应完善证券分析师考试体系，增加证券分析师水平考试，借鉴成熟市场分析师水平考试的要求，使证券分析师的水平和素质与国际资本市场接轨。此外，通过对证券投资咨询机构和证券分析师的管理，加强诚信机制建设。一方面，要引导证券分析师恪守“独立诚信、谨慎客观、勤勉尽职、公平公正”的行业基本准则。另一方面，应完善相关的法律法规，加大对咨询机构及证券分析师违法违规的处罚力度，并督促咨询机构建立现代企业制度和内部控制机制。

第二节　2009年中国证券资信评级业务发展报告

一、2009年中国资信评级业面临的政策背景和经济环境

（一）国内经济环境对资信评级行业的影响

2009年，受国际金融危机严重冲击的影响，我国经济发展遇到严重困难。面对极其复杂和严峻的国内外形势，我国坚持积极的财政政策和适度宽松的货币政策，全面实施并不断完善应对国际金融危机的一揽子计划，有效遏止了经济增长明显下滑态势，率先实现经济形势总体回升向好。在危机面前，我国金融市场总体运行平稳，不仅有力地支持了国民经济建设，而且自身保持了快速、健康发展态势。

在这个大背景下，我国债券市场继续保持较快速度的发展，资信评级行业迎来了一定的发展机遇。

1. 债券发行规模继续扩大，债券品种不断创新，为资信评级业的发展创造了良好的外部环境。债券发行规模继续扩大。2009年累计发行各类债券（不含中央银行票据）4.9万亿元，同比增长68.5%。其中，国债、次级债券、中期票据及企业债券发行量同比增幅较大。①

债券品种进一步丰富。继2008年发行中期票据后，2009年债券市场又推出了新品种。其中，财政部代理发行了2 000亿元地方政府债券，用于中央投资地方配套的公益性建设项目及其他难以吸引社会投资的公益性建设项目；2009年11月，中小企业集合票据成功发行，开辟了中小企业新的融资渠道。此外还推出中期票据的含权产品及美元中期票据等创新品种，满足了市场多样化融资需求。

① 中国人民银行：《2009年金融市场运行情况》，http：//www.pbc.gov.cn，2009年2月4日。

债券发行结构进一步优化（见图4－1）。中央银行票据、国债和政策性金融债券仍然占据市场主体，但是占比较2008年有所下降。企业主体类债券增长较快，其中中期票据发展迅猛，增幅超过3倍（见图4－2）。

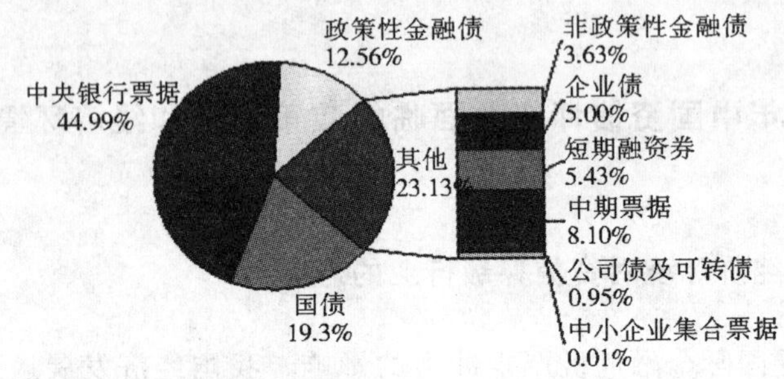

图4－1　2009年债券市场发行结构

数据来源：中国债券信息网。

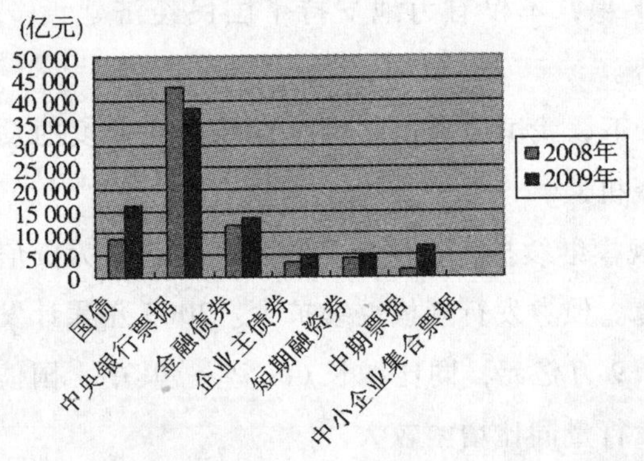

图4－2　2008～2009年主要债券发行量

数据来源：中国债券信息网。

债券市场的快速发展，扩大了资信评级的市场需求量。随着债券品种的不断创新及证券衍生品市场的发展，市场各方对资信评级的需求大大增加，进而推动资信评级行业的全面发展。

2. 市场参与者进一步多样化，进一步扩大了评级市场业务需求。随着债券品种的不断创新，债券发行人由单一结构向多元化方向转变。目前，我国债券市场发行主体除包含政府、中央银行、政策性银行等信用级别较高的传统发债主体外，还包括金融机构、大型国有企业、国际机构等具备一定实力的主体，以及中小企业等信用级别相对较低的主体。此外，债券市场的投资者类型也出现新的变化。除机构投资者外，2009 年基金公司特定资产管理组合和证券公司资产管理计划获准在银行间市场开户，银行间市场非法人机构投资者已涵盖企业年金、保险机构产品、信托产品、基金公司特定资产管理组合和证券公司资产管理计划 5 个类别。

市场参与者的不断丰富，使资信评级在解决信息不对称问题、揭示债券投资风险方面的作用得到广泛重视，一定程度上扩大了评级市场的需求量。

（二）国内政策环境对资信评级行业的影响

2009 年，为进一步健全债券市场的基础设施和配套制度，有关部门推出了相关创新产品和管理措施。这些政策法规和主要措施既有利于债券市场的发展，也促进了资信评级行业的进步。

1. 继续加强债券市场管理，为债券市场的发展提供制度基础。2009 年 5 月，国务院批转国家发改委《关于 2009 年深化经济体制改革工作的意见》。该意见第十条“深化金融体制改革，构建现代金融体系”中，有这样的表述“完善债券市场化发行机制、市场约束与风险分担机制，逐步建立集中统一的债券市场监管规则和标准（中国证监会、发改委、财政部、人民银行负责）。”尽管目前对债券市场进行统一监管还面临不少困难，但是已经得到市场有关方面的共识，政府也多次发出这样的声音。可以预见，未来债券市场将朝着简化行政手续、合并同类产品、统一监管规则、提高效率和透明度的方向发展。

2. 进一步扩大债券发行主体的范围，创新债券品种，为资信评级创造更多的市场需求。为解决中小企业融资难的问题，2007 年推出了中小企业集合债券。2009 年 1 月 7 日，中国人民银行发布公告取消对在银行间债券市场交易流通的债券发行规模不低于 5 亿元的限制条件。这一举措被认为是为中小企业通过发债进行融资创造了较好的政策条件。11 月 23 日，第一批中小企业集合票据正式在银行间市场发行。截至 2009 年年底，已经累计发行 4 只，共计 12.65 亿元。这是继中小企业集合债券之后，中小企业的又一创新型融资工具。

此外，2009年3月23日，中央银行和中国银监会联合发布《关于进一步加强信贷结构调整促进国民经济平稳较快发展的指导意见》，支持有条件的地方政府组建投融资平台，发行企业债、中期票据等融资工具，拓宽中央政府投资项目配套资金融资渠道。2009年8月31日，中国人民银行和中国银监会联合发布公告，允许符合条件的金融租赁公司和汽车金融公司发行金融债券。2009年5月11日，中国石油天然气集团公司在银行间市场发行10亿美元中期票据，开启了非金融企业在境内发行外币债券的第一单。

这一系列政策措施的出台，有效扩大了债券发行品种和规模，不仅充分发挥了债券市场的融资功能，还为资信评级行业提供了有效的市场需求，进而推动了评级行业的发展。

3. 调整债券投资相关措施，进一步发挥资信评级的作用。2009年1月19日，中国证监会和中国银监会联合发布《关于开展上市商业银行在证券交易所参与债券交易试点有关问题的通知》，明确14家上市商业银行经中国银监会核准后，可以向证券交易所申请从事债券交易（但禁止交易股票和可转换债券）。2009年3月18日，中国人民银行发布公告，允许基金管理公司以特定资产管理组合名义在全国银行间债券市场开立债券账户。2009年3月25日，中国人民银行发布《全国银行间债券市场金融债券发行管理操作规程》，进一步规范与完善金融债券发行管理，健全市场约束和风险分担机制，并对信用评级机构在金融债券评级中的行为进行了明确规定。2009年9月28日，中国保监会下发《关于债券投资有关事项的通知》，对保险机构投资债券的投资比例、债券发行人资质、信用评级、内部评级人员配备等规定作出了4项调整措施。此外，中国保监会还相继放开了中小保险公司直接投资股市、保险资金投资无担保债券的限制。

上述措施使越来越多的机构投资者成为债券市场主体，有利于提高市场对资信评级的重视程度，进一步扩大了资信评级的影响，一定程度上提高了评级机构的话语权。

（三）国际经济环境对资信评级行业的影响

在信息不对称的金融市场上，信用评级机构作为市场不可或缺的中介机构，应承担起“金融警察”的角色。其提供的评级信息是投资者判断风险的重要依据。因此，评级机构是具有较强金融话语权的中介机构。

2009 年，受国际金融危机严重冲击的影响，国际信用评级机构的独立性、专业性及公信力因其在危机中的拙劣表现受到严重质疑。这种状况对资信评级业来说，既是机遇也是挑战。一方面，世界投资者对三大评级机构不再盲目追捧，以国际三大评级机构为主的世界评级格局可能被打破，构建新型的国际信用评级体系逐渐成为一种主流意识；另一方面，对评级机构加强行政监管、健全行业自律已经成为国际社会的共识。有关国家和地区都已经意识到扶持本土评级机构对于保证本国金融体系安全稳定的重要意义，并着手培育民族的信用评级机构。

（四）国际政策环境对资信评级行业的影响

金融危机后，加强对评级机构的行政监管已经成为国际社会的共识，有关国家和国际组织也进行了积极反思，并出台了一系列的政策法规。从实践来看，美国监管重点主要集中在防范利益冲突、加强信息披露、提高透明度等方面；欧盟侧重于属地管辖；国际证监会组织（IOSCO）则在国际监管合作方面作了有益探索。

在美国，美国证券交易委员会（SEC）于 2009 年 2 月发布了《资信评级机构改革法案》实施细则的修正案，进一步明确了评级行业准入条件和评级机构的内部控制要求、强化利益冲突约束、要求更详细的信息披露、加强评级过程的详细记录和档案管理等等。2009 年 7 月，作为金融改革法案的一部分，奥巴马政府提出了信用评级改革法案，其主要内容是增强评级过程的透明度，加强信息披露，减少利益冲突，并赋予了 SEC 更多的权力，加强对评级机构的监管。

在欧盟，2009 年 4 月 23 日，欧洲议会和欧盟理事会通过了由欧洲证券监管机构委员会起草的《信用评级机构条例》，并于 12 月 7 日开始在整个欧盟正式实施。该条例建立了一种由欧洲证券监管机构委员会统一领导下的注册成员国监管制度，任何信用评级机构在欧盟市场开展业务必须统一登记注册，注册登记地可以是任何一个成员国，注册后即可在整个欧盟开展业务。该成员国即为该评级机构的监管国，负责依据该条例实施全面监管，但在作出任何最终决定时，必须考虑欧洲证券监管机构委员会的意见。

2009 年国际资信评级行业监管环境的重大变化不仅表现为美国、欧盟等对资信评级行业的监管措施进行了调整或修正，还表现为有关国际组织和集团对信用评级监管的日益重视。在 2009 年伦敦峰会上，20 国集团一致同意，所有信用评级机构都应当注册，并将信用评级机构纳入金融监管措施的适用范围，同时，各国监管机构应使当地共享信息。IOSCO 也在跨境监管合作方面作出了积极探索。这意味着国际资信评级的监管从国别监管逐步走向国际监管。

二、2009 年中国证券市场资信评级基本情况

（一）我国证券市场资信评级状况

2009 年，我国证券市场发行的债券以纯公司债为主，同时有少量的可转换债券和分离交易的可转换债券发行。

2009 年，经中国证监会核准发行的公司债券（含纯公司债、可转换债券和分离交易的可转换债券）共 54 只，发行总规模为 811.51 亿元，同比下降 18.69%。其中，纯公司债券发行 47 只，规模为 734.9 亿元；可转换债券发行 6 只，规模为 46.61 亿元；分离交易的可转换债券发行 1 只，规模为 30 亿元（见表 4－3）。

表 4－3

序号	债券名称	发行人名称	债券类型	发行总额（亿元）	发行日期	评级机构	债券信用等级
1	09 豫园债	上海豫园旅游商城股份有限公司	公司债	5	2009.07.17	上海新世纪资信评估投资服务有限公司	AAA
2	09 中材债	中国中材股份有限公司	公司债	25	2009.07.29	鹏元资信评估有限公司	AA+
3	09 长电债	中国长江电力股份有限公司	公司债	35	2009.07.30	中诚信证券评估有限公司	AAA
4	09 长虹债	四川长虹电器股份有限公司	分离交易的可转换债券	30	2009.07.31	中诚信证券评估有限公司	AA
5	09 大唐债	大唐国际发电股份有限公司	公司债	30	2009.08.17	大公国际资信评估有限公司	AAA

续表1

序号	债券名称	发行人名称	债券类型	发行总额（亿元）	发行日期	评级机构	债券信用等级
6	09中交G1	中国交通建设股份有限公司	公司债	21	2009.08.21	大公国际资信评估有限公司	AAA
7	09中交G2	中国交通建设股份有限公司	公司债	79	2009.08.21	大公国际资信评估有限公司	AAA
8	09广汇债	新疆广汇实业股份有限公司	公司债	10	2009.08.26	中诚信证券评估有限公司	AA
9	厦工转债	厦门厦工机械股份有限公司	可转换债券	6	2009.08.28	鹏元资信评估有限公司	AA+
10	09金街01	金融街控股股份有限公司	公司债	22.4	2009.09.01	中诚信证券评估有限公司	AA+
11	09金街02	金融街控股股份有限公司	公司债	33.6	2009.09.01	中诚信证券评估有限公司	AA+
12	西洋转债	四川大西洋焊接材料股份有限公司	可转换债券	2.65	2009.09.03	鹏元资信评估有限公司	AA-
13	09城控债	上海城投控股股份有限公司	公司债	20	2009.09.11	中诚信证券评估有限公司	AAA
14	龙盛转债	浙江龙盛集团股份有限公司	可转换债券	12.5	2009.09.14	上海新世纪资信评估投资服务有限公司	AA+
15	09国阳债	山西国阳新能股份有限公司	公司债	14	2009.09.15	大公国际资信评估有限公司	AA+
16	安泰转债	安泰科技股份有限公司	可转换债券	7.5	2009.09.16	上海新世纪资信评估投资服务有限公司	AA
17	09万业债	上海万业企业股份有限公司	公司债	10	2009.09.17	上海新世纪资信评估投资服务有限公司	AA
18	09粤高债	广东省高速公路发展股份有限公司	公司债	8	2009.09.21	中诚信证券评估有限公司	AAA
19	09复地债	复地（集团）股份有限公司	公司债	19	2009.09.22	上海新世纪资信评估投资服务有限公司	AA
20	09福田债	北汽福田汽车股份有限公司	公司债	10	2009.09.23	大公国际资信评估有限公司	AA+
21	博汇转债	山东博汇纸业股份有限公司	可转换债券	9.75	2009.09.23	上海新世纪资信评估投资服务有限公司	AA-
22	09首置债	首创置业股份有限公司	公司债	10	2009.09.24	中诚信证券评估有限公司	AA
23	09京城建	北京城建投资发展股份有限公司	公司债	9	2009.09.28	大公国际资信评估有限公司	AA

续表2

序号	债券名称	发行人名称	债券类型	发行总额（亿元）	发行日期	评级机构	债券信用等级
24	09万通债	北京万通地产股份有限公司	公司债	10	2009.10.14	鹏元资信评估有限公司	AA
25	09华发债	珠海华发实业股份有限公司	公司债	18	2009.10.16	鹏元资信评估有限公司	AA
26	09天房债	天津市房地产发展（集团）股份有限公司	公司债	3	2009.10.19	鹏元资信评估有限公司	AA
27	09西煤债	山西西山煤电股份有限公司	公司债	30	2009.10.19	大公国际资信评估有限公司	AAA
28	王府转债	北京王府井百货（集团）股份有限公司	可转换债券	8.21	2009.10.19	鹏元资信评估有限公司	AA
29	09隧道债	上海隧道工程股份有限公司	公司债	14	2009.10.21	中诚信证券评估有限公司	AA+
30	09富力债	广州富力地产股份有限公司	公司债	55	2009.10.23	鹏元资信评估有限公司	AA+
31	09宜华债	广东省宜华木业股份有限公司	公司债	10	2009.10.26	鹏元资信评估有限公司	AA-
32	09中企债	中华企业股份有限公司	公司债	12	2009.10.27	中诚信证券评估有限公司	AA+
33	09京综超	北京华联综合超市股份有限公司	公司债	7	2009.11.02	中诚信证券评估有限公司	AA
34	09东药债	东北制药集团股份有限公司	公司债	6	2009.11.02	中诚信证券评估有限公司	AA
35	09名流债	名流置业集团股份有限公司	公司债	18	2009.11.03	鹏元资信评估有限公司	AA+
36	09亿城债	亿城集团股份有限公司	公司债	7.3	2009.11.04	鹏元资信评估有限公司	AA-
37	09银基债	沈阳银基发展股份有限公司	公司债	5.5	2009.11.06	鹏元资信评估有限公司	AA
38	09苏高新	苏州新区高新技术产业股份有限公司	公司债	10	2009.11.09	中诚信证券评估有限公司	AA
39	09宏润债	宏润建设集团股份有限公司	公司债	5	2009.11.13	上海新世纪资信评估投资服务有限公司	AA
40	09泛海债	泛海建设集团股份有限公司	公司债	32	2009.11.13	鹏元资信评估有限公司	AA

续表3

序号	债券名称	发行人名称	债券类型	发行总额（亿元）	发行日期	评级机构	债券信用等级
41	09 爱使债	上海爱使股份有限公司	公司债	2.5	2009.11.17	鹏元资信评估有限公司	AA
42	09 希望债	四川新希望农业股份有限公司	公司债	8	2009.11.25	鹏元资信评估有限公司	AA +
43	09 津滨债	天津津滨发展股份有限公司	公司债	7	2009.11.26	中诚信证券评估有限公司	AA
44	09 三友债	唐山三友化工股份有限公司	公司债	9.6	2009.11.26	联合信用评级有限公司	AA
45	09 宁高科	南京新港高科技股份有限公司	公司债	10	2009.12.08	联合信用评级有限公司	AA +
46	09 沪张江	上海张江高科技园区开发股份有限公司	公司债	20	2009.12.09	上海新世纪资信评估投资服务有限公司	AA +
47	09 新黄浦	上海新黄浦置业股份有限公司	公司债	10	2009.12.16	上海新世纪资信评估投资服务有限公司	AA +
48	09 宜化债	湖北宜化化工股份有限公司	公司债	7	2009.12.17	中诚信证券评估有限公司	AA
49	09 东华债	广州东华实业股份有限公司	公司债	3	2009.12.18	联合信用评级有限公司	AA
50	09 皖通债	安徽皖通高速公路股份有限公司	公司债	20	2009.12.18	中诚信证券评估有限公司	AAA
51	09 招金债	招金矿业股份有限公司	公司债	15	2009.12.23	中诚信证券评估有限公司	AA +
52	09 金丰债	上海金丰投资股份有限公司	公司债	6	2009.12.25	鹏元资信评估有限公司	AA +
53	09 瑞贝卡	河南瑞贝卡发制品股份有限公司	公司债	3	2009.12.28	鹏元资信评估有限公司	AA
54	09 紫江债	上海紫江企业集团股份有限公司	公司债	10	2009.12.28	鹏元资信评估有限公司	AA

数据来源：上海证券交易所网站、深圳证券交易所网站。

按照评级笔数统计（见图4－3），鹏元资信、中诚信证券、上海新世纪、大公国际和联合信用5家机构分别为18笔、17笔、9笔、7笔、3笔；若按照所评债券规模统计，中诚信证券所评债券发行总额为267亿元，占到2009年发行总额的32.9%，较2008年的78%大幅下降；其次是鹏元资信，所评债券发行总额为230.16亿元，占到2009年发行总额的28.36%（见图4-4）。整体看来，中诚信证券的市场份额大幅下降；鹏元资信的市场份额大幅上升；上海新世纪、大公国际的市场份额保持相对稳定；联合信用由于从事证券市场评级业务时间较晚，业务量较少。

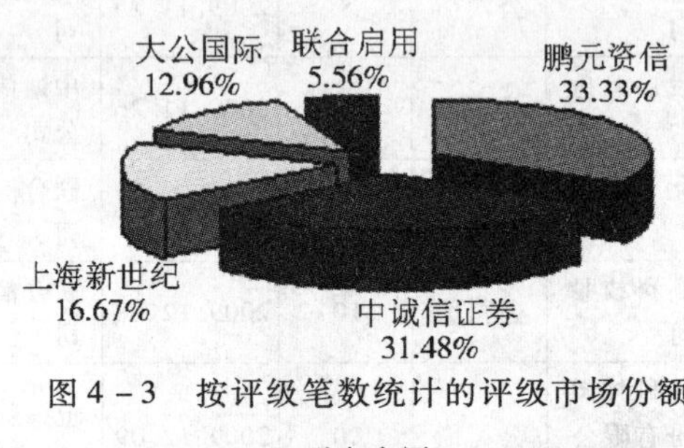

图4-3　按评级笔数统计的评级市场份额

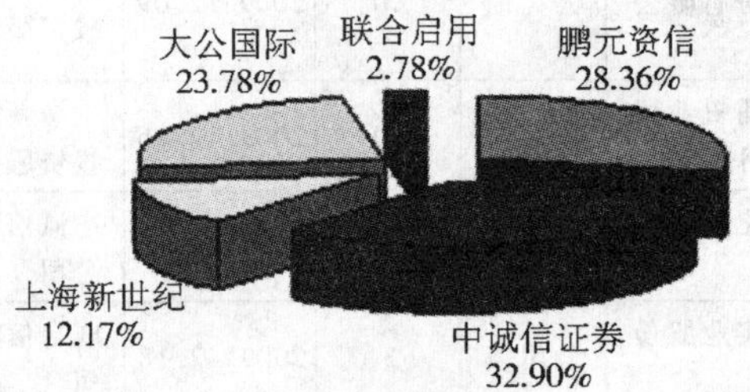

图4-4　按所评债券发行规模统计的评级市场份额

（二）证券资信评级机构的经营情况

1. 证券资信评级机构的收入情况。2009年，证券资信评级机构的主要收入来源是银行间债券市场信用评级业务，以及信贷市场评级业务。2009年，5家证券资信评级机构来自银行间债券市场和信贷市场评级业务收入约为22 230万元。

在证券市场，尽管2009年纯公司债的发行规模大增，达到734.9亿元，同比增长超过150%，但是证券市场公司债发行总规模还十分有限。2009年，5家证券资信评级机构的证券评级业务总收入约为2 700万元，仅为银行间债券市场和信贷评级业务收入的12%。证券市场公司债发行规模小、证券评级业务收入低，制约了证券资信评级机构的发展。

2. 证券资信评级机构的从业人员情况。截至2009年年底，5家证券资信评级机构员工共870余人。其中，具有证券从业资格的员工共275人，具有3年以上资信评级业务经验的员工共176人，具有注册会计师资格的有26人，基本能够满足当前证券资信评级机构的业务发展需要。

（三）对证券资信评级机构的监管情况

2007年，中国证监会颁布了《证券市场资信评级业务管理暂行办法》，确立了市场准入、信息披露、利益冲突防范、内部控制与合规管理、评级质量控制、定期报告、现场检查、责任追究等业务制度。中国证监会于2009年对证券资信评级机构开展了现场检查，对评级机构存在的不符合监管要求的情况，提出了整改意见。此外，还建立了评级机构监管和诚信档案。从监管实践看，《证券市场资信评级业务管理暂行办法》规定的业务制度行之有效，证券资信评级机构也逐步走向合规经营、规范发展。

中国证券业协会在中国证监会的指导下，充分发挥行业协会的自律管理作用，实现了证券资信评级机构的基本信息公示，提高了透明度。2009年9月28日，5家证券资信评级机构在中国证券业协会举行了《证券资信评级行业自律公约》签约仪式。这是行业第一次自觉组织起来，共同向社会宣示，接受社会监督，使证券评级机构树立合规、诚信经营的理念，加强自我约束，进而提高评级机构的市场地位，提升整个评级行业的整体形象，促进其健康发展。

三、中国资信评级业面临的主要问题和发展前景

（一）我国资信评级机构面临的主要问题

我国资信评级行业仍处在发展初期，与成熟市场相比，差距较大。在业务发展过程中，还存在一些问题，主要表现在以下几个方面：

1. 市场需求不足，制约了评级机构的发展。长期以来，我国企业融资形成了以间接融资为主、直接融资为辅的格局。近几年来，随着短期融资券、中期票据、中小企业集合债券、可转换债券等债券新品种的相继出现，债券市场取得了较大的发展。但是相对于我国经济总量而言，债券市场整体规模仍然偏

小，债券融资占比较低，评级市场需求不足，为评级机构提供业务支撑的力度十分有限，已经制约了资信评级机构的发展。

2. 评级公信力低，评级机构的作用未有效发挥，市场地位不高。信用评级的公信力取决于投资者对评级结果的认可程度，是评级机构的生命线。我国债券发行条件较高、行政审批时间较长、有关规定对债券信用等级作出限制等等，都影响到债券信用评级的公信力。从目前发行的债券来看，信用等级之间差距较小，评级结果影响债券定价方面的作用尚未有效发挥；评级机构与债券发行人、债券发行过程中的其他中介机构相比，往往处于弱势地位，再加上国际评级机构的渗透和影响，都在一定程度上影响了我国信用评级行业的社会地位。

3. 评级市场竞争激烈，存在一定的不正当竞争现象。我国债券发行规模不大，评级机构数量相对较多，市场竞争比较激烈。在发行过程中，发行人和承销商处于强势地位，常常采用"预评级"、"级别招标"等方式聘用评级机构，并索要高评级结果。这直接导致评级结果不符合发行人的实际情况，进一步破坏评级机构的独立性和评级的公信力。

4. 收费标准较低，难以支撑评级机构的长足发展。与国际评级机构相比，我国评级机构的收入来源比较单一，主要来源于债券评级和信贷评级业务，其他收入近乎为零。据统计，2009 年，5 家证券资信评级机构的营业收入总额不足 2.5 亿元，基本全部来源于债券评级和信贷评级，多家评级机构长期维持微利状态，甚至有个别评级机构处于亏损状态。这一方面是由于评级市场竞争激烈，个别评级机构为争夺业务而压低评级收费；另一方面也是发行主体和承销商缺乏对评级重要性的认识，恶意压价。偏低的收入水平，直接影响到评级机构内部控制制度建设和研究水平的提升，造成评级机构缺乏长足发展的经济基础。

5. 专业人才匮乏，人才流动性较高。拥有一支知识水平较高、专业技术过硬、经验丰富的分析师队伍，是评级机构发展的内在动力。但从现实情况看，我国评级行业起步晚，经验积累时间短，高素质人才匮乏。而评级机构收费较其他中介机构低，员工整体待遇水平也相对较低，这与分析师的高素质、高要求不相匹配，再加上商业银行、证券公司等机构逐步加强内部评级的重视程度，导致评级行业人员流动频繁，流失也较为严重，不仅影响到评级结果的准确性，还最终影响了评级行业的健康发展。

（二）我国资信评级机构的发展前景展望

我国资信评级行业虽然处于发展的初级阶段，存在各种问题，但是从起步起，就逐渐走上了规范发展的道路。展望未来，我国经济依然有望继续维持较快的增长速度，这为评级行业的发展提供了宏观经济支撑。随着我国社会信用体系的不断完善、金融系统改革的不断深化，评级行业的健全发展将迎来更加宽松的政策环境、更加公平的竞争格局和更加便利的业务条件，评级行业也将在我国金融市场发展中发挥越来越大的作用。

1. 资本市场的稳定发展、金融体制改革的不断深化、金融产品的不断创新，将进一步扩大资信评级的市场需求，为资信评级行业发展提供良好的市场环境。

2003 年，《中共中央关于完善社会主义市场经济体制若干问题的决定》提出，要积极推进资本市场的改革开放和稳定发展，扩大直接融资，建立多层次的资本市场体系。2008 年《金融业发展和改革“十一五规划”》，明确提出要大力发展债券市场特别是企业（公司）债券市场，为债券市场的发展描绘了蓝图。在此指导下，我国不断深化金融体制改革、推动金融创新，债券新品种层出不穷，债券市场因此获得了迅猛发展。目前，我国债券市场已经初步形成了以国债、金融债券、企业债券为主体的良性发展的格局。

随着今后证券品种的不断创新，债务型结构融资产品、资产证券化产品、证券衍生工具等非政府信用债券的品种更加丰富，将为资信评级行业提供充足的市场需求。此外，随着信用观念的深入人心、信用评级产品逐步被市场和投资者认可，市场对信用评级产品的需求将进一步增加，也将推动资信评级行业快速发展。

2. 债券市场逐步走向统一监管，将为资信评级行业的发展提供良好的政策环境。在金融市场全球化、金融产品复杂化的今天，对债券市场分别监管，已经不能适应我国债券市场发展的实际需要，逐步统一监管规则、加强监管协作显得日益重要。今后，我国要从防范金融系统风险、保持金融稳定的大局出发，借鉴国际经验和教训，逐步确立现代金融监管理念，逐步建立统一、高效、全面的市场监管体制，加强监管协作，防止出现监管重复、遗漏的现象，确保金融系统安全、稳定、高效运行。在这个大背景下，我们可以预见，我国未来的债券市场将朝着简化行政手续、合并同类产品、统一监管规则、提高效率和透明度的方向发展。

3. 进一步在证券资信评级行业探索形成行政监管、行业自律与公司自我约束相结合的机制，促进行业的健康发展。证券资信评级机构是资本市场重要的中介机构，其评级结论关系到整个资本市场的稳定运行，因此对评级机构加强监管具有重要意义。特别是本轮经济危机中，国际评级机构暴露出了缺乏独立性、评级结果不准确、评级过程不透明等等问题，使各国监管机构纷纷反思以往的监管政策，最终就进一步加强行政监管达成广泛共识。

由于我国证券资信评级行业还处在发展的初级阶段，评级机构还不够成熟，短期内政府的行政监管仍然处于核心地位，自律组织进行自律管理、公司加强自我约束还依赖于在政府监管的指导。目前，中国证监会发布了《证券市场资信评级业务管理暂行办法》，在业务许可、评级对象、业务规则、监督管理等方面作出了明确规定；在中国证监会的指导下，中国证券业协会对评级机构进行了自律管理；评级机构加强了自我约束，完善公司治理结构，健全内部控制制度。可以预见，随着证券市场资信评级业务的发展，中国证监会、中国证券业协会将在信息披露、执业行为、出具评级报告等方面陆续制定出台具体的业务规范或准则，引导证券资信评级市场有序竞争、良性发展，充分发挥评级机构在资本市场运行中的重要作用。

第五章 2009年中国证券业协会特别会员发展报告

第一节 2009年中国证券交易所和证券登记结算公司的发展

一、2009年上海证券交易所的发展

2009年，在资本市场复杂多变的形势下，上海证券交易所紧紧抓住国际经济衰退减弱、国内经济企稳回升和上海国际金融中心建设的大好机遇，圆满实现了市场全年安全运行和新一代交易系统成功上线，同时在蓝筹股市场建设、债券市场发展、市场监管和创新、基础管理和基础建设、投资者教育等许多方面也都取得了新的进步。

（一）市场概况

与2008年相比，上海证券交易所股票市场总市值、累计成交金额、筹资总额等增幅显著，成交金额更是创交易所历史新高。截至2009年12月31日，上海证券市场的主要情况如下：

1. 交易品种。2009年，在上海证券交易所市场上市的共有股票、债券、基金和权证4大类证券品种。其中，股票A股860只，B股54只；债券包括国

债、地方政府债、企业债、公司债、可分离公司债和可转换公司债。年底上海证券交易所共有债券现货品种 352 个，包括国债现货 110 只，地方政府债 50 只，企业债现货 127 只，公司债现货 38 只，可转换公司债 9 只，可分离公司债 18 只；债券回购 59 只，其中国债质押式回购 9 只，新质押式债券回购 9 只，国债买断式回购 33 只，企业债回购 3 只，报价回购 5 只；证券投资基金 18 只，其中 ETF5 只；权证 8 只。

2. 股票指数。2009 年，上证 50 指数开盘 1411.08 点，最高 2849.41 点，最低 1402.05 点，年底收盘 2553.80 点，涨幅 80.98%，振幅 103.23%。上证 180 指数开盘 4122.80 点，最高 8456.56 点，最低 4098.25 点，年底收于 7762.92 点，涨幅 88.29%，振幅 106.35%。上证综指开盘 1849.02 点，最高 3478.01 点，最低 1844.09 点，年底收盘 3277.14 点，涨幅 77.24%，振幅 88.6%。年末股票平均价格为 11.08 元。

3. 市值位居全球主要交易所前列。沪市共有 870 家上市公司，其中 2009 年新上市 9 家。股票市价总值为 18.5 万亿元，比 2008 年增加 89.87%，市价总值在全球主要交易所中列第 6 位，亚洲列第 2 位，相当于 2009 年 GDP 的 55.06%。流通市值 114 804.99 亿元，比 2008 年增加 255.37%。上市公司总股本 16 659.96 亿股，流通股本11 578.56亿股，流通股本占总股本的 69.5%。上市公司平均市值为 212.25 亿元/家，平均无限售条件流通市值为 131.96 亿元/家，总市值在 100 亿元以上的公司有 233 家，市值最大的公司是中国石油达 2.24 万亿元。

4. 市场成交情况。沪市总成交金额为 44.19 万亿元。其中，股票、国债分别占沪市总成交额的 78.41%、0.47%。日均成交 1 811 亿元。全年股票成交总额 34.65 万亿元，日均成交金额为 1 420 亿元。股票成交总额在全球主要交易所中列第 3 位，亚洲列第 1 位。国债日均成交金额为 8.42 亿元，企业债日均成交金额为 1.50 亿元，ETF 日均成交金额为 23.6 亿元，权证日均成交金额为 200.85 亿元。

5. 筹资情况。股票筹资总额 3 343.16 亿元。其中，首次发行筹资1 251.25 亿元，再次发行筹资 2 091.91 亿元。筹资总额在全球主要交易所中列第 5 位，亚洲列第 3 位。历年股票筹资总额 19 852 万亿元。

6. 投资者情况。A股开户投资者总数为7 255.03万户，持股账户数2 999.03万户，当年新增A股开户数859.57万户。专业机构持有A股市值占市场比例为16.95%。

（二）新一代交易系统成功切换上线，安全运行水平全面提升

1. 全力以赴、协同推进，切实做好各项就绪工作。深刻领会、全面贯彻尚福林主席、桂敏杰副主席及中国证监会主席办公会关于新一代交易系统切换上线工作的指示精神。成立新一代交易系统切换上线指挥部，实施“新一代交易系统上线特别工作月”。有序组织实验室测试、全程测试、全程全网演练，市场参与者具备了切换上线的条件。不断在实践中检阅和完善系统各项应急流程，提高运行团队及时处置问题的实战能力。对规模较大且技术系统复杂等4类会员进行针对性技术指导和支持。发布《交易异常情况处理实施细则（试行）》，督促市场参与者建立配套的快速反应处置机制。协调核心媒体及网络媒体做好宣传报道工作，切实加强舆论引导和网络监控。

2. 积极动员、精心准备，新一代交易系统成功切换上线。新一代交易系统切换上线次日即经受了沪市历史上次高成交量（2 951亿元）的考验，新一代交易系统及与其相关的通信系统、监察系统等16个周边系统均始终保持安全运行。新一代交易系统的成功推出，为中国资本市场稳定发展、上海国际金融中心建设及上海证券交易所创建世界一流交易所提供强有力的技术保障，包括市场参与主体、社会各界、主流媒体和网络媒体、投资者等在内的市场各方都给予了高度评价和广泛认同。

3. 确保原交易系统安全运行，切实加强信访维稳工作。在新一代交易系统切换上线前，为上海证券交易所服务17年的原交易系统一直保持安全运行，直至光荣退役。建立信访工作协作机制，圆满完成国庆60周年安全维稳任务。在权证诉讼纠纷集中爆发期间全力妥善处理相关案件，推动法院依法确认上海证券交易所权证制度和相关监管措施的合法性。TopView平稳退市。

（三）加大并购重组力度，蓝筹股市场建设取得新进展

1. 落实新股发行改革措施，顺利实现IPO重启。修订发行上市有关规则、

操作流程。多次召开经验交流会、座谈会等，推动国有企业改制上市及H股公司回归。排摸重点拟上市公司名单，做好已报会企业的发行审核沟通工作，有针对性地进行上门走访，积极推动沪、深上市企业分工调整。

2. 加大走访力度，推动上市公司做优做强。梳理并购重组相关政策法规，编制上市公司基础手册，充实完善重组服务公司数据库，举办专业辅导、培训。开展典型并购重组案例奖评奖，对不按承诺推进重组的公司出具监管函进行监督。领导班子成员分别带队走访全国27个省区，与7个省区政府机构签订资本市场服务备忘录。93家公司完成重大资产重组预案审核，同比增加110%，28家公司实施并购重组。

3. 重视规则研究，做好国际板推出准备。成立国际板筹备小组，起草和修订国际板上市规则、交易规则及与境外主要交易所的监管合作备忘录文本，做好与中国证监会、登记公司的制度衔接和配套。对有意到国际板上市的境外企业及红筹公司进行摸底，提出区别对待外国公司和红筹公司发行标准的思路，努力为国际板建设创造有利的外部环境。

4. 完善公司治理，规范公司运作。成立推进公司治理委员会，举办公司治理年度论坛，开展公司治理专项评奖活动及首次董事会秘书年度考核。制定上海证券交易所上市公司公司治理3年行动纲要及基本推进路线，发布《上市公司公司治理评级工作指引》等规则。强制规定“上证公司治理板块”等3类公司披露内部控制自我评估和社会责任报告。

（四）大力发展债券市场，服务国民经济建设

1. 多方协调配合，推进上市商业银行进入上海证券交易所债券市场。积极落实中国证监会、中国银监会通知精神，召开上市商业银行座谈会，逐一走访14家上市商业银行。编写商业银行入市指引，举办专场业务培训。与中央国债登记结算有限责任公司深入探讨结算业务安排，争取主管部门支持。

2. 开展公司债分类管理，积极发展公司债市场。确定公司债具体分类标准及相匹配的交易平台，修订《公司债券上市规则》等，稳步推进公司债券分类管理工作。建设债券一站式服务网上专区，扩大债券上市品种、托管规模。全年60只企业债来上海证券交易所发行，127只企业债来上海证券交易所挂牌交

易，均创上海证券交易所年度历史新高。实现新增企业债托管量约202亿元，比2008年增长60%。新增24只公司债券上市，发行额455.6亿元，均超2008年89.8%以上。债券成交日趋活跃。

3. 制定发展规则，加强基础建设。制定《上海证券交易所债券市场三年发展规划》及债券交易系统整合方案，确定整合时间表。

（五）持续加大监管力度，有效防范市场风险

1. 推出“监管行动季”系列行动，树立上海证券交易所监管权威。形成监管部门定期联络会议机制，统筹各项监管工作推进，找准监管重点、难点、热点、风险点，强化上海证券交易所内外监管联动合力，实现监管“重在预防、及时制止”的主旨，提升监管有效性和针对性。

2. 以点带面，紧抓高风险上市公司等监管重点不放松。及时排摸、整理日常监管和年报披露中发现的风险问题，督促公司及时履行信息披露义务并加强整改。积极推进停牌制度、信息披露审核改进等措施研究。加强对董事、独立董事、董事会秘书及保荐机构的资质管理，对违规对象严肃处理，不手软，有效形成监管威慑。

3. 强化日常监管，持续推动会员客户管理和服务水平。针对会员在客户权证违规交易、新股炒作等业务中存在的问题，督促其切实承担客户管理职责。开展会员加强客户管理工作活动，通过填报反馈、组织评议、现场走访、组织交流等形式，深入推进会员客户管理。加强非会员交易参与人管理业务规则研究。加强对会员的技术服务，寓技术监管于服务之中。

4. 把握市场形势新动向，切实保障市场“三公”。积极开展针对短线操纵、新股投机、游资恶炒、股市黑嘴、账户盗卖、权证炒作等的专项监管行动，完善事前防范、事中干预和事后处罚的全程监管模式，深化上海证券交易所内外监管联动，果断干预，及时制止，取得积极监管效果。制定《市场监察实施细则》。

5. 发挥自律监管机制支持作用，推进法制研究与建设。全年纪律处分委员会审核纪律处分事项109件。对纪律处分和复核委员会运行机制进行完善，及时总结、分析总体情况及程序性、实体性问题，形成报告和工作指引。切实开

展上海证券交易所业务规则清理、评估，完成数量减少1/3的目标。编辑并公开出版《证券法苑》等刊物，着重研究资本市场发展和上海证券交易所法制建设重点、难点。

（六）立足投资者教育资源整合，积极推进“六个一”建设

1. 以资源整合为导向，完善工作机制。牵头建立投资者教育工作例会制度、会员公司投资者教育联系人制度，加强与主流新闻媒体的合作，进一步扩大投资者教育影响力。

2. 结合业务需求，落实“四位一体”工作思路。在权证到期风险揭示、创新产品开发等方面，努力实现投资者教育与制度建设、一线监管、市场创新、行业自律、投诉处理相结合，确保落实投资者教育工作教育、服务、监管和保护“四位一体”的工作思路。举办“3·15我与投资者”大型征文活动，完成《上海证券市场投资者结构与行为报告（2009）》。

3. 以“六个一”为抓手，加强平台建设。优化投资者教育网站，推出证券模拟交易平台，播出“证券大讲堂”视频节目，编写投资者教育丛书，制定并完善《认定不当行为的标准与流程》相关规则制度，着力合格投资人理念培育。

4. 发挥职能优势，推进合格投资者队伍建设。以拟订质押式报价回购合格投资者管理方案为契机，研究合格投资者业务模式及相关制度建设，拟订《合格投资者管理办法》。积极发展合格投资者，2009年新增合格投资者6 388个。

（七）努力把握机遇，实现产品、业务等多方面创新突破

1. 以新增2只交易所交易基金为亮点，持续推进跨市场和跨境产品开发创新。顺利完成上证中央企业、180治理ETF及其联接基金发行上市。完成沪、深300交易所交易基金及其联接基金方案设计、技术开发及市场准备工作。推动跨境交易所交易基金产品开发工作，确定首批6项产品方案。完成纽约证券交易所等数十家机构指数引进谈判和合作协议签署，加紧推进国际指数产品开发。启动人民币计价境外指数试点工作。

2. 启动债券报价回购业务试点，实现业务创新新突破。成功启动并扩大债券质押式报价回购试点规模至30亿元，区域扩大至北京市、上海市、广州市、深圳市4个城市。确保新股发行体制改革交易和结算系统改造，组织并完成网上网下发行全网测试。

3. 系统完善大宗交易，力求发展取得突破。成功将意向申报时间放开至全天，大宗交易股票成交金额、成交笔数较2008年同期增加56.35%和91.17%。制定大宗交易市场3年发展规划、信息交流平台方案和合格投资者信用评级方案。

4. 探索储备产品创新研究，参与方案制订、研讨。研究并确定房地产信托基金（REITs）交易平台及上市风险控制等问题，积极联系、讨论产品业务方案。研究证券公司资产证券化业务方案，组织专家论证会，形成论证报告。研究细化上证基金通改版方案，积极推进方案实施。

5. 推动证券信息服务创新，进一步发展信息服务产业链。开展证券信息手机终端行情服务。推出上市公司董事、监事、高级管理人员持股短信提醒和个性化数据统计服务。优化上海证券交易所官方网站的可用性，推出新股申购配号中签结果网上免费查询服务。

6. 推出创新实验平台，启动交易风险的评估与控制。正式推出国内首个基于金融仿真和建模技术的创新实验平台，实现初期建设目标。借鉴国际市场经验，尝试建立证券市场交易风险模型、评估标准、控制方案及测试机制。

（八）继续加强基础建设，全面提升上海证券交易所竞争力

1. 修订战略规划，服务国家战略。根据国务院关于推进上海建设国际金融中心和国际航运中心的意见精神修订上海证券交易所战略规划，召开上海国际金融中心建设与上海证券交易所发展研讨会。对上海证券交易所战略规划年度执行情况进行总结和评估。

2. 加强制度基础建设，完成规章清理年度目标。内部规章制度数量经清理后降低1/3，制定内部管理规章制度制定办法及其监督检查评估指引。完善上海证券交易所知识产权管理制度。对上海证券交易所业务规则执行情况进行评估和监督。

3. 制订信息战略规划，加快信息化基础建设。研究确立依法、合规、可持续的信息经营模式。会同上海期货交易所牵头拟订《证券期货交易所信息资源管理办法》。制定上海证券交易所统计管理实施细则。加强指数的委托管理。编制可扩展商业报告语言（XBRL）应用成果白皮书。

4. 加强研究开发创新基础建设，提高自主研究能力和对外影响力。筹建上海证券交易所发展研究中心。第一、二批博士后进站，制定博士后考核办法。确定第8批高级金融专家工作站专家人选。启动第20期联合研究计划。

5. 积极参加国际交流，推动上海证券交易所国际化进程。世界证券交易所联合会（WFE）涉台问题取得重大进展。与香港交易所签订管理层定期会晤交流及行政人员互访和培训协议。针对金融危机下国际同行的发展趋势进行专题研究。

6. 推进交易广场项目等基地建设。完成上海金融交易广场项目概念方案设计、政府沟通协调及咨询团队比选等工作，深化入围设计方案。抓紧技术研究开发基地和异地灾备数据中心的调研和选址。

7. 企业资源规划（ERP）建设取得阶段性成果，业务资源管理（BPM）项目建设顺利启动。“自主开发、自我管理、自我维护”的ERP一期工程顺利推出，二期工程建设正式启动。低成本搭建反映上海证券交易所业务流程模拟运转的原型系统，为全面建设BPM系统实现良好开局。

（九）加强政治学习，深入推进党建工作和廉政建设

1. 加强政治理论和政策精神学习，圆满完成上海证券交易所学习实践科学发展观活动。组织全所干部党员学习“两个读本”，学习宣传党的十七届三中、四中全会及中央经济工作会议精神，进一步提升全所干部党员的思想政治水平。认真开展学习实践活动分析检查和整改落实阶段工作，全面总结学习实践活动的实践成果和制度成果，积极探索建立健全推动上海证券交易所科学发展的长效机制。

2. 制定和发布党群工作文件，切实抓好党群工作的着力点和推进落实。认真谋划党群工作全局，发布实施《上海证券交易所2009年党建工作要点》、《上海证券交易所2009年纪检监察工作要点》、《上海证券交易所2009年工会工作要点》三个党群工作文件，全面部署2009年度的党群工作，要求各部门认真学习贯彻文件精神，推动党群工作全面深入有效开展。

3. 开展项目廉政监督和专项治理工作，切实发挥纪检监察的保障功能。加强竹园项目廉政监督，成立竹园项目建设廉政监督工作小组；组织起草《竹园项目建设监督试行办法》，明确竹园项目监督的机构设置、监督范围、纪律要求及具体监督措施。落实中共中央纪律检查委员会（简称“中央纪委”）、中国证监会关于开展工程建设领域突出问题专项治理工作通知要求，研究制订实施方案，部署上海证券交易所工程建设领域突出问题专项治理工作。改进重特大项目网上公示方式，进一步提高监督效率。

4. 继续深入开展日常廉政教育，严格落实党风廉政责任制。强化廉政责任制落实工作，通过党委书记与分管领导签订责任书、分管领导和中层管理人员签订责任书的形式，明确党委班子和中层管理人员在廉政建设方面承担的责任内容，确保党风廉政建设责任到人，落实到位。

二、2009 年深圳证券交易所的发展

2009 年是我国多层次资本市场建设取得重要进展的一年。在中国证监会领导下，深圳证券交易所以科学发展观为统领，全面贯彻落实中央经济工作会议、《国务院办公厅关于当前金融促进经济发展的若干意见》和全国证券期货监管工作会议精神，立足全局，抓住机遇，紧紧围绕加快推进多层次市场建设、大力支持中小企业、积极应对金融危机的基本主线，全力维护市场安全运行，平稳顺利启动创业板，各项工作呈现出良好势头。

（一）创业板平稳推出，多层次资本市场建设取得重要突破

面对 2009 年重大活动多、敏感时段集中、全球甲型 H1N1 禽流感疫情（简称“甲流”）不断蔓延、新股发行制度改革启动实施等复杂形势，深圳证券交易所坚定信心，全力拼搏，迎难而上，在中国证监会领导和社会各界的大力支持下，顺利平稳推出创业板。

1. 积极推进创业板基础制度建设。加强协作配合，积极推进创业板 IPO 管理办法等关键性制度的发布与实施。在充分借鉴主板特别是中小企业板监管经

验的基础上，制定发布《创业板股票上市规则》、《创业板上市公司规范运作指引》。

2. 全力推进实施创业板投资者适当性管理。制定发布《创业板市场投资者适当性管理实施办法》及相关业务指引。在14个城市举办15期专门培训，组织进行3次全网测试。截至12月7日，累计有1 061.8万名投资者签署了风险揭示书并申请开通创业板交易。

3. 实现创业板顺利平稳启动。周密安排，精心组织首批创业板公司连续批量发行。成功承办创业板启动仪式，举办首批公司上市仪式。做好上市首日股票交易监控，对重点账户及时进行警示和干预，准确实施盘中临时停牌，实现首批创业板公司平稳上市。截至年末，共有36家公司上市，总股本34.60亿元，总市值1 610.08亿元，流通市值298.97亿元，共筹资204.08亿元。

4. 做好创业板宣传引导与投资者教育。围绕创业板出台各阶段工作重点，与媒体充分沟通，密切跟踪舆情动态，编发文字、视频材料累计上百万份，初步形成合力，多层次、多样化推进创业板投资者教育。

（二）做好新股发行体制改革实施，推进完善多层次市场体系

2009年，深圳证券交易所紧紧围绕新股发行体制改革实施、支持中小企业、服务自主创新、积极应对金融危机，抓住机遇，加快推进多层次资本市场建设，完善中小企业金融服务支持体系，扎扎实实推动了资本市场服务实体经济发展。

1. 认真做好新股发行体制改革相关工作。修订、发布《深圳市场首次公开发行股票网下发行电子化实施细则》、《资金申购上网公开发行股票实施办法》和《股票上市公告书内容与格式指引》，调整优化网下发行电子平台功能。

2. 不断推动主板做优做强。推动主板公司在规范运作的基础上充分利用资本市场融资功能。年内主板完成再融资公司40家次，融资总金额1 019亿元。攀钢钢钒、华侨城、徐工等7家大型龙头公司实现整体上市，其中5家已完成。

3. 大力推进中小企业板规范发展。中小企业板规模稳步扩大，一批新模式和行业细分龙头企业成功上市。61家公司公布了增发、配股、非公开发行、可转换债券、公司债等再融资计划。针对中小企业板监管中出现的新公司超募、

部分公司参与高风险业务等问题，及时出台规则加以规范。

4. 积极推动报价转让系统完善制度与深化试点。完成报价转让系统交易、结算、账户、通讯、信息等技术改造，组织3次全网测试，新系统于7月6日安全上线运行。协助地方政府开展申请进入试点工作，组建挂牌公司金融服务合作联盟，启动股权质押贷款试点，搭建挂牌企业与投资者关系互动平台。

（三）强化市场一线监管，探索完善规则体系

针对当前资本市场上的利益主体多元、矛盾冲突尖锐、影响因素复杂的现实局面，深圳证券交易所进一步强化市场一线监管，探索完善规则体系，取得显著成效。

1. 强化信息披露一线监管，推动规范运作。根据全流通后上市公司和股东行为变化，修订《上市公司分类监管指引》、《控股股东、实际控制人行为指引》。建立重大事项内幕信息知情人报备和重大重组交易例行核查机制。探索对中介机构的有效监管方式，进一步发挥保荐人和中介机构在促进上市公司合规运作中的作用。

2. 全面强化市场监察，打击违法违规行为。着力强化新股、题材概念股、无涨跌幅限制股票的交易监控和风险控制，重点防范新股上市首日炒作风险。着力加强对内幕交易、市场操纵的及时发现、及时报告，不断强化打击市场操纵，严防“大小非”违规减持，2009年未发生此类行为。

3. 强化会员管理，探索完善交易和会员规则体系。建立会员巡检机制。修订《会员管理规则》，制定并发布《深圳证券交易所自律监管措施和纪律处分措施实施细则（试行）》。重新梳理和有效规划《交易规则》及相关业务细则，确保制度设计与技术实现的协同，提高规则的规范化水平，减少技术系统运行风险，为未来市场发展预留了充分的空间。

4. 寓监管于服务，深化投资者教育。积极配合中国证监会、中国证券业协会和派出机构，充分调动市场各方力量，发挥投资者教育各种渠道的优势，多形式开展针对性的活动。不断丰富投资者教育基本素材。妥善处置投诉举报，及时化解风险。

（四）确保安全稳定运行，强化风险管理

1. 全力落实维稳工作要求，强化保障安全。实现全年交易、通信、监察、信息系统安全运行。制定实施《维稳指导意见》工作方案，落实5个方面36项具体维稳措施。完成全所信息安全与保密5轮检查，探索建立长效机制。有效落实预防甲流、人民代表大会和人民政治协商会议、国庆相关应急计划，参与会系统全网应急演练。

2. 科学规划新版交易系统，完善技术应用平台。以建立"安全高可用、高效低延迟、架构科学合理"的多层次、多品种、跨市场的交易系统为目标，科学规划新版交易系统。稳步推进BPM项目，降低关键流程风险。完善技术应用平台，提升信息系统业务能力。

3. 开展全面风险管理与审计，完善内部控制体系。全面评估梳理业务、技术、保障和市场风险，发布《重大风险防范控制指引》。以"防范系统风险和重大恶性事故"为宗旨，探索建立风险管理长效机制。组织13项重大风险内部控制审计。建立重大风险应急预案体系，按计划逐项组织应急演练，提高风险应急能力。

4. 细致排查上市公司风险，妥善应对突发事件。结合市场形势及监管重点的变化，对暂停、退市风险警示公司、经营业绩大幅下滑、套期保值投资以及媒体质疑公司进行多次风险排查。在甲流疫情、美国通用汽车申请破产保护等突发事件发生时，第一时间了解上市公司所受影响，督促及时披露信息，充分提示风险。

（五）强化培育，推进创新，加强研究与国际合作

针对市场推广新的形势，强化培育，推进创新，加强研究与国际合作。

1. 强化培育培训，推进建立中小企业金融支持体系。积极推动重点地区梳理上市资源，强化与保荐机构的沟通与联系，落实上市资源培育。充分借助市场各方力量，引导和推动社会各界整合金融资源，推动建设中小企业投融资服务链。

2. 整合债券业务架构，加快债券市场发展。整合修订债券业务规则，推出

债券交易分类管理制度，推动中小企业集合发债。推进商业银行进入交易所债券市场、国债收益率曲线发布工作。全面推行债券净价交易、综合协议平台债券报价揭示到期收益率。

3. 推进产品创新，完善交易所产品链。成功推出创新型结构化基金“长盛同庆可分离交易基金”、深成指 ETF 及联结基金、深 100ETF 联结基金。港股 ETF 准备基本就绪，上报多只海外指数 LOF。继续加强房地产信托基金（RE-ITs）产品研究开发，两个试点筹备项目已准备成熟。

4. 加强研究工作，提升综合研究所影响力。在重点研究领域形成一批较高质量的研究成果。初步形成比较完整的研究队伍和管理架构，以质量为核心的研究管理机制进一步完善。健全博士后过程管理。积极探索《证券市场导报》新机制，积极为所内业务部门提供人力和智力支持。

5. 加强国际合作，扩大国际影响力。与菲律宾、埃及和泰国证券交易所签订合作谅解备忘录。与香港交易所签订合作协议，强化深港资本市场合作。配合中国证监会承办“国际中国证监会组织亚太地区委员会机构监管部门负责人年会”和“亚太经合组织金融监管者培训计划市场中介机构检查研讨会”，举办第六届亚太新市场论坛。

（六）深化党风廉政建设，夯实内部管理基础

继续深化党风廉政建设，加强各项内部管理，推进拓宽纪检监察监督渠道，有效监察高风险业务环节。

1. 强化党风廉政建设，进一步营造廉洁从业的良好局面。制定 4 个层级的《党风廉政建设责任书》，持续开展反腐倡廉教育，加强廉政监督检查工作，各项反腐倡廉规章制度执行良好。深入推进作风建设，严格执行“五项规定”、“八项要求”。按照中央要求，厉行节约，压缩有关出国、车辆购置和公务接待支出。

2. 发挥群团组织作用，强化员工的大局意识、使命意识、责任意识。开展第 11 期阿拉善国情教育活动，切实提高国情教育的针对性、实效性。跟进甘肃省地震灾区希望小学的援建工作。积极发挥工会的桥梁和纽带作用，健全日常活动机制，进一步调动广大员工参与积极性。

3. 以提高组织绩效为目标，增强队伍战斗力。完成3批49名专业人才招聘工作，员工队伍年龄、学历、专业、部门分布明显改善。制定修订多项人事管理制度，提高依法合规运作水平；切实落实财政部薪酬管理政策，强化人力成本控制。

（七）深圳市场总体情况和特征

2009年，国家一系列宏观经济刺激政策逐步显现效果，全年国内生产总值达到33.5万亿元，同比增长8.7%。其中，第1季度增长6.1%，第2季度增长7.9%，第3季度增长8.9%，呈现逐季回升态势。实体经济的稳定回升为证券市场平稳运行提供了根本基础。

1. 总体情况。截至12月31日，深圳证券交易所上市公司总数830家，比2008年年末增加90家；上市公司总股本3 907.56亿元，流通股本2 601.08亿元，分别比2008年年末增加465.70亿元和577.33亿元，增幅13.53%和28.53%。上市公司总市值59 283.89亿元，流通市值36 453.65亿元，分别增加35 169.36亿元和23 545.66亿元，增幅145.84%和182.41%。新增投资者开户1 061.93万户，较年初增加14.14%，投资者累计开户总数8 570.75万户。2009年股票累计筹资1 712.68亿元，比2008年同期增加479.03亿元，增幅38.83%（参见表5－1，中小企业板和创业板市场概况见表5－2和表5－3）。

表5－1　　2009年深圳证券市场概况（截至2009年12月31日）

指标名称（时点指标）	数值	比年初±	增减率（%）
上市公司数（家）	830.00	90.00	12.16
上市股票数（只）	872.00	90.00	11.51
总股本（亿元）	3 907.56	465.70	13.53
流通股本（亿元）	2 601.08	577.33	28.53
总市值（亿元）	59 283.89	35 169.36	145.84
流通市值（亿元）	36 453.65	23 545.66	182.41
综合指数	1 201.34	648.04	117.12
成分指数	13 699.97	7 214.46	111.24
B股指数	625.95	354.67	130.74

续表

指标名称（时点指标）	数值	比年初±	增减率（%）
平均市盈率	46.01	29.29	175.18
投资者开户总数（万户）	8 570.75	1061.93	14.14
本年累计股票成交金额（亿元）	189 474.85	100 792.15	113.65
本年累计基金成交金额（亿元）	3 790.95	1 660.13	77.91
本年累计债券成交金额（亿元）	828.71	317.86	62.22
本年累计权证成交金额（亿元）	4 639.33	-5 424.71	-53.90
本年累计股票发行筹资额（亿元）	1 712.68	479.03	38.83
本年累计股票交易印花税（亿元）	189.48	-113.94	-37.55

表5-2　2009年中小企业板市场概况（截至2009年12月31日）

指标名称（时点指标）	数值	比年初±	增减率（%）
上市公司数（家）	327.00	54.00	19.78
总股本（亿元）	794.13	202.53	34.23
流通股本（亿元）	380.49	120.27	46.22
总市值（亿元）	16 872.55	10 602.87	169.11
流通市值（亿元）	7 503.57	4 830.89	180.75
中小企业板指数	5 631.76	2 767.77	96.64
平均市盈率	51.01	26.05	104.37
本年累计股票成交金额（亿元）	48 273.52	31 636.25	190.15
本年累计股票发行筹资额（亿元）	577.12	148.15	34.54
本年累计股票交易印花税（亿元）	48.27	-4.94	-9.28

表5-3　2009年创业板市场概况（截至2009年12月31日）

指标名称	数值
上市公司数（家）	36.00
总股本（亿股）	34.60
流通股本（亿股）	6.48
总市值（亿元）	1 610.08
流通市值（亿元）	298.97
加权平均股价（元/股）	46.53
平均市盈率	105.38

续表

指标名称	数值
本年累计成交金额（亿元）	1 828.11
本年累计成交量（亿股）	38.55
本年累计筹资额（亿元）	204.09
本年 IPO 家数（包括已发行未上市）	42.00
本年累计交易印花税（亿元）	1.83

2. 运行特征。2009 年，深圳市场总体特征主要表现为如下方面：

（1）股指大幅上涨，市场交投活跃。截至 12 月 31 日，2009 年深证成分指数累计涨幅仅次于俄罗斯 RTS 指数，居全球主要证券市场涨幅榜第 2（见表 5－4）。随着市场持续回暖，投资者开户数逐步回升，深圳市场成交量急剧放大并创历史新高。2009 年 11 月 24 日，深圳市场创下单日成交金额历史记录，达 1 814 亿元；11 月深圳市场单月累计成交达 2.53 万亿元，创下单月成交金额历史记录。

表 5－4　　**2009 年全球主要股市指数表现**

指数名称	年末点位	区间涨跌幅（%）
俄罗斯 RTS 指数	1 444.61	128.62
深证成分指数	13 699.97	111.24
圣保罗 IBOVESPA 指数	68 588.00	82.66
印度孟买 Sensex30 指数	17 464.81	81.03
上证综合指数	3 277.14	79.98
恒生指数	21 872.50	52.02
纳斯达克综合指数	2 269.15	43.89
澳大利亚标普 200 指数	4 870.60	30.85
德国法兰克福 DAX 指数	5 957.43	23.85
标准普尔 500 指数	1 115.10	23.45
法国巴黎 CAC40 指数	3 936.33	22.32
伦敦金融时报 100 指数	5 412.90	22.07
东京日经 225 指数	10 546.44	19.04
道琼斯工业平均指数	10 428.05	18.82

（2）中小企业板、创业板启动后运行平稳。中小企业板交易活跃，指数波动趋于平稳。2009 年中小企业板日均成交金额比 2008 年增加 192%，达到 197.84 亿元，而中小企业板综合指数日均振幅从 2008 年的 3.77%下降到 2.55%。2009 年创业板首批 28 家上市股票首日成交金额达 219 亿元，随后 3 个交易日趋于平稳，分别为 77 亿元、55 亿元和 40 亿元，全年 45 个交易日，日均成交金额为 41 亿元。

（3）行业板块全面上涨，周期性行业反弹幅度较大。深圳市场上市公司周期性行业在 2008 年跌幅较大，而在 2009 年的上升幅度居于前列，机械设备、采掘业、金属非金属等都有 125%以上的升幅；电子、纺织服装等消费类股票同样升幅排前；地产、金融在年内曾有突出的升幅，年末受政策调控等因素影响出现调整，从全年看该行业板块升幅居中。

（4）融资能力提升，融资结构丰富。2009 年深圳证券市场融资功能全面提升，股票融资金额大幅增加，全年融资额为 1 712.68 亿元，占深、沪两市总融资额的 34.45%，较 2008 年增长 38.83%。其中，IPO 和再融资分别为 627.73 亿元和 1 084.95 亿元；主板 A 股、中小企业板和创业板融资分别为 931.47 亿元、577.12 亿元和 204.08 亿元。

三、2009 年中国证券登记结算有限责任公司发展报告

2009 年，面对国际金融危机的严重冲击和国内资本市场改革发展复杂多变的局面，中国证券登记结算有限责任公司（简称“中国结算”）在中国证监会的领导下，牢牢把握中央经济工作会议和全国证券期货监管工作会议的精神，紧紧围绕确保证券登记结算系统安全稳定高效运行这条主线，全力支持资本市场健康发展，登记结算业务运行平稳，各项工作呈现出良好势头。

（一）2009 年中国结算各项业务运行特征

2009 年，中国结算各项登记结算业务稳中有升，新开账户数量、登记存管证券数量、结算业务量以及开放式基金业务量都较往年有所增长。

1. 新开账户数有所增加。2009 年全年新开股票账户约 1 732.76 万户，较

2008年增加约296.13万户，同比上升约20.61%（见图5-1）。其中，新开A股账户1 726.57万户，较上年增加296.13万户，上升20.70%；新开B股账户6.19万户，与2008年基本持平。

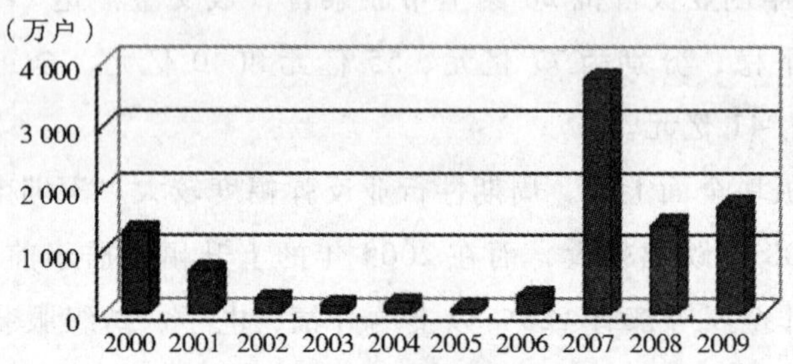

图5-1　最近10年沪、深两市每年新增A股账户数

截至2009年年底，期末股票账户数约14 027.88万户。其中，A股账户数为13 781.78万户，比2008年增加1 658.24万户，增长13.68%；B股账户246.10万户，比2008年增加5.75万户，增长2.39%。经证券公司核实、申报的休眠账户数为1 990.19万户。剔除休眠账户后，期末有效账户数为12 037.69万户。

截至2009年年底，中国结算沪市A股账户开户代办点3 801个，比2008年增加676个；深圳市场A股账户开户代办点3 787个，比2008年增加402个。

2. 登记存管的证券数量有所增加。截至2009年年底，中国结算登记存管的证券达到2 240只（占比见图5-2）。其中，A股1 667只，比2008年增加63只；B股108只，比2008年减少1只；权证12只；国债94只；企业债100只；公司债124只；可转换债券13只；分离交易可转换债券21只；封闭式基金33只；ETF9只；LOF49只；资产证券化产品10只。

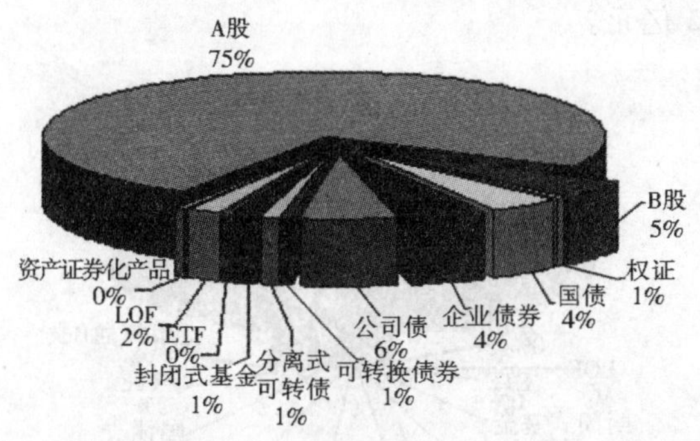

图5－2　2009年底登记存管的各类证券只数的占比情况

截至2009年年底，中国结算登记存管的证券面值为2.71万亿元（占比见图5－3）。其中，已上市流通A股面值1.39万亿元，流通B股面值271.55亿元，限售流通股面值6 269.41亿元，非流通股面值107.22亿元，权证面值104.30亿元，国债面值2 113.15亿元，企业债面值467.32亿元，公司债面值1 296.49亿元，可转换债券面值119.81亿元，分离交易可转换债券面值950.65亿元，封闭式基金面值888.66亿元，ETF面值354.96亿元，LOF面值165.18亿元，资产证券化产品46.46亿元。

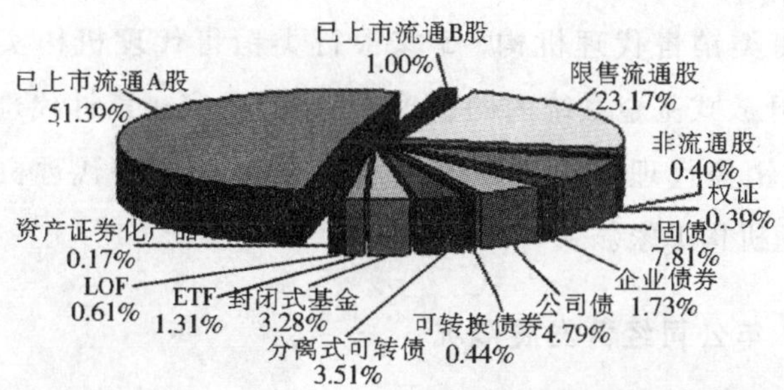

图5－3　2009年底登记存管的各类证券面值的占比情况

2009年末登记存管证券已上市流通市值为16.09万亿元（占此见图5－4）。其中，A股已上市流通市值15.01万亿元，B股流通市值1 806.40亿元，权证流通市值2 537.70亿元，国债流通市值1 947.66亿元，企业债流通市值464.36亿元，公司债流通市值1 304.75亿元，可转换债券流通市值165.94亿元，分离交易可转换债券流通市值816.25亿元，封闭式基金流通市值976.17亿元，ETF流通市值625.38亿元，LOF流通市值175.87亿元，资产证券化产品流通市值41.32亿元。

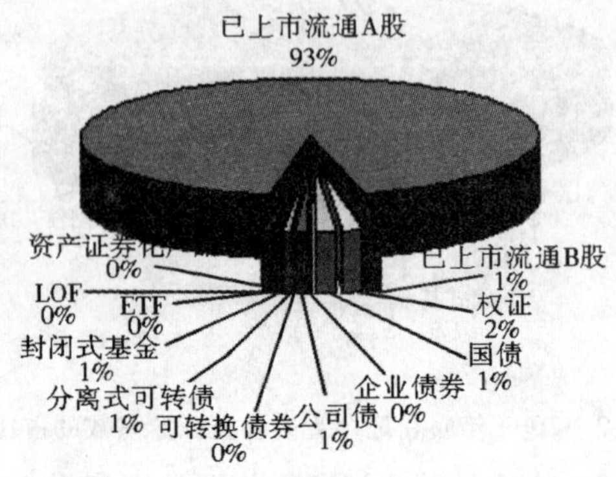

图5-4　2009年底登记存管的各类证券已上市流通市值的占比情况

3. 结算总额、结算净额较上年均略有增长。随着市场转暖，2009年中国结算的证券结算总额为185.22万亿元，较2008年增长0.71万亿元；结算净额为6.99万亿元，较2008年增长0.73万亿元。

4. 开放式基金业务稳步发展。2009年，开放式基金系统新增基金公司1家、券商类管理人13家；代理发行了26只基金、43只证券公司集合理财产品；与9家券商类销售代理机构、3家银行类销售代理机构实现联网。截至2009年年底，开放式基金系统内的管理人共有67家；累计代理发行理财产品211只；券商类销售代理机构总数达87家，银行类销售代理机构达到22家，其他类销售代理机构1家。

（二）2009年公司经营发展概况

2009年，中国结算在完善证券登记结算法规制度、促进证券市场创新发展、拓展登记结算业务、进一步完善结算风险管理、深化技术系统建设等方面，取得了新的进展。

1. 进一步完善证券登记结算法律制度。

（1）配合中国证监会推动无纸化《证券法》的立项和前期准备工作。组织专门的法案起草小组，起草了有关证券电子簿记（无纸化）的建议草案，对相关疑难问题进行专项研究。

（2）制定发布了《证券质押登记业务实施细则》、《基金管理公司特定客户资产管理登记结算业务指南》，修改发布了《结算银行证券资金结算业务管理办法》及《证券交易结算资金管理业务协议（适用于结算银行）》等业务规则，制定、完善了《结算规则》、《结算参与人管理规则》、《自律管理措施实施细则》、《可交换公司债券登记结算业务细则》、《境外上市公司境内发行股票登记结算业务实施细则》、《境外上市公司非境外上市股份登记存管服务指南》等规则草案。

（3）继续参与国际统一私法协会《中介化证券统一实体法公约》的制订工作。分析研究公约对我国后台制度建设的影响，提出相应的立法建议。

（4）配合中国证监会推动最高人民法院在制定审理国债回购纠纷案件的司法性文件中，进一步明确规定证券登记结算业务的相关基本制度。

2. 大力支持证券市场创新发展。

（1）建立并完善账户管理长效机制，积极做好账户日常管理工作。开展了资金账户数据报送和账户信息比对工作；积极与公安部身份信息查询中心沟通协调，有效开展投资者身份信息联网核查工作；对统一证券账户问题进行研究，提出了统一账户的初步方案；推动解决合伙企业开户问题，制定了相关业务操作指引；监督清理涉案违规账户，督促财通证券等9家证券公司对涉案违规账户进行清理；进一步清理注册资料不规范账户约13.5万户，截至2009年年底累计主动清理注册资料不规范账户约337.2万户；协助监管部门做好信托产品证券账户管理工作，配合新股发行制度改革，积极落实限制投资者多户申购的政策要求。

（2）大力支持交易所债券市场发展。积极落实上市商业银行重返交易所债券市场相关工作，做好相应业务技术准备，配合完成上海证券交易所、深圳证券交易所、中国结算、中央国债登记结算有限责任公司四方债券业务合作框架协议的签署工作；按照中国证监会要求，继续推进公司债券分类管理制度，配合研究可交换公司债涉及的法律等问题；根据财政部的要求，落实地方政府债的发行等工作；修改完善沪、深圳市场国债券款交付（DVP）发行的业务方案、业务细则，完成国债DVP发行准备工作。

（3）积极配合推进创业板投资者适当性管理制度。根据中国证监会要求，与深圳证券交易所联合发布《创业板市场投资者适当性管理业务操作指南》；整理了投资者首次交易时间数据，向全部证券公司集中发送；通过公司网站等多种途径为自然人投资者提供首次交易日期查询服务。

（4）积极配合新股发行制度改革。与上海证券交易所、深圳证券交易所、中国证券业协会等单位多次深入探讨，修订上报了沪、深证券市场的新股网上、网下发行的业务规则，进行了技术系统调整，联合组织了全网测试，保证了新股发行改革后 IPO 项目顺利发行。

（5）积极配合完善中关村园区公司进入代办系统试点工作。根据中国证监会、中国证券业协会关于完善中关村科技园区非上市股份公司股份报价转让试点制度的要求，制定发布了相关业务细则，调整了结算模式，确保了试点完善工作的顺利实施。

（6）积极配合债券质押式报价回购试点工作，包括配合起草相关规则、协议等，并开创性地采用“净额非担保结算”的结算方式，丰富了结算模式。

（7）做好跨境 ETF 和国际板的登记结算业务研究与规则制定工作。对跨境 ETF 和境外上市公司境内发行股票涉及的登记结算业务主要问题进行梳理和分析，积极配合做好相关准备工作。

（8）积极配合基金业务创新。制定了适用于联接基金托管银行的结算业务协议，并组织相关托管银行签订了协议，为基金公司参与 ETF 场内申购赎回业务提供了后台支持。

（9）配合上海证券交易所做好新交易系统上线的准备工作。成立了配合新交易系统上线指挥部，配合做好全程测试、非交易业务测试和全程全网测试等工作，制订、执行特别保障方案，确保了新交易系统顺利上线切换。

（10）支持中国证监会客户交易结算资金监控系统建设工作。就如何配合资金监控系统建设召开多次内部论证会，与中国证券投资者保护基金公司进行了多次会谈，基本确定了公司向资金监控系统报送数据的接口。

3. 积极拓展登记结算业务。

（1）做好境外上市公司非境外上市股份登记存管工作。截至 2009 年年底，共为 97 家境外上市公司办理了非境外上市股份集中登记存管手续，进一步提出了开展非上市公众公司股份登记存管工作的基本原则和框架性方案。

（2）正式启动上市公司国有股权信息监测数据服务工作。配合国资委，基本完成了上市公司国有股权信息监测涉及的数据统计内容确定和技术开发工作。目前已按国资委要求定期向其提供有关数据。

（3）推进采用、推广国际证券识别编码工作。为境内外证券公司、QFII、托管银行、金融数据服务机构等提供协助查询我国证券的国际证券识别编码（简称“ISIN 编码”）等服务。截至 2009 年年底，共为约 6 600 只金融工具分配了 ISIN 编码。同时，参与全国金融标准化技术委员会证券分技术委员会组织的证券发行人编码立项研究、行业标准体系框架建设等工作。

（4）办理上市公司股东大会网络投票业务。2009 年，共办理了 10 次上市公司股东大会网络投票业务。继续办理投资者网络服务身份验证业务。截至 2009 年年底，约 263 万投资者已成为公司网络服务用户。

（5）积极拓展开放式基金业务。成功推出新版开放式基金登记结算系统（TA 系统），实现了 TA 服务模式、批次处理模式、系统架构等方面的重大改进，解决了长期以来开放式基金业务运作和系统建设中存在的问题，为开放式基金业务拓展奠定了良好基础；成功推出全额非担保交收业务，解决了目前市场对货币基金 T+1 日赎回的要求；进一步开拓市场、扩大了市场份额。

（6）启动了投资者短信服务试点工作。研究制定了短信服务产品设计方案、业务细则、用户协议，并已开始向投资者发送短信，提供短信试用服务。

4. 继续完善结算风险管理体系。

（1）继续研究完善结算风险涉及的相关问题。就《中国证券登记结算有限责任公司结算规则》所涉及的交收批次、违约处理等重点问题，继续与市场参与者进行深入研究讨论，认真听取并吸收其意见及建议。

（2）进一步完善非担保交收系统。在深入梳理非担保交收业务、广泛征求参与人意见和需求的基础上，明确了非担保交收系统方案，实现了非担保交收系统支持多种交收期模式、多种结算模式的功能目标。

（3）全面推进对结算参与人、结算银行和托管银行的管理。根据《结算参与人管理规则》，审核批准了深圳发展银行、广东发展银行、邮政储蓄银行 3

家托管银行结算业务资格及权证结算资格，汇丰、渣打、花旗3家银行的QFII结算银行资格，上海银行的深圳市场结算银行资格，建设银行的B股资金直接划拨业务资格。

（4）加强结算风险一线监控。汇总整理了结算参与人风险指标数据信息，核对分析了参与人重点风险控制指标的达标情况。

（5）向建设银行申请人民币和外币授信额度，为所有结算银行向结算系统提供流动性支持进行试点。

5. 切实防范和化解结算风险、法律风险。

（1）推动国债回购纠纷案件处置工作的总体收口。对国债回购案件总体情况进行全面清理和总结，形成公司处置国债回购法律纠纷工作的指导意见；积极配合、协调中国证监会、最高人民法院，对国债回购案件整体解决提出新的修改意见和建议；多次走访相关地方法院和原告，推动案件尽快移送、审理和原告撤诉。

（2）继续推动落实《最高人民法院关于对证券登记结算业务相关的诉讼案件管辖与受理问题的通知》，协调部分法院将国债回购案件移送指定管辖法院审理。

（3）妥善进行质押券处置工作，配合中国证监会完成风险处置收口工作。为尽快弥补相关证券公司在结算系统形成的长期透支，2009年先后处置了相关证券公司的质押券。办理相关证券公司的质押券和相关资金的清退工作。协助中国证监会处理个别证券公司的历史遗留问题。

6. 不断深化技术系统建设。

（1）加强信息系统安全防控。按照中国证监会维稳工作要求，落实责任，完善风险应急预案，进行全面风险分析及排查，组织应急演练，加强应急准备，加强机房安保工作，确保了登记结算技术系统安全稳定运行。

（2）进一步优化了证券登记结算生产系统、开放式基金TA系统、通信系统、网络系统、灾难备份系统、数据仓库系统、公司网站系统、办公自动化系统、技术监控系统、凭证电子化系统的功能和性能，为证券市场的创新发展和登记结算业务的创新发展，提供了有力的技术支持。

（3）重大工程项目建设取得进展。中国结算上海分公司进一步提升了技术系统运能，实时交易处理能力得到大幅提升，参与人对账数据发送减少用时约

6分钟；同时，推进业务流程管理平台建设，实现了部分业务流程的电子化。中国结算深圳分公司完成运维管理平台建设项目管理流程模块的开发、测试及确认工作，以及业务流程管理（BPM）原型系统的验证项目。

（4）完成中国结算企业级数据仓库设计工作。结合公司业务发展目标，整体把握和梳理公司三地对企业级数据仓库的需求，完成企业级数据仓库的业务需求分析、应用架构、数据架构、技术架构、运维模式以及总体实施策略等设计工作。

（5）积极配合参与人，加强系统测试。完成了基金公司基金分级、封转开、定时定额等功能测试，为基金公司、银行、证券公司、销售公司等相关机构提供了开放式基金系统准入测试，为券商管理人提供了多轮集合理财产品联网测试。

（6）积极参与行业信息安全发展总体规划、信息系统安全管理办法、信息安全技术指引总体框架等行业内信息系统规划、办法的制定工作。

7. 进一步提高证券登记结算服务水平。

（1）积极开展参与人走访和培训。配合业务发展需要，走访上市公司、证券公司、结算银行等20多家机构，进行实地调研，了解市场情况，听取相关意见。同时，举办了多场集中培训会，进一步加强了对参与人登记结算业务培训。

（2）建立客户呼叫中心，为投资者提供“一站式”服务。上海分公司经过半年多的开发和准备，呼叫中心正式投入运行；深圳分公司继2008年完成呼叫中心一期工程项目后，二期工程项目2009年正式上线，丰富了客户服务手段。总部基金业务部门也专设了客户服务电话，加强了对开放式基金系统参与人的服务工作。

（3）加强投资者教育咨询工作。在北京市、上海市、深圳市举办了投资者教育网上咨询和现场咨询活动，解答投资者证券账户开立和证券登记托管等方面的问题，帮助投资者更好地了解证券登记结算业务。同时，还针对市场参与人比较关心的一些问题，汇总编制了《中国证券登记结算服务问答集锦》，在公司网站发布。

（4）全面改进远程服务工作。上海分公司推出参与人远程操作平台（PROP）数据交换系统，提供系统用户之间的数据交换通道；开发了一系列功能，尤其是针对投资人和上市公司的功能，进一步完善了远程查询服务；深圳分公司推出了发行人远程服务平台，收到良好的市场效果。

8. 深入开展证券登记结算研究与统计分析工作。

（1）密切关注国内外证券登记结算最新动态，编发了8期《证券登记结算境外动态》；深入开展跨市场ETF、中国预托证券（CDR）、跨境交易结算等创新研究，完成了多篇研究报告，印发《工作研究》19期。

（2）结合证券登记结算重点工作，深入开展了上市公司股权质押融资、证券公司定向理财资产托管服务、中关村报价转让制度、债券市场登记结算制度、市场参与人管理制度等课题的研究工作，提出了多项业务改革方案。

（3）继续组织落实“证券登记结算重大课题研究项目”和中国证监会证券期货法制研究计划中4个课题的研究工作。

（4）应对证券市场出现的各类热点问题，有针对性地开展统计分析，形成了多篇专题统计分析报告，为监管部门提供决策参考。

（5）加强统计管理工作。成立了公司统计工作小组，印发了《关于加强公司统计工作的通知》，进一步健全了统计工作机制。

9. 稳步拓展国际交流与合作。

（1）继续加强与境外证券登记结算机构的交流与合作。2009年按计划与香港交易及结算所有限公司开展了业务交流和交互培训活动，取得了良好效果。

（2）推动亚太中央证券存管机构组织（ACG）成立法律工作组，负责组织工作组的日常工作和研究项目，增强了中国结算在该组织中的影响力。

（3）结合业务发展和制度建设中的问题，邀请香港交易及结算所有限公司和日本证券存管中心的专家来中国结算举办专题讲座，对相关问题的研究解决起到了一定的作用。

第二节　2009年地方证券业协会的发展

一、重庆市证券期货业协会2009年发展报告

（一）基本情况

重庆市证券期货业协会（本部分简称"协会"）的前身是重庆市中国证券业协会，成立于1998年4月29日。2006年9月22日，经重庆证监局和重庆市民政局民间组织管理局批准，重庆市证券业协会正式更名为重庆市证券期货业协会。目前，辖区有1家证券法人机构，3家证券分公司，1家基金管理公司，5家期货公司和11家期货营业部，3家证券投资咨询机构，会员单位共有76家，证券从业人员约1 600人，期货从业人员约600人，基金从业人员约70人。

2009年，重庆证券交易总量为13 868亿元，比2008年的证券交易总量7 133.54亿元增长了约94.41%；期货交易总量为2.55万亿元，比2008年交易总量1.34万亿元，增长了90.29%。

全年，辖区76家证券经营机构全部实现盈利，4家期货公司盈利，1家期货公司亏损。

（二）业务发展情况

2009年是证券期货市场迅速复苏并稳健发展的一年，也是协会第三届理事会成立后开展工作第一年。新一届理事会在重庆证监局的指导和关心下，在会员的支持下，努力工作，锐意进取，各项工作取得明显成效。

1. 开展投资者教育工作，培育良好的证券期货市场环境。以中国证监会《关于进一步加强投资者教育、强化市场监管有关工作的通知》及中国证券协会《中国证券业协会会员投资者教育工作指引》为指引，从资本市场发展的全

局出发，采取不同形式组织开展投资者教育工作。

（1）2009年10月组织辖区会员单位参加“重庆市第二届金融博览会”。此次博览会充分展现了辖区证券行业为民服务的热情和投资理财顾问的专业水平，得到会场上万名投资者的好评。

（2）2009年11月组织辖区投资者500多人听取前中国证监会主席周正庆教授专题学术报告会，使到场的投资者们受益匪浅。

（3）2009年11月配合重庆证监局组织辖区各证券经营机构在营业场所内对投资者进行了防非法证券期货活动及创业板的宣传活动，使投资者进一步增强了风险防范意识。

（4）2009年12月积极配合中国证监会、中国证券业协会及深圳证券交易所投资者教育中心、中国证券投资者保护基金有限责任公司向辖区会员单位的投资者发放各种相关的宣传手册及光盘上万份。

（5）继续组织辖区会员单位开展投资者教育“红旗单位”评选活动。评选经过书面报告、现场检查、投票选举、理事会决议等程序，最后评选出10家会员单位为投资者教育“红旗单位”。此项活动增强了会员单位的荣誉感及责任感，形成投资者教育工作争优创优的整体氛围。

（6）与重庆电视台及腾讯大渝网合作，向投资者宣传证券知识及打非的专项投资者教育活动。

2. 签订自律公约，加强行业自律管理，严格规范经营行为。协会协调组织力量，进行调查研究，对辖区内原签订的证券《自律公约》进行修改，并于2009年4月29日签订了新的《自律公约》。从执行情况看，多数会员反映，乱杀佣金战得到一定遏制，市场竞争氛围得到较大改善。

3. 积极传导，发挥好会员单位与监管部门桥梁作用。

（1）充分与重庆证监局沟通，做好监管助手，共建辖区良好市场。协会一方面向下传达证监局监管方针政策；另一方面，将会员反映的突出问题归纳汇报给监管部门，力求做到上下一心，保证辖区行业自律工作与国家大政方针相一致，保障行业健康发展方向。

（2）编纂《重庆资本市场十年》，全面反映重庆资本市场发展。协会组织力量，依靠重庆证监局详细的历史资料和西南证券研究中心强大研究力量以及参与编纂的上市公司、证券公司、期货公司、基金公司的支持，历时半年，编纂完成了《重庆资本市场十年》上、下两卷。这是重庆市资本市场的阶段性成果总结，也是过去10年发展的理论总结，对今后市场的发展有很强的指导意义。

4. 树立服务意识，贴近会员做好服务。

（1）改版协会会员期刊，提升期刊质量。期刊由原来的《重庆证券期货》改版为《重庆资本市场》，并取得内部刊号，期刊从内容及形式上得到全面提升，充分反映了辖区会员单位的动态，通过这个平台使各会员单位之间得到相互了解和相互学习交流的机会。

（2）加强会员联系，强化服务功能。协会先后走访会员单位100余次，了解会员需求，传达相关政策。组织会员间大小范围工作联系会10余次，积极创造条件，搭建交流平台，让广大会员相互熟悉与理解，相互学习与提高，营造和谐共荣的市场环境。通过短信群发平台、QQ群等，及时通报协会事务等，做到及时、有效的沟通。协会网站经信息技术委员会多次讨论修改，于2009年6月正式开通，扩大了协会和广大会员单位的宣传渠道和交流平台。

（3）组织会员单位考察交流。协会一方面本着学习兄弟协会工作经验；另一方面本着宣传重庆特色，组织辖区会员单位多方交流学习，做到友好交流，相互学习，共同提高。

（4）组织辖区会员单位从业人员后续培训，提高从业人员的专业素质。协会根据会员单位学习需求及市场热点，及时安排培训课程，经过不同类型的专业培训，使辖区从业人员的业务素质不断提高。为保障辖区从业人员年检顺利进行，协会将培训学时及时上报中国证券业协会。

5. 做好证券、基金、经纪人从业人员考试巡考工作。协助中国证券业协会、组织重庆辖区2009年度从业人员资格考试。2009年，从业人员资格共考了约119场次，32 496科次；每次考试都全程参与了考试的组织、宣传、保障和巡查工作，考场秩序井然，未出现违规违纪情况。

二、甘肃证券期货业协会2009年发展报告

（一）基本情况

截至2009年12月，甘肃证券期货业协会（本部分简称“协会”）共有57家会员单位。其中，有52家证券经营机构会员单位，5家期货经营机构会员单位。年内，新设证券分公司2家，新增证券营业部2家，证券服务部转制为证券营业部19家，新增期货营业部3家。全年证券交易总额5 841.67亿元，其中股票、基金交易额5 588.42亿元，权证交易额247.06亿元。网上交易额5 132.36亿元，占总交易额的87.86%，利润总额95 435.14万元。有从业人员逾千人，其中经纪人及客户经理200多人。全年期货交易总额1 097.28亿元，利润总额343.56万元，年末客户权益1.78亿元。甘肃省上市公司协会共有会员单位25家，其中，上市公司会员单位21家，中介机构会员单位4家。

（二）2009年工作回顾

甘肃证券期货业协会和甘肃省上市公司协会（统称“两家协会”）以科学发展观为指导，紧紧围绕“自律、传导、服务”的办会宗旨，在中国证券业协会、中国期货业协会、甘肃证监局、省社会团体管理局的指导和理事会的领导下，在全体会员单位的共同努力下，加强协会自身建设和行业自律，积极开展投资者教育，努力服务会员，较好地完成了全年工作。

1. 召开两家协会2009年年会，全面总结2008年工作，部署2009年工作计划。2009年2月8日，两家协会联合召开了2009年会员大会。会议由协会秘书长陈籽宏女士主持，甘肃证券期货业协会会长李晓安和甘肃省上市公司协会副会长杨皓分别代表各自协会讲话。甘肃证监局副局长陈士轰到会并讲话，他对协会1年来的工作给予了充分肯定。会议全票通过了由陈籽宏秘书长代表两家协会向大会作的年度工作报告和财务报告。

2. 召开证券期货业协会2009年第一次临时会员大会和第二次临时会员大会，签订会员自律公约，完成协会换届工作。

（1）召开证券期货业协会2009年第一次临时会员大会。2009年4月13日下午，协会召开2009年第一次临时会员大会，专题讨论研究辖区会员自律公约。会议由李晓安会长主持。甘肃证监局副局长陈士轰同志到会并作重要讲话。《甘肃证券期货业协会会员自律公约》始签于2002年，为适应证券市场发展的需要，根据中国证券业协会的有关要求，协会秘书处与2008年10月开始组织人员进行修改，在借鉴兄弟协会经验和教训的基础上，经过与会员单位多方反复征求意见，几易其稿，并通过甘肃证监局审核，最终提交本次会员大会讨论研究。会议听取、审议并通过了陈籽宏秘书长向大会提交的《甘肃证券期货业协会会员自律公约》及《甘肃辖区佣金自律公约》。

（2）召开证券期货业协会2009年第二次临时会员大会。2009年7月23日下午，协会召开2009年第二次临时会员大会，完成协会换届工作。会议由陈籽宏秘书长主持。甘肃证监局副局长管兴业同志到会并作重要讲话。会议对二届理事会3年来的工作予以充分肯定，听取、审议并通过了陈籽宏秘书长向大会提交的《甘肃证券期货业协会二届理事会工作报告和财务报告》。至此，理事由21人增加到25人，常务理事由13人增加到15人，华龙证券公司继续出任会长单位，甘肃陇达期货经纪公司、海通证券甘肃分公司、国泰君安甘肃分公司、中信建投金昌营业部再次当选为副会长单位。

（3）召开期货经营机构会员单位会议，签订期货佣金自律公约。在对5家期货经营机构进行电话询问、调取有关资料、现场座谈、专题研讨等形式的充分调查研究后，形成了《甘肃辖区期货经营机构佣金自律公约》征求意见稿；在征得5家期货经营机构修改意见后，又与甘肃证监局进行多次研究沟通。2009年11月6日下午，协会召开了5家期货经营机构会议，在友好、自愿的气氛中签订了《甘肃辖区期货经营机构佣金自律公约》，大家一致表示要共同维护辖区期货市场的良好竞争环境，促进甘肃辖区期货市场的健康、稳定、发展。

（4）检查证券期货经营机构会员单位投资者教育工作。根据中国证券业协会和中国期货业协会的要求，2009年8~11月，协会秘书处组织人员对辖区4家期货经营机构会员单位、52家证券经营机构会员单位投资者教育工作进行了现场检查。为了做好这项工作，协会秘书处制订了较为详细的现场检查工作底稿。检查发现，随着投资者教育工作的持续开展，各机构已经普遍将投资者教育工作融入日常经营活动中，取得了比较好的效果。检查结束后，按要求对投资者教育工作进行了全面总结，制定了新的一年工作计划，同时上报中国证券业协会和中国期货业协会。

（5）组织“华龙证券杯”甘肃辖区第一届证券期货知识竞赛。为庆祝伟大祖国60周年华诞，甘肃监管局、甘肃证券期货业协会、甘肃省上市公司协会、华龙证券有限责任公司联合举办了以普及证券期货基础知识、进一步推进投资者教育活动为主要内容的知识竞赛。本次活动是对全辖区证券期货市场各方参与主体理论知识水平与投资者教育工作情况的全面检验，更是对全辖区证券期货从业人员提高服务意识与质量的极大鼓舞。辖区内有76个队共计700多人参加了竞赛。华龙证券公司作为独家赞助单位获得竞赛筹委会颁发的“特别优秀组织奖”，另有10个单位获得“优秀组织奖”，82名参赛选手获得个人优胜奖。

（6）配合甘肃证监局，努力做好行业自律工作。年内，配合上市处，通过深圳证券交易所，为各上市公司搭建了投资者互动平台；参与举办了2期上市公司高级管理人员培训班；与董事会秘书委员会共同组织了3次董事会秘书工作座谈会；与机构处联合举办了2期证券营业部数据报送员培训班；与机构处联合对有关证券经营机构的投诉进行了现场检查。

（7）提供协会2008年度发展情况报告。根据中国证券业协会和中国期货业协会的要求，向其提供《中国证券业发展报告（2008）》和《中国期货业发展报告（2008）》有关甘肃辖区证券期货业发展情况的材料。

（8）持续开展为会员单位代表过生日、送温暖活动。协会自2005年二届理事会上任伊始，本着以人为本、服务至上的办会理念，坚持为每一个会员单位代表过生日，送生日礼物，每月集体举行生日聚会，力求将协会办成充满人情味的“会员之家”。

（9）编印会刊。通过会刊，传播会员信息，展现会员风采。2009年会刊对长城电工、华龙证券及其有关营业部、南华期货公司及其兰州营业部、莫高股份公司等企业进行了专题报道。

（三）2010年工作要点

1. 加强自身业务学习，提升服务水平，促进会员创新发展。

（1）针对市场出现的新业务、新品种，加强自身业务学习。根据中国证券业协会和中国期货业协会的相关要求，协会秘书处要求工作人员必须具有证券从业资格或期货从业资格。

（2）随着股指期货的即将推出，证券公司介绍经纪商（IB）业务也将获得极大发展。由此产生证券业和期货业跨行业自律管理的新课题。为此，协会将组织开展会员调研，提出跨行业自律管理的意见和建议。

（3）了解会员的动向与需求，广泛听取会员的意见和呼声，向地方政府和监管部门反映会员愿望和要求，为会员公司发展争取更多的支持与帮助。

2. 进一步加强自律管理，维护行业规范有序发展环境。

（1）开展证券期货业自律检查。随着行业低佣金竞争状况越来越激烈，为维护行业整体利益，协会将进一步加强行业自律管理，通过要求各机构上报“协会自律管理信息”进行非现场检查，通过对投诉、纠纷的处理进行现场检查，维护行业规范有序发展。

（2）妥善处理矛盾纠纷。对会员之间、会员与客户之间出现的业务纠纷，协会将按照自律公约努力调解，进一步完善诚信激励机制和不诚信惩戒机制，维护市场健康竞争环境。

3. 继续做好投资者教育工作。督促会员单位建立投资者教育工作长效机制。充分利用会员单位贴近市场、贴近投资者的优势，督促会员单位建立投资者教育工作长效机制，配合监管部门各阶段工作需要，引导会员单位更新投资者教育宣传专栏内容，及时通报投资者教育工作经验。

4. 开展从业人员培训，提高从业人员素质。

（1）证券期货从业人员基本素质培训；

（2）证券从业人员后续职业培训；

（3）证券经纪人专项培训；

（4）股指期货（IB 业务）专项培训；

（5）营业部经理专项培训；

（6）董事会秘书（证券事务代表）专项培训；

（7）证券、期货机构数据报送员轮训。

5. 完成协会网站建设工作。

6. 完成中国证券业协会、中国期货业协会和甘肃证监局交办的各项任务。

三、广西证券期货业协会2009年发展报告

（一）基本情况

2009年，广西证券期货业协会（本部分简称“协会”）共有会员单位81家。其中，证券公司1家，证券营业部62家，期货营业部18家。协会秘书处共有4名工作人员。

（二）业务开展情况

2009年，协会在广西证监局的领导及各会员单位的大力支持下，围绕自律、服务、传导的宗旨开展工作，发挥了应有的作用。

1. 加强自律管理，促进了辖区经营机构的规范运作。2009年，协会进一步完善自律公约，推动自律监管工作向纵深开展。

（1）督促会员严格遵守《佣金公约》，维护市场秩序和会员利益。由于利益驱动，辖区部分证券经营机构降低佣金招揽客户、个别经纪人违反执业规范恶意争抢客户，给辖区证券市场的健康稳定发展造成不良影响。针对上述情况，协会对违规证券经营机构的负责人多次提醒，并分别在桂林市、柳州市召开辖区证券经营机构负责人专项会议，进一步强调严格执行《佣金公约》的重要性，维护了市场的经营秩序和全体会员的利益。

（2）进一步修订完善期货自律公约，促进期货市场良性发展。针对辖区期货经营机构数量迅速增长、价格战恶性竞争初显的苗头，2009年6月，协会召集辖区18家期货经营机构及5家筹建中期货经营机构负责人，就维护市场稳定问题进行专题讨论，推动与会机构达成共识，一致同意将手续费收取标准按交易品种划分为两大类，并约定最低手续费标准。协会根据会议讨论结果修订了《广西期货业自律公约》和《广西期货业交易手续费收取标准协议》等文件，并组织各期货经营机构于7月3日完成了自律公约的签订。

（3）对违反公约的不正当竞争行为予以及时处理，维护公约的自律性和公

信力。针对市场上出现的低佣金拉客户、不予或拖延投资者办理转托管和撤销指定交易等行为，协会及时予以妥善处理。据不完全统计，2009 年，协会共处理 20 余起投诉，及时制止了各类违规行为。

2. 积极推动投资者教育工作，成效显著。2009 年，协会高度重视投资者教育工作，并从以下几方面加以推动：

（1）明确要求，积极部署、指导会员开展投资者教育工作。结合广西壮族自治区证券期货市场的实际，制定并下发《2009 年广西证券期货业协会开展投资者教育工作的意见》，对辖区开展投资者教育工作进行部署并提出具体要求，为各证券期货经营机构实施投资者教育工作提供了操作指导。

（2）服务会员，组织做好投资者教育宣传资料发放工作。1 年来，协会认真筹划，及时向各会员单位发放了《创业板知识简明手册》、《股指期货入市指南》等一系列投资者教育宣传资料。

（3）认真组织开展投资者教育系列宣传活动，营造良好市场氛围，提高投资者风险意识。为更好地宣传和普及证券期货知识，提高投资者风险防范意识，引导理性投资，2009 年 11 月起协会组织策划了辖区投资者教育广场系列大型活动。首先，11 月 7 日在南宁市组织了有 44 家证券期货营业部参加的主题为“倡导理性投资，强化专业服务”的大型投资者教育广场宣传活动。据不完全统计，活动共散发投资者教育宣传资料 3 000 多份，上千位投资者接受宣传教育。随后，11 月下旬 ~ 12 月底，柳州、桂林、北海、梧州、玉林等十多个市、县也分别举办了投资者教育广场系列活动；同时，协调当地媒体全程参与并及时报道，扩大了投资者教育工作的社会影响。

（4）做好期货营业部投资者教育的检查工作。协会于 2009 年 7 月 21 日 ~ 8 月 21 日实施了对辖区 18 家期货营业部的投资者教育年度计划、宣传材料和经费预算等全方位检查。

3. 建立了经纪人诚信系统。证券经纪人是广西壮族自治区证券市场发展的生力军。为保障市场稳定健康发展，培育和规范证券经纪人队伍，协会在广西证监局的领导下开发了经纪人诚信系统。将辖区经纪人的相关信息录入系统，并随时更新，把握辖区经纪人的从业动态。同时，协会按照《证券经纪人管理暂行规定》和相关监管要求，在自律管理、资格考试、执业注册登记、后续职

业培训及执业行为监督检查等方面加强对经纪人执业规范的管理，稳步推动了证券经纪人队伍健康成长

4. 组织做好辖区从业人员的培训工作，专业水平稳步提升。证券从业人员的专业水平和道德水平是证券市场健康发展的重要因素。为此，协会下大力气组织多种形式的培训工作。

（1）做好辖区从业人员后续职业培训。2009 年 9 月 15 日，协会在南宁市举办辖区证券从业人员后续职业培训班，邀请海通证券、国海富兰克林基金公司的专家开展创新型封闭式基金、合格境内机构投资者及 QDII 基金等业务培训，辖区近 1 100 名从业人员参加了本次培训。

（2）组织会员单位开展对外学习考察活动。分别于 2009 年 7 月和 10 月，组织辖区期货经营机构和证券营业机构负责人到郑州商品交易所和山西证券太原迎泽大街营业部等单位学习考察。

5. 切实履行传导职能，认真做好会员服务。2009 年，协会进一步强化服务意识，创新服务思路和手段，进一步丰富和充实服务内容。

（1）办好会刊，发挥“传导”职能。积极号召会员单位投稿，多方位反映会员单位的文化生活。全年共征集会员单位稿件 34 份，采纳发表 29 份，内容涉及经营管理思路、成功经验介绍、生活感悟分享等。2009 年协会共编辑出版 4 期会刊，及时传递监管信息，报道会员动态，全面追踪证券市场发展状况。

（2）做好辖区证券、期货从业资格考试组织工作。2009 年，成功举办中国证券业协会组织的 4 次证券从业人员考试、4 次证券经纪人专项考试和 3 次基金销售考试，全区参加考试科次超过 3 万次。

（3）吸收发展新会员，壮大会员队伍。2009 年，随着辖区服务部升级为营业部，以及在辖区新设立分支机构，辖区内证券市场主体不断增加。协会积极指导，及时按程序办理入会手续，共有 25 家证券营业部和 8 家期货营业部加入广西证券期货业协会，协会会员队伍进一步壮大。

（4）举办辖区行业气排球比赛。为促进会员单位交流，4 月 25 日，协会在南宁市成功举办了广西证券期货业气排球比赛。来自辖区监管部门和证券期货经营机构的 45 支队伍 442 名运动员参加了比赛。

四、河南省证券期货业协会2009年发展报告

（一）基本情况

河南省证券期货业协会（本部分简称“协会”）由原证券、期货协会合并成立于2005年2月，是中国证券业协会特别会员。现行组织机构主要有：会员大会、理事会、证券和期货专业委员会、秘书处。现有证券、期货会员137家，协会秘书处现有5名工作人员。

（二）河南辖区证券行业2009年发展概况

2009年河南省共有证券经营机构108家。其中，法人经营机构1家，证券营业部77，咨询机构2家。2009年新设证券营业部11家，服务部升级28家（2010年入会）；投资开户数达320.5万户，实现手续费收入50亿元，净利润28.13亿元。

（三）业务开展情况

2009年河南省证券期货业协会在中国证券业协会和河南证监局的正确领导下，紧紧围绕期货市场维稳、投资者教育等有序开展各项工作，较好地完成了各项工作。

1. 召开第三次会员大会和第二届理事会，换届选举、增设专业委员会。近年来河南省证券期货行业发展迅速，证券经营机构数量不断增加，且证券期货行业人员流动较快。2008年年底，协会部分会长和理事会成员离职或脱离原单位，原组织结构已无法充分发挥应有作用。2009年协会召开了第三次会员大会，进行了换届选举，产生了协会新一届领导成员。为合理利用协会人力资源，提高办公效率，形成专事专议的工作制度，协会增设了证券、期货两个专业委员会，进一步完善了协会的组织结构。

2. 继续做好河南省证券市场维稳工作，持续做好投资者教育工作。2009年，国际国内经济形势尚未走出低迷区，投资者教育工作尤为重要，只有投资

者情绪稳定了，市场才真正具有稳定的基础。协会要按照中国证券业协会《投资者教育工作指引》要求，充分发挥协会功能，全面扎实落实投资者教育各项工作安排。

（1）与河南监管局共同组织的“打击非法证券活动宣传日”活动，辖区25家证券经营机构参与了这项活动，接受了3 600多名群众的现场咨询。

（2）与申银万国证券郑州营业部举办了投资者教育报告会，为投资者讲解投资方面的基础知识和策略，对股市存在的风险进行充分提示，辖区500多名投资者参加。

（3）配合河南证监局开展“投资者教育宣传月”活动，印制了10 000份防范非法证券活动典型案例宣传折页，组织发放给会员机构。

（4）为了更好地提高投资者创业板风险意识，督促会员做好投资者适当性管理工作，让投资者在充分了解创业板各项风险的前提下进行创业板投资，并发放《创业板知识简明手册》2 000余本，创业板知识宣传页3 000余份。

3. 深入调研行业主要矛盾，找准切入点，提高自律管理有效性。河南辖区资本市场在河南证监局监管与服务并举措施的强力推动下迸发出勃勃生机，呈现强劲发展势头。近几年来，辖区证券投资者开户数量大幅增加，转托管难、证券经纪人管理无序、非法网点等矛盾开始显现。2009年协会总结过去、着眼未来针对上述问题进行深入研究，修订、制定相关自律规则，提高自律管理能力，并设置了电话投诉专线和网上投诉专栏，共受理转托管、不合理收费等投诉60余起。

4. 开展不同岗位的专业后续职业培训，不断提高从业人员职业水平。证券市场发展需要大批专业人才，投资者教育工作质量与从业人员职业技能和职业素质密切相关，从业人员培训工作不可懈怠。2009年后续职业培训在授课内容方面，除中国证券业协会培训要求以外，协会经过与ATA公司多次协商达成合作共识，增设其他针对性的选修课程。协会反复对培训课件及网络系统进行了全面测试审核后，通过远程培训方式开展辖区后续执业培训，全辖区共计2 380名从业人员完成了后续执业培训，并顺利通过中国证券业协会组织的执业人员年检。

5. 不断拓展广度和深度，从业资格考试工作取得良好成效。2009年从业考试次数和规模创历史新高，证券从业资格、基金销售资格考试等，报考高达49 100多科次。为使河南考生及时获取考试信息，协会在网站、《大河报》、《证券日报》、《郑州商报》、《东方今报》等媒体刊登考试公告，并设置了咨询专线，接受大量社会咨询，最终效果良好。同时，协会在巡考过程中，对考试系统检查、严肃考风考纪等方面发挥了积极作用，圆满完成了各项考务工作。协会扎实落实各项工作，积极为考生服务，取得了良好的社会影响。

五、海南证券业协会2009年发展报告

（一）基本情况

截至2009年年底，海南证券业协会（本部分简称“协会”）共有会员单位61家。其中，证券公司2家，证券营业部26家，期货公司4家，期货营业部5家，A股上市公司21家，H股上市公司1家，中介会员2家。2009年净新增会员8家。其中，上市公司1家，证券经营机构4家，期货经营机构3家。

（二）业务开展情况

1. 加强辖区佣金自律，维护行业有序竞争。

（1）召开协会证券经营机构专业委员会会议。2009年2月16日，在电话调研的基础上，协会召开证券经营机构专业委员会会议，11家证券营业部的财务负责人参加，海南证监局机构处2名工作人员列席。代表们对如何测算地区成本佣金展开了讨论。

（2）召开营业部负责人座谈会并讨论佣金自律管理公约。2009年4月24日，协会举行了海南辖区证券营业部佣金自律管理暨投资者教育座谈会。海南证监局局长冯玉华、副局长邢力红应邀出席了本次会议。海南辖区23家证券营业部负责人参加了本次座谈会。

2. 积极做好维稳工作，持续开展投资者教育。

（1）组织辖区大型投资者报告会。2009年6月20日，协会联合上海期货交易所、新湖期货有限责任公司举行大型投资者报告会。海南证监局局长冯玉

华到会致辞，特邀瑞士信贷的陶冬博士到会演讲。海南辖区近千名投资者及十余家媒体也参加了本次报告会。

（2）协助召开创业板投资者教育工作业务交流会议。2009 年 7 月 23 日，协会协助海南证监局组织召开创业板投资者教育工作业务交流会议。

（3）组织召开辖区兼职新闻评论员工作会议。2009 年 7 月 27 日，协会联合海南证监局召开了辖区兼职新闻评论员工作会议，海南证监局副局长张海山到会并就兼职新闻评论员工作今后的开展进行了部署。《证券时报》的专家与辖区兼职新闻评论员进行了交流，会议还下发了《海南辖区资本市场兼职评论员行为规范》。

（4）召开投资者教育宣传月活动动员会议。2009 年 12 月 2 日，协会召开辖区投资者教育宣传月活动动员会议，要求兼职新闻评论员在公开媒体上发表关于防范和打击非法证券活动的文章。截至 12 月底，共有 21 家单位的兼职新闻评论员公开发表了23 篇文章。

（5）开展大型公益法制宣传活动。2009 年 12 月 4 日，协会协助海南证监局共同组织了防范和打击非法证券活动的大型公益法制宣传活动，辖区 20 余家证券经营机构派人参加，活动现场张贴了 30 余幅宣传挂图，散发了 1 万份宣传材料，接收公众和投资者法律咨询数十次。

3. 积极接受中国证券业协会的业务指导，做好委派的考务等工作。2009 年，海南辖区举行 4 次证券从业人员考试、4 次证券经纪人专项考试和 3 次基金销售人员从业考试。为保证考试顺利进行，协会继续做好有关考试教材征订，对社会考生做了大量的考前咨询、宣传工作，并按照中国证券业协会的安排，参与了每次考试的考场验收和现场巡考的组织管理工作，与监考和督考人员密切配合，保证考试规范地进行。

4. 做好经济普查等数据统计工作。

（1）组织会员单位做好第二次全国经济普查工作。根据中国证监会和海南省政府有关部门的要求，协会积极组织辖区会员单位参与第二次全国经济普查工作。督促各法人单位参加培训并按时上网填报有关普查数据，并将辖区证券、期货法人单位财务数据汇总后上报中国证监会和海南省统计局。

（2）证券经营机构交易数据的统计工作。协会负责海南辖区证券经营机构交易数据的统计工作，并将汇总结果反馈给各会员单位；同时，上报海南证监局、海南省政府金融办和人民银行海口中心支行，供有关部门决策参考。

5. 积极配合海南证监局工作。

（1）参与海南省第二轮修志编纂工作。受海南证监局的委托，协会将负责海南《金融志》中证券部分的编撰工作。

（2）参加网络舆情监控工作。协会参加了海南辖区网络舆情监控工作，并在日常的监控中发现一家非法证券咨询网站，将该网站向有关部门上报，对其进行了处理。

（3）开展反洗钱工作调研。2009 年 9 ~ 10 月，协会对会员单位开展反洗钱工作进行了调研，在对回收的调查表进行分析的基础上，协会人员重点走访了 4 家单位，了解“反洗钱”检查工作的内容，以及会员单位在处理“反洗钱”工作上普遍存在的实际困难。协会将调研结果形成书面报告上报海南证监局。

（4）参与基金销售机构现场检查工作。2009 年 11 月，协会与海南证监局、海南银监局共同组成联合检查组，对各基金销售机构自查情况进行现场检查。

6. 开展文体联谊活动，促进会员交流。

（1）组织坚定理想信念定向越野活动。2009 年 6 月 20 日 ~ 21 日，协会联合金元证券海口营业部共同组织坚定理想信念定向越野活动，海南证监局、海南中国证券业协会和金元证券海口营业部 40 余人参加了本次活动。

（2）组织海南证券业界第 4 届沙滩排球赛。2009 年 9 月 12 日 ~ 13 日，协会成功举办了“海南证券业界第四届‘中信建投杯’沙滩排球比赛”。本次沙滩排球赛共有 27 支代表队，近 300 名运动员参加，是海南辖区证券业界历次沙滩排球赛最大规模的一次赛事。本次沙滩排球比赛丰富了证券从业人员文体生活，加深了海南省证券经营机构相互之间的沟通交流，营造了海南省证券业和谐发展的良好氛围。

（3）组织会员单位参加省金融办金融系统晚会。2009 年 9 月 30 日，组织辖区内证券、期货经营机构的负责人参与了海南省金融系统迎国庆晚会，并选送了晚会节目，代表海南省证券业界祝福祖国 60 华诞。

六、黑龙江省证券业协会2009年发展报告

黑龙江省证券业协会（本部分简称“协会”）在中国证券业协会、黑龙江省证监局等主管部门各级领导的关心下，在全体会员的支持下，认真履行“自律、服务、传导”职责，切实做好各项工作，顺利完成了各项工作任务。

（一）自律管理工作

按照中国证券业协会下发的《关于进一步加强证券交易佣金自律管理工作有关事项的通知》要求，结合前期全辖区实施的《佣金自律公约》，协会遵照公平、公正、公开的原则，确定了成本佣金测算机制和日常监督检查和投诉举报制度。协会要求各会员单位严禁低于成本的不正当竞争行为，并鼓励业内各方互相监督，投诉举报热线由指定专人负责接听和记录，并就投诉与举报的真实性进行认真甄别和调查。这一工作的开展，在一定时期内和一定程度上遏制了恶性竞争，增加了行业收入，也推动了证券营业部努力提高服务质量和经营管理水平，维护健康有序的市场环境。

（二）诚信建设工作

诚信建设是资本市场发展的必然要求，是实现行业自律的基本条件。协会确立了“倡导诚信文化，加强诚信建设”的目标，从2009年1月起受理“诚信营业部”评选的申报材料。根据《黑龙江省证券业诚信营业部评定方案》和《黑龙江省证券业诚信营业部评定办法》，经过营业部自愿申报、公司推荐、主管部门初评、业内公示和评委投票、评委会评定等程序，共11家证券经营机构被授予“诚信营业部”的光荣称号。协会严格按照“公开透明、自愿申报、标准控制、能上能下”的原则，根据行业发展的实际情况，不断修改和完善《黑龙江证券业诚信营业部评定方案》及《评定办法》，保证诚信建设的经常化和制度化，使诚信经营的理念真正成为辖区证券经营机构吸引客户的无形资产。一年来协会还加强与中国证券业协会的诚信信息交换，及时向中国证券业协会传送对本辖区会员进行的奖励和处分信息，查询辖区所属会员的基本信息

和奖惩信息记录，积极配合中国证券业协会做好行业诚信建设工作。

（三）投资者教育工作

投资者教育是资本市场一项重要的基础制度建设，也是资本市场文化建设的重要内容。近年来随着证券市场的快速发展，辖区投资者数量也迅猛增加。2009年正值《证券法》实施10周年，根据中国证券业协会和黑龙江省证监局的要求，协会将投资者教育工作列为工作重点，制定了《投资者教育方案》，积极开展丰富多彩的投资者教育活动。针对创业板的开通，协会与中国证券业协会、深圳证券交易所向各会员单位和广大投资者发放了《创业板知识简明手册》、《创业板知识系列手册》、“创业板知识”折页等宣传资料；利用《证券法》宣传日活动在中央大街和市区主要街路与市民现场宣传投资者教育知识；要求各会员单位在营业场所醒目位置设立投资者教育园地，张贴协会统一印制的条幅、“辖区合法证券经营机构一览表”和投资者教育、创业板风险揭示等宣传画；同时，开通专线电话，继续面向社会为普通投资者提供辖区合法证券经营机构的查询和举报投诉，帮助投资者树立风险防范意识，打击非法证券交易活动，解决证券业务纠纷，保护中小投资者的利益。

（四）后续职业培训和证券从业人员考试工作

开展后续职业培训是中国证券业协会赋予地方协会的重要工作职能，也是全面提高从业人员业务素质的必要途径。根据《证券从业人员资格管理办法》及《证券从业人员资格管理实施细则》的规定，在培训工作中协会始终坚持标准，把提高培训质量放到首位，在培训内容上努力提高针对性，根据市场发展和从业人员的需要确定培训内容，2009年安排了“中小企业板及创业板市场”、“股指期货及证券公司IB业务”等方面的内容，尽可能使学习内容与工作需要和市场发展紧密结合起来。协会充分利用先进的网络科技平台，为每位受训学员建立学习档案，从课件阅读、课后作业、论坛参与和考试成绩4个方面对学员的学习情况进行综合记录和测评，使其达到《证券从业人员后续培训大纲》的要求。辖区123家会员单位的1 723名从业人员全部参加了培训，考试合格率占从业人员总数的98%以上。

10月，协会积极配合黑龙江省监管局机构处举办了辖区高级管理人员合规培训班，聘请业内合规管理、经纪业务营销及人民银行反洗钱等方面专家，针对证券营业部风险控制、合规管理、营销行为与技巧、反洗钱等焦点问题作了专题培训，并在培训后进行了测试。此次培训切实提高了辖区证券从业高级管理人员的专业素养和职业道德，增强了合规经营意识，为《黑龙江辖区证券营业部客户服务监管指引》的有力执行奠定了良好的基础。

2009年以来，围绕证券从业人员考试，协会根据中国证券业协会的要求，继续开展了教材发行、考试推广、考场检查验收、考试巡考、考务工作总结等一系列工作。特别是省内主要考点发生了严重的甲型H1N1禽流感疫情，致使第3次从业资格考试、经纪人专项资格考试和基金销售资格考试延误。协会在这种特殊情况下，快速启动考试应急方案，迅速联系具备考试条件的其他考点，利用休息时间检查考点环境、设备，为考点考务人员进行考试流程操作的全程培训，经过检查和测试，最终确定4所高校为考点。针对个别考点路途偏远的情况，协会积极与中国证券业协会和全美测评软件系统有限公司联系、沟通，为考生开通了紧急通道，确保了考生顺利开考。全年辖区38 600多科次的考试均未出现纰漏和失误。同时，全省证券从业人员考试水平证书的发放工作、执业资格证书的年检工作和经纪人证书的发放工作也按相关要求有序推进。

（五）维护行业利益，全心全意为会员服务

充分发挥协会的服务和传导职能，维护行业利益，服务会员单位，是协会的重要职责。1年来，协会通过与通讯、银行、电力等部门的沟通协调，为会员排忧解难，维护权益。协会积极参与黑龙江省证监局制定的《黑龙江辖区证券营业部客户服务监管指引（征求意见稿）》的讨论，按照掌握的实际情况提出建议，组织会员单位学习交流，并大力配合机构处在全辖区推行，要求会员单位按照《黑龙江辖区证券营业部客户服务监管指引（征求意见稿）》的内容开展各项业务，提高会员单位的服务质量。协会通过特刊和网站等形式宣传政策法规，报道行业动态，推广先进经验，披露会员单位经营业绩和排名，加强与会员单位的沟通和交流。协会认真做好“龙江证券互助基金”的管理工作，树立

“同行互助、同业自救”的和谐证券理念。5月，中信建投证券哈尔滨中医街营业部一名互助对象罹患恶性脑瘤，互助基金管理委员会及办公室按照管理办法规定的程序调查核实后，在最短的时间内将互助基金10 000元发放到该互助对象手中，并代表全辖区从业人员送上了真诚的祝福。此举不仅缓解了当事人和其所在单位的经济压力，也为互助对象送去了深切的关爱和鼓舞，体现了“以人为本、和谐同业”的精神。协会组织开展各类活动，增强行业的凝聚力。为纪念新中国成立60周年，协会组织会员单位开展“红色之旅”活动，共同回顾革命历程，珍惜今天的幸福生活。预计年末举行的篮球比赛因甲流疫情延期至2010年春季举办，协会已通知各单位有计划地组织训练。这些活动不仅丰富了员工的业余文化生活，也增进了券商间的交流和情谊。

（六）积极参与公益慈善事业

在积极促进会员单位创造经济效益的同时，协会还根据从业人员学历高、收入高、年龄低的特点，号召全行业员工热情投身公益事业，尽自己的一份社会责任。2008年3月设立了“龙江证券爱心基金”，将第一笔捐款捐助给了汶川地震灾区，并继续做好“爱心基金”的管理工作。2009年8月开始，协会和黑龙江省青少年发展基金会共同在省内贫困地区选址，将用爱心基金建立一所希望学校，同时也将希望学校作为从业人员的教育基地。协会遵循“公开透明、专款专用”的原则，严格审查资助项目，将会员单位捐赠的善款用于救助因不可抗力因素发生意外和社会各类急需资助的弱势群体，以在全行业中进一步展现“奉献爱心、回报社会”的中华传统美德。“龙江证券爱心基金”的建立，形成了行业长效的捐助机制，也为构建和谐证券赋予了新的内涵。

（七）提高工作效率，加强协会内部建设

协会内部建设是做好各项工作的基础，也是履行协会职能的重要保障。协会秘书处在日常工作中始终坚持“服从领导、服务会员、务实创新、遵守职业道德和勤俭节约”的五项工作原则，在内部建设上建立健全了岗位责任制，完善了财务管理、文件归档和会员档案管理等各项制度，制定了重要工作请示办法和工作程序，保证了会员单位对协会工作的有效监督。

七、吉林省证券业协会2009年发展报告

（一）协调省地税局，免缴客户资金利息所得的个人所得税

2009年10月，吉林省地方税务局下发文件要求证券公司补缴2007年8月15日至2008年10月9日之间客户交易结算资金利息的个人所得税。此文件在行业内引起巨大反响。经初步调查和估算，仅长春市38家证券营业部应补缴纳税金近980万元，涉及纳税人（客户）60万。2008年10月至2009年年底，转托管及销户无法补缴的纳税人占20%，人数涉及12万左右。全省应补缴纳金额将超过3 000万元。

吉林省证券业协会（本部分简称“协会”）将调查情况向吉林证监局进行了汇报，局领导高度重视，并以吉林证监局的名义代表全行业向吉林省地方税务局发出《关于证券公司代扣代缴客户交易结算资金利息所得个人所得税问题的函》。考虑到股民流动性大，涉及人数众多，过时追缴操作难度极大；如强行追缴可能导致纠纷，不利市场稳定；如果代扣代缴单位支付，影响券商的利益，又会对吉林金融市场的软环境产生不利影响，经过多番磋商，经吉林省地方税务局反复研究相关政策，从社会稳定出发并结合吉林省实际，决定停止追缴2007年8月15日至2008年10月9日之间客户交易结算资金利息应缴的个人所得税。协会不仅维护了吉林辖区市场的稳定，也维护了全行业的整体利益。

（二）改组期货分会领导机构，签署行业自律文件

协会先后召开期货业分会第二次理事会和监事会会议，就分会理事会、监事会进行改组、行业自律管理等议题进行充分讨论。2009年4月18日召开分会第二次临时会员大会，讨论并通过了期货业分会理事会和监事会候选人名单，改组了分会的领导机构。同时，会议还表决通过了《吉林省期货经营机构自律公约》及检查办法、《吉林省期货经营机构居间人行为自律准则》、《期货业分会2009年工作计划》。这次会议标志着分会新的领导机构的产生。自律公约和自律准则的签署，也标志着吉林省期货行业自律进入一个新的阶段。为了

提高期货从业人员的业务素质，协会还向大连商品交易所申请在长春市开办大连商品交易所期货学院长春分院。第1期培训期货分析人员32名，开创了吉林省自主办学培养期货从业人才的先河。

（三）开展现场检查，巩固行业自律成果

证券行业不正当竞争行为在全国范围愈演愈烈，佣金水平急剧下滑。面对这样形势，协会借助局里组织的机构监管、营销工作会，分析形势和危害，提出严格执行约定的要求并牵头组成3个检查小组于2009年6月15日至26日对长春市38家营业部交易佣金情况、经纪人展业等情况进行了现场检查。

根据检查的结果，协会及时对检查情况进行了全省通报，对一直以来坚持行业自律、诚信经营、为辖区行业稳定做出贡献的营业部给予通报表扬，认定为2009年诚信营业部，2010年佣金自律免检营业部致函营业部所在公司建议公司给予表彰。对未达标的营业部，协会限期整改，并将进行复检。同时，为了保持自律成果，协会还建立了自律检查长效机制，实行轮流值班检查制度，保障长春市市场的稳定有序发展。

（四）进行现场检查，落实投资教育工作

按照中国期货业协会的部署，为了贯彻《期货投资者教育公司指引》精神，把投资者教育工作落到实处。协会于2009年7月1日至29日对全省4家期货公司、11家营业部投资者教育工作进行了检查。检查分两个阶段进行：7月和8月为机构自查阶段；9月为现场检查阶段。经过非现场检查和现场检查，总体上看吉林辖区各会员单位的投资者教育工作基本符合通知的要求。各单位都能够重视投资者教育工作，能够指定高级管理人员和专门部门负责投资者教育工作的开展和落实。

在汇总检查情况的基础上，协会将投资者教育工作的检查情况通报了各会员单位，同时形成文件上报中国期货业协会。协会就投资者教育检查工作已形成长效机制，定期进行检查和总结，发现问题及时纠正和处理。

（五）开展培训活动，提高从业人员整体素质

为了提高从业人员的整体素质，根据年初制订的培训方案，从2009年3月

至10月，协会针对不同对象、根据不同需求，先后举办了大连商品交易所期货学院分析师研修班、银行基金销售人员考试考前辅导班、证券从业人员后续教育、经纪人后续教育、证券分析师拓展等多项培训，累计培训人数达3 100多人次。承办了证券营销经验交流会，高级管理人员合规培训班，上市公司董事、监事培训等项培训工作，培训各类人员达700多人次。

（六）做好考务工作，保证考试顺利进行

2009年是中国证券业协会从业人员考试改革的一年，考试频次增加，考生人数增多，考务工作量大。全年协会共承担证券从业人员资格考试4次，基金销售人员考试3次。此外，期货从业人员考试2次，全省考试科次近4万科次。

面对繁重的考试任务，协会依然认真做好各项考试相关工作，安排专人负责销售各种考试教材，全年共计销售教材和辅导书籍3 479本。接听电话答复考生关于考试的各种咨询。认真做好每场考试的考前检查，重点检查考点的硬件设施和应急措施的准备情况。考试期间派驻巡考人员，保证良好的考场秩序，防止违纪行为和预防突发事件的发生。

（七）积极采取措施，做好甲流预防和突发事件应急工作

2009年甲型H1N1禽流感大爆发，吉林省中国证券业协会高度重视，及时转发了中国证券业协会和期货业协会关于做好预防甲流的文件，要求各会员单位做好交易场所消毒，提醒投资者做好预防，发现病情及时上报，避免出现大面积的感染。

同时，2009年也是国庆60周年，为了保证营业场所正常的经营秩序，协会及时转发了中国期货业协会关于紧急事件应急处理的宣传材料，要求会员单位“宣传挂图上墙、手册人手一份”，把应急措施记在心中，防患于未然。

（八）走访调研，举办研讨会，开展业内交流

协会与证监局非公开发行公司监管处一同走访四平市、白城市、白山市、松原市等地，帮助有上市愿望和要求的企业就改制方案设计、上市流程以及具体的法律事务等内容提供了大量的咨询，帮助企业了解上市流程，做好前期的

准备工作。

协会还协助中期嘉合期货公司长春营业部举办秋季投资策略报告会，邀请中期研究所钢铁、农产品的研究员和具有丰富实盘交易经验的市场人士为广大投资者分析市场发展趋势，交流操作技巧。

（九）建立各种 QQ 群，提高办事效率

协会在原有已经建立的上市公司董事会秘书交流 QQ 群的基础上，增加了证券营业部总经理群、联系人群、证券分析师群、期货分析师群。通过建立各种 QQ 群，不仅加强了协会与会员的联系，也增进了会员之间的联系；同时，通过网络及时发布各种通知和公告，实现网上办公，大大提高了办事效率。

（十）完成年度审计，财务账目清晰

按照省民政厅的要求和协会章程规定，协会先后接受省民政厅和中准会计师事务所对财务工作进行的审计，同时还首次接受了审计署驻吉林省特派办的审计。针对审计中出现的问题，协会及时进行了整改和纠正，整改工作也得到了审计单位的肯定。

此外，协会还认真做好辖区网点饱和度调研工作，及时完成辖区证券营业部经营数据统计工作，认真处理来自投资者的查询和投诉，做好秘书处内务管理工作。

八、江苏省证券业协会 2009 年展报告

（一）基本情况

2009 年江苏省证券业协会共有会员单位 235 家。其中，证券公司会员 5 家，地区管理总部会员（或分公司在筹）3 家，证券营业部会员 224 家，咨询机构会员 3 家。与 2008 年相比增加营业部会员单位 17 家，减少法人证券公司会员 1 家 。

（二）业务开展情况

2009 年在江苏证监局的领导、支持和全体会员的共同努力下，围绕江苏省市场及行业发展的需要，协会切实履行"自律、服务、传导"三项职能，认真贯彻理事会的各项决议决定，各方面工作均取得了新的进展。

1. 加强自律管理，组织开展成本佣金测算，维护行业秩序。协会把加强自律管理作为日常工作的一条主线。分别在南京市、苏州市、无锡市和常州市召开了专项座谈会，收集汇总了全省经纪业务相关的各项数据，对近 5 年江苏省证券营业部成本佣金率进行测算分析。经理事会议决议通过和主管局同意协会秘书处拟订出台了《关于进一步加强证券经纪业务自律管理，维护江苏地区市场秩序的指导意见》和《关于建立江苏地区经纪业务成本佣金测算机制，进一步加强佣金自律管理的方案》。

2. 积极深入开展投资者教育活动，增强投资者风险意识。

（1）结合创业板推出和调研，开展了对会员单位投资者园地建设以及投资者教育活动等方面的检查。

（2）以江苏省第二次金融博览会为平台，积极宣传股指期货和创业板知识，配合创业板推出在媒体以专刊连载的形式开设创业板投资者教育专栏，开展法律法规宣传、新业务介绍和风险揭示等。

3. 结合市场热点问题，分区域开展针对性的调研活动。学习和落实《证券公司监督管理条例》，开展对苏州市、南通市、无锡市、常州市等地区的市场调研。围绕经纪业务合规与自律管理及诚信建设、投资者教育、经纪人制度建设等议题讨论交流。

4. 认真组织完成后续职业培训。根据行业内阶段性工作部署和要求，分别举办省内证券经营机构高级管理人员培训班、第 11 期证券营业部负责人创业板培训班和部分省内证券从业人员后续职业教育培训班等，保质保量地完成了培训工作任务。

5. 组织行业培训，促进两岸交流。组织会员单位负责人及业务骨干参加我国台湾金融研训院举办的市场营销、股指期货、融资融券等业务培训，考察台湾地区证券市场，参观台湾证券交易所，建立了两岸证券行业间学习交流的平台。

6. 升级信息系统，提高工作效率。对协会数据信息库功能和结构分阶段进行调整升级，进一步完整汇总会员单位相关信息，及时为会员单位提供数据查询服务106件。

7. 做好监管助手，完成交办的各项工作。

（1）根据中国证监会和证监局相关职能部门的指导意见，对江苏省13个市及所辖各区、县（市）的人口数量、经济总量、现有证券营业网点分布及地区市场秩序现状等进行动态综合分析，并向中国证券业协会报送全省各市（区、县）证券营业网点饱和地区名单。

（2）根据中国证监会基金部总体安排和主管局要求，对省内2家银行的基金销售情况进行综合检查。

（3）受理来信来访144件，及时妥善处理各类投诉事项，积极维护市场秩序和行业利益。

8. 认真履行特别会员职责，完成中国证券业协会交办的相关工作。

（1）认真做好证券经纪人证书发放和管理工作。

（2）继续配合做好考试教材订购发放工作，认真检查考试系统保障工作的落实情况，完成对资格考试考场验收和现场巡考工作。

九、江西省证券期货业协会2009年发展报告

（一）协会基本情况

江西省证券业协会成立于1995年12月8日，是辖区证券、期货经营机构依法自愿组成的行业性、地方性、自律性社会团体法人单位。2003年8月29日，第二次会员大会同意更名为“江西省证券期货业协会”（本部分简称“协会”）。

截至2009年年底，协会共有会员单位73家。其中，证券机构61家，期货机构12家，媒体1家。会员大会为协会最高权力机构；协会设理事会、秘书处及经纪业务自律委员会、教育培训委员会、法律事务委员会3个专业委员会。

（二）2009 年协会主要工作

2009 年，江西省证券期货业协会在江西监管局的领导下，在中国证券业协会、中国期货业协会的业务指导下，全面深入发挥“自律、服务、传导”职能，各项工作取得了积极成效。

1. 当好江西证监局的助手。

（1）协助江西证监局举办了“江西证券期货界 2009 年新年联欢会”，江西证监局及辖区证券期货经营机构和上市公司共 500 余人欢聚一堂，喜迎新春佳节。

（2）召开了 2 次地区协调人座谈会，协会和机构处负责人出席会议。

（3）会同江西证监局机构处编印了 4 期《投诉简报》，对被投诉单位进行了公开通报和现场取证，使愈演愈烈的佣金价格战得到了一定的遏制。

（4）帮助协调了一家会员公司内部的纠纷，化解了矛盾。

（5）协助局机构处做好辖区证券网点分布调研，在其指导下确定并向中国证券业协会上报了辖区证券网点饱和地区名单，在中国证券业协会网站上公示。

2. 认真做好中国证券业协会交办的工作。

（1）认真组织好辖区内证券业相关资格考试工作。为了考试的顺利举行，协会秘书处设立热线电话，发布考试信息，做好考生的咨询工作。同时，主动与考试承办单位 ATA 公司和各考点院校联系，检查考场的准备情况，进行考试测试和现场巡考工作，确保考试工作顺利进行。

（2）在辖区组织发放了《投资风险案例》光盘、创业板投资者教育系列手册等宣传材料。

（3）于 2009 年 2 月下旬和 9 月中旬分别上报了江西辖区近年来佣金自律管理工作的情况汇报和辖区 2009 年上半年佣金报告。

（4）做好辖区空白证券经纪人证书发放管理工作，共计发放 1 000 份空白证券经纪人证书。

3. 认真做好中国期货业协会交办的工作。

（1）配合做好期货资格考试考务工作，做好考试咨询、考点检查和现场巡考等工作。

（2）加强与中国期货业协会的信息沟通，建立了定期邮件联系机制，及时转发中国期货业协会重要文件及通知。

（3）按照中国期货业协会统一布置开展了辖区期货会员单位的投资者教育检查工作。协会先后组织力量对辖区法人单位江西瑞奇期货有限公司和8家期货营业部进行了现场检查，其他单位采取非现场检查方式。协会克服时间紧、任务重、人员少的困难顺利完成任务，并上报了《江西辖区期货经营机构投资者教育工作检查汇总报告》。

（4）协助中国期货业协会做好处置突发事件宣传材料的发放工作。

4. 坚持抓好一年一度的评先评优工作。决定授予12家单位为“2008年度先进证券营业部”，2家单位为“2008年度先进期货营业部”称号。评定78名同志为2008年度江西省证券、期货业优秀从业人员。

5. 积极开展学习、培训、研讨活动。

（1）联合瑞奇期货有限公司在南昌市联合主办了“2009钢材市场形势、期货投资报告会”。报告会得到上海期货交易所的大力支持。来自全省钢材生产、加工、销售企业的近百投资者到会，听取了上海期货交易所、钢之家网站等专家的精彩演讲，受到热烈欢迎。

（2）联合深圳证券交易所在南昌县、赣州县举办了2期创业板培训班。深圳证券交易所派专家分别就创业板市场的定位与特点、创业板投资者适当性管理、创业板客户交易行为管理与风险控制等内容作了精辟讲解。参加培训的对象为营业部有关负责人、业务主管。2期培训班共培训约480人，.受到与会人员的欢迎。

（3）联合《上海证券报》、申银万国证券在南昌县举办了“2009《上海证券报》－申银万国投资者教育全国行活动第六站‘走进南昌’”。活动中向投资者发放了《投资者教育手册》、《股民学校初级教程》、《股民学校中级教程》等多种投资者教育材料。

6. 开展各项有益的活动，增强会员之间的交流和沟通。

（1）成立了省证券期货业篮球联队。

（2）组织辖区内证券期货行业部分高级管理人员在西海温泉度假村举行了

联谊活动。

（3）由省协会主办、江南证券承办了“江西省证券期货业‘江南证券杯’羽毛球赛”。这次比赛为全省证券期货行业羽毛球爱好者提供了一个交流平台，受到大家热烈欢迎。

7. 办好协会刊物，做好为会员服务的信息交流和统计报表等工作。协会秘书处继续认真做好辖区会员单位交易量和财务数据月统计报表工作，开展同业交流、汇总，综合编写了《江西辖区2008年度证券经纪业务报告》供局领导参阅，并为会员单位进行经营分析提供数据服务。全年共编写出版了《江西证券期货》4期，刊登了大量文件、讲话和业内重要信息、资料，起到了很好的学习交流的作用。

十、辽宁证券期货业协会2009年发展报告

在辽宁证监局、中国证券业协会和中国期货业协会的监督指导下，在各会员单位的大力支持下，一年来，辽宁证券期货业协会（本部分简称“协会”）从行业实际出发，认真贯彻理事会的各项决议、决定，切实加强行业自律，努力推进诚信建设，不断提升服务水平，使各方面工作取得了一定进展。

（一）开展诚信建设，加强行业自律

诚实守信是资本市场的客观要求，是实现行业自律的基本条件。一年来，协会根据理事会的要求，积极推进诚信建设，努力加强行业自律。

1. 继续开展诚信营业部评定工作。为了保证诚信建设的经常化和制度化，按照“公开透明、自愿申报、标准控制、能上能下”的原则，修订了《辽宁证券期货行业诚信营业部评定方案》及《评定办法》。并于2009年11月起受理了13家证券期货营业部的申报。经过行业公示和评委评审，共有11家证券期货营业部被评定为诚信营业部，使辽宁省诚信营业部总数达到72家，占全省证券期货营业部总数的46%，推动了辽宁地区证券期货市场的规范健康发展。

2. 维护行业利益，积极开展佣金自律工作。在理事会与广大会员的支持下，为了制止证券经纪业务中的不正当竞争，协会根据中国证券业协会

［2009］18 号文件要求，于 2009 年 4 月组织有关人员对辽宁地区的平均成本佣金标准进行了测算，并于 2009 年 7 月 1 日起在全省实施。同时，从证券市场实际出发，制定了 6 项自律准则和不正当竞争投诉举报、现场检查及违纪处分办法。从 2009 年 7 月 1 日至 2010 年 4 月底，协会共组织人员现场检查证券营业部 49 家，受理投诉 26 件，通报批评证券营业部 4 家，谈话批评证券营业部 6 家，编印佣金自律工作简报 5 期。为了加强期货行业手续费自律管理，根据试行的《辽宁地区期货行业自律公约》，协会于 5 月对期货会员单位履行此公约的情况进行了检查，共检查期货经营机构 13 家。以后又于 12 月组织召开了座谈会，根据行业实际对《辽宁地区期货行业自律公约》进行了修订和调整，并于 2010 年 1 月起正式实施。2010 年 4 月股指期货出台后，期货工作委员会及时召开会议，制定了《辽宁地区股指期货手续费收取标准的指导意见（暂行）》，为建立市场的正常秩序起到了积极作用。

3. 按照中国期货业协会的要求，于 2009 年 7 月 29 日至 8 月 28 日对期货营业部投资者教育工作进行了检查。

4. 制定下发了《关于订立期货行业居间人合同的通知》。明确了相关各方的法律责任和权利，进一步规范了期货经营机构的居间人管理，同时按要求对各期货会员单位订立的期货居间人合同进行了检查。

5. 配合辽宁证监局开展了对基金代销机构现场检查工作。从 2009 年 10 月开始，对辖区招商银行、邮政储蓄银行、交通银行、中国银行 4 家银行和部分证券经营机构的基金销售情况进行了检查。

（二）发挥服务职能，积极为会员单位服务

由于目前大部分期货经营机构集中于沈阳市金融商贸开发区，部分证券经营机构也存在着向金融商贸开发区迁址的意愿，协会因此就证券期货经营机构办公用房补贴以及所得税返还等问题与开发区管理委员会进行了多次沟通协调，推动落实有关优惠政策。为降低行业的经营成本，协会还多次与辽宁电信等电信运营商进行沟通，争取行业电信资费优惠。目前，对于新设机构或开设新业务，辽宁电信已承诺给予现价 30% 以上的电信资费优惠。

（三）严格管理，认真做好各类培训和考试工作

1. 根据中国证券业协会的要求，做好证券从业人员后续职业培训工作。协会在与辽宁证监局、辽宁物价局沟通协调的基础上，制定了《辽宁证券行业后续职业培训2009年度工作计划》，报中国证券业协会备案后实施。

2. 认真办好大连商品交易所期货学院沈阳分院。为了尽快培养一批有理论、懂实战的期货人才队伍，以解决辽宁期货市场人才短缺的矛盾，协会与大连商品交易所合作，共同创办了大连商品交易所期货学院沈阳分院。分院于2009年5月成立。第1期培训班报名75人，经审核录取了41人（包括有IB业务的证券经营机构9人）。

3. 根据中国证券业协会的要求，开展了教材发行、考前考场检查、考试巡考、考务工作总结等一系列工作，共参与组织了证券从业人员、基金销售从业人员和经纪人考试共7场26 800科次。进一步严肃了考场纪律，加强了考务管理，违纪现象明显减少，整个考试工作也未出现大的纰漏和失误。

（四）提高工作效率，加强协会的内部建设

协会内部建设是做好各项工作的基础，也是履行协会职能的重要保障。在内部建设上，主要开展以下几方面工作：

1. 进一步加强了与辽宁证监局、中国证券业协会请示沟通和工作协调，特别是在诚信建设、佣金自律等工作方面实现了有效配合，为规范市场提供了有力保障。

2. 加强了协会工作人员的培训，提高了工作人员的素质。协会部分工作人员参加了由中国证券业协会及民政部门组织的财务、社团方面的相关培训，提高了工作人员的业务素质。

3. 加强了工资、财务和文件档案、会员诚信档案的管理，为协会正常开展工作奠定了基础。

十一、宁波市证券期货业协会2009年发展报告

（一）力抓行业自律工作

1. 为了进一步落实好行业自律有关工作，宁波市证券期货业协会（本部分简称“协会”）分别于2009年4月召开了宁波证券期货机构负责人座谈会，7月召开了辖区证券佣金自律工作座谈会。以座谈会的形式，通过彼此间的交流，对行业自律工作的开展情况进行阶段性的总结，统一思想，并就具体的自律工作事项进行部署。

2. 协会分别于2009年3月、6月对辖区内佣金率明显低于平均水平和业内投诉较多的证券经营机构会员开展了两次大规模的现场检查，共计近30家/次。

针对检查中发现的问题，协会已向（截至12月31日）有关证券期货经营机构会员发出自纠通知书共计21份（有个别证券经营机构会员已收到协会的自纠通知书2份），要求其及时纠正违反自律公约的行为；同时，协会也收到来自会员的自纠整改情况书面反馈21份，相关会员都对各自的不规范行为进行了纠正，自觉维持了辖区市场的良好秩序。

3. 2009年4月底，协会进一步规范了辖区证券经营机构间佣金纠纷投诉流程，制作了“会员违反证券自律公约投诉表”，采用统一的投诉文本及操作受理流程。有关证券佣金类的举报，协会要求投诉人一律填写规范的投诉表格，严格按照协会的有关规定进行自律投诉。新的投诉处理流程执行以来，效果明显。特别对客户在不同证券经营机构间的低佣金转户现象起到了有效的抑制作用。截至2009年12月31日，协会一共受理有效投诉27件。经协会工作人员认真、严谨地调查核实，分别向投诉人作出了书面反馈，并对违规情况属实的被投诉单位进行了处理，投诉处理完成率达到了100%。对于投诉人而言，已转走的客户虽较难挽回，但其投诉行为对规范证券经营机构经纪业务行为、稳定辖区证券市场竞争秩序却有着积极意义。

4. 为了进一步发挥辖区证券经营机构会员在证券行业佣金自律管理中的自

监、自查与自纠作用，增强证券经营机构会员在证券行业佣金自律管理中的协同性，协会于2009年7月组建了辖区证券行业佣金自律专业委员会。委员会成员由辖区各证券经营机构会员负责（主持）客户佣金管理与客户调佣工作的人员、协会秘书处工作人员组成。佣金自律专业委员会工作开展近半年以来，效果显著。最明显的是协会秘书处日常受理的佣金纠纷投诉数量减少了，很多纠纷通过会员间的直接沟通协调后就已经解决了。这不仅调动了广大证券经营机构会员在佣金自律管理工作中的主动性与积极性，而且较好地营造了辖区证券行业和谐融洽的氛围。

5. 自2009年5月起，协会在辖区证券经营机构会员中实行客户转出、转入及新开户情况报备制。协会通过网站数据报送平台，证券经营机构客户转出、转入及新开户报备情况，每月对辖区各证券经营机构会员的客户佣金率变动情况、客户流动情况实施有效监控。对个别批量较大的转户情况及时给予过问，查明具体原因。

6. 2009年9月以后，协会先后4次牵头分别召开了余姚、鄞州和北仑片区自律规范专项工作协调会。会议明确了县区证券市场各项自律工作的要点，并就佣金标准、配合合理转户、制止经纪业务不正当竞争行为等问题达成了共识，一定程度消除了会员之间因竞争而产生的误解，为共同营造县区证券业的和谐环境创造条件。

7. 加强对网络的监控，纠正部分证券经纪人、营销人员的不规范业务宣传行为。对20余起利用网络宣传低佣金的人员，责令立即删除帖子，消除影响，并给予了口头警告，个别机构对违规的人员还进行了处分。

8. 根据中国证券业协会的部署，会同证监局历时1个半月完成对商业银行基金销售合规专项检查，出具15份现场检查报告。

（二）尽力做好会员服务工作

1. 利用协会网站资源服务好会员单位。通过协会网站及时发布行业统计数据，登载行业相关政策动态以及协会的各项工作开展情况、会员动态等信息；网站结合短信平台，在协会与会员单位间建立起便捷、高效的办公网络。协会2009年还在网站建立了宁波辖区证券期货经营机构的电子地图，方便会员与社会公众的查询。

2. 配合中国证券业协会、各考点做好各项考试前期宣传、巡考等考务工作。2009 全年，辖区共计举行证券行业各类考试 11 次，其中包括 4 次证券从业人员资格考试、4 次证券经纪人专项考试以及 3 次基金销售人员从业考试。

3. 应湖南省证券期货业协会邀请，于 8 月底组织部分会员单位负责人赴湖南省进行了考察学习。通过此次活动，借鉴学习了省外同行在业务创新、自律管理等方面好的做法和成功经验，开拓了辖区证券期货经营机构负责人对市场发展的新思路、新理念，也扩大了宁波市的影响。

4. 2009 年，辖区新设的证券期货经营机构进入筹建高峰期。新设证券期货经营机构在选址、消防安全、通信、用电等方面协会根据其需要提供指导和帮助，并利用自己的资源协助其解决一些具体的困难。

5. 为了确保辖区证券期货经营机构会员在停电后的临时用电保障，应部分会员单位的要求，由协会出面与中介方（宁波电信）签订了临时供电协议，为 26 家会员单位统一向中介方（宁波电信）租用移动发电车，并为今后有需要的会员预留了空间。

6. 主动协调媒体为会员单位业务推介活动作宣传报道，利用行业协会的影响引导主流媒体多宣传报道证券期货行业的正面形象，减少或尽量避免出现负面新闻。

（三）积极做好行业传导工作

1. 为推动辖区证券期货行业文明与诚信建设，鼓励证券期货经营机构会员开展多种形式的创优活动，树立诚信、专业、创新的行业典范。2008 年 11 月始协会和宁波日报社、宁波晚报社、现代金报社、宁波电台经济娱乐频道、东方热线等多家媒体共同发起了宁波市证券期货行业“最具影响力”评选，活动秉承了“公开、公平、公正”的原则，结合监管部门对机构“优质服务年”等内容要求设计科学、客观、合理的指标。经过参评材料提交、资格筛选及审核、网络投票、评审组评议等几个评选环节。最终，15 家证券经营机构会员获评“2008 年度宁波市最具影响力证券经营机构”，4 家期货经营机构会员获评“2008 年度宁波市最具影响力期货经营机构”，12 名机构推荐个人获评“2008

年度宁波市最具影响力证券（9 名）、期货（3 名）分析师”，6 家媒体财经（证券期货）栏目获评“2008 年度宁波市最具影响力财经（证券期货）栏目”。

2. 为配合会员单位深入持久地开展投资者教育工作，与媒体合作的“投资论坛”在 2009 年全年共举办大规模的主题活动 17 场，上万人次直接或间接参与到活动之中。“投资论坛”为辖区投资者教育工作注入了持续性的动力，而品牌所累积的公益性效应对巩固宁波证券期货业地位、提升行业影响力、提高百姓金融理财意识具有积极意义。同时，“投资论坛”也为会员单位、媒体和广大投资者搭建了一个交流互动的平台，使各证券、期货经营机构总部所拥有的行业专题研究资料、市场热点解读和金融理财新知等投资者教育资源与宁波市广大市民实现了第一时间的联动与共享。

3. 积极配合宁波证监局参与法制宣传周活动、编制非法证券期货活动案例教程；印制 300 多份合法机构公告，在证券期货营业现场张贴；协助深圳证券交易所做好创业板有关宣传资料的发放工作；协助中国期货业协会向辖区期货经营机构会员发放《期货公司突发事件应急管理使用手册》及海报等。

十二、深圳市证券业协会 2009 年发展报告

2009 年深圳市证券业协会（本部分简称“协会”）继续全面履行“自律、服务、传导”的基本职能，加强诚信自律管理，完善有关自律规则；紧贴证券市场发展需要，加强自身建设，努力做好各项服务工作，为推动行业发展和会员单位综合实力的提高做出了积极努力。

（一）加强诚信自律管理，督促会员认真履行诚信与自律公约

2008 年年底，在深圳证监局的指导下，出于行业维稳和发展考虑，在会员单位达成共识的基础上，协会拟订了《深圳地区证券营业部诚信与自律公约》及《深圳地区证券营业部总经理诚信与自律承诺书》，并发给各会员单位签署。至 2009 年年初，协会收到了辖区 180 多家营业部的签署文件。1 年来协会积极配合深圳证监局，通过建立佣金费率报备、诚信档案、定期检查和完善投诉机制等多种途径规范会员的经营行为，并对于佣金费率排名后 20 名的证券部给

予关注，以营造业内良好有序的竞争环境。

（二）采集和发布会员单位与员工社会责任数据，建立证券、基金业的社会责任评价体系，彰显行业的财富伦理形象

协会建立了深圳证券业的社会责任数据库，目前慈善捐赠和所行善举等部分内容已有4个年度的完整数据，相关内容刊于协会出版物《资本圈》及协会网站“资本网”上，并在“资本网”增设了“企业社会责任”栏目，及时更新会员在社会责任方面的贡献。2009年，深圳市证券业协会与深圳上市公司协会联合编辑并发布了“深圳资本圈企业社会责任指数（2009）”，并正式出版了《深圳资本圈企业社会责任报告（2009）》（社会科学文献出版社）。该报告展现了深圳市本地92家上市公司、33家证券公司与基金管理公司的劳动成果及其对股东、员工、社会、环境的贡献。为客观、公正、全面记录深圳证券公司、基金管理公司和上市公司的社会贡献，深圳市证券业协会和深圳上市公司协会在连续3年采集相关数据的基础上，选取了营业收入、净利润、净资产收益率、纳税额、员工就业人数、社会捐赠资金与项目、慈善事业、环保贡献8个指标，并设置了不同的指标权重，创设了企业社会责任指数。

（三）为推动行业发展，继续设立“会员单位年度经营成就奖”

协会及《资本圈》杂志仍像往年一样，以独家采集的经营数据为主要依据，以设立会员单位“年度经营成就奖”的方式，对深圳辖区证券公司、基金管理公司、证券营业部过去一年的经营业绩做出年终总结。2009年度，协会对“年度成就奖”进行了必要的改进，并对上榜单位进行了公示。

（四）推动行业创新，为会员申报市政府金融创新奖

近年来，深圳市政府设立的金融创新奖得到了会员单位的积极响应，2009年深圳证券业和基金业共有10个会员单位申报了66个参评项目。其中，长盛基金管理公司申报的“具有结构性收益特征的可分离交易证券投资基金产品—长盛同庆基金”项目获深圳市金融创新二等奖，招商证券公司申报的“E站通

集中运营模式”项目、联合证券公司申报的“联合证券经纪人综合业务平台”项目、中国建银投资证券公司申报的“一柜通前台营销管理系统”项目及安信证券公司申报的“安心·超级安全网上交易通道”项目获三等奖。

（五）全面贯彻落实中国证监会和中国证券业协会关于开展投资者教育工作的各项具体要求，协助会员单位探索投资者教育工作的创新模式

协会一直倡导会员单位把投资者教育贯穿于券商经纪业务的全过程，把投资者教育的核心和目标定位在以客户利益为目标，建立健全客户适当性管理制度，对投资者负责，增强客户自我保护能力，把为投资者提供的通道服务提升为理财服务。为更好地总结和交流各会员单位投资者教育工作经验，协会于2009年8月21日召开了“深圳市证券业协会投资者教育工作座谈会”，来自国信证券、招商证券、中信证券、中投证券、安信证券、平安证券、第一创业证券、联合证券、长城证券、华鑫证券、世纪证券、英大证券、中山证券、五矿证券、众成证券、银泰证券、华林证券、国海证券、金元证券、国泰君安深圳分公司、海通证券深圳分公司、长江证券深圳分公司、广发证券深圳分公司、申银万国证券广东总部、华泰证券深圳彩田路营业部和中信建投证券福中路营业部的26个会员单位主管投资者教育工作的负责人，以及深圳证监局机构一处负责人近60人出席了座谈会。会上各会员单位提交了投资者教育工作的书面总结及下一步投资者教育工作的计划安排。与会者就开展投资者教育工作的做法和体会进行了深入交流，分享了各具特色的投资者教育工作的经验。一年来协会还积极配合中国证券业协会和深圳证券交易所，向会员单位发放了大量投资者风险教育光盘等宣传资料及创业板投资者教育系列知识学习手册。

（六）协助做好中国证券业协会安排的各类考试

2009年协会与深圳市证券业培训中心参与巡考的各类考试共10次，包括证券从业人员资格考试和经纪人专项考试4次、CIIA考试2次、基金销售人员从业资格考试3次、保荐代表人资格考试1次。按照中国证券业协会对各类考

试的安排，经过几年来的工作实践，协会已形成了巡考值班制度，每次考试前都根据考点信息提前与校方联系人及ATA深圳地区负责人取得联系，提醒他们按要求做好各项准备。做到每次考试由专人负责所在考场，遇到突发事件及时掌握情况，协调ATA和考点迅速妥善处理，并及时向中国证券业协会报告。

（七）与深圳市国家税务局海洋石油征收管理分局联合举办“2009年深圳证券行业税法宣传暨企业所得税汇算清缴培训班”

参会者有98人，分别来自各证券公司、基金公司、分公司及证券营业部。深圳市国家税务局海洋石油征收管理分局领导到会讲话，税政管理科彭放科长讲解了新企业所得税法及相关政策，中诚海华税务师事务所讲解年度企业所得税申报表填写实务。会上，深圳市国家税务局海洋石油征收管理分局相关领导还详细回答了与会者的提问。

（八）根据中国证监会的部署，配合中国证券业协会和深圳证券交易所于2009年7月14日在深圳市举办了“证券营业部负责人创业板培训班”

参会者来自深圳市、海南省、广西壮族自治区的证券营业部负责人300余人，培训目标为增强证券营业部对创业板的特点和相关规则体系的理解和认识，更好地发挥证券营业部在创业板投资者适当性管理工作中的作用，促进创业板市场平稳推出和稳定运行。

（九）召开深圳基金管理公司、证券公司税收征缴工作座谈会

为帮助会员做好与政府税务部门的协调工作，增进相互间的理解与支持，协会于2009年7月22日、23日召开了“深圳基金管理公司税收征缴工作座谈会”和“深圳证券公司税收征缴工作座谈会”，各会员单位公司财务负责人参加了会议，与会者发言踊跃。

（十）与深圳上市公司协会、毕马威会计师事务所举办了“企业并购与重组研讨会”

研讨议题包括：并购市场概览、企业融资过程及注意事项、关于企业重组税务处理的新规定、关于境外注册公司的中国税务居民的新规定。深圳市31家上市公司高级管理人员、财务总监、财务经理、董事会秘书、证券事务代表、审计负责人等以及25家证券公司、基金管理公司及分公司高级管理人员、投资银行、质量控制、合规并购等专业人士共165人参加了研讨会。

（十一）与深圳上市公司协会和德勤华永会计师事务所联合举办了“企业风险评估与内部控制实务研讨会”

研讨会由浅入深地讲解了企业构建内部控制体系的策略和思路，以及风险导向的内部控制体系建设与评价方法。会上还增加了风险管理与风险评估的内容，并配有丰富的实务案例。深圳市35家上市公司高级管理人员、财务总监、财务经理、董事会秘书、证券事务代表、审计负责人等以及20家证券公司、基金管理公司高级管理人员、风险控制、合规稽核、财务等专业人士共168人参加了研讨会。

（十二）与深圳上市公司协会、德勤华永会计师事务所联合举办了“新企业会计准则执行中若干问题研讨会”

研讨会由德勤华永会计师事务所合伙人讲解股份支付、债务重组、企业合并、长期股权投资等内容。来自深圳证券公司、基金管理公司、深圳上市公司及分公司相关业务专业人士约280人到会。

（十三）与深圳市证券业培训中心于2009年10月31日在深圳会展中心举办了“2009年度深圳证券期货业会计人员后续教育培训班”

学员来自深圳证监局、证券公司、基金公司、期货公司及深圳证券、期货营业部102家单位总计903人。培训课程设置为：会计处成放晴处长讲授了“企业内部控制基本规范概述”，德勤会计师事务所高级经理徐翠波讲授“企业会计准则的最新变化及执行难点解析”，中成海华（北京）税务师事务所总经理、执行合伙人魏斌讲授“最新税法解读及金融证券业的应用”。培训结束后，按照深圳市财政委员会对会计人员持续教育培训要求，全体参训人员参加了笔试考核。深圳市证券业培训中心和深圳市证券业协会协助深圳市财政委员会对考核成绩合格者进行会计证持续教育登记。

（十四）销售情况现场检查

根据深圳证监局基金监管处的统一安排，自2009年11月2～10日，协会参加了对第一创业、中投证券、中山证券、平安证券和长城证券公司基金销售情况现场检查。各受检公司对这次检查给予高度重视，从总部到营业部积极配合，使检查工作得以顺利进行。

（十五）继续办好协会内刊《资本圈》

经过数年努力，《资本圈》已成为服务会员、服务深圳证券市场的“品牌产品”并向协会会员单位、深圳上市公司及全国券商、基金公司、银行等各类金融机构，以及沪、深300家上市公司、政府及监管部门免费发放。继续办好“资本网”网站，提升信息服务质量。协会以较低成本建立了“会员单位数据报送系统”和“深圳地区证券营业部经营信息数据库”，以方便会员报送经营数据。目前协会已拥有深圳地区较权威的营业部数据库，为会员决策和监管部门提供了必要的行业统计信息。与此同时，协会按年度、季度、月份系统地统计和分析市场，相关报告发布于《资本圈》及协会网站“资本网”

（www. cncapital. net）。自2008年起，协会提升了网站更新速度，推出更多的独家数据和文章，并增加了企业社会责任数据及案例内容。目前“资本网”及其论坛已成为协会转发市政府、监管部门和中国证券业协会文件、向会员传达协会工作、会员按月报送数据、会员与协会交流及会员间交流的重要平台。

（十六）举办“2009年深圳资本圈‘国信杯’高尔夫球邀请赛”

2009年10月19日，深圳上市公司协会、深圳市证券业协会和国信证券公司联合主办了“2009年深圳资本圈‘国信杯’高尔夫球邀请赛”在深圳高尔夫球会举行。30多名深圳上市公司董事长、总经理等高级管理人员和近20名深圳证券公司、基金管理公司董事长、总经理参赛，深南电董事长杨海贤获乙组总杆数第1名。

（十七）参与《2008深圳金融发展报告》白皮书及《深圳四大支柱产业的崛起》文史丛书有关章节的撰写工作

协会承担了深圳证券业、基金业及总论、大事记等方面内容的撰写，有关专题材料已上报深圳市金融发展服务办公室及深圳市政协。

十三、四川省证券期货业协会2009年发展报告

（一）基本情况

2009年，四川省证券期货业协会（本部分简称“协会”）在中国证券业协会的指导下和四川证监局的支持下，围绕强化职能、推进自律、增强服务的工作重心，不断扩展工作广度，较好地完成了会员大会所确定的各项任务。

截至2009年年末，辖区共有法人证券公司4家，分公司或管理总部3家，证券营业部会员147家。此外，辖区有期货公司4家，异地期货公司营业部5家，证券投资咨询机构3家，基金公司分公司6家，外国证券类机构驻华代表机构1家。

（二）业务开展情况

1. 新形势下协会工作的重新定位。如何找准协会在新形势下的定位，是做好协会工作的关键。因此，协会领导层调整充实后，在全面总结以前工作的基础上，结合现阶段的新形势和新任务提出了“三个满意”，概括起来就是：强化服务意识，让会员满意；加强沟通传导，让监管机关满意；规范行业自律，让市场满意。围绕三个满意，协会重点加强了以下工作：

（1）加强队伍建设。为了打造一支务实、规范、高效的工作团队，充分发挥职工工作积极性和主观能动性。协会秘书处实施了以下措施：进一步加强队伍作风建设；强化内部管理；实行岗位责任制；建立严格的考核、监督制度；实行岗位业绩和工资挂钩的工资制度；提高自身素质，加强业务学习，鼓励职工参加“从业人员资格考试”。

（2）强化服务意识。为了加强协会与会员单位的信息交流，更好地为会员服务，协会在原有工作的基础上推出了一系列措施。一是推行了联络员制度。在协会秘书处工作人员中抽出5名分别负责6个地市州片区和成都市5个片区的联络，通过定期拜访会员单位负责人、电话联系、邮件联系、短信联系等方式开展工作。二是2009年出版了12期《四川证券期货业月度统计报告》。月报刊登了40余篇会员单位交流材料，通报了6篇检查报告和对4家违反自律规则的会员单位的警示和1次通报批评，有效促进了会员单位之间的信息交流，也有利于相互监督，共同维护市场秩序。三是为了加强与会员之间的沟通，通过请进来、走出去等方式，召开了多次小型座谈会，虚心听取会员单位对协会工作的意见和建议，对改进协会工作取得了积极效果。同时，还对协会网站进行了改版升级，新网站更加突出协会特色，内容更加充实，更具时效性。

2. 做好自律管理工作。

（1）按照中国证券业协会要求，积极稳妥地推进佣金自律。在充分调研与听取各自律委员会委员意见并报请四川证监局同意后，决定不在全省范围内统一制定佣金底限标准，而是划分片区开展佣金自律工作，分别制定成本佣金，并于2009年6月通过片区会议的方式组织全体会员单位重新签署了《自律公约》和承诺书。为了进一步巩固佣金自律工作的成果，于2009年11月~12月期间，分别组织了8次片区座谈会，总结佣金自律以来的执行情况和面对的问题，探讨解决的方案，为2010年的行业自律管理打下了坚实的基础。

（2）开展自律检查工作。秘书处依据2009年自律工作会议定下的“年度大检查、定期抽查、投诉必查”相结合的检查原则，在年内开展了1次大检查、5次抽查和1次针对投诉的专项检查工作。

3. 大力开展各类培训工作。

（1）2009年，协会不断拓展培训方式和内容，根据会员单位不同层面的人员分门别类地开展培训，取得了较好的效果。

（2）2009年4月17日~18日举办了四川省证券行业高级管理人员培训。本次培训是历届高级管理人员培训参训人数最多的一次，包括营业部、服务部的高级管理人员达218人。

（3）2009年12月10日至11日，针对营销人员举办了一次专项培训。辖区证券经营机构负责营销工作的负责人、营销总监及营销人员共计293人参加了培训。

4. 弘扬抗震救灾精神，组织“5·12”系列活动。2009年4月，协会组织开展了“弘扬抗震救灾精神，树立证券行业新风”系列活动。此次活动以弘扬证券期货行业“心系大局、勇担重任、诚信敬业、和谐共赢”的抗震救灾精神为主题。在四川证监局的大力支持和指导下，经过协会精心组织与安排，本次系列活动分成了媒体报道、图片画册、演讲报告3个部分。系列活动历时3个月，反映了行业的心声，展现了辖区证券人的新风貌，在业界和社会上都引起了巨大反响，取得了良好的效果。

5. 持续认真开展投资者教育活动。协会将投资者教育工作作为一项长效机制贯彻落实，年初有计划，年终有总结。2009年年初，制定了2009年投资者教育工作方案，强调要充分发挥协会的优势和作用，积极组织、协调、督促、推动会员单位有层次、有重点地做好投资者教育工作。制定了包括“3·15投资者维权保护活动”、《上海证券报》股民学校授课点活动、网站创办投资者教育园地、打击非法证券活动等十余项计划。

十四、厦门证券期货业协会2009年发展报告

（一）基本情况

厦门证券期货业协会（本部分简称“协会”）目前共有会员单位64家。其中，证券公司1家，证券营业部36家，期货公司3家，期货营业部14家，中介机构9家，我国台湾地区驻厦证券代表处2家。

2009年，协会在中国证券业协会、中国期货业协会和厦门证监局的关心指导下和会员单位的共同努力和大力支持下，认真履行“自律、传导、服务”三大职能，积极开展各项工作，推动了辖区证券市场健康稳定的发展。年底协会还被市直机关党工委评为2009年度“文明单位”，至此协会已连续7年获得此荣誉。

（二）会员经营情况分析

1. 2009年，厦门市各证券营业部累计实现交易量为10 353.18亿元（含A股、B股和基金），比2008年的4 810.92亿元增长了115.20%，比99.67%的全国增幅高出近16个百分点；其中下半年交易量为6 363.64亿元，比上半年增幅高达59.54%，发展势头迅猛。

权证方面，全市共实现交易额1 682.38亿元，比2008年的2 634.42亿元下降36.14%；权证与股票、基金交易量的比值也因此由2008年的1∶1.83迅速下降为1∶6.15，比上半年的1∶5.55也呈继续回落态势，全市交易品种结构更趋合理，市场理性成分明显回归。

2. 交易所统计数据显示，2009年沪、深两市股票、基金、权证分别成交53.26万亿元、1.034万亿元、5.35万亿元，股票交易额同比增长99.67%，几近翻番，基金、权证成交额则比前年小幅下降13%和23%。厦门市证券业股票型基金所占市场份额为0.95%，比2008年的0.89%上升了6.74%（见图5-3）。

■ 成交金额(亿元)　全国占比(%)

年份	成交金额(亿元)	全国占比(%)
2005年	537.64	1.66
2006年	1 575.86	0.86
2007年	8 490.90	1.81
2008年	4 810.92	0.89
2009年	10 353.18	0.95

图 1－2　2005～2009 年厦门市股票型基金增长情况

3. 2009 年，厦门辖区证券营业部部均交易额为 333. 97 亿元（不含权证，下半年新开业 1 家经折算处理），但仍低于 2007 年高峰水平，显示由于机构家数增加较快导致同业竞争加剧、业务量“蛋糕”进一步细分（见表 5－5）。

表 5－5　厦门市证券经营机构历年家数与成交量变化情况

年份	2003 年	2004 年	2005 年	2006 年	2007 年	2008 年	2009 年
营业部（家）	23	23	23	23	25	28	32
总成交金额（亿元）	516. 05	707. 66	537. 64	1575. 86	8490. 90	4810. 92	10353. 18
单家月均成交额（亿元）	1. 87	2. 56	1. 95	5. 71	28. 30	14. 32	27. 83

4. 从运营情况看，2009 年在交易额同比大增 1. 15 倍的大好形势下，厦门市各证券营业部实现手续费收入 11. 658 亿元，仅为 2007 年高峰期 14. 792 亿元的 78. 81%，比 2008 年的 7. 555 亿元仅增长 54. 31%。全行业 7. 379 亿元的利润总额虽比 2008 年的 4. 95 亿元增长 49. 07%，但比 2007 年的 11. 29 亿元“大幅缩水”了 34. 64%，证券经营机构间的激烈竞争日益凸显。

（三）协会主要工作情况

1. 落实监管要求，加强行业自律。

（1）认真贯彻学习全国和全市证券期货监管工作会议精神和厦门证监局《关于厦门证券期货业协会 2009 年工作的指导意见》，以该指导意见统领协会全年工作，研究制定年度工作计划，为协会工作开展确定方向。

（2）明确协会领导班子具体分工，落实领导责任制。为更好地发挥集体智慧、加大工作重点的执行力度，协会通过召开会长办公会，明确各会长和副会长分管的具体工作和职责，有效落实了领导责任制，促进协会各项工作的有序开展。

（3）建立完善厦门市证券期货营销人员信息管理系统。为配合证监局抓好证券期货经营机构营销人员的规范和管理，协会建立完善了厦门市证券期货营销人员信息管理系统，将厦门辖区证券、期货营销人员的各项信息纳入系统进行管理，要求营销人员持证上岗。

（4）建立厦门辖区代销基金商业银行联席会议制度。为进一步加强各代销基金商业银行基金销售行为的自律管理和相互间的交流，协会与厦门建设银行、农业银行、工商银行等11家代销基金的商业银行建立联席会议制度。协会为牵头单位，各成员单位有关负责同志为联席会议成员。

2. 做好普法宣传，深化投资者教育工作。协会一直以来十分重视夯实普法宣传基础，特别强调要将普法宣传与投资者教育工作紧密地结合起来，充分发挥业内专业骨干的作用，引导媒体做好宣传工作。

（1）借助媒体优势，扩大普法和投资者教育工作的宣传面。协会积极与厦门日报、商报、晚报、电视台等媒介单位密切合作。2009年协会与厦门晚报联合主办“学法用法，理性投资”暨纪念《证券法》实施10周年主题征文活动；与厦门电视台合作开办“金融聚焦”栏目，组织会员单位参加每周一次的新闻报道和每月一次的专题采访；在《厦门商报》开辟“基金投资者教育每月一讲”专栏主题；协助证监局稽查处与厦门证券联合在公交车城市T频道上播放中国证券业协会发放的投资风险案例公益广告等，不断加强普法和投资者教育的宣传力度。

（2）开展形式多样的投资者教育活动。协会通过举办专题讲座、报告会、论坛、沙龙等形式不断丰富辖区投资者教育活动。2009年协会举办了“厦门辖区基金销售业务规范与发展论坛”和“证券经营机构合规经营论坛”；组织会员单位参加市法制办公室“落实五五普法规划，服务科学发展”有奖征文；协助证监局普法办公室组织开展“防范非法证券活动风险”投资者教育宣传月活动和“12·4”法制宣传日活动，组织会员单位在营业场所悬挂红标语、张贴宣传挂图、开设专题讲座、设立咨询服务台、走进社区及工厂开展宣传活动等形式进行广泛宣传。

（3）及时跟进，督促新进营业部加强普法宣传和投资者教育。随着营业网点持续增加，为保证网点投资者教育工作不留盲区，协会主动跟进，在营业网点尚未开业前就及时做好督促指导工作。

3. 加强教育培训，完善培训体系。协会一直将培训工作作为一项常规性、长期性重点工作来抓。为贯彻落实《证券公司监督管理条例》、《证券公司风险处置条例》，帮助证券经营机构高级管理理解、掌握条例的内容，协会协助厦门证监局举办了机构高级管理人员培训班，组织相关人员进行这两个条例的专题培训。

4. 促进交流学习，努力服务会员。为加强与同行业间的沟通和交流，学习借鉴其先进经验，帮助会员单位高级管理人员拓宽思路、开阔眼界。2009 年 7 月，协会组织辖区证券从业人员一行 29 人赴台参访，对台湾元富证券、宝来证券、统一综合证券、富邦金融集团和台湾证券商业同业公会进行访问与交流。

5. 重视党团建设，落实科学发展观。一直以来，协会的党建工作都走在全市行业协会前列。在 2009 年 9 月至 2010 年 2 月为期 6 个月的第 3 批深入学习实践科学发展观的活动中，协会党委在上级党组织的指导下，结合行业实际，认真部署，统筹安排、精心组织，按照规定动作不走样、自选动作有创新的要求，扎实推进每一个环节，取得了较好成效。

6. 当好参谋助手，做好各项保障。协会充分利用贴近市场、贴近会员的优势，及时掌握会员中出现的新情况、新问题，做好中国证券业协会和厦门证监局相关工作的协调和保障，为规范发展证券市场当好参谋，出好主意。在完成中国证券业协会委托的工作中主要还有以下几项：

（1）做好证券从业资格考试巡考工作。

（2）做好证券从业人员资格考试宣传及教材发行工作。

（3）代发“证券业专业水平级别证书”。

协会工作在得到厦门证监局指导与支持的同时，也密切配合证监局各监管处室做好辅助监管和各项工作的协调落实，主要有以下方面：

（1）配合证监局拟订“应急事件处理值勤人员派遣方案”，组织突发事件演练；

（2）配合证监局对证券公司和商业银行销售基金情况进行检查；

（3）配合证监局对辖区证券营业部投资者教育工作和创业板投资者适当性管理进行专项检查；

（4）在日常工作中，协会还积极配合证监局做好普法宣传教育、媒体联络、工作汇报、数据统计、业务培训、会务保障等工作。

十五、云南省证券业协会 2009 发展报告

云南省证券业协会（本部分简称“协会”）按照中国证券业协会关于《进一步发挥地方中国证券业协会作用的通知》精神。认真履行协会“自律、服务、传导”三大职能。结合云南辖区证券市场的实际，积极推进协会各项工作的开展。

（一）采取多种方式，积极有效的开展投资者教育活动

1. 2009 年初向新闻出版部门申请创办了《投资者园地》内部刊物。通过各证券、期货营业网点，免费发放给投资者阅读。2009 年共出版 8 期，刊登稿件字数约 5 万余字。通过这个宣传渠道，向广大投资者宣传党和国家及各级监管部门的方针、政策，普及有关法律、法规知识，刊载相关的典型案例，公示合法证券、期货经营机构名录，防范和打击非法证券交易活动，引导广大投资者树立正确、理性的投资观念。

2. 成立了挂靠在协会的大连商品期货交易所期货学院昆明分院。提高云南期货市场分析师从业人员理论素质和业务水平，更好地服务于广大投资者。

3. 协助中国证券业协会、中国期货业协会完成了辖区各证券、期货经营机构的投资者教育工作的检查和总结工作。

（二）加强自律，努力维护辖区证券、期货市场的良好经营秩序

2009 年 2 月 10 日修订了《自律公约》。从执行情况看大部分券商会员单位认为《自律公约》的签订，对延缓佣金下滑、稳定市场长期发展方面起到了一定作用。但也受到相关法律法规的制约，存在法律风险，执行起来受到政策、舆论和公众的压力。另外，在执行《自律公约》过程中，存在制度方面的不足，后续监督执行力度不够。

为了找到既能鼓励证券经营机构充分合理竞争、保护投资者权益的同时，又能维护券商合法正当的收益、保障市场长期稳定发展的需要、达到各方利益共赢、风险可控这样一个切合点，协会将结合各方面的情况，根据市场的变化，按照国家的有关法律法规，适时地对《自律公约》进行补充和完善。

（三）积极配合监管部门开展各项工作

1. 做好防范和打击非法证券交易活动、保护广大投资者合法权益的宣传工作。

2. 协助监管部门做好基金代销机构的检查工作。按照中国证监会和中国证券业协会的统一安排，协助当地监管部门做好对当地基金代销机构的检查工作。

3. 承办了由云南证监局主办的“中国证券市场时代前沿报告会”。

（四）加强交流、相互学习

1. 组织部分证券经营机构负责人赴浙江省、广东省两地考察学习几家全国性证券公司经纪业务服务体系的架构和建设。

2. 组织辖区证券营业部总经理与上海证券业协会同行就经纪人的管理和营销业务的开展等进行座谈交流。

3. 组织召开了辖区上市公司董事会秘书和中介机构负责人座谈会，就如何搞好公司治理这一主题进行交流座谈。

4. 协会分两次接待了台湾证券业同行，安排辖区证券公司的高级管理人员和业务人员与台湾同行进行了座谈交流。

5. 牵头组织了云南地区银行、证券、保险 3 家协会秘书长联席会议，共同

探讨研究云南金融市场各行业协会如何进一步加强沟通和协作，推动云南金融市场健康发展。

6. 参加辽宁上市公司协会组织的由全国各地方上市公司协会和中国证券业协会参加的研讨会。

第六章　2009 年中国证券业新技术的应用与改进

2009 年，随着全球积极财政刺激政策的实施，中国经济率先从金融危机复苏。作为经济复苏先行指标的中国资本市场，又走过了一个大牛市，交易量再创历史新高；同时，业务发展和技术发展也为证券业技术应用和改进带来一系列的环境变化：2009 年是中国 3G 元年，3G 技术开始逐步普及；2009 年适逢祖国 60 年大庆，技术系统“维稳”依然成为本年度证券市场和证券技术系统年度工作的主要工作；融资融券、股指期货等创新业务的推出也进入冲刺阶段；行业竞争加剧，佣金下滑已经成为一种趋势。为应对复杂的行业环境，2009 年证券行业信息技术的应用和改进呈现一些新的特点：安全维护工作基本常态化；融资融券、股指期货、套利系统建设如火如荼；3G 移动证券开始在行业全面推广；在日趋严格的监管环境下，合规系统信息系统建设得到了证券公司空前重视；为摆脱佣金下滑的被动局面，通过服务提升附加价值的战略已经得到行业普遍认可，打造全方位、一体化的综合服务平台，探索基于差异化服务的新的佣金定价体系，成为 2009 年营销服务系统建设的最大亮点。

本章将对信息技术在上述各方面的应用情况作分别介绍。

第一节　核心业务系统新架构及系统运维安全

一、概述

近年来证券公司为应对市场竞争和风险控制实施了大集中交易，从而使证券公司的交易系统由分散在营业部或区域总部走向了完全大集中，实现了数据集中、交易集中和清算集中。在大集中交易系统建设完成后，随着客户个性化服务要求以及新业务的不断出现，证券公司在后大集中交易时代所面临的问题逐步显现。主要体现在：面对高端客户对交易通道和速度的特殊需求，证券公司需要建设一套独立于大集中交易系统的 VIP 快速交易系统；应对融资融券业务的推出需建立了一套融资融券交易系统；应对程序化交易或股指期货套利需配套建立了一套交易系统。为了确保大集中交易系统的安全稳定并适应业务的快速发展，证券公司对于新业务和个别客户独立建设交易系统是规避系统风险的一种措施。但随着创新业务不断推出，证券公司开始面临系统大量分散部署的难题。这些分散的系统都包含了账户管理、资金管理、交易管理、清算管理等同样的功能模块，只是应对不同的业务逻辑或效率要求进行了不同程度的改造和优化，基于这个基础证券公司的交易系统再次面临进一步整合和变革。因此，寻找业务模块耦合程度更低、部署更灵活的核心业务系统技术架构是证券公司面临的一个重要课题。

2009 年是重要的“维稳”年，由于交易行情瞬息万变且业务规模大的行业特点，核心业务系统的中断将对客户造成严重影响；同时，证券公司也将面临经济和声誉、客户满意度、外部监管评价等多方面的损失。保证核心业务系统安全、通畅和稳定是证券公司 IT 团队最重要的任务，也是一个长期持续性的目标。为了确保完成系统长期安全稳定的目标，必须探索建立一套健壮性强的维稳体系，以应对各种突如其来的技术风险，确保核心业务系统的连续性。

二、核心业务系统的新架构

核心业务系统技术架构的改进总体上以“小核心、大外延”为设计思路，以“前后台分离”为基本原则，构建了证券公司后集中交易时代的核心交易系统新架构。考虑到交易、清算、账户、资金、管理这几块都是交易系统共同的业务模块，其中交易模块是应对不同需求和业务发展差异性最大的模块，而清算、账户、资金、管理这 4 个模块相对独立且风险性较小，很少涉及实时业务。基于这个思路，可考虑将清算、管理、账户、资金与交易彻底分离，建立一系列统一的后台系统，并通过标准接口与交易模块进行数据交换，交易模块独立部署并简化业务功能形成交易中心。不同的交易中心承担不同的业务需求，且可通过前端接入通讯路由准确将交易指令转发到对应的交易中心。交易中心的分散部署使新的业务可灵活部署和试验，对稳定的常规客户不会造成影响；同时，清算模块独立部署后逐步演化为清算管理中心，使清算效率进一步提供且可支持24 小时交易，清算管理中心解决了多个交易中心交易数据的集中存放和一次清算的问题，证券公司可实时得到一份集中的数据，实现必要的管理和风险控制，从而使交易系统应对创新业务和服务差异性不断变化的挑战。新的核心业务系统架构见图 6－1。

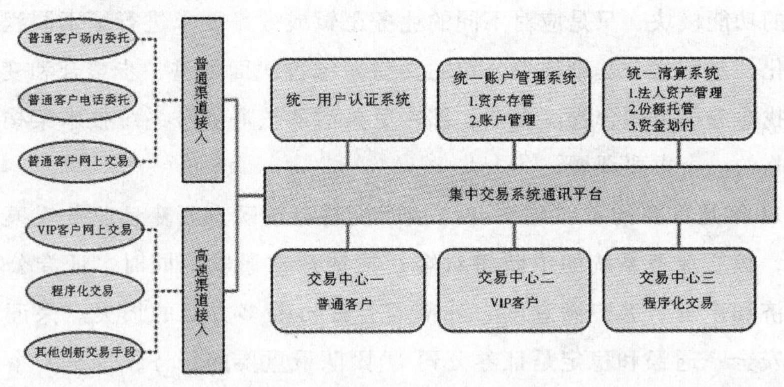

图 6－1　新一代核心业务系统架构图

三、核心业务系统运行安全

为确保证券公司核心业务系统的安全运行，除了建立一支责任心强、技术过硬的运维团队外，证券公司还参照各种国际标准，树立优化并建立了规范化的电子化业务运维流程，并结合各种自动化辅助软件或工具，对所有运维活动进行规范；同时，还需建立多级备份容错体系，形成多级保护的模式，并形成与之配套的快速反应机制，确保应急切换任务得到快速准确地执行。

（一）建立符合国际标准的运维体系

世界上许多企业和政府部门进行了长期摸索和实践，以成功经验为基础，逐渐发展出一套新的信息技术（IT）运营管理方法论，即 IT 服务管理（IT Service Management，ITSM）。IT 基础设施库（ITIL）是英国政府中央计算机与电信管理中心（CCTA）在 20 世纪 90 年代初期发布的一套基于 ITSM 最佳实践指南，是 ITSM 理念实践的公认标准。为解决 IT 管理中来自技术、人员、流程整合管理中的问题，2009 年以来证券公司参照 ITIL 国际标准建立了故障管理、问题管理、配置管理、变更管理、发布管理等多项服务支持流程，部分证券公司还通过对标和认证。

（二）建立多级备份容错体系

考虑关键业务系统对证券公司运营的重要程度，建立多级备份容错体系是保障业务连续性的基础保障，且多次备份系统需串联起来，通过各种数据同步技术保证关键数据能够逐步实现秒级同步，而且每级备份的切换复杂程度需保持一致，确保每级切换的可行性和高效性。多级备份容错体系的建设对关键业务系统连续性提供了更高的保障级别和更灵活的切换策略。

（三）建立快速反应机制

在出现异常时快速稳定地启用备份系统是证券公司 IT 运维需具备的素质。这种素质的具备除了定期演练外，还需要依靠建立一套快速反应机制，事先在应急切换方面考虑到各种出现的情况，设计好合理的切换运作策略。应急切换所涉及的岗位采用最少化原则，力求经过的步骤最少，减少人为出错的概率，并应使每个岗位都非常清楚自己的任务；同时，重点考虑数据同步可能延迟等极端情况下如何快速修复数据的问题，从而避免启用备份系统导致二次故障或因各种考虑不周导致系统出现逻辑混乱的风险，通过完善快速反应机制和定期演练增强 IT 运维人员备份系统成功启用的信心。

第二节　融资融券业务技术系统

融资融券业务是指证券公司先向投资者收取一定比例担保物，然后向投资者出借资金供其买入上市证券或者向投资者出借上市证券供其卖出的一种经营活动。该业务在我国的推出为投资者提供了合法的融资渠道，为有需要的投资者带来财务杠杆效用，有利于市场价格发现，改善证券公司的盈利模式，对我国证券市场的发展具有深远意义。

一、概述

成熟的融资融券业务技术系统至少应该包括 4 类子系统：核心业务系统、风险监控系统、征信管理系统、担保品及标的券管理系统。4 类子系统相辅相成，为客户提供全面、便捷、安全的融资融券业务服务。技术系统的总体技术架构如图 6－2。

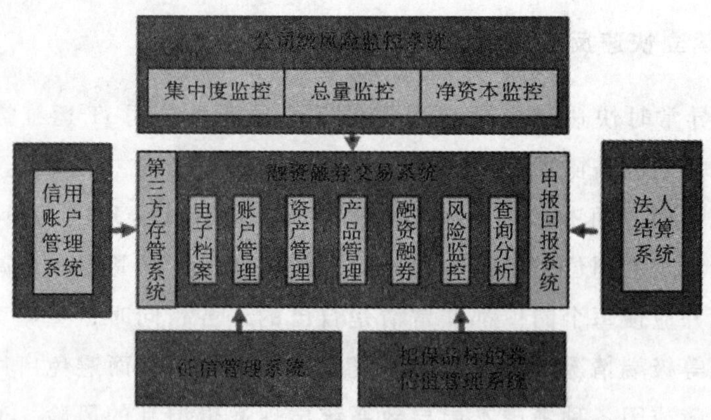

图 6－2　融资融券系统总体架构图

二、核心业务系统

（一）核心业务系统的功能和体系架构

核心业务系统是融资融券业务的基础支撑平台，实现了所有融资融券业务开展的业务逻辑控制，是融资融券技术系统最核心、构建难度最大的子系统。核心业务系统必须具备功能全面性、高效性、高可用性、高安全性、易管理性与易扩展性，确保融资融券各项业务的顺利开展。

核心业务系统主要包含系统管理、账户管理、资产管理、产品管理、授信管理、信用交易、风险监控、电子档案、查询统计报表、日终管理等功能，系统体系结构见图 6 – 3。

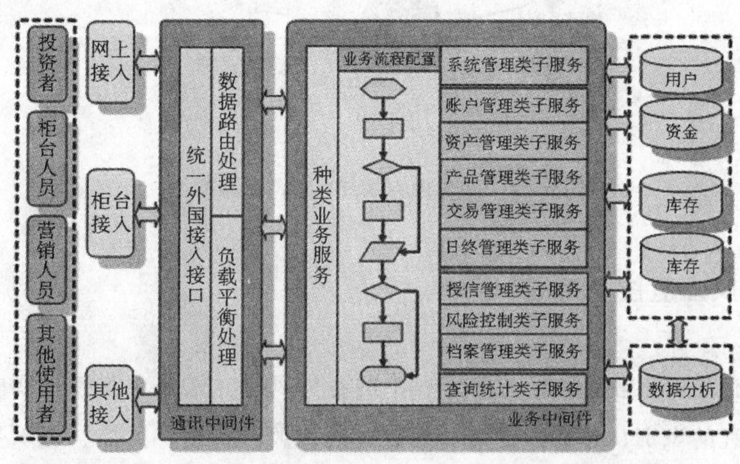

图 6 – 3　融资融券核心业务系统体系结构图

（二）核心业务系统的部署

核心业务系统的部署模式主要有与集中交易系统分开部署的“独立部署”模式和将融资融券业务无缝整合在已有集中交易系统中的“合并部署”模式。目前业内开展融资融券业务的券商基本采用独立部署模式，其主要特点是风险隔离性强，部署快捷。该部署模式的架构见图6－4。

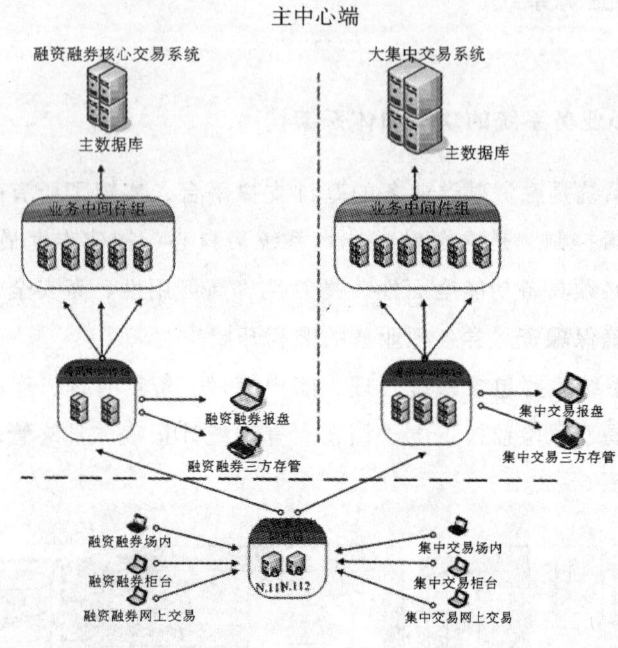

图6－4　融资融券系统独立部署架构图

三、风险监控子系统

为了有效防范融资融券业务开展中的各类风险，做到对业务开展中的风险进行全过程的识别、评估、管理和控制，确保风险可测、可控、可承受，需要建立“多点监测、双重保险”的风险监控体系。

核心业务系统实现实时风险监控与预警平台，实现维持担保比例预警、合约到期预警、证件到期预警、标的证券调整或终止上市预警；实现业务总量监控、客户风险监控、业务明细监控、投资集中度监控。

风险监控实现盘后监控，通过引入净资本、集中度监控等更为丰富的盘后监控指标，对重要指标能够及时发出预警信号，及时提醒和通知业务及管理部门采取适当措施控制风险，防止风险的扩散，保证客户的资金和证券资产的安全，保障公司和客户的合法权益不受侵害。

四、征信管理子系统

征信管理子系统通过采用科学合理的分析模型，例如AHP（层次分析）模型，对提出业务申请的客户信用状况进行全方位测评，核定客户的信用等级及授信额度，筛选具有与融资融券业务风险相匹配的风险承受能力、心理素质及资金实力的客户参与融资融券交易。

信用评级原理图见图6－5。

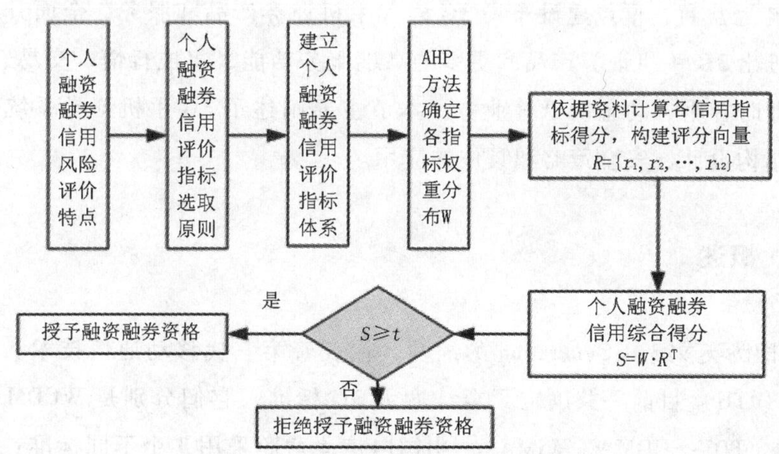

图6－5 融资融券系统信用评级原理图

五、担保品及标的券管理子系统

融资融券业务规定，证券公司向客户融资、融券，应当向客户收取一定比例的保证金。保证金可以标的证券以及交易所认可的其他证券充抵。当客户以证券充抵保证金时，由于证券的市场价格随时会发生变化，如果直接按证券市价计算充抵保证金，证券公司会面临较大的风险，因此需要对充抵保证金的证券进行折算。不同有价证券的风险不同，因此需要对不同证券按照其风险程度设定不同的折算率。

担保品及标的券管理系统通过构建合理的模型，确定合理、科学的可充抵保证金证券折算率，在控制融资融券业务的风险、避免因担保品价格下跌而导致客户保证金不足的同时，保持该业务对客户的吸引力。

第三节　3G手机证券

2009年，随着运营商3G网络的建成，为移动证券业务提供更广阔的技术应用空间，证券公司纷纷加大在手机证券系统方面的研究开发和建设，并联合IT厂商与运营商，重点建设布局3G时代手机证券产品和服务，全面升级手机炒股，推出3G手机证券产品和更多的高端服务功能，集成行情、交易、咨询、理财、即时客服、动态快讯等业务。本节主要阐述了3G手机证券系统的主要原理、结构设计、安全策略和具体的应用。

一、概述

3G即为英文3rd Generation的缩写，代表着第三代移动通信技术。国际电信联盟（ITU）目前一共确定了全球四大3G标准，它们分别是WCDMA、CDMA2000、TD－SCDMA、WiMAX。中国电信运营商采用3个不同标准：中国移动TD－SCDMA、中国电信CDMA2000、中国联通WCDMA。3G手机是指符合3G通信技术标准的手机。符合这个标准的技术有W－CDMA、CDMA－EVDO和TD－SCDMA。其中，TD－SCDMA是中国自主知识产权的。

3G手机凭其与生俱来的高速传输率优势、庞大的信息容量使它几乎具备了宽带互联网的一切特性。彻底解决了手机移动上网的速度问题，并且给手机融入多媒体元素，能够处理图像、语音、视频流等多种媒体形式，提供包括网页浏览、电话会议、电子商务等多种信息服务。

3G手机证券是利用移动网络运营商的TD_ SCDMA/EVDO/WCDMA网络而研究开发的无线手机证券方式，通过3G手机终端进行查看行情、做交易，借助3G网络实现随身、随时、随地进行证券投资。通信原理见图6－6。

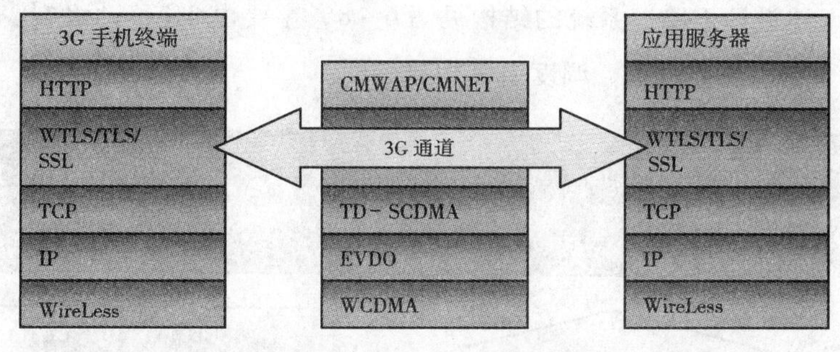

图 6 - 6　3G 通信原理图

二、3G 手机证券技术架构

（一）系统结构

3G 手机平台终端通过 3G 专线接入网关登录到手机证券业务平台，手机证券业务平台则根据 3G 手机平台终端的请求类别提供实时的证券服务。系统架构图见图 6 - 7。

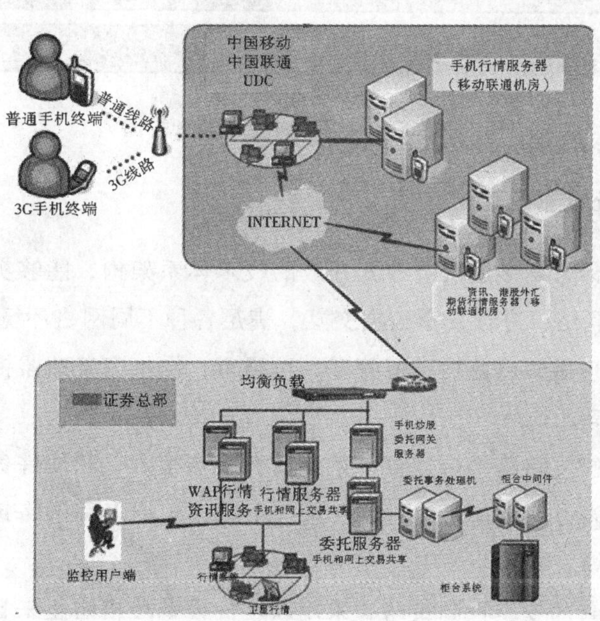

图 6 - 7　3G 手机平台系统架构图

基于上述设计思路，系统的结构见图6－8，主要由3G移动终端、3G无线接入网络、应用服务系统、调度引擎构成。

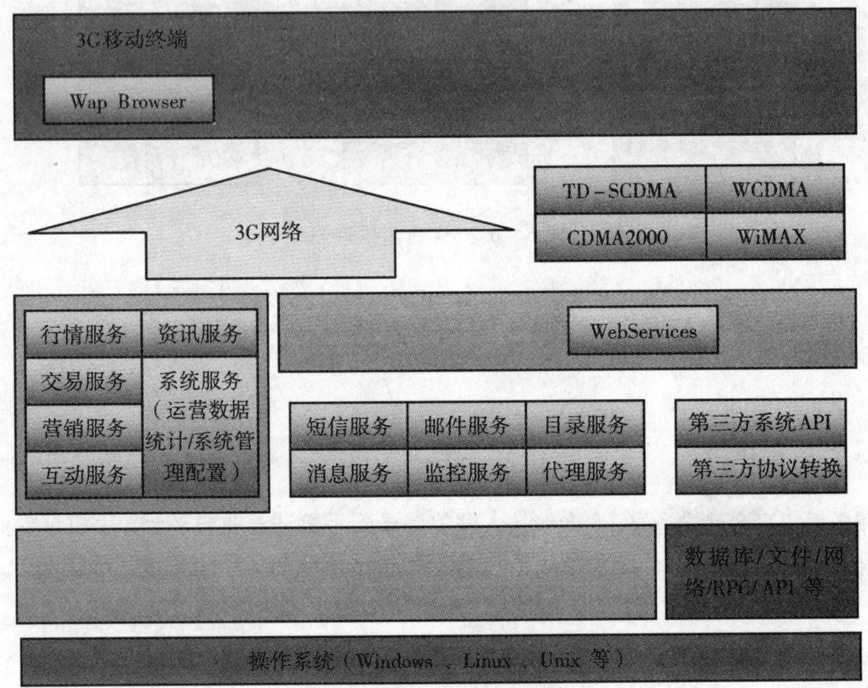

图6－8　3G手机平台逻辑架构图

（二）系统技术特点

1. 系统设计采用多层次分布式开放的技术体系架构，能够实现与证券集中交易系统无缝联结，进行安全数据交互，满足各种不同网络环境。

2. 系统管理做到可监控、可管理、可稽审，提供完善的监控管理工具，系统结构模块化等。

3. 系统性能支持跨平台连接，系统支持多点接入、软硬件负载均衡，支持大并发量处理能力，具有完善的后台管理系统，支持多种网络接入，提供主流手机平台版本等。

4. 提供完善的安全控制策略，采用软硬件设备严格防止来自互联网的各种漏洞、病毒攻击。

（三）3G手机证券安全技术实现

访问接入全面采用基于公钥基础设施（PKI）的信任策略。终端对网络平台的访问采用基于PKI基础设施平台的证书认证技术，有效保证了证券交易中的身份认证、加密传输、防抵赖、操作留痕等中国证监会的要求，针对无线网络实现了TCP上的加密通道，进一步提高了系统的安全性。

1. 身份认证。客户端和服务器端双向身份认证，支持双因素安全体系。实现PKI规范，支持WAP证书或X. 509证书，支持RSA和ECC算法。券商可以根据自己的需求替换成自己的CA证书。

2. 访问控制。与多种业务系统有机集成，保证只有被授权的用户才能访问。

3. 数据加密。对私有数据进行保密，防止数据被无权者阅读。支持3DES、AES、MD5、SHA－1、RC4、RSA、ECDSA、ECC等算法。

4. 数据完整性。在客户端和应用服务器之间建立加密通道，防止传输中的数据被截获、破解和篡改。

5. 拒绝服务保护。检测和拒绝那些要求重传的数据或未成功检验的数据，从而保护了应用服务。

6. 安全审计。完备的日志、操作留痕，能够识别与防止网络攻击行为、为跟踪或追查网络攻击、泄密等行为提供依据。

三、3G 手机证券具体应用

（一）高速实时行情揭示、手机键盘精灵

3G 手机证券应用行情实际界面见图 6－9。

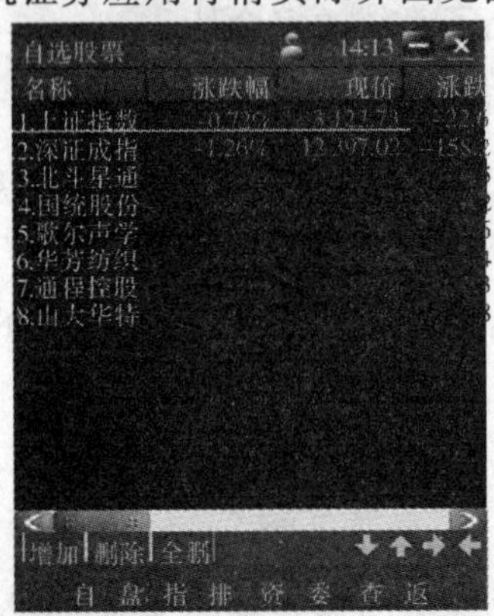

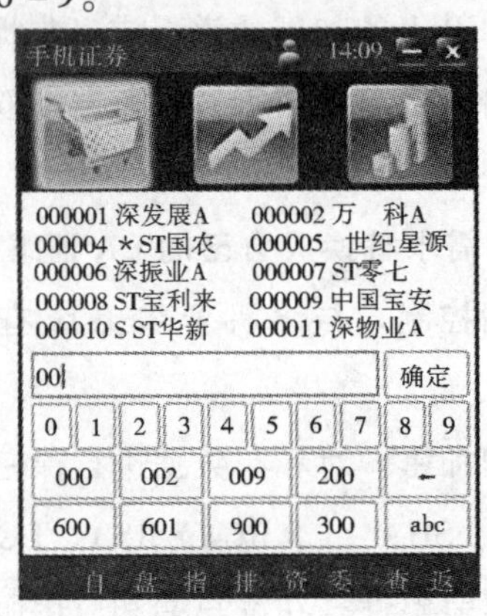

图 6－9　3G 手机证券应用行情截图

（二）与投资顾问、客户经理在线互动交流

3G 手机在线互动实际界面见图 6－10。

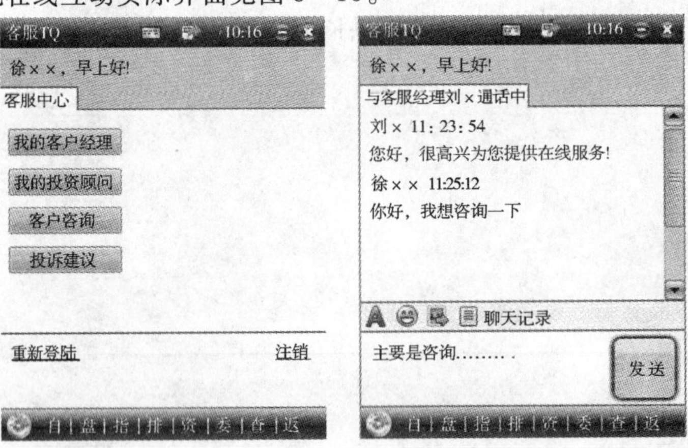

图 6－10　3G 手机证券应用在线互动截图

（三）手机快讯、资讯跑马灯

3G 手机证券资讯服务界面见图 6－11。

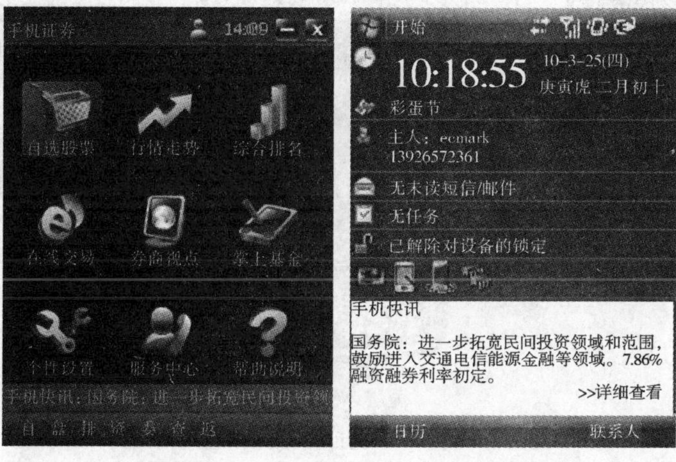

图 6－11　3G 手机证券资讯服务截图

（四）为内部用户提供有利的武器装备，提高工作效率

3G 手机证券应用营销服务界面见图 6－12。

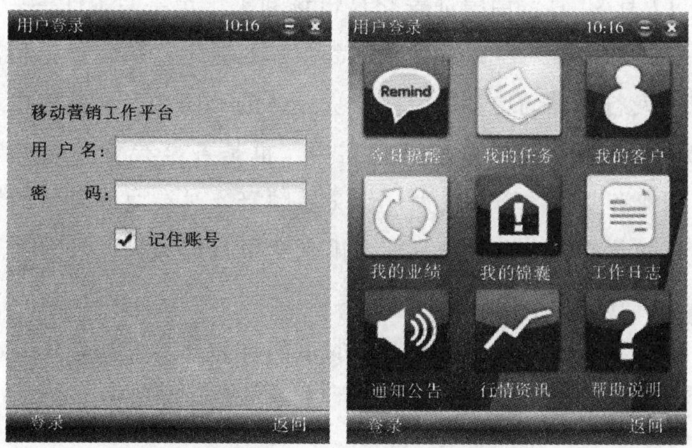

图 6－12　3G 手机证券应用营销服务截图

（五）证券流媒体应用，搭载3G网络快车

3G手机证券流媒体应用界面见图6－13。

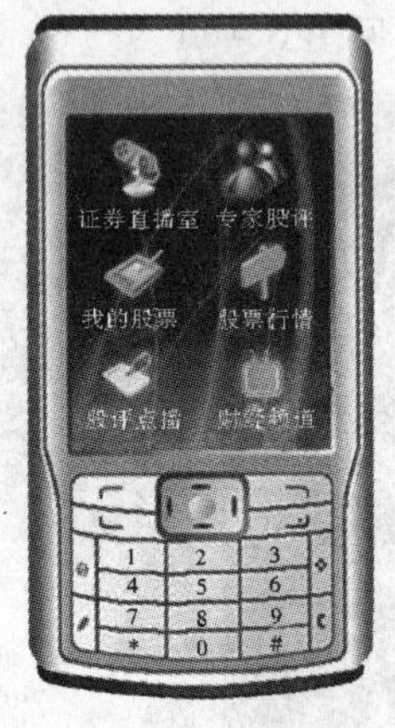

图6－13　3G手机证券流媒体应用截图

第四节　套利系统

2004年12月30日，中国证券交易市场迎来了第一只ETF——上证ETF50投资基金，由此也宣告一种新的证券投资业务的诞生，那就是套利业务。近年来，随着ETF发行品种的增多、股指期货业务的开闸，套利系统也进入飞速发展的时期。这既是投资者投资工具的需要，也是各家券商对此系统重视的表现。由于套利业务要求的资金量大，且交易频繁，对券商成交量的增加带来了直接的影响，随着券商之间市场占有率排名竞争日趋加剧，大力发展套利业务成为提高市场占有率的一个有效的手段。

目前ETF套利系统发展比较成熟，股指期货套利系统还处于套利模式和策略摸索的阶段，因此下面重点介绍ETF套利系统。

一、概述

套利就是指当相同的或类似的证券或投资组合具有不同的市场价格时，投资者可以买入价格低估的证券，卖出价格高估的证券，从而获取无风险收益。套利的经济学原理是一价定律，即如果两个资产是相等的，他们的市场价格应该倾向一致，一旦存在两种价格就出现了套利机会。就 ETF 而言，成分股所表现出的基金净值与 ETF 市价是同一投资组合的不同市场定价，因此存在套利机会。

套利具体方法是：

（1）折价套利，或曰“反向套利”：当 ETF 市价 < 净值时，买入 ETF，赎回 ETF，得到一篮子股票，然后卖出一篮子股票；

（2）溢价套利，或曰“正向套利”：当 ETF 净值 < 市价时，买入一篮子股票，申购成 ETF，然后卖出 ETF。

总之，借助于专业的套利交易软件，套利正在变得较为简单。

二、套利系统技术架构

（一）系统数据流图

为了更清楚地了解套利系统的运作，下面给出系统的数据流图示（见图 6－14），通过该图可以清楚看到数据的流向和交易逻辑。

1. 第一层数据流图。

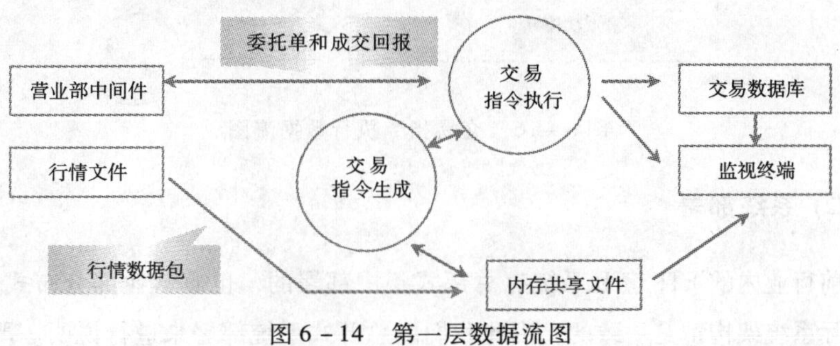

图 6－14　第一层数据流图

2. 交易指令生成数据流图（见图6－15）。

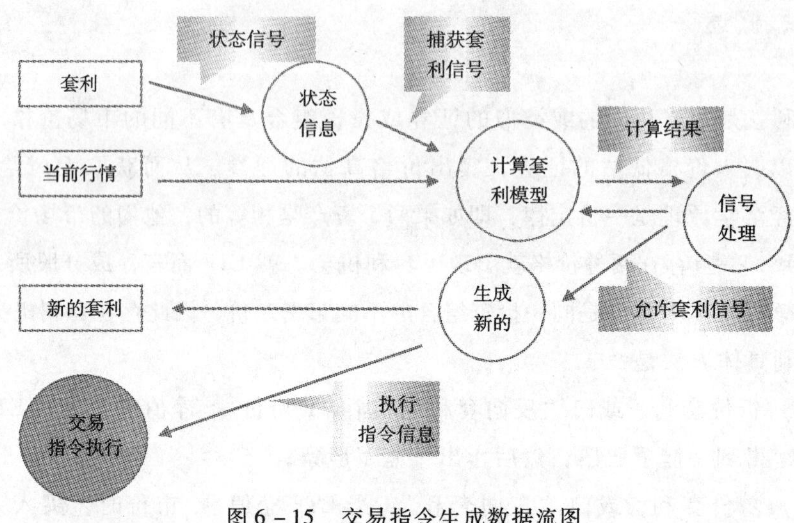

图6－15　交易指令生成数据流图

3. 交易指令执行数据流图（见图6－16）。

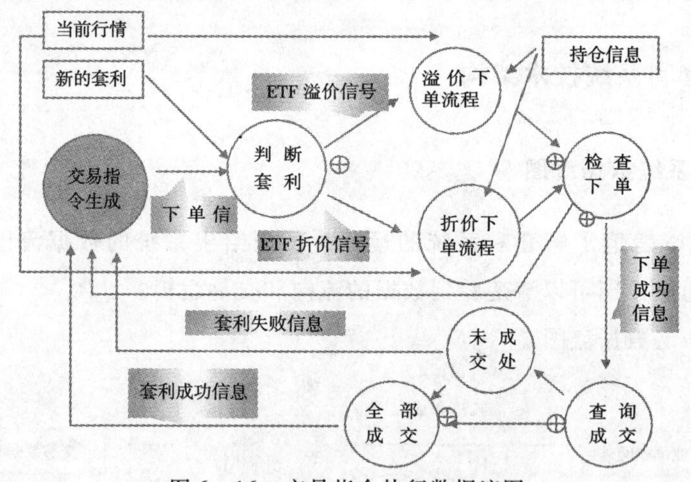

图6－16　交易指令执行数据流图

（二）系统部署

目前行业内的ETF套利系统有总部式集中部署的，也有营业部分布式部署的，但是实际系统架构都是一致的，因此我们以总部式系统部署来进行说明。严格意义上的总部式 ETF 套利系统应该如图 6－17 所示，分为总部系统模块、营业部模块两大部分。

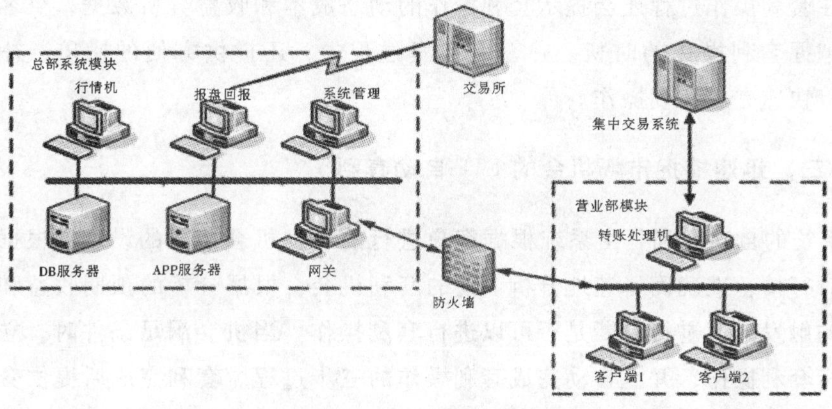

图 6－17　ETF 套利系统拓扑图

系统的主要模块均集中在总部，营业部只安装客户端。日常的维护管理工作由总部负责。当有新的营业部需要增加 ETF 业务时，只需要营业部安装客户端模块即可。

三、ETF 套利系统功能

（一）ETF 篮子交易

套利系统提供了按 ETF 篮子进行批量买卖委托的功能，可以使客户方便地按相应 ETF 产品篮子组成，成批进行篮子的买入或卖出委托，并且提供补足篮子、按篮子买卖、卖出全部持仓篮子、卖出篮子零股等委托方式。在委托发出后，还可以方便地监控委托的成交情况，必要时可以方便、快速地进行撤单及再补单操作。

（二）ETF 人工套利

套利系统针对 ETF 产品可以根据每日行情的波段性进行波段 T＋0 套利操作的特点，提供了 ETF 人工套利操作的功能。客户可以进行简单的套利操作设置（如套利数量、买卖价格策略等），利用一键式操作按钮，快速方便地完成套利过程中的买入（股票或 ETF）→申购或赎回 ETF→卖出（ETF 或股票）。系统在套利操作过程还会提示套利操作的动态成本和收益分析数据，供客户参考并把握套利操作的时机。在套利买卖过程中，还提供方便的撤单、补单操作，以快速完成套利操作。

（三）迅速捕捉市场机会的 ETF 自动套利

系统的自动套利是由系统根据客户进行的各种机会参数的设置，根据市场的实时行情，准确而迅速地分析当前的套利机会，根据分析的预期收益和客户设置的触发阀值进行判断是否可以进行套利操作。当机会满足条件时，立即开始进行套利操作，并且自动完成套利操作的三步过程。套利完成后提供套利收益分析数据，供客户参考。

系统的套利操作充分考虑了市场中存在的延时风险、冲击成本风险、盘口堆积风险等多种风险因素，尽可能降低自动套利的风险。

（四）对 ETF 行情及套利操作的回顾性分析

功能完善的套利系统还提供对历史 ETF 产品的行情分析与回顾功能，使客户可以对历史行情数据进行分析，便于调整套利操作策略。除了可以对行情进行历史分析外，系统还提供对当日和历史套利进行分析的功能，以便进行套利收益分析和误差分析等。

第五节　证券交易策略研究分析系统的应用

一、概述

证券市场快速发展变化，股指期货、融资融券、权证交易、指数交易等对证券研究分析、交易与策略、损益分析与评估等提出很高要求。

随着行情波动日益频繁和复杂，当行情波动较大、在市场基本面没有发生较大变化时，传统的人工交易方式由于受主观情绪影响，往往不能作出适宜的操作。因此，程序化、策略化交易渐渐被业界接受和追捧。

证券交易策略研究分析系统是针对程序化、策略化交易特点，结合研究分析人员多年积累的分析模型开发的集行情及指标采集与发布、策略模型研究分析、跟踪模拟、策略交易、损益分析于一体的证券交易策略研究分析系统。系统采用多层体系结构设计，面向对象的开发技术和高容错负载均衡的运行方式，具有充分的扩展性、缩放性、稳定性和高效性。

系统主要功能包括实时行情、高频数据、历史行情和分析指标的采集、转换、存储与发布；人工委托交易、策略交易、策略研究分析、行情分析、基础数据查询统计；交易、行情、分析指标以及资讯数据交换与访问接口等。系统支持第三方柜台系统客户。

二、证券交易策略研究分析系统技术架构

（一）系统逻辑架构（见图6－18）

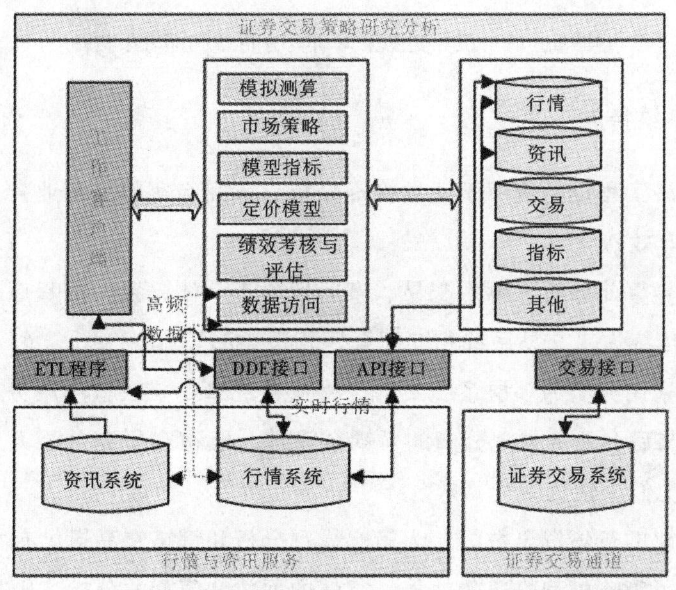

图6－18　证券交易策略研究分析系统逻辑架构

（二）系统部署机构图（见图6-19）

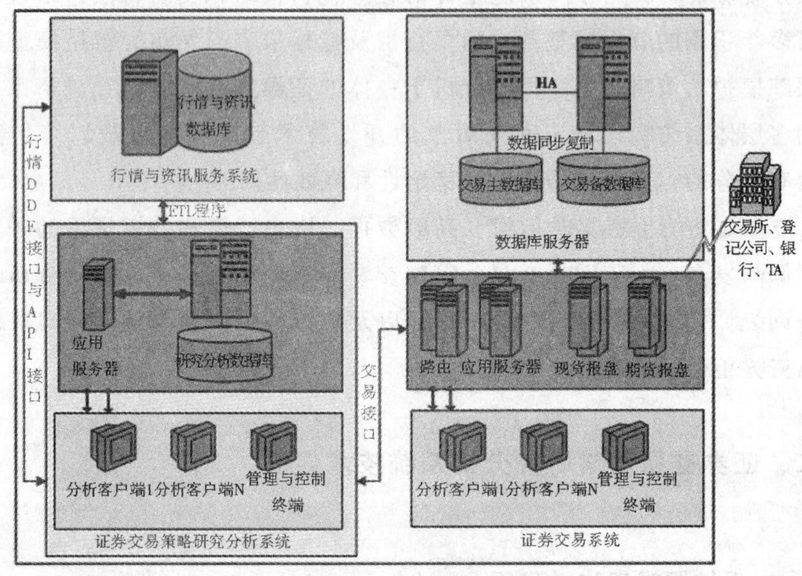

图6-19　证券交易策略研究分析系统部署架构

（三）系统特点

1. 将金融工程模型应用于证券投资分析、研究与实际交易业务中，实现了研究成果的有效转化。

2. 集证券事前分析、事中交易、事后评估于一体，独特的程序化、策略化交易模型与传统人工交易系统相互配合，相得益彰。

3. 系统采用典型的多层系统架构，将业务逻辑封装在应用服务器，从而实现前台展现与后台业务处理分离的松耦合设计，既符合研究分析人员的操作习惯，又满足他们个性化编程需求。

4. 多样化的行情资讯数据，为策略模型分析和策略交易提供有力的支持。

5. 提供了策略模型修正的功能，行情的回放和模型的分析、研究与模拟。

6. 为证券投资者提供了可靠的获利工具。

三、证券交易策略研究分析系统功能

整个系统分为行情与资讯服务、证券交易策略研究分析、数据交换与数据访问接口、证券交易通道等几个部分。证券交易通道允许与证券集中交易系统对接。

（一）行情与资讯数据服务

主要包括实时行情、高频数据、历史行情和分析指标的采集、转换、存储与发布等，对实时行情要求通过行情系统的接口插件将实时行情推送到前端客户显示界面，而对高频以及历史与分析指标数据要求存储到数据库中，供前端客户显示界面通过统一数据访问平台进行调用。

（二）证券交易策略研究分析

主要包括策略研究分析、人工委托交易、策略交易、损益分析、行情分析以及基础数据查询统计等功能。

1. 策略研究分析：根据历史行情对交易策略模型进行模拟跟踪，检验模型的跟踪误差与准确性，从而对模型进行调整与优化，找到最佳的交易策略模型。

2. 人工委托交易：可以用于股票、基金、权证等各种可交易证券的买卖、撤单等委托交易。

3. 策略交易：根据银河证券特有的策略交易模型，如指数化投资策略、投资组合保险策略、龙头股投资组合策略、量化投资策略、ETF T+0 投资策略、权证 T+0 投资策略、固定比例投资策略、RSI 投资策略、双边自动报价策略、牛、熊市双边报价策略等，自动完成委托交易。

4. 损益分析：包括实际交易结果盈亏分析与模拟跟踪盈亏分析等。

5. 行情分析：包括实时行情、高频（5 秒、10 秒、15 秒、30 秒、60 秒）行情与分析指标数据的动态显示与图形显示。

6. 基础数据查询统计：包括客户、资金、持仓以及交易等信息的查询与统计。

（三）数据交换与数据访问接口

1. 交易接口：制定数据交换方式与接口标准规范，提供相应接口组件供证券交易策略研究分析系统前端调用。

2. 实时行情接口：包括客户端 DDE 接口和 API 接口两种方式，提供了实时行情的主动推送与接口访问。

3. 高频与历史行情数据和资讯数据：提供行情与资讯数据，利用 ETL 程序将源数据导入目标数据库；开发数据访问组件，供证券交易策略研究分析系统前端调用。

四、结束语

随着中国证券市场的快速发展和持续繁荣，对证券研究分析、交易与策略、损益分析与评估也提出了更高的要求，如何应用 IT 手段为研究分析、交易与策略、损益分析与评估提供全过程、跨资产的整体解决方案，将是证券业值得长期研究的一个课题，也具有广阔的应用前景。

第六节　合规管理信息系统

随着中国证券市场的日趋成熟、新业务的不断推出和相关监管制度的陆续颁布，证券公司的合规管理越发显得重要。2009 年，一些证券公司开始着手建设以合规管理业务为核心、从提高效率和专业性的角度出发、充分利用信息技术固有的优势、帮助合规管理工作更上一层楼的合规管理信息系统。

一、概述

合规管理信息系统覆盖合规管理工作的所有业务流程，囊括合规工作的各项职能，同时将合规管理系统与公司现有的各个管理信息系统平台充分连接起来，将合规管理工作嵌入公司的各个业务和管理体系中去，从而将合规思想充分融入日常经营中，以降低运营过程中不确定因素对目标实现的影响，提高合规部门执行的效力。

证券公司一般把合规管理信息系统划分为两个子系统进行设计和实施："合规监控子系统"和"合规管理子系统"。

合规监控子系统：专注于对证券公司各类业务进行监控报警。

合规管理子系统：负责各类合规管理相关的工作流程的实现。

二、合规管理信息系统技术架构

（一）系统构架

1. 总体架构（见图6－20）。

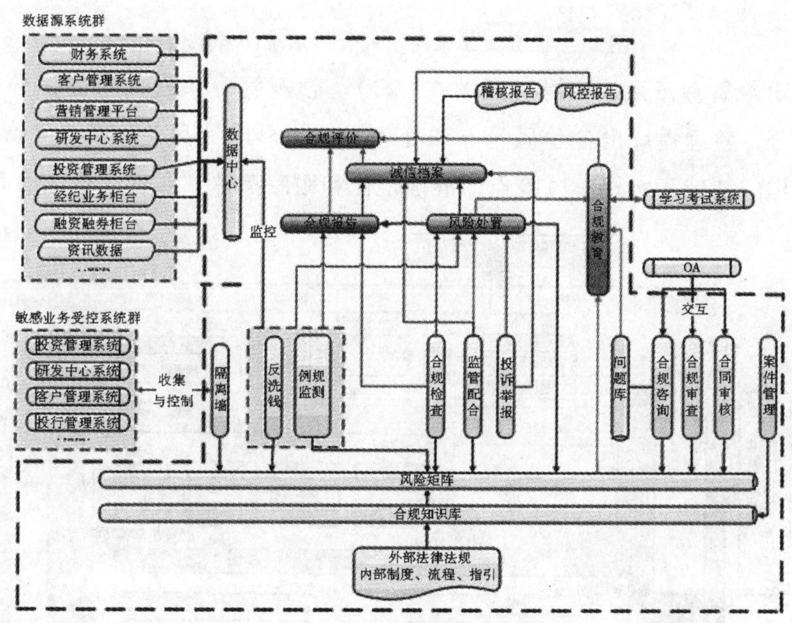

图6－20　合规管理信息系统架构图

2. 合规监控子系统架构（见图6－21）。合规监控系统，从各个数据源系统（包括柜台系统、财务系统、客户管理系统等）中，通过任务定时采集数据，清洗转换成标准格式，在本地形成合规监控数据中心，作为监控的数据基础。监控报警平台根据预先设定的监控指标，达到一定阀值时进行报警。

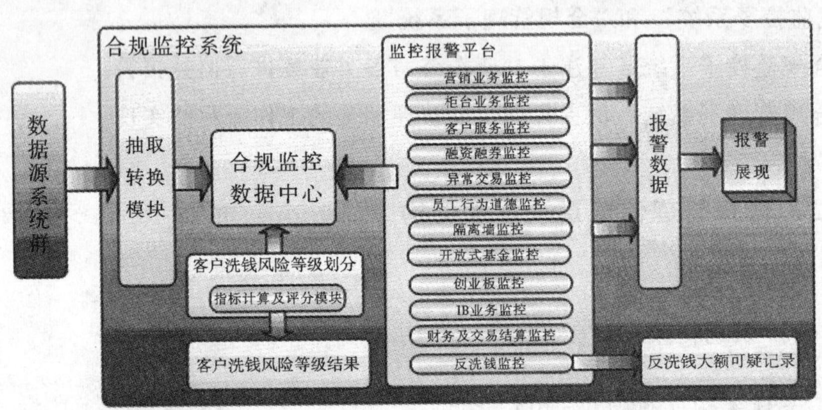

图21　证券交易策略研究分析系统部署架构

3. 合规管理子系统架构（见图6－22）。合规管理系统，根据证券公司的业务划分，整理提炼出各种风险点和处理措施，形成“风险矩阵”，成为合规管理工作的基础，实现对风险点的准确定位和跟踪反馈，实现合规风险管理。

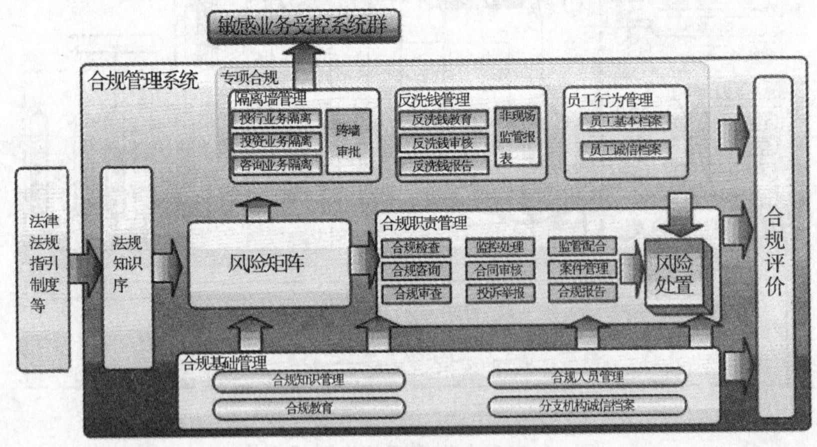

图6－22　合规管理子系统架构图

（二）系统部署

合规监控系统侧重于证券业务数据处理，数据量大，需运算的指标多，对后台数据库要求较高。

合规管理系统侧重于前台应用，用户数相对较多，并需要运行工作流引擎，应用服务器要求较高。

考虑到两个子系统的压力为互补关系，在系统部署时，可以让两个子系统共用一台数据库服务器（两个不同实例）及共用一台应用服务器（两个不同Web模块）。另外，数据库服务器和应用服务器均准备一台备机，进行双机热备，主环境发生故障时切换至备用环境（见图6－23）。

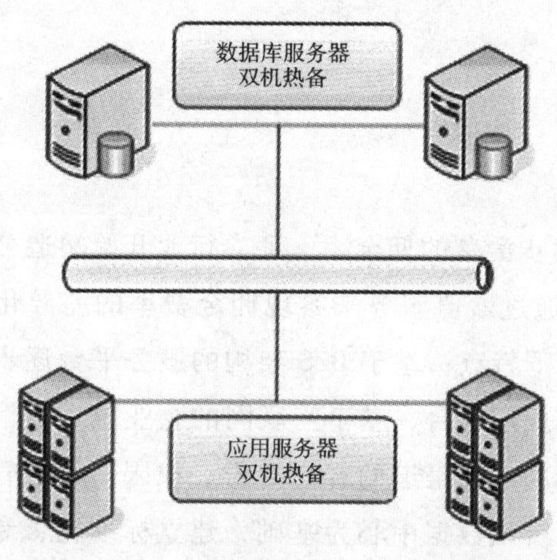

图6－23　合规管理信息系统部署图

三、合规管理系统功能

合规管理信息系统所提供的功能模块主要包括合规基础建设、合规职责、反洗钱、隔离墙、员工行为管理五大部分。

（1）合规基础：合规知识库、合规人员管理、合规教育、分支机构诚信档案。

（2）合规职责：合规咨询、合规审查、合同审核、合规检测、合规检查、合规报告、投诉举报、风险处置、监管配合、合规评价、案件管理。

（3）反洗钱：反洗钱监控、反洗钱教育、反洗钱报告、反洗钱非现场报表、客户洗钱风险划分。

（4）隔离墙：隔离墙监控、投资银行业务隔离、投资业务隔离、投资咨询业务隔离、跨墙审批。

（5）员工行为管理：员工基本信息、员工行为监测、员工诚信档案。

第七节　综合营销服务平台的新改进

一、概述

2009年，应对逐步滑落的佣金率，证券行业开始塑造公司服务品牌，打起了“服务战”，探索通过增值服务来实现佣金费率的差异化。在综合营销服务平台改进方面呈现以下特点：基于B/S架构的服务平台逐步与C/S架构的交易终端融合，加大手机应用平台、基于互联网的企业统一通信平台的建设，完善客户沟通渠道；为解决不同渠道的客户身份、权限、密码管理，开始实施用户的统一认证。探索以资讯数据中心为基础，建立标准化、专业化的产品生产平台，提高产品的生产质量与生产效率，实现全公司统一、标准化的资讯产品、投资组合产品、账户分析产品。依托强大的数据分发平台，实现产品的有序配送。在后台，通过与前端渠道互动平台的融合，实现客户服务工作平台整合，梳理服务流程，实现服务流程标准化，打造证券公司统一的服务品牌；为实现服务的精细化，升级传统操作型客户关系管理（CRM）应用，尝试建立企业数据中心，实现CRM应用由操作型（OCRM）向分析型（ACRM）的升级。以此为基础，通过对客户自然属性、资产属性、交易属性的分析，将客户进行归类，通过与中台产品的适配及渠道匹配，实现客户服务个性化与差异化，打造证券公司经纪业务的核心竞争力。

二、综合营销服务平台的总体架构（见图 6－24）

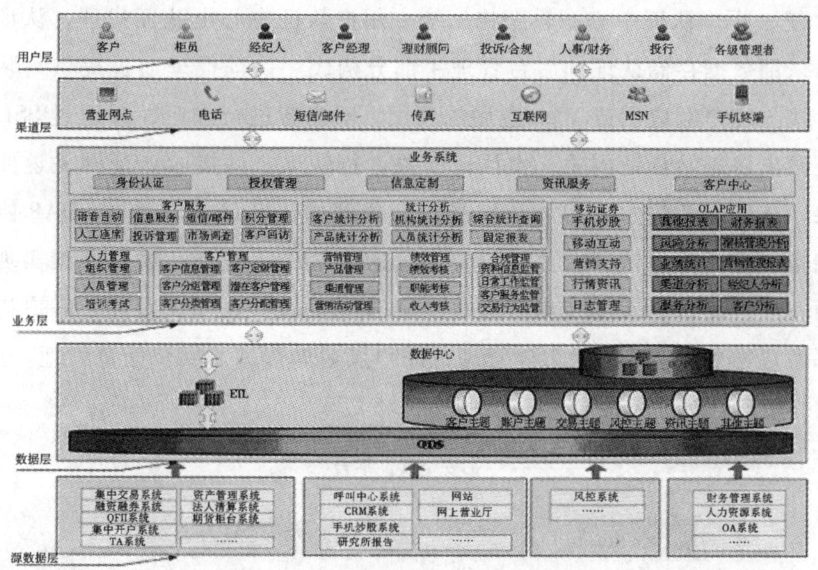

图 6－24　综合营销服务平台总体架构图

三、综合营销服务平台的改进

为适应近年来中国证券市场跨越式发展及散户众多的特点，证券公司营销服务系统建设一直在发展与完善。2009 年，证券公司综合营销服务平台的改进也不乏亮点，下文将选择行业最具普遍性的两个方面重点介绍。

（一）统一用户认证中心

经过多年建设积累，证券公司建设了多样化的渠道接入系统，各种接入渠道建立了独立的用户子系统，用户需要记录多个账户名与密码，给用户使用带来诸多不便。此外，服务内容的变更、用户级别的调整均需在多个渠道分别实现，极大影响了服务品牌的推广及服务标准化。对于一个综合服务平台，统一用户认证中心能对交易用户、非交易用户、增值收费用户、内部用户（客户经理、经纪人和管理员）等多种类型的用户身份进行自动识别和认证，客户登陆身份确认后根据不同级别享受相应的服务。实现单点登录、统一权限管理、统一服务密码管理功能。

1. 统一用户认证中心逻辑架构。统一用户认证中心由认证代理、认证网关服务、认证数据存储认证和后台管理4部分构成。认证代理通过提供封装好的接口，接收客户端应用或Web应用的调用，对内容进行加密，并通过SSL协议把认证请求发送给认证网关，由认证网关进行认证，并接收认证网关返回的响应结果。认证网关的主要功能是接受认证代理的认证请求，通过LDAP协议访问存储集群进行身份认证，并把响应信息返回给认证代理。数据存储实现数据的集中存放。后台管理实现实时监控（认证网关监控、OID监控、账户盗用监控、恶意攻击监控）、IP黑名单管理、账户黑名单管理、用户信息管理。

统一用户认证中心逻辑图（见图6－25）。

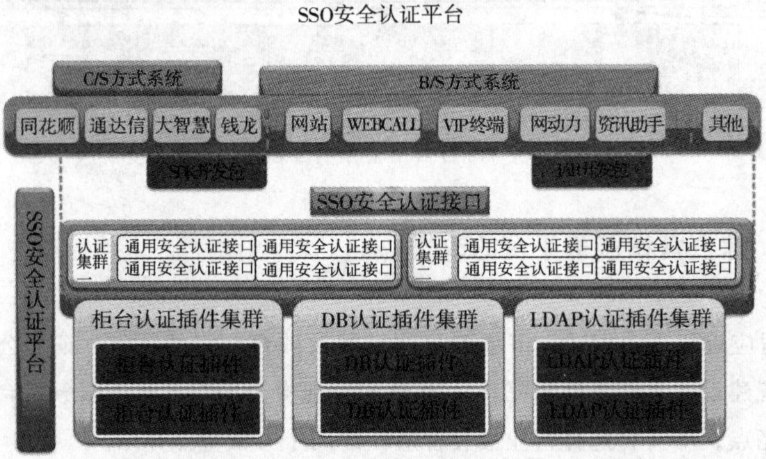

SSO安全认证平台

图6－25　统一认证中心逻辑架构图

2. 统一认证中心技术要点。

（1）认证系统采用Timesten内存数据库技术，支持水平扩展。支持从简单到通信密码到硬件证书的认证安全选择，具备数据加密功能，可有效防止客户信息外泄。密钥具备时效性，且可设置。

（2）认证网关内核基于开源的、成熟的、稳定的、高性能的lighttpd，并采用 LVS 或负载均衡器实现负载均衡。

（3）认证代理和认证网关之间采用 https 传输协议，以保证传输的安全性和网络的适用范围。

（4）认证代理针对 Web 应用提供的是 javascript 和 swf 文件，针对客户端应用提供的是 DLL（Windows 平台）和 OS（linux 或 Unix 平台）。针对 Web 应用的第三方开发包采用加密和混淆技术进行处理，针对客户端应用的第三方开发包采用加壳技术进行处理，防止逆向工程。传输的内容采用 AES 算法进行高强度加密，非对称加密采用 RSA 算法。

（二）分析型 CRM（简称 ACRM）系统

传统操作型 CRM（简称 OCRM）应用主要侧重营销服务人员的辅助办公，实现客户经理对客户资料的电子化管理、短信发送以及基本的客户管理、查询与分析。随着对客户了解逐步深入，服务的定制化、精细化成为必然。2009 年部分证券公司开始进行 CRM 系统的升级，探索建立企业数据中心，以此为基础建立证券公司分析型 CRM 系统。

1. 基于数据中心基础的分析型 CRM 应用的逻辑架构（见图 6－26）。

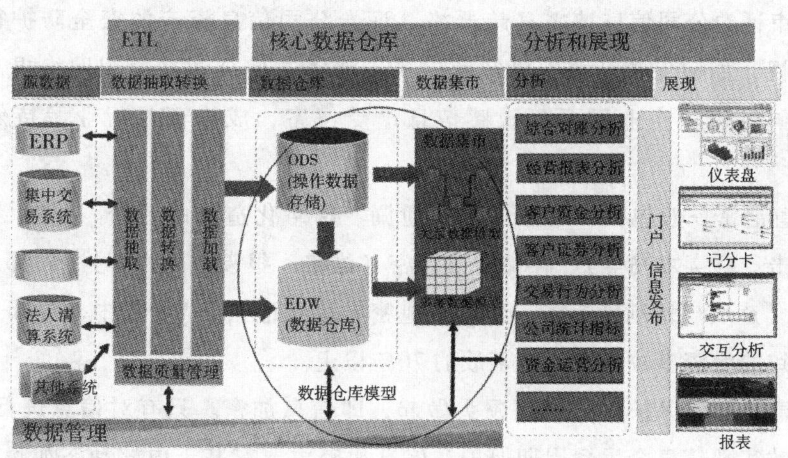

图 6－26　分析型 CRM 逻辑架构图

2. ACRM 主要功能。

（1）客户筛选。

（2）客户分析（客户资产分析、客户交易分析、客户盈亏分析、客户佣金贡献分析、客户自然属性分析、客户挖掘分析、客户拓展及保有情况分析、存管银行分析、服务模式分析、开放式基金相关分析、配股查询、创业板查询、融资融券查询、股指期货查询）。

（3）日常报表（总部、营业部监管报表，经营分析报表）。

（4）客户管理（客户级别管理、客户特征管理、盘活客户管理、流失客户管理、潜在客户管理）。

第八节　证券公司文档安全管理系统

一、概述

经过多年的信息化建设，中国证券业已经形成了对信息技术的高度依赖，信息资产成为证券公司重要的资产。随着互联网应用的普及、监管的日趋完善、上市证券公司信息披露日趋严格，证券公司信息资产的安全防护得到了高度重视，如何保护公司重要经营信息不泄密，使公司在使用网络提高工作效率的同时避免企业重要的敏感信息遭受侵害，成为证券行业亟待解决的问题。

信息泄密一般包括：电磁波辐射泄漏、网络化造成的泄密、（网络拦截、黑客攻击、病毒木马等）、存储介质泄密（维修、报废、丢失等）、内部工作人员泄密（违反规章制度泄密、无意识泄密、故意泄密等）。其中，内部人员行为所导致的泄密事故占总泄密事故的70%以上。

信息的安全保护，必须从源头做起，即信息加密。只有对信息进行加密，才能有效实现信息全生命周期保护。信息加密主要有基于内核动态加解密、基于文档权限分配（授权）的文件加解密、混合加密技术3种模式。针对证券行业应用特点，一般采用混合加密技术路线。

2009年，业内一些大型券商已开始探索建立证券公司文档安全管理系统。

二、文档安全管理系统技术架构

（一）技术要点

文档安全管理系统主要采用混合加密技术对公司内部的文档加密和保护。混合加密技术是指同时具备动态加/解密和权限控制的加密技术，通过策略的控制实现动态加/解密或权限控制的目的。由于它同时具备了动态加/解密和权限控制两类加密的优点，因而它更容易在大型企业（如证券业）中落实。混合加密技术方案可以选择在全网强制加密的基础上实现对特殊敏感信息权限控制，也可以选择在全网权限控制的基础上对重要技术部门实现文档强制加密保护。

（二）文档安全管理系统部署拓扑结构（见图6－27）

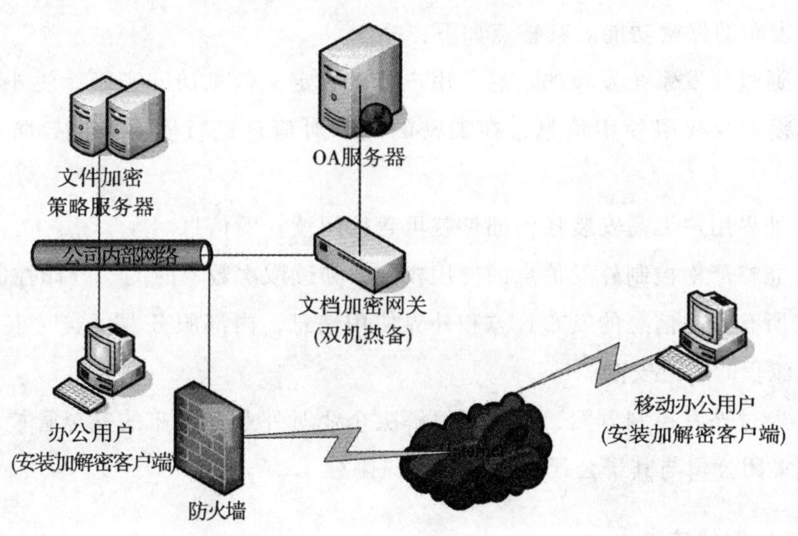

图6－27　文档安全管理系统拓扑图

三、文档安全管理系统的主要功能

（一）应用安全性防护

用户对加密数据的所有应用操作行为，均被安全管控，如保存、另存为、拷贝粘贴、打印、拷屏、拖拽、发送等。属于强制保护范畴的文档，另存为依然强制加密保护，只允许在加密数据间进行内容的粘贴、拖拽，防止对加密数据的屏幕拷贝、打印及允许打印时带水印等。

（二）对外业务发布安全

企业与外界进行频繁的信息沟通已成为一个必要的业务模式。这些交互的信息可能会涉及企业的核心信息。这些信息一旦流出企业就面临着失控的风险。为了解决企业对外业务交互的后顾之忧，在企业文档安全体系中，提供信息对外发布的保密功能。其特点如下：

1. 通过外发系统发布的信息，用户可以自定义信息访问密级，使外界严格按照预设密级权限使用信息，在加密的同时对信息进行安全控制，防止信息扩散。

2. 外界用户无需安装任何插件就可直接阅读外发信息。

3. 能够严格控制外发信息的使用权限，如读取次数、时间、打印控制等。

4. 所有外发信息的发布日志和外界使用信息，内部服务器可实时审计，确保外发流程的运行安全。

5. 通过外发控制方案，不仅可以解决企业对外业务发布的安全管控，也可以解决集团公司与其子公司间的信息交流隐患。

（三）离线安全

在某些情况下，用户无法与服务器通信，如网络中断，或者用户出差无法连接到服务器，用户将无法打开加密文档。针对这一情况，文档保密系统为用户提供了 PC 绑定功能。

PC 绑定：系统管理员将加密文件、用户 ID 和某一客户端计算机绑定。当处于离线状态时，此用户只能在这台计算机上打开已绑定的文档，无需通过服务器身份认证。

离线使用文档潜在很多危险，用户在进行绑定时，同时要求设置离线时用户有效性认证、有效时间、阅读次数等参数（见图 6－28）。

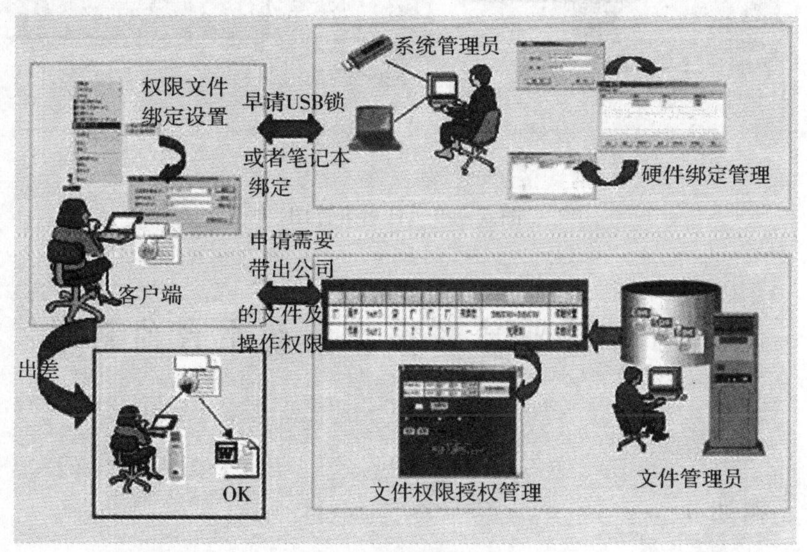

图 6－28　离线安全图

（四）日志审计

日志管理是一系列的日志条目，记录了一些系统事件、用户 IP 地址、用户操作、文件操作、权限变更、授权、时间、系统备份恢复、终端管理等信息。

根据 BS7799 安全规范，一个系统最重要的部分是其审计跟踪能力，这是系统安全性的一部分。通过审计功能，管理员可以监督、跟踪所有用户的全部操作，查看系统的使用情况，实现最高的系统安全（见图 6－29）。

根据日志信息的具体设置，可以设定不同的日志内容。从庞大的日志数据中抽取有用的信息，例如对用户的某些操作进行分类整理，自动生成相应的审计报告。通过研究日志报告，能够制止泄密事件的发生；对于已发生的泄密事件可以回溯历史活动，从而发现泄密渠道。

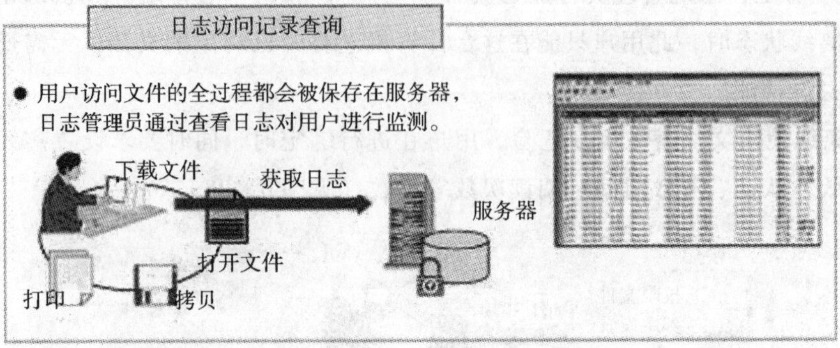

日志访问记录查询

● 用户访问文件的全过程都会被保存在服务器，日志管理员通过查看日志对用户进行监测。

下载文件 获取日志 服务器 打开文件 打印 拷贝

图6-29 日志审计图

第九节 营业部多操作系统平台的应用

一、概述

Novell公司的Netware操作系统作为券商主流行情服务器的基础平台软件，在证券行业风行了近10年，一直稳定地支持着券商营业部现场客户的行情和委托应用。最近几年，券商经纪业务面临一个较大的转型期，细分对不同客户的服务，拓展创新业务，行业内各家券商都在摸索有自己特色的经纪业务营销和客户服务体系，也因此不断建立新的应用软件系统。这些支撑新业务的应用软件系统，大多数采用当前流行的、便于客户接受的信息技术手段，是基于TCP/IP协议的Windows或Linux操作系统平台的应用软件系统，例如股指期货业务、各类套利业务、ETF业务、营销管理业务、客户服务业务等等。这些新业务在营业部现有环境中部署实施时，常会遇到与“NetWare+DOS”的平台架构难以兼容的问题，需要重新建设，结果导致证券营业部信息系统架构的复杂度增加和设备的重复投资，增加证券营业部信息系统实施、维护和风险控制的难度。

与此同时，随着 Novell 公司停止对 Netware 旧版本的技术支持，IBM、HP、DELL 等硬件厂商也不再提供支持该操作系统的服务器产品，Netware 操作系统的市场化技术支持越来越少，软硬件都缺乏后续服务。这种局面，导致现有证券行业的“Netware + DOS”系统软、硬件的技术支持和日常运维日显困难。

2009 年以来，有证券公司营业部开始探索使用新一代多操作系统平台。该平台利用较为成熟的计算机硬盘虚拟化技术，成功解决了营业部无盘客户端可同时支持 DOS、Windows、Linux 多操作系统的难题，从而成功实现了完全取代 Netware 操作系统及其应用，还实现了营业部信息系统基础平台和各类业务应用的良好的兼容性和开放性。

二、营业部多操作系统平台的技术架构

（一）营业部多操作系统平台架构

新一代多操作系统平台方案，是一套完整的证券营业部信息系统基础架构平台方案。它彻底摒弃了营业部原有的 NetWare 操作系统，具有“一套服务器、一台终端三种操作系统兼容”的特点 。

1. 一套服务器，是指营业部需要新部署一套安装有新一代多操作系统平台软件的服务器。服务器的操作系统采用基于 64 位的 Linux 操作系统，营业部一般配置主、备两台服务器，如果客户端数量很多，可增加服务器，实现集群，服务器之间可实现故障热切换和数据及登录引导的冗余。

服务器支持 IPX 协议和 IP 协议的通讯。支持 DHCP。服务器实现了对无盘客户端的多操作系统启动引导、无盘客户端安全管理、无盘客户端客户个性化数据存储等功能。

Netware 模式的老营业部实施新一代多操作系统平台方案改造时，原应用系统软、硬件无需做很大改变，Netware 服务器和新一代多操作系统平台服务器可并行，逐渐过渡，实现安全平滑迁移。

2. 一台终端三种操作系统兼容，是指营业部任意一台无盘终端都可同时兼容 Windows、Linux、DOS3 种操作系统。客户可根据不同业务需要，选择进入

基于不同操作系统平台的应用软件系统。

每种类型的客户应用在服务器上都有一个映像文件对应，客户登录就是选择不同的映像文件，实现了应用软件与具体硬件环境的分离，便于应用软件的统一管理和升级。

每个客户端在服务器上都留有一块硬盘空间（可以由电脑人员设定），供客户存储其个性化应用数据。

只要营业部的无盘客户端硬件支持，客户可以按照应用需要，选择登录DOS系统、Windows系统和Linux系统，从而进入不同的应用程序。例如：32M内存的无盘客户端只能启动DOS系统，512 M内存的无盘客户端能启动DOS、WINXP系统。

新一代多操作系统平台客户端工作原理，请见图6-30：

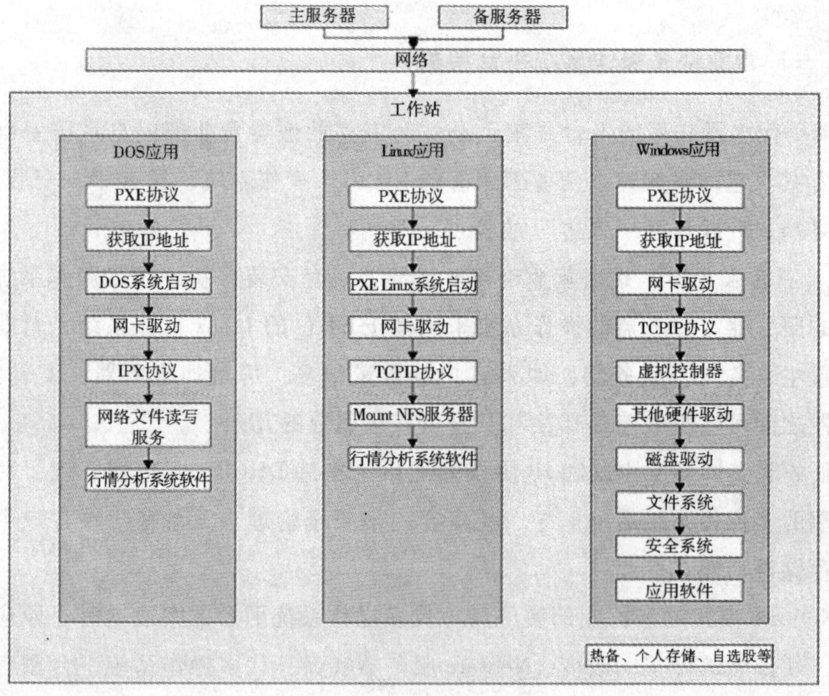

图6-30 新一代多操作系统平台客户端工作原理图

（二）新一代多操作系统平台部署架构图（图 6－31）

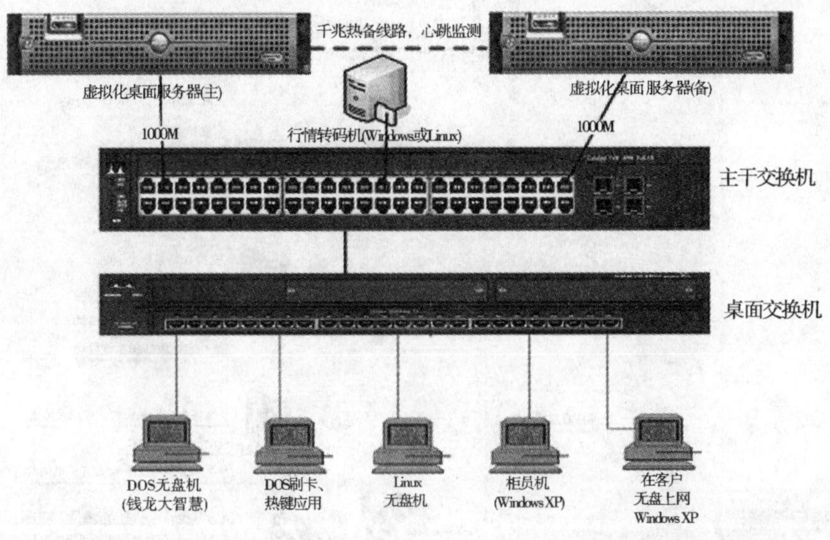

图 6－31　新一代多操作系统平台网络拓扑图

（三）营业部多操作系统平台网络环境

实施新一代多操作系统平台方案的营业部网络配置。

1. 服务器需通过千兆链路与主干交换机连接。使用高带宽的连接方式可提高网络数据交换速度，提高系统效率。

2. 服务器网卡应包含 TOE 技术，即 TCP 减负引擎（TCP Offload Engine，TOE），可减轻服务器负载压力。

3. 二级桌面交换机与主干交换机通过千兆链路级联，提高网络数据交换速度，可提高无盘客户端，特别是 Windows 无盘客户端登录效率。

三、多操作系统平台的主要功能

营业部 Netware 服务器上的应用程序和行情、资讯等历史数据，可以全部平滑迁移到新一代多操作系统平台服务器上来。

新一代多操作系统平台服务器端功能见图6-32：

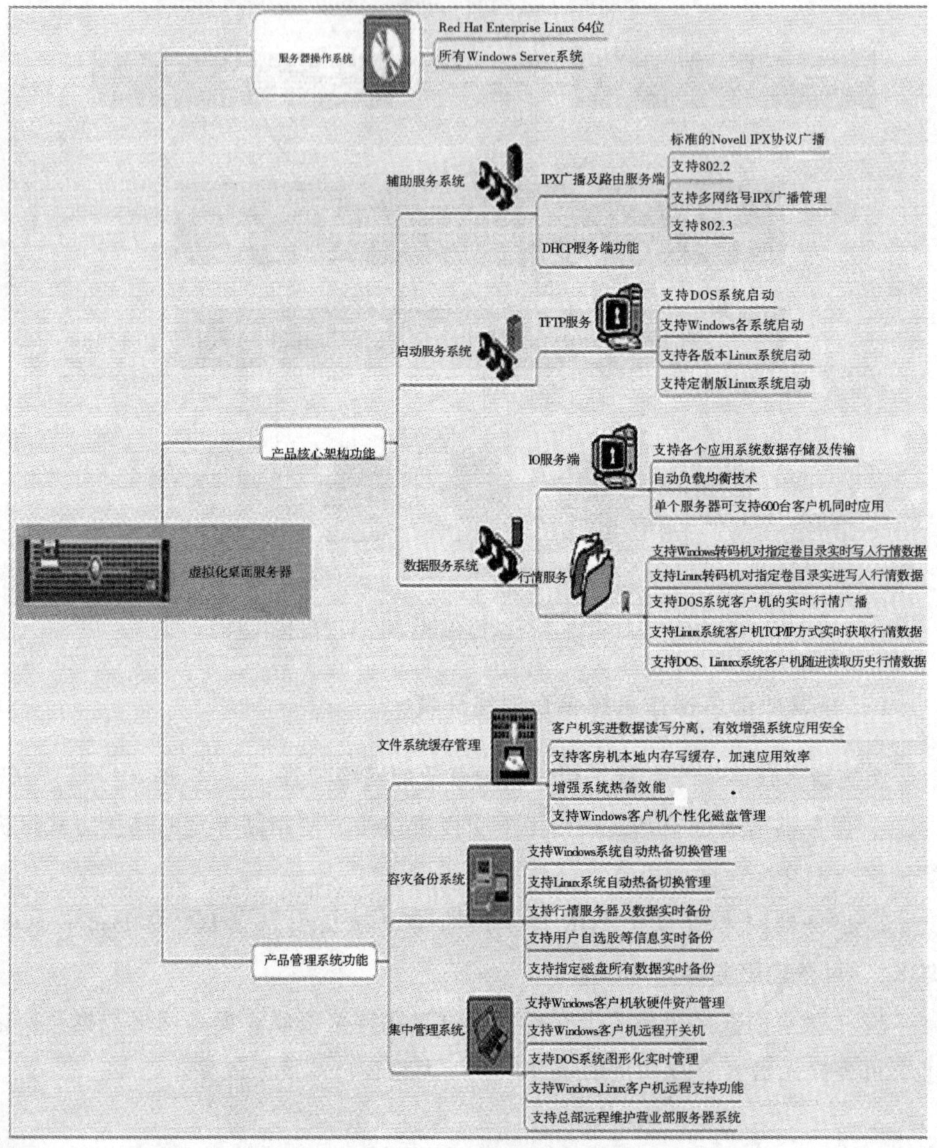

图6-32　新一代多操作系统平台服务器详细功能

第七章 2009 年中国证券业投资者教育发展报告

第一节 2009 年中国证券业投资者教育工作面临的形势

中国证券市场经历了 20 年的发展历程，已取得了举世瞩目的成就。截至 2009 年年末，我国证券市场 A 股总市值达 24.27 万亿元，是同期居民账户存款总额的 91.71%，证券化率达 72.36%；股票有效账户数超过 1.2 亿户，日均股票成交金额 2 196.67 亿元；106 家证券公司总资产达到 2.03 万亿元，证券从业人员 13 万余人。证券市场已经成为国民经济的重要组成部分，居民参与证券投资越来越普遍，参与规模越来越大，参与程度越来越高，证券投资已成为居民经济生活的主要内容之一。但由于我国证券市场相对起步较晚，市场健康稳定运行的基础仍不牢固，投资者对于投资风险的认识尚不充足，这就要求证券行业加强投资者教育工作，增强投资者风险意识，引导理性投资。

一、证券市场投资者现状要求加强投资者教育

投资者是资本市场赖以存在和发展的基础，投资者对各类风险的认知水平直接影响其投资行为进而影响市场的稳定性、有效性和流动性。随着居民收入不断增加，投资理财大规模走进百姓日常生活是近几年的事情，投资者的非理

性投资行为还很普遍，投资者的风险认知程度有待提高。

（一）投资者数量增速较快，跟风入市现象较为严重

近年来，我国投资者队伍迅速扩大，尤其是证券市场高涨的2007年，受财富效应影响，投资者数量大幅增长。截至2009年年末，我国投资者股票账户总数已超过1.4亿户，基金账户总数超过3 100万户（见图7-1）。2007年后，开户年限小于两年的新入市投资者明显增多，成为个人投资者中比例最大部分。大量新入市的投资者在不具备基本证券投资知识、不了解基本交易规则的情况下，盲目跟风入市，对市场风险的防范能力较弱。

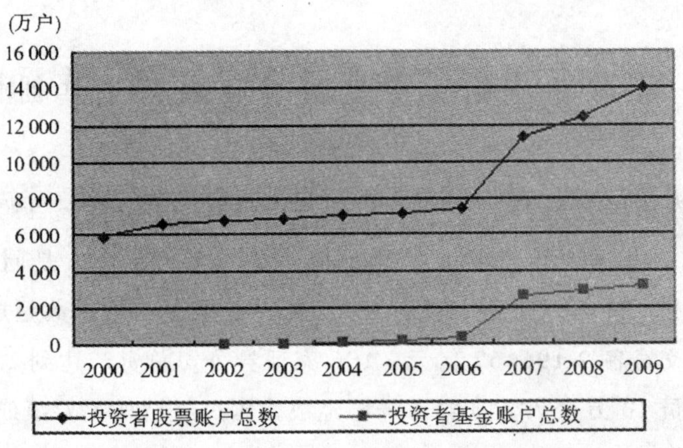

图7-1　2000~2009年我国投资者账户总数

数据来源：中国证券登记结算有限责任公司。

（二）中小个人投资者比例偏高，“散户化”趋势明显，抵抗风险能力较弱

近年来，我国投资者结构逐步优化，机构投资者迅速壮大，但从投资者数量和交易份额看，个人投资者仍居于主导地位，且其中中小投资者较多，是证券市场流动性的主要提供者。据统计，2009年年末个人投资者A股账户市值在1万元以下的账户数量占到31.15%，1万元~10元之间的账户数量占到52.32%，持有账户市值在10万元以下的中小投资者占到八成以上（见图7-2）。

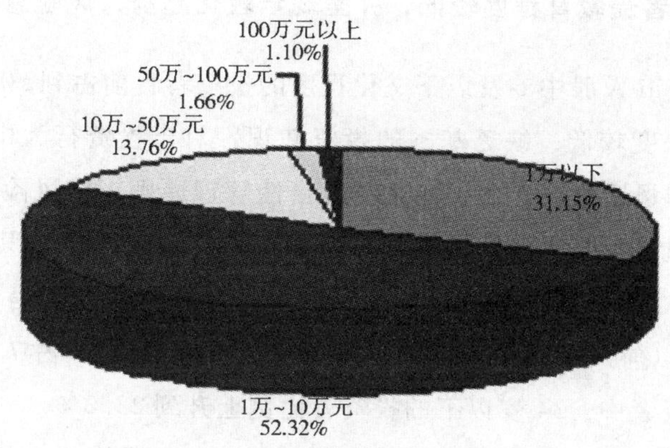

图 7-2　2009 年末投资者 A 股账户市值分布

数据来源：中国证券登记结算有限责任公司。

2009 年个人基金投资者的收入水平虽较 2008 年有所提高，但绝大多数仍为中低收入者。据统计（见图 7-3），个人月收入在 2 000 元以下和 2 000 ~ 5 000元的投资者占比分别为 20% 和 50%，合计占到基金投资者总数的七成。由于经济能力有限，其金融投资规模有限，抵御市场波动风险的能力也较弱。

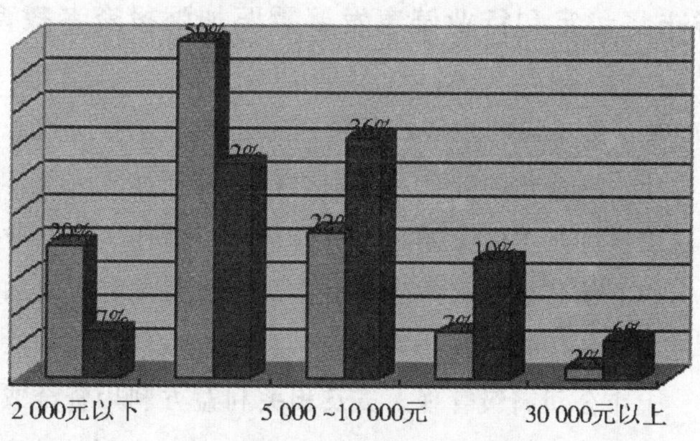

图 7-3　个人基金投资者月收入情况

数据来源：中国证券业协会。

（三）投资者受教育程度较低，并呈现年轻化趋势，风险意识不足

据统计，沪市A股中专及以下文化程度的投资者目前占到50%以上，投资者总体受教育程度较低，缺乏基本的投资知识，对于投资行为中的市场风险、技术风险、法律风险等缺乏认识，对于适当性管理原则下的风险评估方法难以理解，需要通过普及基本的证券投资知识来帮助其树立风险意识。同时，中小投资者中年轻人所占的比重相对较大。近年来，投资者开始呈现年轻化的现象，2000年及以前入市的投资者中，34岁以下的投资者只占7.7%；而2007年后入市的投资者中，34岁以下的投资者比例上升到23.3%。

（四）投资者持股期限较短，交易较为频繁，造成证券市场波动幅度大，市场风险加大

据统计，在2007年超过80%的投资者持股期限低于3个月，个人投资者的平均持股期限为105.77天。在受国际金融危机影响的2008年，我国证券市场日振幅率绝对值超过3%的天数有132天，占当年全部交易日53.7%；而同期处于金融危机中心的美国证券市场，却只有74天，占比为29.2%。

二、证券市场稳定和行业健康发展需要加强投资者教育

近年来，随着证券市场的发展，各种违法违规现象有所抬头，并日益呈现出新型化、多样化、网络化的特征。个别机构借资产注入、整体上市、收购借壳之名对一些缺乏实际基本面支撑的上市公司进行炒作，使其股票出现连续的涨停；上市公司虚假信息披露和内幕交易违法犯罪案件有所增加；借“海外上市”的名义非法销售未上市股份公司股票、利用互联网从事非法证券投资咨询活动屡禁不止；上市公司高级管理人员及相关利益方利用资金或信息优势违规买卖公司股票，基金从业人员建“老鼠仓”牟取不正当利益的案例时有发生等等。这些违法违规行为手段花样翻新，隐蔽性强，欺骗性大，严重扰乱市场秩序，损害了广大投资者合法权益，需要通过投资者教育提高广大投资者对此类违法违规行为的警惕意识和辨别能力，不给违法违规者可乘之机。

作为新兴证券市场，我国市场在较快发展的同时，市场化机制尚不完善，

风险防范和化解的自我调节机制尚未完全形成，市场持续稳定运行的基础仍不牢固。在新的市场环境下，市场运行还面临着一些挑战。当前上市公司的整体结构有所改善，但总体质量及盈利的持续性仍有待改善和提高；证券公司经过综合治理后整体状况已发生巨大变化，但盈利模式单一、同质化竞争、核心竞争力不强等问题仍然比较突出；市场结构和产品结构多元化程度不高，难以满足不同投资者群体的实际需要；市场主体运作不规范、信息披露不规范的问题仍然比较突出。而部分投资者尤其是新入市的投资者对证券知识缺乏系统了解，风险意识淡薄，在行情上涨时只看到炒股赚钱的可能，不懂得或忽视炒股赔钱的风险，在“赚钱效应”的驱动下，市场非理性投资行为上升，市场风险有所积聚。这需要通过广泛开展投资者教育来促进投资者对于证券市场运行原理的理解，证券认识市场运行的各种风险。

目前，证券经营机构在开展投资者教育时，有时面临两难选择，既要推介产品的收益，又要揭示产品的风险；既要向投资者介绍证券投资一般方法和原则，又不能代替投资者作出具体判断和决策。但投资者教育从根本上来说是要宣传证券投资的基本知识，通过这种途径提高整个市场出资方行为的理性，增强市场的有效性。这既是保护投资者的需要，也是维护证券行业诚信形象的需要。

三、完善行业自律组织职责有待加强投资者教育

金融危机对国际证券业自律组织的职责带来了深刻的变化。在各种金融改革或者各项金融救助措施中，一项重要变化就是投资者教育工作摆在了政府、市场监管部门、行业协会以及证券经营机构面前，提到了市场各主体的工作日程上来。因此，重新认识投资者教育工作、构建投资者教育工作体系，成为保护投资者的重要措施之一，成为各国监管、自律机构的又一重要职责，对投资者教育工作重要性的认识达到前所未有的高度。

投资者教育和保护成为国际证券业自律组织的重要职责。金融危机爆发后，一方面，欧美国家的投资者亏损较为严重，加剧了人们对金融投资的畏惧，导致人们丧失投资信心。同时，投资者对金融产品的不了解给资本市场带来众多

风险。另一方面，随着资本市场发展和金融产品丰富，投资者教育可以让投资者了解新产品，满足不同的投资需要。当前，各国证券行业自律组织已经将投资者教育和保护作为其重要职责之一。

投资者教育和保护成为评估国际证券业自律组织的重要标准之一。这次国际金融危机发端于美国，作为美国一线证券监管的自律组织——美国金融业监管局（FINRA）备受谴责。FINRA存在严重的“利益冲突”，因此，强调包括FINRA在内的所有证券业自律组织应是在政府监管下的自律管理。中国证券业协会如果只关注行业的利益诉求而忽视对投资者利益的切实保护，会挫伤投资者的投资热情从而使证券行业失去广泛的公众基础和社会支持。所以，自律组织为实现行业的可持续发展，就必须加强金融服务过程中的投资者教育工作，规范对投资者的风险揭示流程，实施客户适当性管理，全面提高客户资源的管理能力和服务水平，而不能以欺诈、隐瞒等方式剥夺投资者利益。如果动摇了投资者的信心，证券行业就失去了生存和发展的基础。

第二节　近年来中国证券业投资者教育工作概况

中国证监会于2001年10月发布了《证券市场各方责任教育纲要》和《实施方案》，对投资者教育的指导思想、教育重点和具体实施措施作了部署。2006年下半年以来，针对伴随我国资本市场改革出现的新情况、新问题，监管部门强化了对投资者教育工作的领导和推动，结合证券行业各市场主体的不同特点，有针对性地开展了一系列以风险揭示为重点的投资者教育工作，取得了阶段性的成果。

2007年5月，随着我国资本市场的进一步发展和各项基础性制度的进一步完善，中国证监会发布了《关于进一步加强投资者教育、强化市场监管有关工作的通知》和《关于证券公司依法合规经营、进一步加强投资者教育有关工作的通知》两个规范性文件。通过这次专项工作成立了投资者教育办公室，各派出机构相继成立投资者教育领导小组，行业协会、交易所等自律性组织及证券、期货经营机构也先后组建了投资者教育领导机构及工作机构，投资者教育工作初见成效。

近年来，伴随着宏观经济的稳步增长及资本市场的不断完善，我国投资者队伍不断扩大。尤其是2007年以来，伴随着股票市场的高涨与复苏，投资者数量快速增长。在投资者数量急剧增长的同时，投资者水平参差不齐、投资理念不成熟以及风险意识淡薄等问题进一步凸显，对市场的健康、可持续发展带来不利影响。投资者教育是保护投资者合法权益的重要工作，也是加强市场基础建设的重要内容。广泛开展投资者教育，不是权宜之计，而是推进资本市场改革发展的长期性基础工作。

一、近年证券公司开展投资者教育概况

目前，各证券公司是证券市场开展投资者教育工作的主要力量。近年来，证券公司围绕基本制度建设，加强投资教育力量投入，开展一系列活动，取得了较大成效。

（一）证券公司投资者教育工作的主要内容

1. 加强组织、制度建设，保障经费投入。近年来，证券公司普遍将投资者教育工作列为本公司的工作重点，成立了专门的领导小组和工作小组，负责拟订公司投资者教育工作的方针、实施方案，筹划投资者教育活动项目，检查考核投资者教育工作效果，研究工作中的问题，拟订年度预算，从组织方面保障了投资者教育工作的开展。据统计，2008年已有90家证券公司在总部建立了领导小组，其中，49家证券公司同时在各营业部建立了工作小组。例如，银河证券建立了以公司总裁为组长的投资者教育领导小组；安信证券在总部建立投资者教育领导小组的同时，建立了以营业部总经理为第一责任人的投资者教育工作小组，负责按照公司的统一部署开展投资者教育工作。

建立、健全投资者教育工作各项制度，细化工作规范。例如，中信建投证券制定了《投资者教育工作标准化条例》，明确了投资者教育的总体目标、基本内容、制度保障等组织安排，对投资者教育园地建设及其管理、业务过程中的投资者教育工作规范、投资者教育的工作报告与检查等作了制度安排。国泰

君安证券、国海证券等74家公司拟订或修订了《投资者教育工作制度》、《投资者教育工作方案》及《投资者教育工作计划》，为更好地指导和推动公司投资者教育工作的开展提供了制度保障。据统计，2007年79家证券公司还把投资者教育工作的落实情况纳入了对分支机构和人员的工作检查和业务考核中。东吴证券制定了投资者教育工作的内部检查制度和责任追究制度；广发证券设立了组织架构、系统支持、负责制度、培训制度、投诉制度、咨询服务、沟通协助7项指标，对各分支机构负责人及服务团队进行定期考核。

证券公司投入专项经费保障工作顺利开展。62家证券公司的报告显示了2008年在投资者教育工作方面的经费投入，数额由2.5万元到3 880万元不等。据统计，经费投入在100万元以下的有29家，100万~300万元的有18家，300万~500万元的有7家，上海证券、安信证券、东方证券、联合证券、银河证券、兴业证券、国信证券和招商证券的经费投入达到或超过500万元。上海证券投入最多，达到3 880万元。其中，2 455万元用于对下属13家股民学校进行改建，1 350万元用于投资者教育信息系统搭建、非现场系统完善等信息技术费用，75万元用于投资者教育日常工作经费。

2. 将投资者教育融入各业务环节，做好日常工作。针对2007年投资者热情不断高涨、证券账户数量不断攀升、中小投资者和中低收入者客户数量剧增的局面，96家证券公司按照中国证监会和中国证券业协会的要求，修改和完善了原有的业务规范，将投资者教育融入了开户、交易委托、产品与业务推介等环节。在开户环节，要求投资者认真阅读《风险警示书》，通过问卷等方式了解新客户的财产与收入状况、证券投资经验、风险偏好及风险承受能力等，引导客户从自身实际情况出发，审慎投资，合理配置资产；在交易环节，通过在委托交易系统中加载风险提示内容，随时提示客户关注投资风险，谨慎投资；在产品推介环节，注意了解客户对市场风险和交易品种的认知程度，在对客户投资偏好、习惯及承受力进行评估的基础上向客户推荐较为适当的产品。特别是对权证等高风险产品，要求必须书面签署《权证风险揭示书》。一些公司要求营业部对权证交易量较大、交易较频繁的客户指定专人通过电话等各种方式进行联系，提示风险，讲解相关交易规则，对即将到期的权证品种要求客户服务人员与客户主动沟通，让客户及时作出投资选择。

同时，积极探索建立以“了解客户”和“适当性服务”为核心的客户服务体系，切实将投资者教育工作做实、做细。广州证券、银泰证券等通过《投资者风险承受能力调查问卷》了解新入市投资者的身份、财产与收入状况、证券投资经验和风险偏好；浙商证券、五矿证券进行客户分类，有针对性地开展投资者教育工作；平安证券、民生证券、中天证券等通过面谈、电话、信函或其他方式对客户进行定期访问，不断提高客户服务水平。

3. 开展形式多样的投资者教育专项活动，注重实效。

（1）编印、发放各种投资者教育宣传材料。为了向广大投资者，特别是新入市的投资者宣传证券法规，普及证券知识，揭示投资风险，各证券公司订购和印制了与投资者教育相关的大量宣传材料，如《投资者教育手册》、《风险教育手册》、《入市教育ABC》、《权证投资手册》等，供营业部现场和各种大型投资者教育活动中免费派发给投资者。广发证券印制《投资者教育手册》50万份、宣传海报2万份；申银万国证券经纪业务总部编印投资者教育书籍、手册36万余册。2007年，86家证券公司共印制投资者教育手册近200万册，各类投资者教育书籍近百万册，制作大型海报数万余张。

（2）开展多层次、全方位的投资者教育现场互动活动。2007年，各证券公司开展了如金融博览会、投资课堂、理财公益行、证券投资知识竞赛、投资者服务月等一系列的投资者教育现场宣传活动。据统计，证券公司2007年在各地组织了各类现场活动近2 500场次，直接受众46.7万人次。招商证券与招商银行联合举办“理财公益行”大型宣传活动，历时2个月，遍及10多个城市，举办了20多场专题讲座，增进公众对现代金融的了解，提高金融消费者风险意识和自我保护能力；平安证券发起的“融入系列”投资者教育活动涵盖15个城市、280个社区，受益16万人次，发放宣传品60万份。2008年，中信证券、中信金通、东吴证券等还与社区合作以股市沙龙社区行等方式向社区居民宣传证券基础知识、揭示证券投资风险；西藏证券在暑期同高等院校合作推出了火炬行动。

除了公司总部牵头组织的各项投资者教育活动外，各地营业部在营业场所以举办股民学校、股市沙龙、新股民培训班、投资课堂等方式帮助投资者树立理性投资的理念。国盛证券营业部每新开200户，就会举办新入市投资者培训班，2007年共开展股民学校培训会463期；华泰证券从2000年起创办股民学校，长期以来坚持“向新的客户普及证券知识，老客户着重投资品种的专题培训”，2007年对新增客户的培训率达到100%，组织了近120场专题讲座。

另外，针对股指期货的即将推出，渤海证券、东吴证券、江南证券、海通证券、湘财证券、光大证券6家证券公司还组织了“股指期货仿真大赛”，其中海通证券举办的“浦发海通杯”股指期货仿真大赛吸引了6万人参加。

（3）与电视台、电台、报刊等媒体合作开展投资者教育活动。2007年，66家证券公司与《上海证券报》、《证券时报》及各地方电视台、电台、报纸等公开媒体合作，通过邀请证券市场知名专家接受采访、举办现场报告会、财富论坛、在报刊开辟投资者教育专栏等形式开展投资者教育活动。内容涉及股票、集合理财产品知识、投资策略、股指期货、权证等。西部证券与陕西电视台“今日证券”栏目合作创办“西部证券财富论坛”，制作节目20次；宏源证券7月在新疆举办“新疆证券投资者教育论坛”，邀请监管部门领导参加，中央电视台等媒体进行宣传；国盛证券开办投资者教育专栏118期；西南证券、齐鲁证券、招商证券等10余家证券公司均在全国和地方各大证券报刊上围绕投资者教育发表、刊登文章。

（4）充分利用公司网站进行投资者教育、揭示投资风险。近年来，随着网络交易的推广，非现场投资者已占据主导地位。针对这一情况，2007年83家证券公司在网站首页和网上交易系统都通过跑马屏、弹出式广告、开辟投资者教育专栏等方式向投资者揭示股市风险，宣传投资者教育，涉及内容包括政策法规、风险教育、投资技巧、反洗钱等。东海证券东海龙网“投资者教育”专栏日均点击率达到1万次。

4. 加强投资者园地建设，统一规范管理。证券公司将投资者园地建设作为投资者教育的一项重要工作来落实。2007年，结合证券市场风险、监管要求、新业务特点等，95家公司按照中国证监会的要求加强了其营业场所投资者园地建设，积极改变投资者园地流于形式的现象，在内容上以公司介绍、证券及法律知识、风险揭示、业务咨询为基础，充分利用投资者园地宣传第三方存管的重要意义，介绍权证的特点和风险等。为有效落实投资者园地建设，部分证券公司统一了园地的格式和内容并及时更新。国都证券、日信证券等84家证券公司不断完善投资者园地建设，对园地的内容、样式、材料制作、更新频率等方面都作了具体规定。长城证券、瑞银证券、川财证券等62家证券公司在网站建立了投资者教育专栏，开辟了风险揭示、证券知识、政策法规及客户投诉等不同栏目。

5. 加强员工培训，自我教育与投资者教育相结合。投资者教育不仅是对普通投资者，而且对于证券市场的其他参与者，尤其是证券从业人员，也是一次素质的提升和强化学习的过程。2007年以来，多数证券公司重视员工的培训教育工作，73家证券公司针对公司从业人员开展了一系列的集中培训和教育工作。长城证券组织视频培训会议、股指期货培训、CRM系统培训；东莞证券投入200万元派中高层人员分2批到北京大学进行短期培训；广发证券在北京市、上海市、武汉市、广州市对近400位营业部负责人进行了股指期货方面的培训等。

6. 健全投诉机制，完善投诉处理规则。近年来，证券公司为规范经纪业务，及时处理客户在证券投资中遇到的各种问题，普遍在营业部的投资者园地和公司网站公示客户投诉电话，制定了投诉处理办法，规范了投诉处理流程。定期汇总客户投诉中暴露出的客户关心的问题，及时调整投资者教育的内容和重点。构建多种投诉渠道，保持客户投诉的及时顺畅。2008年，华西证券、中金公司、中银国际、财富证券等75家证券公司建立了投诉处理机制，明确了具体的投诉处理流程，开通了网站在线投诉、投诉电话和邮箱，在营业大厅显著位置悬挂客户投诉意见箱等，保证了客户投诉渠道的顺畅与及时受理。国盛证券、天风证券、渤海证券等建立了责任追究机制，将其作为一项重要的考核项目纳入对员工的日常管理及年终考核。

（二）证券公司投资者教育工作的主要特点

总体看来，近年来证券公司投资者教育工作呈现以下特点：

1. 结合市场发展向投资者揭示投资风险。针对证券市场2007年以来的上涨行情和财富效应带动的证券市场投资热潮，各证券公司一方面积极向社会公众宣传证券投资常识，解析各类证券产品的特点；另一方面注重向投资者揭示证券市场投资风险，灌输“买者自负”理念。引导投资者客观、理性地认识证券市场，不仅看到“市场有机遇，投资可选择”，而且明白“市场有风险，入市须谨慎”。同时，各证券公司结合市场新产品和新业务的推出，如权证交易、股指期货等，有针对性地举办投资者教育活动。对不同客户实行差异化的投资者教育，如通过客户调查对中小投资者、中低收入者进行重点辅导；通过风险取向调查对客户进行风险承受能力的评估，对不同类型的客户推荐不同的投资产品等。

2. 投资者教育对象和内容突出“新”字。

（1）在教育对象上，证券公司更加突出了对新入市投资者的教育，从开户、回访和培训等多个环节加强教育工作。2008 年，江南证券试行“新入市投资者三分钟教育”工作流程，在开户前对客户进行首次投资者教育。联合证券、大同证券等建立了客户回访制度，新开客户回访率达到100%。中原证券、上海证券等通过采取入市培训班的方式定期组织对新入市投资者进行培训。广发华福通过投资策略报告会宣讲《新入市投资者八大忠告》等向新入市投资者进行风险揭示。

（2）在教育内容上，2008 年侧重于对新产品和新业务的知识普及和风险提示工作。申银万国重点开展了权证产品和指数期货的业务宣传和风险教育工作，对即将到期的权证产品采用投资者园地、公告栏、走马灯、外围交易系统、网站等多种方式及时向客户进行风险提示。招商证券针对 ETF、权证、股指期货、手机炒股等新业务、新产品、新渠道组织营业部开展投资者教育业务培训、模拟交易等，提高业务人员开展投资者教育工作的专业水平。

3. 将投资者教育同公司品牌文化建设相结合。华泰证券把股民学校、投资报告会等投资者教育形式进行品牌化管理，2008 年推出了“紫金理财大讲堂”计划，从整体形象、流程、时间、地点、场次、参与人数、课件、讲师等进行统一规范和管理，并制定了一系列监督检查制度和奖惩办法。“紫金理财大讲堂”将投资者教育工作与公司品牌文化建设相结合，推动了投资者教育工作的创新发展。德邦证券创建了“财富玖功”服务品牌，投资者可以通过“玖功定位”和“玖功讲堂”系统测试自己的风险偏好、学习投资理财知识等。“财富玖功”将投资者教育有机融入客户服务体系和员工管理体系的各个环节，力争将常规教育与集中教育相结合、重点教育与普及教育相结合。长江证券开办

“长网在线专家栏目”，通过精心选拔网上咨询专家团队，面向网上客户开展在线咨询活动，为客户提供专业咨询的同时打造网上服务品牌。

4. 以技术手段推动投资者教育工作迈上新台阶。证券公司通过信息技术系统建设等技术手段推动投资者教育工作走向个性化、便捷化和科学化。东莞证券等依托 CRM 系统开展了解客户、客户分类工作，提高了工作效率和针对性。东方证券正在升级改造 CRM 系统，升级后将通过动态的客户类别分析、客户价值分析、客户账户信息分析、客户交易行为分析等建立分类服务标准和服务体系，为投资者教育活动和公司的经营决策提供依据。国信证券投入 2 000 多万元建立了全国集中分布式的 95536 电话理财中心，将各营业部分散的自助委托电话、人工服务号码集中为一个短号码 95536，各管理总部和营业部建立分级呼叫中心接入 95536，大大提高了客户服务规范性管理水平和服务能力。方正证券建立了客户经理管理平台，将所有有效客户细分到各营业部客户经理名下，客户经理可以方便快捷地了解客户的操作习惯、抗风险能力等，为客户提供有针对性的风险提示和服务。海通证券开发了多媒体触摸屏系统，融投资者教育、业务宣传、客户服务为一体，既解决了营业部场地有限、信息更新不及时的问题，又提高了客户的参与兴趣。

二、近年基金管理公司开展投资者教育概况

近年来，基金市场规模迅速扩大，基金管理公司紧密结合基金销售工作，大力开展各种投资者教育活动。

（一）提高重视程度，经费保障充分

大多数基金管理公司成立了由总经理或副总经理领导，各相关业务部门参与的投资者教育工作领导小组，制订了详细的投资者教育工作方案及配套措施，将投资者教育作为一项基础性的制度建设来抓。多数公司形成了以市场部门为主体，投资研究部门、后台运营部门、客服等部门参与，分工协作的投资者教育组织体系。

大多数基金管理公司在统一安排年度经费预算时，明确投资者教育工作的

专项经费，从管理费用中提取充足的费用作为投资者教育基金，专门用于投资者教育工作费用列支，且该项经费不与产品销售推广、公司形象宣传等其他用途混用。2008 年，27 家基金公司报送了投资者教育活动的经费，总金额为 7 696万元，平均每家约285 万元。其中，易方达基金管理公司 2008 年用于投资者教育的经费支出达到了 2 500 万元。

（二）完善投资者教育监督考核机制，确保工作落实

基金管理公司普遍建立了投资者教育执行情况的定期追踪、考察机制，以督促此项工作的有效执行。部分公司还定期、不定期举行内部投资者教育工作执行情况讨论会，交流投资者教育工作的经验，协调解决投资者教育工作过程中出现的各种问题和困难。强化对投资研究、市场人员参与投资者教育活动情况的考核制度，要求渠道经理和公司投资研究人员积极参与投资者教育工作；在相关制度中对营销、投资研究人员每年必须参加的投资者教育活动的最低次数作出明确规定；建立了跟踪反馈机制，对每次活动均进行效果评估，以提高投资者教育的质量。此外，很多公司还将各部门对投资者教育的内容纳入考核体系，将投资者教育工作成果作为相关部门和个人业绩考核的重要内容。

（三）投资者教育内容紧跟市场趋势，提高针对性

顺应市场变化，基金管理公司在不同阶段推出了不同主题的投资者教育内容。如在 2006、2007 年，基金销售规模快速增长，主要开展基金投资理念的宣传，帮助投资者认识理财的重要性，并向投资者介绍基金投资知识和技巧。2007 年下半年，针对市场过热行情，部分公司推出理性投资专题，引导投资者正确对待市场、理性投资。面对 2008 年的特殊市场环境，公司普遍从理性投资、长期投资等角度出发，在投资者中深入宣传资产配置理念和定期定额的投资方式，引导投资者综合考虑个人的风险偏好、年龄阶段、投资目标、流动性需求，合理进行投资规划，选择适合自己的基金产品，树立长期投资的信心，掌握在不同市场形势下进行投资和理财的知识。

（四）投资者教育方式灵活多样，大量开展专项活动

各基金管理公司把投资者教育工作的重点放在与投资人进行有效的互动和

沟通上，投资者教育形式不断推陈出新，根据市场变化和投资者需求，推出了多种形式的投资者教育产品。

1. 举办客户交流会和理财讲座等现场活动，深入推广资产配置理念。各基金管理公司与代销机构、媒体合作，以金融博览会、理财讲座、业务培训、财富万里行、实地走访基金管理公司等各种现场交流形式，在各个城市针对不同人群，讲解基金投资知识、投资策略、风险控制手段，灌输理性投资理念，介绍基金产品。如泰达荷银基金管理有限公司与南开大学成立“泰达荷银——南开大学金融学院”，帮助投资者加深对于投资理财的认识；融通基金管理有限公司开展“融通理财心连心——走进县城”活动，在云南省、四川省、河南省、湖南省等地开展了700余场投资者教育活动；博时基金管理有限公司举办面向持有人的“开放日”活动，帮助投资者树立长期投资信心和理性投资理念。

2. 携手财经媒体，增加投资者教育工作的覆盖面。如多家公司和新浪联手策划推出“新浪基金呼叫中心”。该呼叫中心已成为公司与投资者联系的又一便捷渠道，很多投资者通过该通道向公司客服中心进行业务咨询。2007年，39家基金管理公司在近40家全国和地方性报刊上开辟了投资者教育专栏、刊登理财文章、开展专题访谈栏目，举办以理财为主题的有奖征文活动，并在自己公司创设的刊物中刊登与投资者教育的相关内容。共计在各报刊上发表文章近6 000篇，受众达1.19亿人次。

2007年，24家基金管理公司与电视台、电台合作，以基金经理、公司高级管理人员等市场专业人士接受采访、制作专题节目、讲座等形式开展投资者教育活动。南方基金管理有限公司参与中央二套的“对话”及“证券时间”等关于投资者教育的专题电视节目；广发基金管理有限公司拍摄并制作了《广发基金大讲堂》的10集系列短片，共发行7 000余套。

3. 在公司网站开展投资者教育宣传。公司网站是开展投资者教育的重要阵地，多数公司2008年通过改版设计，对原有的投资者教育板块作了进一步的扩充和更新；部分公司利用网站进行投资者情况调查问卷活动，通过“投资者风险能力评测”等内容，为开展投资者教育活动提供建议。

28家基金管理公司还与搜狐、和讯、新浪、东方财富、中证网等门户财经网站合作，通过刊发专刊、开展主题征文、刊登法律法规、风险教育等活动开展投资者教育。部分基金管理公司利用代销渠道建立QQ群，使服务人员与基金投资者可以进行在线交流。部分公司利用各门户网站这一媒介进行涉及投资理念、产品介绍的路演活动，并开辟涉及每周视点、投资策略及展望等内容的博客。

4. 制作、发送各种投资者教育出版物、宣传手册等。2007年，针对基金投资者及各代销渠道客户经理，53家基金管理公司制作并发送过相关产品，如《投基有道》、《漫画基经》、《幸福3+1》、《红楼理财》、《投“基”36计》等，系统地介绍了基金投资理念和理财知识、基金经理观点、风险知识和常见问题回答等内容。易方达基金管理公司推出的《幸福3+1》投资者教育手册，首印达到400万册；博时基金管理公司发放的理财手册《漫画基经》，用简单的语言讲解基金基本知识及相关风险，该手册发放近万份。

5. 加强以投资者教育为目的的客户服务中心建设。近年来各基金管理公司均把做好客户服务、提高服务质量作为深化投资者教育的重要措施。很多公司加强了客户服务中心系统建设，开展对客服人员的系统培训，扩大客服人员数量，及时解答投资者的疑问和投诉，并将客户满意度和服务品质列入相关部门的关键业绩指标考核体系。部分基金管理公司还通过电话语音提示、手机短信提醒、日常邮件以及对账单等多种形式编辑证券市场咨询、公司动态短信息、风险提示信息等发给投资者。

三、近年中国证券业协会投资者教育工作概况

（一）完善机制，切实履行投资者教育工作职责

2007年以来，中国证券业协会将投资者教育工作作为协会的一项常规性的重要工作来抓，成立了投资者教育工作领导小组，积极开展投资者教育工作。此外，还设立了投资者教育专项基金，制定了《中国证券业协会投资者教育专项基金管理办法》。

（二）建规立制，发布与投资者教育相关的自律规则

中国证券业协会先后发布了《中国证券业协会会员投资者教育工作指引》、《证券公司营业部投资者教育工作规范》、《创业板市场投资风险揭示书必备条款》、《证券投资基金投资人权益须知（格式文本）》，以及包含投资者教育内容的《证券交易委托代理协议指引》、《证券公司资产管理业务了解客户规则（试行）》等自律规则，督导会员单位积极开展投资者教育工作。

（三）加大宣传，制作投资者教育产品

近年来，协会制作了多种形式的投资者教育产品。如与中国证券投资者保护基金公司合作制作投资者教育动画片《基股三人行》在中央电视台播出；制作动画片《投资风险案例》在中央电视台证券资讯频道及部分地方电视台等媒体循环播出，并免费发放到全体会员和全国所有的证券营业部、服务部，提醒投资者牢固树立法制意识和风险防范意识；编写并通过会员单位派发600多万册《证券投资基金知识手册》、《证券知识ABC》、《基金知识百事问》、《境外投资者教育简介》、《代办股份转让知识手册》、《权证投资知识手册》、《QDII基金境外投资知识手册》等系列投资者教育宣传品。此外，在中国证券业协会网站推出了证券游戏栏目，开创境内开展投资者教育工作寓教于乐的新方式。

（四）按照“教育者先受教育”的原则，提高从业人员投资者教育素质

中国证券业协会积极实施了“四进”工程，即投资者教育内容进培训课程、进从业人员资格考试大纲、进考试教材、进考试题库。目前，协会远程培训系统中有《证券市场投资者教育发展概况及基本要求》、《创业板市场投资者适当性管理》2个有关投资者教育的课件；《证券市场基础知识》、《证券交易》、《证券投资基金》和《证券投资基金销售基础知识》等教材及考试大纲中都有投资者教育内容；投资者教育内容已经进入2009年从业人员资格考试考题，并成为证券公司高级管理人员资质测试内容的一部分。

（五）加强交流，组织和参加国内外投资者教育活动

中国证券业协会每年定期召开全国地方证券业协会座谈会和会员单位投资者教育工作座谈会，交流投资者教育工作经验，讨论投资者教育工作的有效性和针对性，研讨投资者教育评价体系；积极参加在美国华盛顿召开的投资者教育国际论坛年会和在韩国召开的亚洲投资者教育论坛首次会议，在会议上介绍了协会开展投资者教育以及中国投资者教育组织体系等相关情况。

（六）加强研究，探讨投资者教育内容和方式

中国证券业协会在投资者教育研究方面主要有三项工作：一是每年开展中国证券业协会科研课题投资者教育专题的研究。目前，已经完成了国际投资者教育的理论与实践、投资者教育与投资者保护、投资者教育长效机制、投资者教育评估体系等方面内容的课题研究。二是每年开展广泛的调查并形成《基金投资者调查分析报告》。三是在协会网站设投资者问卷调查。

（七）与媒体合作，加大投资者教育宣传力度

协会很注重发挥传播媒体的作用，以做好全行业的投资者教育宣传。2007年，与四大证券报一起开展了“做明明白白的投资者”证券知识竞赛活动，33家地方中国证券业协会、97家证券公司以及2 300多家证券营业部参加了证券知识竞赛活动的宣传组织工作，活动共产生了200名证券知识竞赛优胜奖获得者和72家优秀组织奖获奖单位。此外，协会还在《上海证券报》开设“中国证券业协会投资者教育工作专栏”；在协会网站和《中国证券》杂志开设了“投资者教育”专栏。

总体来讲，中国证券业协会在推进行业开展投资者教育和自身开展投资者教育活动方面注重以“四个结合”为抓手：一是以制定自律规则为抓手，将投资者教育工作与行业自律管理工作相结合；二是以开展多种形式的教育活动和制作投资者教育产品为手段，为投资者提供学习机会和学习材料，夯实行业发展的客户基础，将投资者教育工作与为行业服务相结合；三是通过“四进”方

式将投资者教育工作与提高从业人员素质相结合，实现施教人员投资者教育水平的提高；四是将投资者教育与树立行业形象相结合，通过各种媒体宣传投资者教育，展示行业诚信经营的形象。

第三节　2009 年中国证券业投资者教育工作报告

一、2009 年证券公司开展投资者教育的情况报告

2009 年，证券公司以投资者风险教育为主线，密切联系证券经纪业务，与打击非法证券活动以及创业板推出相结合，认真落实各项投资者教育工作。

（一）完善机制，切实履行投资者教育工作职责

92 家证券公司在总部建立了领导小组，并在分支机构或各营业部建立有工作小组。国信证券、东北证券等 40 家公司营业部建立了由营销、客服、技术、合规等多部门联动的工作组；招商证券还进一步优化工作组，建立了以营业部大堂经理、外呼团队、投资顾问等为主的投资者教育工作团队，目前团队总规模超过 500 人。

证券公司根据自身情况，在 2009 年继续加大投资者教育工作的经费投入。据不完全统计，证券公司 2009 年在投资者教育工作上共计投入经费超过 2.5 亿元，较 2008 年增长约 25%。安信证券、东北证券、东吴证券、国信证券、海通证券、宏源证券、华泰联合、华泰证券、银河证券和招商证券 10 家公司的经费投入达到或超过 800 万元；招商证券投入最多，达到 3 090 万元，资金用于建设投资者教育信息系统、举办报告会、股民学校、印制宣传材料和建设投资者园地等（见图 7－4）。

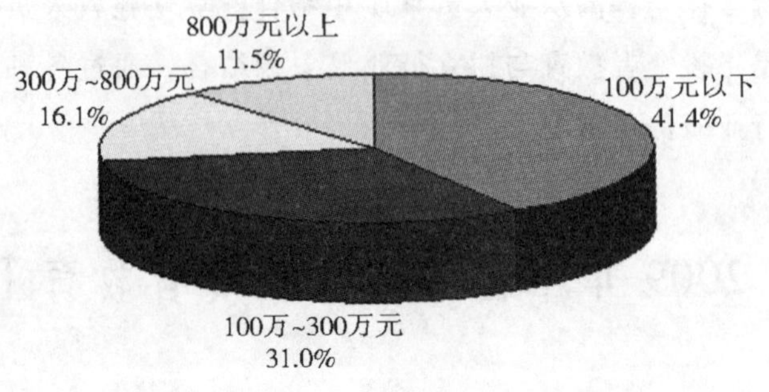

图 7－4　2009 年证券公司投资者教育工作经费投入分布

数据来源：中国证券业协会。

除完善投资者教育长效机制外，证券公司还不断改进工作方法、流程与体系，明确岗位职责，完善客户投诉处理机制和考核机制，形成了较完备的工作制度。安信证券、华泰证券等 85 家公司制定或修订了投资者教育相关的工作制度等；89 家公司建立了客户投诉处理责任追究机制，当前投诉主要集中在服务态度、交易系统和佣金水平上；83 家公司将各网点投资者教育工作纳入了考核制度，85 家公司对营业网点的投资者教育工作进行定期检查且平均检查周期小于 6 个月。

（二）以客户适当性原则为基础做好投资者风险教育工作

2009 年，证券公司根据客户实际情况有针对性地在开户、交易、服务、产品营销、合规、风险控制等环节开展投资者风险教育。85 家证券公司通过询问、评估表以及测试系统等方式评估客户风险承受能力，36 家公司还建立了 CRM 系统。通过了解、分析客户投资行为，按照客户分类结果，加强对投资者风险教育。如广发证券根据客户在风险识别能力、风险意愿能力、风险控制能力、风险财务能力、风险承受能力的差异性，有针对性地加强投资者教育专题培训、揭示投资环节风险、控制和管理投资行为、维护客户关系等。

加强对新客户的风险教育，90 家公司从新客户开户到初次回访的时间间隔平均约 10 天，85 家公司安排新客户参加至少一次投资者教育讲座。同时，提高对老客户的回访比例，加强对客户风险教育的覆盖面，90 家公司对老客户的回访覆盖率平均超过40%，如上海证券、大同证券等公司在新客户开户后3天内进行回访，对于老客户保证80%以上的回访率；宏源证券还制定了《证券经纪人开发客户的回访服务流程》，并通过“客户回访登记表”和回访电话的录音实现强制留痕。80家公司通过营业部公示产品风险特点、交易系统设置风险提示、交易前专人讲解、交易时短信提醒、定期的风险案例宣讲5种以上的渠道对投资者进行证券交易风险教育。

（三）投资者教育活动形成品牌，增强公司竞争力

证券公司高度重视投资者教育，以投资报告会、股民课堂等为主要形式，积极举办了大量活动，创建了许多证券公司投资者教育品牌，成为公司服务客户的竞争优势（见图7-5）。例如，东北证券公司以“知而达智、智而不惑”为理念建立投资者教育专区“七彩虹——理财加油站”；国信证券成立了统一的“金色阳光理财学校”，对股民学校进行规范化、品牌化运作；东方证券开展了投资策略、行业报告会以及各类基金产品培训等丰富多彩的“中国红、东方红”投资者教育活动。据统计，证券公司全年共举办各类投资者教育专项活动超过6万场，现场参加活动的投资者超过1 170万人次。其中，长江证券、国联证券、湘财证券、浙商证券等50家公司举办了以防范非法证券活动为主题的大型展览活动，财富证券、光大证券、国海证券、申银万国证券等30家公司还举办了网络模拟炒股大赛。

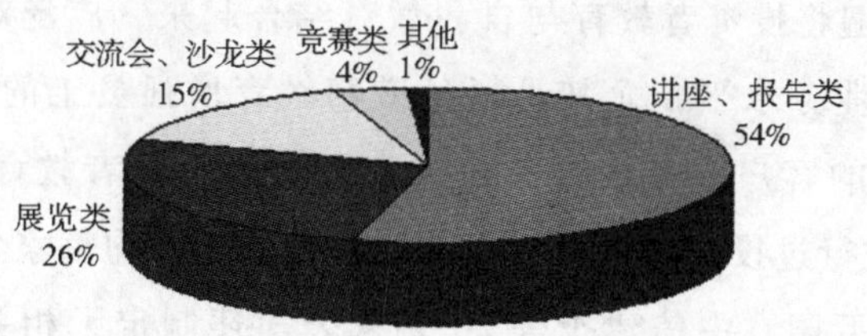

图7-5　2009年证券公司投资者教育专项活动主要形式

数据来源：中国证券业协会。

同时，近70家公司针对创业板的推出专门举办了创业板投资者教育活动，及时向投资者普及创业板相关知识。国信证券将创业板投资者教育作为2009年下半年的投资者教育工作重点，制定了《国信证券创业板投资者适当性管理

操作流程》等业务制度，在各营业部设置了创业板专区以作好创业板客户接待，制作了《95536金字典——创业板》、《金太阳财富周刊》创业板特刊等宣传资料并印发超过18万册。同时，通过95536专线和CRM系统短信向客户宣传创业板；公司还有30多家营业部举办了以创业板为主题的投资者教育活动，深入浅出地讲授了创业板股票上市规则、与主板相比的制度规则差异、投资者入市门槛，以及创业板市场的主要风险等相关内容，使投资者能够真正理解创业板市场的特殊风险，审慎作出投资决策，得到了投资者的热烈响应。

证券公司积极加大与各种媒体合作力度，通过多种媒体渠道全方位地宣传，制作各种投资者教育产品，扩大影响面。36家公司同时通过报纸、电视、广播、网站4种途径宣传投资者教育工作，平均每家公司制作了10种左右的投资者教育宣传产品。如广发证券连续在《中国证券报》、《上海证券报》、《南方日报》等知名媒体上开设投资者教育专栏，揭示权证交易特征和风险。渤海证券联合天津数字电视财富空间频道制作并播出了228期宣传教育节目。

证券公司还进一步加强投资者教育园地及相关网络专栏的建设，丰富内容，突出主题。80家公司由总部制作统一规范的营业网点投资者教育园地，及时更新内容。上海证券已全面更新投资者教育园地为电子显示形式，并且进一步丰富网站栏目内容。

（四）以“教育者先受教育”为原则加强员工培训

证券公司普遍将投资者教育与自我教育结合起来，广泛对员工开展相关培训，提高员工的业务水平，尤其是通过道德教育增强员工的责任感、使命感，引导员工在日常的客户服务中细致、认真地做好投资者教育工作。80家公司2009年对员工进行过投资者教育方面的业务培训，平均每家公司约有100人次接受培训。申银万国、中信建投等20多家公司还制定了相关的培训制度，统一对员工进行标准化培训，记录培训过程并进行考核，把对投资者的责任和义务真正落实于自身的主观能动性之中。

二、2009 年基金公司开展投资者教育工作的情况报告

2009 年，基金公司将投资者教育作为履行社会责任、提高产品竞争力、提升品牌影响力的重要手段，在投资者教育作出了一定的成绩。

（一）多部门协作，切实落实投资者教育

基金公司形成了以市场业务部门为主体、多部门共同参与、分工协作的投资者教育工作体系。如博时基金、工银瑞信基金、南方基金、银华基金等公司都建立了以市场部、投资研究部、客户服务部、后台运营部、监察稽核部为主要负责部门的工作组。同时，通过整体规划、方案制订、关键业务监督、事后评估、定期考核等环节，确保投资者教育工作有计划地实施，力求过程做到规范化、专业化。

40 余家公司将投资者教育工作纳入了绩效考核制度并进行定期检查，平均检查周期约为 6 个月。如汇添富一直非常重视对投资者教育成效的评估，目前主要有根据每月、每季度、每半年、每年度的投资者教育活动的数据分析、对活动中所收集调查问卷的分析，以及媒体各项数据调查分析，活动奖项分析等。

2009 年，基金公司在投资者教育方面投入经费共计超过 2.5 亿元，较 2008 年约增长了 1 倍。投资者教育专项经费，从管理费用中提取，且该项经费不与产品销售推广、公司形象宣传等其他用途混用。40 家公司的报告显示了 2009 年在投资者教育工作方面的经费投入，数额由 10 万元到 1 亿元不等，平均每家投入 638 万元。工银瑞信基金、汇添富基金、南方基金、易方达基金 4 家公司超过了 2 000 万元。汇添富基金投入最多，达到 1 亿元。

（二）配合基金销售，积极开展投资者教育工作

基金公司将投资者教育工作与销售业务发展紧密结合。通过代销机构现场派发、定期邮寄、电话和短信等方式为持有人特别是新客户持续提供以基金理财知识和风险提示为主的教育内容，并对持有人的认知情况进行积极回

访以进一步提供“适当性服务”。42 家公司开通了统一的服务热线及短信平台，从持有人初次购买到回访的时间间隔平均约为12 天，对老客户的回访覆盖率平均超过40%。如国投瑞银、上投摩根等公司对新客户购买后在 2 日内就进行回访，对于老客户的回访率超过90%。42 家公司在代销机构有折页之类的教育产品发放，主要内容以介绍基金理财的基本知识和提示、讲解基金风险为主，包括“股市有风险，基金亦有风险”等警示性标语。如长城基金将教育产品的制作、投递等作为投资者教育工作的重要手段，不断完善、充实内容，长期、持续地向投资者介绍基金投资知识，进行风险教育，树立正确投资理念，其《理财新生活》、《理财风尚》等产品在现场派发的同时，通过邮寄、邮件、网上下载等方式，定期或不定期提供给投资者。39 家公司通过评估表调查风险能力、交易系统提示风险、不定期热线提醒、出现较大账面亏损时及时告知等4 种以上的途径帮助投资者提高风险意识。28 家公司会通知并安排新客户参加至少一次投资者教育培训或讲座。

基金公司重视投资者教育网站及专栏的建设，力求以活泼、通俗的形式，开展更加贴近中小投资者的教育工作。41 家公司建立了专门的投资者教育网站或网络专栏，其内容根据市场情况变化保持实时更新或至少每月更新一次，主要包括热点业务问答、理财课堂、风险案例等栏目并普遍设立了投资者沟通平台。例如，易方达基金 2009 年在公司网站上开设了多个投资者教育栏目，还与新浪网签订了年度合作协议，在新浪开设了易方达专栏，年点击量超过100 万次。

此外，基金公司建立、健全客户投诉受理机制。39 家公司建立了持有人投诉处理不当的责任追究机制。投诉主要问题集中在基金业绩上，处理投诉的困难主要集中在代销机构的配合问题上。

（三）创新方式，开展形式多样的投资者教育

基金公司广泛开展各种投资者教育专项活动，针对广大中小投资者的风险认知水平和承受能力，结合基金产品的特点，在投资者教育形式上敢于突破，以各种专题展播、与媒体的联合宣传、公司高级管理人员见面等主要形式，举办了大量活动。全年共举办各类投资者教育专项活动超过 1.8 万场

次，现场参加活动的投资者超过240万人次。其中，博时基金、工银瑞信基金、华夏基金、汇添富基金等10多家公司同时参与了2009年京、沪、深三地的大型金融博览会；鹏华基金2009年在全国性财经媒体、地方性重点媒体上发表投资者教育类文章400多篇，主要进行风险揭示，投资技巧引导，灌输长期投资理念，树立家庭综合理财观；浦银安盛基金则利用门户网站在品牌营销中的重要影响力，分别在和讯网和东方财富网上开通BLOG，发布文章70余篇，访问量近12 000人次，“东方财富网浦银安盛·另眼看投资BLOG”访问量也超过5 000人次；国泰基金邀请了部分客户参加走进基金公司活动，由公司督察长及客服部总监热情接待了来访投资者，使他们近距离地了解到基金公司的日常运营、基金产品的运作等情况，并在各种细节中深刻体会到公司在履行基金契约时的诚信、专业与勤勉尽责；汇添富基金在2009年创意制作了100集长篇基金投资系列动画片《基金投资100问》，以主人公对基金从陌生到具体操作的过程为主线，营造各种生活场景，贯穿各种基金的基础概念解释，以达到使大众更好地理解基金的抽象概念和去除金融产品距离感的效果；同时，积极引入各种新型媒介形式进行投资者教育，以期实现覆盖更广、载体多样、形式活泼的工作目标，更好地普及基金投资知识和理念。

三、2009年中国证券业协会和地方协会开展投资者教育工作的情况报告

2009年，中国证券业协会在投资者教育工作方面又取得一些新的进展。一是继续制作投资者教育宣传品。向相关基金销售机构发送了合计近30万册的《证券投资基金知识手册》、《QDII基金境外投资知识手册》。二是加强投资者教育经验交流。在全行业进行了投资者教育产品的征集活动，共有97家证券公司、38家基金管理公司以及10家地方证券业协会向协会报送了自2007年以来制作的，包括证券及基金基础知识类，新产品知识介绍类，证券开户和电话委托流程、网上交易软件安装及应用的说明类，风险揭示和风险案例类，以及基金管理公司的理财知识介绍类5类1 238件。

在北京市召开了两次投资者教育工作座谈会，交流投资者分类教育和投诉管理，讨论投资者教育工作的有效性和针对性。三是加强投资者教育的研究和宣传。完成了国际投资者教育的理论与实践、投资者教育与投资者保护、投资者教育长效机制研究、投资者教育评估体系研究等内容的投资者教育专项课题研究。

同时，各地方协会充分发挥行业组织自律、服务、传导职能，既积极开展辖区内投资者教育活动，加大检查辖区内经营机构投资者教育工作的力度。2009 年，24 家地方协会在投资者教育方面共计投入经费 443 万元，平均每家投入约 18 万元，其中，甘肃证券期货业协会、湖南省证券业协会、宁波市证券期货业协会、浙江证券期货业协会 4 家投入超过 30 万元，浙江证券期货业协会投入最多，达到 139 万元。与证券经营机构相比，地方协会人手、资金较少，难以举办大规模的投资者教育活动，他们与当地主流媒体合作，针对市场热点问题举办一些具有普遍教育意义的活动，起到了较好示范性作用。24 家地方协会共举办投资者教育专项活动 160 场次，现场参加活动的投资者超过 60 万人次。

2009 年，23 家地方协会建立了客户投诉机制，24 家地方协会对辖区内营业网点进行了投资者教育工作检查，促进了辖区投资者教育工作水平的整体提高。北京证券业协会根据证监局部署，30 余次深入检查 50 家营业部，使投资者教育工作做到有领导、有组织、有计划、有落实、有自检；同时，全年共受理投诉 110 件，其中约谈方式处理 30 例，其余均以电话通知方式提醒妥善处理。另外，他们还结合投诉案例，工作人员还深入到 55 家营业部，与有关营销人员进行沟通。浙江证券期货业协会在辖区“防范非法证券活动投资者风险教育宣传月”活动中，及时下发投资者教育活动的短信、横幅、彩铃、滚动字幕等标准文本，供各证券机构选择使用。

2009 年证券行业投资者教育情况见图 7 - 6。

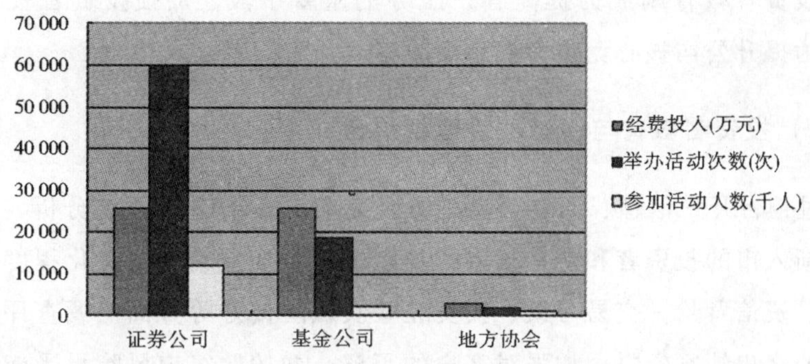

图7－6　2009年证券行业投资者教育情况一览表

数据来源：中国证券业协会。

四、2009年中国证券业投资者教育工作的特点

总体看来，2009年伴随着市场行情的复苏，全行业普遍对投资者教育工作有较深刻的认识，思想重视，投入加大，工作扎实，方式灵活，取得了突出的成绩。2009年的投资者教育工作主要呈现出以下几个方面的特点：

（一）投资者教育与日常业务相结合

投资者教育不仅能促进市场的有效性，培育理性市场，而且是提高公司差异化竞争力的重要手段。各证券经营机构将投资者教育作为一项常规性工作来抓，并融入于业务活动流程之中。在开户环节，引导投资者了解市场和各类投资的基本特征；在交易环节，引导投资者树立全面的风险意识，避免盲目投资。同时，还要学习投资基本知识，善于分散风险。各证券经营机构通过各项活动引导投资者树立法律意识，打击非法证券活动，增强自我保护能力。

（二）投资者教育与培育公司核心竞争力相结合

当前，证券公司经纪业务同质化竞争形势日益严峻，尤其在营业网点放开后，价格佣金战愈演愈烈。这些都促使证券公司转变经营战略，通过提高服务质量，在为投资者提供交易通道的同时，加强服务的技术含量，从而赢得竞争优势。投资者教育则成为提高客户服务的重要手段。加强投资者教育品牌建设，成为提升公司核心竞争力的重要战略。

（三）投资者教育与适当性管理相结合

通过柜台开户信息、问卷调查、访谈交流，结合 CRM 系统分析，对投资者尤其是新入市的投资者和交易频繁的投资者进行职业情况、文化程度、财产收入状况、资信背景、交易习惯、投资经验及风险偏好等方面的调查评估，建立了完整的客户档案资料，加强对客户的了解，并按照客户风险承受能力，结合产品的风险属性，实行适当性管理；同时，积极配合差异化的投资者教育服务，达到事半功倍的效果。

（四）投资者教育和现代技术相结合

提供投资者教育服务不仅是传统的知识讲授、材料发放，而是要更加注重新模式、新视角的开发，积极设计各种兴趣引导性环节，利用网络电视、动漫等各种新技术，加强各类信息服务系统的建设，为各种投资者教育活动形式的多样化提供动力。通过新开发的资讯系统和客户服务系统，为投资者教育特别是非现场投资者教育提供了强有力支持，涵盖了更广泛的投资者群体，提高了投资者的接受力。

2009 年，各会员单位在深化投资者教育工作过程中也遇到了一些问题。例如各会员单位之间投资者教育工作的交流、合作还不够，投资者教育工作的评估体系与机制还需完善，与银行、保险等行业外金融机构在投资者教育工作方面的合作有待加强等等。

五、中国证券业投资者教育工作展望

随着资本市场改革的深入，多层次市场体系建设和资本市场国际化步伐加快，未来证券市场投资者可选择的投资产品也将逐渐增多，这在拓宽广大投资者通过证券投资分享我国经济增长成果的同时，也会带来更多潜在的风险。因此，要保障投资者特别是广大中小投资者权益，提高投资者对于投资行为的认识水平，培育理性的投资思维，建立健康的股权文化，亟须深化行业投资者教育工作。

（一）整合资源，增强行业投资者教育工作合力

投资者教育工作是一项系统工作，其最终目的是要促进整个市场投资者水平的提高，增强整个证券市场有效性，而不仅仅是某一个区域、某一家公司的投资者水平提高，这需要行业各机构相互配合、相互促进才能完成。近年来，我国证券业在投资者教育方面所做工作较多，但存在多头组织、多头开展的现象，尚未形成合力，各单位分工配合不足，在个别领域存在工作重复或组织缺位的现象。因此有必要将全行业投资者教育资源与体系进一步整合，建立由监管部门统筹协调，由协会、交易所等自律组织和各证券经营机构参与的多层次投资者教育工作体系，逐步完善行业投资者教育工作协调机制，制定各层面的工作规划，强化行业内工作交流和监督检查机制，加强组织保障程度。

（二）分类管理，提高投资者教育工作针对性

我国证券市场投资者数量众多，层次复杂，投资者的受教育程度、入市年限、资产水平都存在较大差别。2009 年，部分证券经营机构结合投资者适当性管理制度，通过开户信息分析、问卷调查等方式对投资者分类评估，以实施不同的教育方式和内容，取得了很好的效果。未来证券行业投资者教育工作应以投资者适当性管理制度为基础，健全分类管理制度，研究并建立不同类别、不同层次投资者教育的基本原则、方法与内容体系，有针对性地开展投资者教育工作，提高工作效率。

（三）创新模式，促进教育内容与形式多样化

近年我国证券市场投资者教育工作普遍以各种理财课堂和网络、报刊宣传等为主要形式，以普及证券投资基本知识和揭示证券投资风险为主要内容。未来投资者教育工作不仅要进一步通过直接传播的方式促进广大投资者对基本知识的了解，还要积极创新教育形式与内容，赋予投资者教育工作更多内涵。一方面，在教育内容上要加强对各种市场环境下投资者行为与心理规律的研究，

加强对投资者的心理援助；另一方面，在教育形式上要加强案例教育，通过对各种教育场景和产品的设计，增强投资者参与的互动性和趣味性，强化投资者教育效果。

（四）科学评价，确保投资者教育工作实效

目前各机构在开展投资者教育过程中，投资者教育大部分工作难以量化，还无法对投资者教育工作效果进行科学评估，影响了开展投资者教育工作的积极性，以及对投资者教育工作目标和重点的准确把握。未来要在广泛调研的基础上，加强对投资者教育效果评估标准等问题的研究，建立科学的投资者教育评价体系，并逐步对各类机构的投资者教育工作展开评估，为投资者教育提供有效的支持，使工作落到实处。

第八章 2009年中国证券业的理论研究

第一节 2009年中国证券业重要理论问题、前沿问题的争论、探索与新进展

一、对经济调控问题的研究

（一）研究背景

2009年由于经济面临内忧虑外患的冲击，市场力量疲弱，政府将在保证经济平稳运行方面发挥更大的作用。3月5日温家宝总理代表国务院作政府工作报告，明确2009年经济和社会发展的主要预期目标是：国内生产总值增长保8%。6月17日国务院常务会议在研究部署下一阶段经济工作时强调要进一步调整结构。时至2009年年底，尽管实现“保增长”目标胜利完成，但消费不足、产能过剩、减排压力等仍然是经济发展中不可回避的深层次发展矛盾。中央经济工作会议明确提出，加大经济结构调整力度、提高经济发展质量和效益将是2010年经济工作的主要任务之一。

温家宝总理6月在河北省、山西省等地调研时反复指出，应对金融危机必须推进结构调整。经济发展与结构调整是相互促进、并行不悖的。只有经济增

长了，结构调整才有动力和支撑；只有调整结构，经济才能稳定、健康和可持续发展。2009 年 7 月 13 日，全国政协召开专题协商会。全国政协主席贾庆林强调，要把加快发展方式转变和结构调整作为保增长的主攻方向，巩固和发展当前经济企稳回升的好形势。他指出，要坚持扩大内需为主和稳定外需相结合，着力推动产业结构优化升级，大力增强自主创新能力，发展新能源和节能环保产业。全国政协委员、国家统计局原局长李德水在发言中提出，外需不足将是一个长期的趋势，不应指望危机过后我国外贸出口又能重现前几年那种高速增长的景象。必须痛下决心，实现经济转型，使过多地依靠出口拉动经济转变为更多地依靠内需拉动经济增长。

（二）研究成果

转变发展方式、转变经济增长方式，几乎是 1999 ~ 2009 年这 10 年每一次中央经济工作会议必提的主题。北京大学经济学院副院长黄桂田却认为，此次有所不同。2010 年中央将更加注重经济增长的质量，结构调整将居于极其重要的地位。一是经济区域结构的调整力度将加大，将着力解决区域经济发展不平衡的问题，产业结构的调整力度也将加大，将对产能过剩的行业进行调整。特别是在低碳减排方面，政府可能会在排放、可替代性能源、解决环境污染等方面加大力度。二是从依赖出口、投资来拉动经济增长，转变成消费、投资和进出口共同拉动经济增长。三是从追求 GDP 的数量转到数量和质量并重的发展方式上来。黄桂田特别强调，转变发展的方式就是经济增长要和城乡居民生活改善的幅度同步，使人们真正能够分享到高速增长带来的生活改善。中国企业联合会研究部副主任胡迟的观点与黄桂田几乎一致。他表示，中央经济工作会议对结构调整作出了更为具体的表述，意味着在未来经济发展中，调结构将居于更为重要的位置。他表示，从会议的内容来看，未来中国结构调整将采取增量的方式。一方面，对于一些传统的高耗能、产能过剩的行业将采取更为严厉的限制措施；另一方面，将大力发展战略性新兴产业，培育新的经济增长点。清华大学经济管理学院教授李稻葵也表示，在此次经济危机当中，中国经济发展中的深层次矛盾显露无遗，如果不解决这些矛盾，不实现发展方式的转变，中国未来的经济就无法取得进一步的发展。我国必将仍然遵循增量结构调整的思路，在保持经济稳定发展的同时，努力扩大内需，优化产业结构，同时不断开拓新产业、新市场。这也是我国改革开放30年来的基本经验。

国信证券研究所分析师林松立则表达了不同观点。他认为，2010年经济着力点仍然在于增长，“促转变”至少在2010年来看还只是一句口号，真正促转变的最好时机是2006～2007年。从中央经济工作会议主基调来看，就业未随着经济的恢复而同步恢复，政府对2010年经济稳定增长仍持有较大的担忧，因此，在保增长和调结构二者之间还是明显偏向前者。

国泰君安证券研究所策略研究小组提出，中国区域间产业转移正当其时。中国已经具备了进行系统性产业转移的条件和要求。东部企业需要通过产业转移开拓新市场。劳动力流动面临拐点，劳动力成本优势对产业转移的作用将越来越大。2004年后中西部地区的资本回报效率已经明显超过了东部地区，固定资产投资增速也持续稳定超过东部地区。土地与其他自然资源具有典型的不可流动性，资源开发加工型企业向中西部地区聚集的趋势将会越来越明显。但中西部地区企业交易成本仍明显高于东部地区，说明在软环境上，中西部地区相比东部地区还存在较大差距。政府可以通过提供财税补贴、土地优惠、改善区域基础设施、改进区域的制度环境等，影响企业的成本收益线，推动产业转移进程。

国务院发展研究中心高级研究员吴敬琏研究表明，我国主要依靠政府的财政政策、货币政策以渡过经济危机，从而保证了GDP增长速度，这种措施不可持续，货币供应量年涨幅为30%左右，流动性的过多注入会形成资产泡沫，使得通货膨胀逼近。正确的做法应是增加生产需求，改变生产要素结构，使得大众的收入增长。只有增加普通劳动者的收入，消费需求才能够真正被带动起来。

财政部财政科学研究所所长贾康也表示，中央经济工作会议强调加快城镇化建设，提高居民收入水平和社会保障水平，这是持续扩内需、保增长的根基。当务之急是着力提高劳动报酬占国民收入比重，提高种粮农民和低收入群体的补贴水平，改变“收入跑不赢GDP”的局面，让百姓有钱花、敢花钱。

银河证券首席经济学家左小蕾表示，在应对国际金融危机中，如果仍停留在原有经济结构上“保增长”，就会错过这次“深度调整”的战略机遇，在下一轮国际竞争中处于不利地位。部分行业的产能过剩和重复建设问题，与一些地方政府盲目追求 GDP 扩张密不可分。陷入招商引资竞赛的地方政府，即使遇到重复建设，往往也会因为保就业、保 GDP 等因素，与企业结成事实上的联盟。最终的结果是：产能上去容易下来难。

莫尼塔宏观研究小组提出，宏观调控向“调结构”转变已经进入实质性阶段，后期结构调整的力度将进一步加强。产业结构升级和促进消费将是后期调结构的两大方向。短期来看，政府对于通货膨胀预期的关注意味着 2010 年整体货币环境将呈现“紧信贷，宽货币”的格局。不同行业、不同类型企业之间的信贷环境将在整体信贷政策“有保有压”的基调下进一步分化。中期来看，产业结构的升级可能是“调结构”两大方向中见效较快的一个。整体产业结构的升级将带来对生产设备、新技术和服务的新需求，因此中国进口增速有望进一步上行。加大进口意味着中国受到的国际贸易再平衡压力将得到有效缓解，进而降低人民币升值压力短期内大幅上升的风险，有助于缓解在全球流动性过剩情况下外围资本涌入的压力。长期来看，提升居民消费在经济中的占比将是“调结构”的另一重要方向。物价、收入水平和消费倾向的变化是影响居民消费的主要因素。从可操作性角度来看，财税减免政策即产品实际价格的回落对于消费的拉动将起到立竿见影的效果，但整体来看，这一类政策对消费的拉动作用较为有限。长期来看，中国居民消费仍然受到收入水平和医保社保体系不完善这两大因素的制约。针对这两大制约因素的宏观政策后期将持续出台。但由于中国就业压力对工资水平的压制作用将是一个长期的问题，收入的上行将受到抑制，而政府对于财政赤字的容忍度较低，因此社保医保体系的完善将是一个中长期的过程。所以整体来看，消费占比的上升只能是一个渐进的过程。

大通证券经过专题研究表明，中国经济经过 30 年改革开放的高速发展，其产业规模和经济实力已经跃居世界经济大国之林。然而，由于近些年来中国经济一直保持着近两位数的增长，高速的发展掩盖了中国经济内在结构中所存在的一些缺陷，如大多数的产品都处于国际产业分工体系的低端，产业的核心技术和尖端技术受制于外人，大而不强是其共性问题。其主要表现为：落后技术的产能过剩矛盾相对较为突出、产业规模化和集约化程度较低、产品创新能力薄弱、企业管理散乱现象较为泛滥、低端耗能和污染严重、外贸依赖程度高等问题。这些缺陷在这次全球经济危机中表现得尤为突出。这次全球经济危机，加速暴露出我国经济发展中存在的深层次结构性问题。即使没有这次国际金融危机，中国经济的这种粗放型发展方式也是难以为继的。全球经济危机使得我国经济在经过30年的高速长跑之后，能有一个立定稍息喘息的机会来重新审视我们所走过的发展之路。利用我们现有的雄厚经济实力，调整和修正经济发展航线，通过产业振兴规划，对十大产业内部的企业进行新的并购整合，把散乱的行业企业借助并购重组整合成为行业航母，以增强今后经济发展核心竞争能力和防御能力，同时化解我国经济发展结构缺陷。十大产业振兴规划的陆续出台，给2009年的中国经济走势增添了新的亮点。从选出来的这十大产业来看，国家在选择时是经过深思熟虑的。这十大产业中，钢铁、汽车、船舶、装备制造是我国国民经济的支柱产业，而石化、有色金属、电子信息则是极为重要的战略性产业。另外，纺织、轻工、物流业是重要的民生产业。纺织和轻工的食品、造纸、家具、家电、皮革、日化等部分行业，涉及3亿农民的切身利益，吸纳进城务工人员近6 000万人。这些产业在我国国民经济发展中的地位举足轻重。我国在十大产业就业的人数超过了1亿人，上市公司接近六成在这十大产业中。其中9个产业的工业增加值占我国全部工业增加值的比重接近80%，占GDP的比重达到1/3，规模以上企业上缴税金约占我国税收收入的40%，直接从业人员约占全国城镇单位就业人数的30%。可以毫不讳言地说，如果这十大产业能够按照振兴规划顺利实施，财政、税收、就业、“三农”（农业、农村和农民）问题就基本能够稳定。中国经济将会步入新的良性发展循环。

随着经济增长的下行风险逐步减退，中央银行能否在不进一步增加不稳定性和损害未来增长预期的前提下成功退出当前极度宽松的货币政策和巨额财政赤字政策是2010年及以后所面临的主要政策挑战。据花旗分析师预测，世界主要中央银行的政策不会提前或急剧转向。尽管稳定金融环境的系列措施已取得重大成效，但通货膨胀预期依然相当低，经济持续复苏的基础尚不稳固。花旗分析师预计，中国很可能于2010年第3季度首次加息；美联储（FED）预计将于2010年年底加息；欧洲中央银行则可能要得到2011年年初才会加息；鉴于日本的通货紧缩预计会持续下去，日本中央银行很可能要到2011年年底才会收紧政策。各国中央银行纷纷着手制定政策退出框架，以将风险降至最低。融通性政策过晚或过早退出均可能扰乱金融环境，影响经济复苏进程。2009年

11 月发表的 20 国集团公报也强调，虽然目前经济复苏仍然依赖于政策支持，但各国应建立新的、咨询性的经济政策“相互评估机制”，帮助制定一揽子政策措施，顺利调整地区发展不平衡。

二、对通货膨胀预期管理问题的研究

（一）研究背景

2009 年的货币供应量增长 30%，相对 8.7% 经济增长，这意味着 1 块钱的价值对应的流动性却有近 4 块钱。虽然 2009 年 CPI 还是负增长，但宽松的货币环境成为形成通货膨胀预期的最主要原因。与西部再开发特别是资源大省发展相关的资源税改革、上游企业可能会通过成本转移形成对最终消费价格的上涨压力、劳动力成本上升及西南大旱可能造成的粮价上涨等因素都将影响 CPI，也增强通货膨胀预期。此外，国外政府经济救援力度空前，极度宽松的货币政策加上赤字财政大行其道，“去杠杆化”可能有意无意地演变为以通货膨胀为手段的“去负债化”，国际黄金价格的大幅上涨反映出国际市场的这种担心。与输入性影响相关的石油价格和相关的大宗产品价格大幅上涨，以及基于人民币升值预期的资本流入增加产生了输入型通货膨胀压力。

通货膨胀形势在投资、货币、成本、灾害、国内和国外等诸多因素作用下变得复杂。中央银行对物价的判断从 2009 年第 3 季度的“未来价格走势尚有不确定性：需求不足仍可能构成价格下行的压力，但也存在价格上行压力”到年末转变为“2009 年以来出现了国际初级商品价格大幅上涨以及资产价格明显反弹等现象，反映出市场上形成了一定的通货膨胀预期”。2009 年 10 月下旬国务院常务会议指出，近期宏观调控的主要任务是保增长、调结构与管理好通货膨胀预期。这是 2009 年中央第一次提出“管理好通货膨胀预期”，引发了社会的注意和讨论。12 月初中央经济工作会议再次将处理好保持经济平稳较快发展、调整经济结构与管理好通货膨胀预期的关系，纳入 2010 年经济工作的主要任务。

（二）研究成果

在分析通货膨胀成因的探讨中，安信证券首席经济学家高善文发表了他的观点：通货膨胀的形成和价格的形成都需从供求两方面讨论，且经济系统中几乎所有变量都是被联合或共同决定的，沿着单向链条进行因果分析在方法论上是有问题的。他从形势预测角度分析，2008 年第 4 季度到 2009 年第 1 季度，大宗商品价格包括一部分产品价格下跌是不正常的，这主要是介于金融市场严重恐慌、流动性短期内严重枯竭和激烈的存货调整行为的影响。随着金融市场正常化，价格也恢复了正常化，对于中国可识别的影响就是 2010 年第 2 和第 3 季度之间生产者物价指数（PPI）会上升 5% ~7%，随后在年底下降至 3% 以下。特别是 5 ~ 9 月晚期，CPI 最高值有可能逼近 4%，随后会下降，在 2011 年 CPI 应在 2% 以下波动。2010 年第 2 和第 3 季度价格上升会带来现实政策紧缩压力，届时无论是中央银行还是中国银监会，都会感受到压力，这一压力有可能实现有可能不实现，但会带来很多不确定性。一旦政策紧缩实现，不可避免的结果就是股市和房市会面临很大调整，而这种调整对于经济的恢复肯定不是积极的影响。

中国社会科学院世界经济与政治研究所研究员余永定建议建立一个多线条或者是立体的分析，比如把供求不平衡在通货膨胀中的作用引进来，供不应求价格上涨，供过于求价格下降，供需曲线移动方向可能不一样，最终共同决定物价变动。此外，逻辑起点是世界的 PPI，延展过大，造成美国 PPI 变化的原因也未阐释清楚。主要是 GDP 缩减指数的波动，使农民现实地观察到农药、化肥、种子等价格在波动，形成了通货膨胀预期。如果沿着货币供应思路，很难解释为什么中国和美国 PPI 同步。但是如果沿着固定汇率和一价定律的角度，则可以很好解释二者的同步。中美 PPI 同步可以推断全球 PPI 波动和中国 GDP 缩减指数同步，通过通货膨胀预期又与 CPI 波动同步。余永定得出几个重要结论。第一，对于 1996 年之后中国通货膨胀形成过程，70% ~80% 是全球通货膨胀形成过程的一部分，通过通货膨胀预期机制影响了食品价格的波动，从而表现为生活中感受到的通货膨胀。在此过程中，中国自身经济的冷热、中国可用贸易品或劳动力工资的松紧、货币供应的多少，在边际上产生的影响非常小，不会超过10%。第二，对于中国来讲，货币供应的松紧，最重要的影响不是体现为商品和服务价格、食品价格的波动，不是导致通货膨胀预期的发生，而是影响资产价格。每次对货币供应的向上刺激，或向下压制，在非常短时间之内都导致了资产价格非常剧烈的波动，并且因此影响了实体经济的需求和实体经济自身的增长率。

北京师范大学金融研究中心主任钟伟则对近两年通货膨胀不是太忧虑，理由如下：一是目前中国物价仍在探底之中，预期CPI 2009年年底开始转负为正，PPI则要在2010年第1季度才有可能转正，至少在2009年全年，通货紧缩是中国物价运行的主旋律；二是2010年通货膨胀也暂无忧，就CPI而言，基期因素的影响约为2～2.5个百分点（即便没有任何新涨价因素，由于2009年CPI全年是负数，也会导致2010年CPI同比在2%以上），再加上禽蛋肉类等农产品的涨价压力，估计2010年CPI在3%～5%之间；三是由于欧美经济复苏是弱势的，全球大宗商品价格不至于明显高涨，国内工业生产也不过尔尔，看起来2010年的PPI问题也不是太大。

持相似观点的有申银万国证券研究所首席分析师李慧勇，他的观点是物价有预期无通货膨胀。他提出，导致物价上涨的直接原因有很多，但都跟产出缺口的变化有关，未来通货膨胀是不可避免的。但由于2010年实际经济增长率仍低于潜在经济增长率，并且产能过剩严重，预计真正的通货膨胀可能要到2011年才能看到，温和复苏，更有可能出现温和的物价上涨。在粮食供给充足、一般工业制成品价格难以上涨的情况下，预计2010年CPI上涨2.2%。其中，食品价格上涨5.1%，非食品价格上涨0.9%。从月度来看，CPI涨幅将呈现前低后高的走势。他同时预计2010年PPI上涨3.5%，呈现前高后低的走势。

三、对低碳经济的研究

（一）研究背景

“低碳经济”提出的大背景，是全球气候变暖对人类生存和发展的严峻挑战。随着全球人口和经济规模的不断增长，能源使用带来的环境问题及其诱因不断为人们所认识。不止是烟雾、光化学烟雾和酸雨等的危害，大气中二氧化碳浓度升高带来的全球气候变化也已被确认为不争的事实。在此背景下，“碳足迹”、“低碳经济”、“低碳技术”、“低碳发展”、“低碳生活方式”、“低碳社会”、“低碳城市”、“低碳世界”等一系列新概念、新政策应运而生。

在全球经济受到金融海啸重创之后，低碳经济的兴起成为一道意外的风景。虽然仍然坚持发展中国家的身份，但与中国经济一同迅速增长的碳排放量，使得中国在国际舞台上承受着越来越大的压力，中国已无可逃避。中国应该如何迎接低碳经济时代？应该采取何种策略？低碳经济时代对中国意味着什么样的机会？对这些问题的探讨和研究，不仅对中国政府，对中国产业界都有很强的现实意义。

（二）研究成果

清华大学在国内率先正式成立低碳经济研究院，重点围绕低碳经济、政策及战略开展系统和深入的研究，为中国及全球经济和社会可持续发展出谋划策。中国社会科学院2009年6月在北京市发布的《城市蓝皮书：中国城市发展报告（NO.2）》指出，在全球气候变化的大背景下，发展低碳经济正在成为各级部门决策者的共识。节能减排、促进低碳经济发展，既是救治全球气候变暖的关键性方案，也是践行科学发展观的重要手段。胡锦涛主席2009年9月在联合国气候变化峰会上承诺：“中国将进一步把应对气候变化纳入经济社会发展规划，并继续采取强有力的措施。一是加强节能，提高能效工作，争取到2020年单位国内生产总值二氧化碳排放比2005年有显著下降；二是大力发展可再生能源和核能，争取到2020年非化石能源占一次能源消费比重达到15%左右；三是大力增加森林碳汇，争取到2020年森林面积比2005年增加4 000万公顷，森林蓄积量比2005年增加13亿立方米；四是大力发展绿色经济，积极发展低碳经济和循环经济，研究开发和推广气候友好技术。”

2009年7月25～26日国务院发展研究中心信息中心在北京市主办“第

二届中国能源战略与环保高峰会”。国务院发展研究中心副主任侯云春发表了题为《全球金融危机下中国能源布局与应对》的主题报告。他认为，为了长远地应对这场国际金融危机，为今后中长期的发展奠定基础，我们不失时机地提出了发展新能源作为发展目标，包括新一代的互联网、生物技术等，并且正在研究制定新能源产业振兴计划，中国能源环保产业奠定了良好的发展机遇。我们在新能源发展方面存在的一些问题还是要引起关注：一是产业竞争无序，存在恶性竞争的情况应该引起警惕；二是自主创新的动力和能力不足，目前大多数新能源和节能环保的技术和产业研究开发投入不足，缺乏自主科技技术；三是技术产业的示范与应用推广，市场推广度还不高。为此他建议，首先，要加快国家有关节能环保产业规范的制定，推进产业有序发展。其次，要加快政策扶持力度，促进行业的良性发展。应围绕光伏发电，节能与新能源汽车、再生能源建筑应用、生物质能源及公共平台、技术研究开发、产业化推广、消费培育等，充分发挥市场机制在资源配置中的基础作用，实现良性经济发展。第三，要加大研究开发投入，推动产业自主发展，鼓励与创建以企业为主体的体系，促进人才队伍建设，重点支持高纯度太阳能材料多晶硅等有关生产工艺，加速科研成果转化。同时，还应加快环保监督力度，实现行业持续发展，进一步加大环保监督力度，加快制定覆盖各个新能源产业链的环保标准，加大社会监督。调整和优化能源布局方面，他建议要发展大水电、大核电和特高压输电。今后的发展方向应该是在北方供煤的基础上发展大型煤炭基地，通过特高压来长距离大容量输电；在沿海东部地区发展大核电。此外，还要调整和优化能源需求结构，所以要发展能源消耗少的服务业和高新技术产业。

国家发改委应对气候变化司研究员蒋兆理开展了“全球气候变化及低碳经济在中国的发展”专项研究，结论是低碳经济是中国可持续发展的必然选择。首先从总量来讲中国已经跟美国相当，成为世界第一排放大国；第二从人均方面我们也接近全球平均的水准，说明国内的减排压力非常大；第三在国际谈判中这些因素使我们处于一个非常被动的局面。现在发达国家尤其是以欧盟为首的国家，要向发展中大国施加压力，要我们减排。至于中国低碳发展的路径，他分析我们的低碳经济必须紧密结合经济发展的阶段性特点，要紧密结合提高核心竞争力的需要发展低碳经济；要与可持续发展的其他政策密切联系。低碳发展过程中，综合节能、提高能效是重点；调整经济结构是发展经济的突破口；技术创新是根本出路；要大力发展可再生能源和核能。

安邦信息贺军分析得出，在全球经济受到金融海啸重创之后，低碳经济的兴起成为一道风景。有两个标志性的事件对于推动低碳经济浪潮至关重要：一是美国选择以新能源作为振兴美国经济的主要政策。二是哥本哈根会议将对全球的碳减排形成新的压力。尽管政治家们的博弈不会在短期内达成一致，但全球对于气候变暖和碳排放的关注，已对中国政府和产业界形成了现实的压力。中国无法回避这类问题，因为在温室气体排放上，中国是一个迅猛增长的生力军。他认为，在政治和外交层面的积极参与及合作姿态，是中国首先应该采取的基本策略。

中金公司分析师刘奥琳等提出，低碳革命将成为美国经济发展的新引擎。相关分析报告提出，最近20年气候变化、空气污染以及能源安全等问题令可再生能源（绿色清洁能源）蓬勃发展，而提高传统能源的使用效率（节能）、用更环保的方法和技术使用传统能源（减排），也成为低碳革命的重要组成部分。时至今日，气候变化正在改变竞争规则：以最清洁、最有效的方式为其经济发展提供动力的国家将在国际竞争中占有优势，这对于美国这个全球最大碳排放国而言意义重大。从20世纪90年代中期IT亮点吸引资金流入的历史看，低碳革命的号角一旦吹响，以美国在低碳经济上雄厚的技术和市场储备，吸引资金从新兴市场流回美国的历史有可能重演，但预计资金流出新兴市场后一去不返的可能性不大——毕竟金融海啸后，美国潜在经济增速已遭重创、新兴市场明显增长较快，而低碳革命究竟能在多大程度上发掘美国经济潜能，市场还需要时间来评估和证实。

我国乃至全球碳市场的快速发展将有利于我国碳金融的兴起和发展，将对我国金融业产生巨大的影响，促进了各金融部门创新业务的开拓和发展。申银万国证券研究所制度与发展研究小组分析师蒋健蓉和于旭辉研究了低碳经济下的碳金融创新。研究提出，目前我国已经在北京市、天津市、武汉市和上海市等地设立了碳交易相关的环境能源交易所，相信碳市场的成立将在近年有所突破。届时，伴随着现货市场的建立和发展，碳排放权期货、期权等衍生品也将相继涌现。研究认为，促进低碳经济转型，设立中国碳基金是必要条件。碳基金的主要业务是碳排放权及其衍生品的交易和投资。相信随着碳市场的建立和完善，碳基金的引进也将为时不远。随着碳交易市场的建立，配额型交易将拥有更大的发展空间，届时也将刺激以碳排放权交易及其期货、期权等衍生品和碳基金为标的理财产品的出现和发展。低碳产业的发展将为创业板的创新发展提供优质的上市资源，同时创业板作为创新型产业的孵化器也将为这类上市公司提供融资平台，二者互相促进。此外，新兴产业的发展能使创业板更具创新性和高成长性，为投资者带来高成长性的溢价，有利于落实自主创新的国家战略。当前是PE等产业基金发展的有利时期。2009年10月30日创业板的正式推出，将为这些战略投资者提供更为通畅的退出渠道，进而推动股权投资基金的发展和资本体系的进一步完善。他们同时认为，作为金融市场中重要中介的证券公司，将在碳交易中大有可为。无论是投资银行业务、资产管理业务、财务顾问业务、期货业务，都有望从前景广阔的碳市场中直接获益。

四、对创业板的研究

（一）研究背景

毫无疑问，“创业板”已成为2009年证券市场“热词”之一。2009年10月23日下午创业板在深圳市正式开板；10月30日，首批28家公司鸣锣上市。这意味着面向成长型和高科技企业的“中国式纳斯达克”正式开启，标志着一个与主板市场平行的崭新市场在我国正式启动。我国多层次资本市场建设迈上新台阶，资本市场服务国民经济的功能日趋完善。

从10年孕育到10月分娩，创业板吸引了太多的目光。融资、爆炒、造富、高市盈率……种种话题不绝于耳。2009年成为中国创业板元年，也成为中国资本市场具有里程碑意义的一年。创业板的推出是2009年我国资本市场的一项重大创新，标志着我国多层次资本市场体系建设又向前迈出了坚实的一步。

资料显示，从首批到将在创业板正式挂牌的28家企业来看，获得高新技术企业认定或承担国家项目计划的占了绝大多数，研究开发投入强度平均超过5%，在金融危机中都表现出很强的成长性。创业板是成长性中小企业的希望，也应该是中国一流企业接受历练的"黄埔军校"。如果他们是中国经济发展的孩子，对于他们的爱不该只是娇生惯养，而是要给予他们足够的营养，也应该让他们严格遵守市场规则接受市场风雨的历练。

（二）研究成果

申银万国证券研究所制度与发展研究小组展开了创业板专题的系列研究，分析师蒋健蓉、于旭辉指出，当前是全球创业板理性发展的阶段，根据我国的市场环境适时推出创业板将有助于发挥后发优势，借鉴海外创业板市场的发展经验，实现我国创业板市场的健康、可持续发展。此外，上市资源、市场定位以及风险控制成为影响创业板市场可持续发展的重要因素。创业板推出初期交易异常活跃，具有交易性机会；在前5个月都能够获得正的超额收益，累计超额收益可达28个月之久。结合经典的经济周期理论，他们认为目前是金融资本入场的最佳时期，新周期下的新兴产业将逐步成长并成为新周期下的主导产业。同时，创业板也能取得良好的业绩，迎来快速的发展。从中周期来看，尤其是长周期和中周期契合的时候，创业板将有可能成为主板的先导。

国信证券也成立了课题组，研究中国的创业板发展。分析师卢宗辉认为，创业板市场与主板市场的关系是既相互依赖，又互相竞争。创业板市场与主板市场都是证券市场的重要组成部分。作为一个新兴市场，创业板市场是在主板市场的基础上发展起来的；同时，创业板市场的发展又进一步促进主板市场的发展。创业板市场的建立，有助于吸引国内外创业资金，使得创业板市场成为高技术企业的"孵化器"，进而发挥资本市场在促进产业结构升级中的作用。创业板市场与主板市场之间的竞争突出体现在对市场资金的争夺上。在没有建立创业板之前，主板市场成为唯一可供投资者选择的目标市场；而在创业板市场建立之后，主板市场就面临着来自于创业板市场的竞争，面临着投资者的分流。静态而言，主板市场的市场规模与地位可能高于创业板市场；但从动态来看，创业板市场的发展速度与潜力将优于主板市场。创业板上市企业业绩不稳定、经营风险高、退市风险大，投资者会面临较大的市场风险，而且由于规模较小，易遭炒作。因此投资者应充分了解创业板市场的投资风险及公司所披露的风险因素，审慎作出投资决定。

从发行前高毛利率、高净资产收益率、高营业收入的“前三高”特征，到发行后高波动性、高市盈率、高换手率的“后三高”特征，创业板公司在书写资本市场新史的过程中，也充斥着近乎疯狂的追捧、跌宕起伏的悬念。国金证券首席经济学家金岩石对此表示担忧。他认为中国的创业板上市公司并不是创业期的企业，而是已进入成长期的企业。处于成长期的企业，其业绩增长曲线昂头向上，预期上涨的图像形似鹰击长空，所以能调动投资人的乐观情绪。但企业经营业绩的高成长多数会在3～5年内减速，股权投资人会在限售股解禁后伺机退出，在这个阶段，成长型企业的股价会大幅度下挫，因为在成熟阶段的企业股票就不会有成长阶段的高溢价了。若以主板25～30倍的市盈率作为成熟企业的估值水平，“创业板股票”在3～5年内的跌幅可能会超过70%！大众都希望中国的创业板市场能够复制纳斯达克市场的成功，但其他国家和地区的创业板市场几乎都没能成功。金岩石认为纳斯达克的成功有三大基石：企业家的创新精神、程序化的退市机制、独创性的做市商制度。因此，中国创业板市场的成功不仅来自于企业的创新成长，而且来自于市场的程序化退市。这是创业板市场的生命之源，也是投资于创业板市场的机会与风险。

在“多层次资本市场建设中的法律问题”讨论中，有专家建议，要让创业板公司高级管理人员的风险始终与公司利益挂钩，尽量不出现“裸高级管理人员”现象。创业板公司IPO市盈率应适当限制。中国政法大学民商经济法学院教授管晓峰认为，创业板上市公司应尽量避免“裸高级管理人员”行权。让高级管理人员与股东利益一致，最有效的方法就是让高级管理人员做股东，让高级管理人员的投资风险与公司利益始终挂钩。对此他提出了三点建议：首先，发起人没有担任公司高级管理人员的，在公司连续3年盈利或累计盈利5年之前不得转让股票；其次，发起人担任创业板公司高级管理人员的，在担任高级管理人员期间不得转让股票；第三，公司上市后担任高级管理人员的，其本人应持有较大份额的公司股份。管晓峰提出，创业板公司 IPO 市盈率也应适当限制。《证券法》规定“股票发行采取溢价发行的，其发行价格由发行人与承销的证券公司协商规定。”这种不限制 IPO 市盈率的政策客观上支持了发行人的利益，发行人囊括了股票溢价收益，而投资者在二级市场上面临第一次交易就有破发的风险，不利于维护投资者对创业板市场的信心。

针对创业板超募问题，民生证券有限责任公司副总裁杨卫东认为，应适当限制创业板公司 IPO 募集资金量，对超募资金的使用问题给予更多关注。杨卫东说，目前中小板、创业板的上市公司，有的超募资金数额巨大，这么多资金在使用中通常会受到限制。如在该上市公司所属的行业里，可能当前的市场容量没有那么大，致使超募资金只能闲置在公司账上。此外，创业板、中小板公司一般规模都较小，有的公司净资产只有一两亿元，有的甚至只有几千万元的净资产。对这些公司来说，突然多出巨额资金，其管理和使用对公司管理层来说也是一个挑战。他建议制定相关法律法规，规定相对固定的 IPO 募集资金量。同时，要坚持股票发行定价市场化。在具体操作中，可考虑引入部分存量发行，从而保证超募资金问题得到较合理的解决。

华中师范大学法律系教授彭真明认为，严格的退市制度是切实保护投资者合法权益的基础性制度安排，也是创业板的特殊需要。目前我国创业板的退市制度存在一些缺陷。如退出制度模糊，在一定程度上助长了投机气氛，多层次资本市场建设不完善等。特别是在多层次资本市场建设方面，应当建立全国性的场外转让市场，以保护创业板退市公司的中小投资者。

五、对股指期货和融资融券的研究

（一）研究背景

国际经验表明，一个完整意义上的股票市场应该包括一级市场、二级市场和风险管理市场。但一直以来，我国股票市场缺乏股指期货等风险管理工具，导致股市频繁换手、估值不稳、宽幅震荡、超涨超跌。2007～2008 年之间，中国上证综指最大跌幅为72.83%，1 200 只个股跌幅都在 50% 以上，严重制约了市场资源配置功能。

如果说“开弓没有回头箭”的股权分置改革在中国资本市场具有里程碑意义，那么股指期货和融资融券的意义将不亚于股权分置改革。因为，股权分置改革解决的是历史遗留问题，改变的是股权结构深层次问题，是治病和纠错；而股指期货和融资融券则是完善中国股市交易制度的关键，在现货市场引入做空机制将会改变“单边市”格局，从而改变市场赢利模式，并会抑制价格的过度波动，对中国股市的意义深远。

2005～2008 年中国资本市场建设的焦点是股权分置改革；2009 年的焦点是创业板顺利推出；2010 年资本市场建设的焦点，无疑就是股指期货和融资融券等金融创新产品的推出。

（二）研究成果

中金所总经理朱玉辰在 2009 年 5 月陆家嘴论坛上表示，股指期货各项筹备工作日益完善，包括建立一整套合格投资者制度，把恰当的产品销售给恰当的投资者。他说，投资者参与股指期货交易必须满足“三有”条件。（1）有资金：股指期货开户的资金门槛初步设为50 万元，风险承担能力较低的投资者先不涉足股指期货这个产品；（2）有知识：投资者必须掌握股指期货基本知识，了解产品属性与风险，通过股指期货基础知识测试才能开户交易；（3）有经验：投资者必须要经过至少5 个交易日的仿真交易、累积成交20 手以上才能参与股指期货。

东吴证券研究所策略组 2009 年年底经研究提出，随着国内资本市场的稳步发展，股指期货推出的条件日臻成熟，当前是推出股指期货的最佳时机。（1）市场结构日趋合理，流通性显著增强，已经满足推出股指期货的要求。沪、深 300 成分股对整体市场的代表性较强。因此，以沪、深 300 为标的推出股指期货的条件已经完全具备。而经过股权分置改革，全流通渐行渐近，2010 年年底有望达到 90%，市场正加速向全流通时代过渡。为了减弱全流通带来的冲击，市场也需要股指期货来平抑波动。(2) 投资者对当前推出股指期货的认同度逐步提升，承受力逐步变强。一是投资者在经历了 2007 年的暴涨和 2008 年的暴跌行情后，对风险对冲机制的需求强烈；二是中金所开展了 3 年多的股指期货仿真交易，同时在全国范围内也展开了卓有成效的投资者教育工作，加上近年来随着国内商品期货市场的高速发展，投资者对期货品种的认识度有了很大提高；三是从 2009 年创业板的成功推出来看，投资者对新业务、新品种的承受能力已经变强。(3) 从大盘的点位、整体市盈率水平和指数权重的估值来看，当前是推出股指期货的最佳时机。(4) 随着机构投资者的快速发展壮大，缺乏对冲机制已经成为制约其继续发展的关键因素，推出股指期货是市场机构投资者的共同愿望。中国资本市场缺乏对冲机制一直是国内机构投资者发展的瓶颈，目前国内机构投资者由于缺乏必要的做空工具，仅靠单边做多的投资操作必然面临着巨大的系统性风险，加上机构排名压力、投资仓位限制等因素的影响，投资管理人要作出领先的、独立的判断也变得举步维艰，导致国内机构投资者选时能力的普遍缺失，随波逐流、抱团取暖成为投资管理人明哲保身的潜在规则。一旦股指期货推出，机构投资者在投资运作中引入股指期货套期保值，将有效抑制市场泡沫，降低系统性风险，提高资本运作效率，引导 A 市场价值投资理念的回归。(5) 国内市场波动剧烈，需要对冲产品平抑市场波动，促进资本市场长期稳定发展。(6) 目前股指期货推出的各种制度和技术准备已经基本就绪，股指期货推出暗中加速。

中信建投分析师魏涛的研究报告指出，2009 年股指单边较大上涨（股指期货和融资融券有一定杠杆性）和创业板（配合中央调结构的政策）推出延迟了融资融券和股指期货。长远来看，股指期货对券商收入贡献在 10% 左右。融资融券可以提升券商收入 30% 左右。按照成交额按照每天 1 800 亿元至 2 800 亿元进行敏感性分析，预期股指期货将为券商带来 163.4 亿~254.1 亿元左右的收入。在日均 2 400 亿元的假设下股指期货将提升证券业收入 10% 左右。券商系期货公司与非券商相比，其在股指期货的开展上具有客户优势、技术和信息优势和资本优势。如果融资融券交易额占到市场成交额的 15% 左右，则融资融券金额将达到 5 000 亿~8 000 亿元左右，为证券业贡献 500 亿~700 亿元左右的收入。融资融券初期由于仅限于券商自有资金和自有证券，短期对证券行业业绩影响有限，但对行业的估值水平有一定提升。研究结论令人鼓舞，2010 券商将迈入平稳发展阶段。创新业务在短期内为券商业绩做出一定贡献，但将极大提升证券业的估值水平。

对此，大成基金发表了相同的观点。他们认为，股指期货一旦推出将为我国金融行业带来新的发展机遇，其中期货公司、券商、基金等将成为股指期货推出后的直接受益者。从不同国家或地区的相关经验来看，股指期货的推出对于现货市场短期走势的影响并不一致，更多地取决于股指期货推出时的市场估值水平。从市场资金面看，由于投资股指期货的资金门槛较高，股指期货的推出对股票市场资金抽离有限。从长期来看，决定股票市场走势的还是基本面因素，股指期货本身并不会使现货市场发生根本性逆转。大成基金表示，股指期货推出将改变现有市场结构。其推出后，蓝筹股特别是沪、深 300 指数权重股的需求将明显增加，这些股票的流动性将改善，估值将提高。此外，股指期货的推出将给期货公司、券商、基金公司等金融机构带来新的业务发展机遇，与交易有关的交易分析等方面的软件市场需求可能增加，与之相关的软件商和系统集成商也将从中明显受益。

股指期货的推出将使金融产品更加丰富，融资融券为投资者提供了卖空和杠杆交易的工具。申银万国证券研究所金融工程研究小组经过深入的专题研究，发表了上述观点。他们提出，股指期货既可以作为对冲现货下跌风险的工具进行套期保值，也可以作为现货流动性管理工具，降低交易的冲击成本。同时，股指期货的推出将带来大量的套利机会。利用股指期货可以设计以绝对收益为目标的金融产品，可以复制场外期权，还可以复制指数。融资融券对市场的影响是通过融资融券的杠杆功能和卖空功能来实现的。从影响机制来看，融资融券对市场的影响机制中既有负反馈机制又有正反馈机制。负反馈机制引导股价回归合理价值，减少市场波动；正反馈机制对股价趋势起到助涨助跌的作用，加剧市场波动。融资融券影响市场的负反馈机制有助于市场价格发现功能的发挥，提升市场定价的有效性。在股价过度低估情况下，理性投资者预期股价将在未来上涨至合理价位，融资买入低估股票，在股价回归合理水平时平仓结束交易。反之，在股价过度高估情况下，理性投资者预期股价将在未来下跌至合理价位，融券卖空高估股票，在股价回归合理水平时平仓结束交易，从而使不拥有股票的投资者也有机会通过卖空表达自己对这些股票价值的看法。融资融券的价格发现机制抑制了股票价格过度上涨或过度下跌，融资融券投资者的交易行为又会向其他投资者传递股价被低估或高估信号，进一步发挥稳定市场的作用。由于融券风险更大，操作更为复杂，融资融券试点初期，融资对市场的影响要明显大于融券。

六、对新股发行制度改革的研究

（一）研究背景

2009 年 5 月 22 日，中国证监会发布了《关于进一步改革和完善新股发行体制的指导（征求意见稿）》。中国证监会表示，新股发行制度改革采取分步实施、逐步完善的方式，分阶段推出各项改革措施。

第一阶段将主要推出 4 项措施。

1. 完善询价和申购的报价约束机制，形成进一步市场化的价格形成机制。询价对象应真实报价，询价报价和申购报价应当具有逻辑一致性，主承销商应当采取措施杜绝高报不买和低报高买。发行人及其主承销商应当根据发行规模和市场情况，合理设定每笔申购的最低申购量。对最终定价超过预期价格导致募集资金量超过项目资金需要量的，发行人应当提前在招股说明书中披露用途。

2. 优化网上发行机制，将网下网上申购参与对象分开。对每一只股票发行，任一股票配售对象只能选择网下或者网上一种方式进行新股申购，所有参与该只股票网下报价、申购、配售的股票配售对象不再参与网上申购。

3. 对网上单个申购账户设定上限。发行人及其主承销商应当根据发行规模和市场情况，合理设定单一网上申购账户的申购上限，原则上不超过本次网上发行股数的 1‰。

4. 加强新股认购风险提示，提示所有参与人明晰市场风险。发行人及其主承销商应当刊登新股投资风险特别公告，充分揭示一级市场风险，提醒投资者判断投资该公司的可行性。证券经营机构应当采取措施，向投资者提示新股认购风险。

券商、基金公司相关负责人均认为，为了进一步健全机制、提高效率，有必要对新股发行体制进行改革和完善，以适应市场的更大发展。同时，这次新股发行改革也是为了更好地保护投资者的利益。

（二）研究成果

“这些改革措施对于保护中小投资者利益非常有意义。”中信证券副总经理德地立人一再强调。他表示，在询价方面，以往的IPO存在一个现象，承销商在询价的时候，询价对象往往会低报价格，最终确立的询价区间较低，而询价对象在正式发行时又会按照最高价格申购，以增加申购成功的概率。现在改革措施规定询价报价与申购报价应当具有逻辑一致性，以杜绝这种现象出现。

联合证券副总裁、投资银行业务负责人马卫国表示，《关于进一步改革和完善新股发行体制的指导意见（征求意见稿）》体现了更加市场化、更加有利于保护中小投资者利益的取向。针对新股发行体制改革的问题，监管部门此前曾多次召集机构征求意见。此次发布的第一阶段改革措施，体现了市场化这一核心思路，将使一级市场更具效率、更公正、更公平。新股IPO重启后，在短期内会对二级市场带来一定压力。但从长远来看，市场化的发行机制将为二级市场走势奠定良好基础，更有利于股市长远、健康发展。对于新股发行体制改革第一阶段不引入存量发行这一问题，马卫国认为，不宜过分夸大存量发售的作用。他表示，现阶段很多企业都有融资需求，股票市场直接融资功能的发挥刻不容缓，但融资需求迫切的公司应当先发，不是很缺钱或说融资必要性不足的公司可以暂缓。尽管目前我国现阶段的市场条件还不适宜推出存量发行，但马卫国表示，从长远来看，发行体制改革必然包括引入存量发行这一内容，需待市场、制度、法律等条件成熟后，才能引入存量发行。

中央财经大学金融学院教授、证券期货研究所所长贺强则认为，IPO重启在短期将会给股市带来负面冲击，但长期来看对促进股市健康发展有着积极意义。他表示，过去的新股发行制度是不公平的，大资金、大机构成为最大的赢家，对大小限也缺乏解决的办法，应当加以改革。这次的改革无疑对股市的健康发展有着积极意义。对于中国证监会提出对网上单个申购账户将设定上限的办法，他认为限制单个账户申购上限有利于新股发行的进一步市场化，减少不公平现象。申银万国研究所市场研究部副总监钱启敏也表述了相同的观点。他提出，网上网下分开后，从理论上讲，中小投资者将分得更多的“粥”。比如对大家都很看好的公司，机构在网下充分认购后，还会到网上“抢食”份额。但从以往经验看，战略投资者（机构）以参加网下申购为主，网上申购大多为基金和中小散户。因此，他认为中小投资者的“粥”还是会被基金、私募等大资金蚕食，按账户资金大小给散户们一块自留地，对保证中小投资者份额或许会更有效。

也有分析人士阐述了独特的观点。中信建投证券副总经理、研究发展部负责人彭砚苹表示，IPO 重启将对市场走势产生负面影响，影响程度将取决于发行的密度及规模。彭砚苹认为，IPO 重启将带给市场偏负面的预期，一级市场恢复发行会对二级市场资金产生分流作用。新股发行重启将给市场带来压力，不会被投资者当作利好解读。新股发行重启对二级市场影响的大小将取决于新股发行的密度和规模。初期 IPO 重启这一消息对市场在心理层面的影响会比较大，真正重启以后，如果开闸放行的新股盘子较小，在市场流动性充裕的背景下，对二级市场资金的分流作用不会太大。彭砚苹还提到，新股 IPO 重启对上市券商而言是个利好，目前拟上市企业都堵在通道里，不少公司投资银行部门都有 IPO 项目积压，有的公司甚至保荐人都不够用了。新股发行重启后，证券公司的投资银行业务也可以慢慢重新步入正轨。

中信证券研究部执行总经理、首席策略师于军对在市场趋势不太明朗的情况下出台这项政策有些不太理解。他认为，市场上等待存量发行的股份无法估计，如果存量发行此次也重启，市场压力也将无法估计。对于新股发行改革中网上、网下发行分开，于军认为，机构肯定会选择网下发行，毕竟网上发行中签率极低。以后，如果机构不能参加网上发行的话，大机构的损失会大一些。于军称，市场 IPO 的数量是由市场决定的，此次中国证监会在目前这个点位欲重启 IPO，那么一些大项目年内重启的可能性比较大。

七、对国际金融中心建设的研究

（一）研究背景

2009年5月10日，随着国务院通过《关于推进上海加快发展现代服务业和先进制造业、建设国际金融中心和航运中心的意见》（简称《意见》），上海国际金融中心建设迎来了历史性机遇。《意见》明确了上海市加快发展现代服务业和先进制造业、建设国际金融中心和国际航运中心的重要意义和建设目标。这是中央政府第一次具体提出推进上海“两个中心”建设的发展目标、主要任务和政策措施。其中，《意见》用5条、2 000余字阐述了上海国际金融中心建设的总体目标、主要任务和措施。根据《意见》，上海国际金融中心建设的总体目标是：到2020年，基本建成与我国经济实力以及人民币国际地位相适应的国际金融中心。在此背景下，业内纷纷对如何建设国际金融中心献计献策，并就国际金融中心建设对经济和产业发展的影响进行研究。

（二）研究成果

中国金融40人论坛2009年7月专题探讨了中国金融中心建设之路。清华大学经济管理学院教授李稻葵提出，在金融危机蔓延的背景之下，国家战略为打造上海国际金融中心定调，意义非同寻常。其战略深意主要体现在两方面。一方面，美国次贷危机引发了一场全球金融风暴和经济危机，凸显了国家货币的地位，理解了金融体制健康与否、金融机构健康与否对一个国家经济的重要性。越是危机当前，越能显现出金融体系建设的重要性。另一方面，十多年不断推进的金融改革，也让我们尝到了甜头。国有商业银行经过改革创新，目前运行状况和管理水平总体不错，这是保证一系列财政和金融刺激方案以及产业振兴计划顺利推进的重要基础。有了金融业发展的成果，迎难而上、共度时艰也就有了更充足的底气和更强大的信心。所以这时，国家提出加快建设上海国际金融中心非常必要。当前上海市还有不少地方可以探索改革、大胆创新，营造一个更有利于国际金融中心建设的生态环境。例如个人所得税方面，如果能形成更有吸引力的机制，就能吸纳更多高端人才和机构入驻，为实现国家战略赢得更丰富资源。中国人民银行研究局局长张健华认为，上海市是中国最有条件建立国际金融中心的城市。建立国际金融中心不仅是上海市的事情，也是国家的一项战略决策。将上海市建设成为国际金融中心，可以很好地发挥资源配置的作用。建立金融中心目的不仅是发展金融产业支持实体经济发展，更是要以此为契机加快经济结构的转型，扩大服务业在GDP中的比重，以服务贸易、消费拉动经济的增长，而非传统的工业拉动经济增长。国家对上海市建设金融中心应该会有一定的配套政策，明确现有的政策哪些需要突破。上海市是人民币国际结算试点城市之一，该业务正式推出应该会很快。

申银万国证券研究所分析师蒋健蓉、于旭辉提出，《意见》的正式发布，标志着上海市双中心建设进入了加速期。双中心建设对城市经济的影响，香港和新加坡作为亚洲双中心的发展史值得借鉴。金融促进经济发展的路径体现在三个方面：增加资本供给、提高生产效率、优化产业结构。国际经验表明，现代服务业的兴起始于金融的发展。在国际金融中心的建设过程中，金融的快速发展必然带来金融集聚。一方面，产业政策对新兴行业的倾斜以及生成要素成本的上升加速了传统制造业的淘汰或转移；另一方面，金融产业的发展也带动了相关配套产业的兴起，如信息和咨询业。此外，金融以及新兴产业中员工收入的提高，也必将带动相关服务业的发展，如酒店餐饮、消费娱乐、商业贸易、交通旅游以及文教卫生。目前，上海市第三产业占比为53%左右，金融和房地产产值不足17%，与建设成熟的国际金融和航运中心（服务业占比70%以上）相比仍有较大的差距。上海市双中心的建设，无疑将成为开启上海市现代服务业繁荣的金钥匙：金融业聚集，信息咨询配套产业、商业贸易、酒店餐饮、交通旅游等相关服务业也将进一步发展。他们建议，可以从六方面入手积极推动金融聚集。一是加强同管理部门的沟通，积极把握先行先试的优惠政策，工作上尽快形成点的突破，以点带面，活跃全局。二是练好“内功”，通过提升上市公司质量和调整市场的行业结构来夯实证券市场的基础，为资本市场今后的创新和开放创造条件。三是构建逐步清晰的多层次市场体系。四是积极推动金融对外开放和金融创新。五是积极扶持上海市金融机构的发展，推进金融机构和人才的集聚。六是改善政府行政管理机制，既要“扶”，也要适当“放”，优化上海市金融软环境。

光大证券研究所分析师金麟、沈维认为，上海市政府的国际金融中心建设一直受到较大制约，根本原因在于不具备政策制定权，因此只能通过财税政策等手段来吸引机构集聚，效果有限。但获中央政府支持后，上海国际金融中心建设可能从监管环境、市场体系、主体结构、业务产品等多个层面，在包括综合经营、离岸业务、金融衍生品、资产证券化等多个领域展开。由于政府有着相对确定的政策目标和期限（2020 年），在政策支持上也会有对应的时间表。从《意见》来看，国际金融中心建设着力点放在金融市场体系的建设之上，意味着中国金融业脱媒化进程将因此加速。脱媒化将从根本上改变中国银行业的现状。银行功能将从融资中介转为服务中介，经营模式将从分业向混业发展，收入结构中非息收入占比将快速上升。

中银国际宏观分析师程漫江分析了《意见》出台可能对上海市相关产业形成的推动。首先，上海市金融企业可能因此获得更多的政策扶持。预计债券市场、OTC 市场、REITs 以及人民币国际结算等方面的国家试点可能率先在上海市进行。其次，多年来备受争议的长三角港口资源过度竞争的问题可望得到缓解。未来的发展方向可能是以上海市为核心、通过资本运作实现长三角港口资源的一体化。未来上海市作为物流中心服务长三角地区的趋势将更为显著。第三，先进制造业的发展和部分行业的输出。一些高端制造业以及技术的研究开发可能会在上海地区获得政策扶持，可能的方向包括：清洁能源及低能耗发电装备、高效新型交通运输装备、微细精尖为特点的电子制造及通讯设备关键技术、数字化装备和数字化制造技术、极端制造技术、机电产品数字化技术、绿色制造及再制造技术、新材料制造技术等先进制造业共性技术。第四，配套行业可能因为上述政策获得新的机会。这一领域包括城市基础设施的投资建设以及房地产开发等方面。

第二节　2009年证券管理部门组织的行业研究情况

一、中国证监会对证券行业理论研究的组织

中国证监会信息中心于2003年建设的“证券期货市场研究报告数据库”，最初主要收录与管理证券公司的研究报告。根据中国证监会主席尚福林同志“要注重深入调查研究，增强决策的科学性”的指示，该数据库的宗旨转变为：使其成为资本市场监管机构决策的支持系统，成为证券市场与期货市场重大问题与热点问题研究成果共享与研究资源共享的统一平台，提高证券业竞争力。目前该数据库研究报告报送单位有100多家。报送单位扩大为：中国证监会机关及其派出机构，证券、期货交易所，登记结算公司，证券、期货业协会。报告总数已逾万篇，还有若干专著。从2009年入选发布系统的报告情况来看，中国证监会机关及其派出机构的研究报告数据有所减少，内容以上市公司治理、证券监管为主。其他报送机构的研究报告内容较为广泛，包括宏观经济研究、证券市场研究、期货市场研究、基金研究等。

2009年入选发布系统的报告见表8-1。

表8-1　2009年入选发布系统“推荐报告”栏目的主要报告

报告名称	作者	报送单位
对当前我国财政投资政策的效果评估报告	东北证券	东北证券股份有限公司金融与产业研究所
推进辖区市场约束力建设实现资本市场监管机制的转变	岳仁华	福建证监局
关于推进证券投资咨询制度变革的若干思考	李延振、程媛媛	广东证监局
深南电金融衍生品交易的行为分析与启示	李立红、臧学众	广东证监局
中国股市牛熊转换的预警指标研究	赫凤杰	国信证券股份有限公司
上市公司内部制衡机制问题研究	王宏斌	宁夏证监局
证券行业研究：以科学发展观为指导 推进证券业更好地服务经济发展	李建良等	宁夏证监局

续表 1

报告名称	作者	报送单位
关于提高宁夏上市公司质量的调研报告	闫勇等	宁夏证监局
内幕交易调查的难点、解决措施及建议	李建良等	宁夏证监局
新环境下引发客户纠纷经纪业务营销行为特点与监管处置的法律分析	孔兵	陕西证监局
银行基金销售业务现状、风险与防范对策	孔兵等	陕西证监局
新形势下证券经营机构信访投诉事项的特点、成因和监管对策分析	吕锦茹	陕西证监局
陕西证券经营机构经纪业务现状问题与监管对策	王瑞丰	陕西证监局
陕西辖区证券经营机构网上交易现状问题与监管对策研究	张激光	陕西证监局
期货市场百年不遇特大风险的经验与启示：十年磨一剑 更上一层楼	周泽洪、欧阳琛	上海证监局
关于期货公司一线监管中检查制度的思考与建议	欧阳琛	上海证监局
期货公司发展：环境、对策与展望	欧阳琛	上海证监局
衍生品交易所欲为金融市场稳定做贡献	赵蓉	郑州商品交易所
数量化资产配置：宏观经济周期与证券市场的趋势相关性研究	胡倩、张峰	海通证券股份有限公司
数量选股投资策略之一：从大师选股看成长股与价值股的关键因子	娄静、张峰	海通证券股份有限公司
数量化选股投资策略之二：从因素分析看影响股价的关键因子	娄静、丁鲁明	海通证券股份有限公司
数量化选股策略之三：国外成长与价值基金在不同经济周期下的表现	娄静、张峰	海通证券股份有限公司
基本面加权指数优化算法实证研究	单开佳	海通证券股份有限公司
财经观点：管理层不托高房价符合国情民意	肖玉航	河南九鼎德盛投资顾问有限公司
九鼎观点：美国政府难以选择银行国有化	肖玉航	河南九鼎德盛投资顾问有限公司
九鼎观点：中国证券市场需要引入存量股份发行制度	袁延顶	河南九鼎德盛投资顾问有限公司
创业板 IPO 实行注册制的可行性探讨	王立哲	河南九鼎德盛投资顾问有限公司
数量化策略：可交易组合的均线模式识别和择时交易	曹力、徐彪	华泰联合证券有限责任公司
经济研究：全球经济衰退持续 美元指数酝酿反转	王伟娟	鲁证期货经纪有限公司
当前资本市场监管法制建设完善路径新探	孔兵等	陕西证监局
公司治理失效情况下的股东诉讼救济路径选择	胡绍安	陕西证监局

续表2

报告名称	作者	报送单位
兼谈对我国期货交易所发展的启示：解读NYMEX的“忧患意识”	苏依依	上海期货交易所
全球期货市场发展趋势与展望	鲍建平	上海期货交易所
中国石油市场的现状与发展	褚玦海	上海期货交易所
LME衍生品业务的创新及启示	陈建平、吴鹏	上海期货交易所
牛年A股技术测试：凌寒独自开	魏道科、李筱璇	上海申银万国证券研究所有限公司
QDII投资境外市场风险管理与内部控制机制研究	上海证券交易所	上海证券交易所
后股权分置时代的我国上市公司信息披露监管研究	上海证券交易所	上海证券交易所
基金投资行为对证券市场质量的影响	上海证券交易所	上海证券交易所
新股市场化研究	上海证券交易所	上海证券交易所
我国股票发行制度的市场化研究	上海证券交易所	上海证券交易所
QDII相关问题研究报告	上海证券交易所	上海证券交易所
证券投资基金行为对市场质量的影响	上海证券交易所	上海证券交易所
中国存托凭证（CDR）：方案设计与运作	上海证券交易所	上海证券交易所
限售股解禁对市场的影响	上海证券交易所	上海证券交易所
对中国股市和权证市场的经验研究：T+1交易制度与市场效率的研究	边江泽、宿铁	上海证券交易所
流动性风险管理及其决策支持系统研究	上海证券交易所	上海证券交易所
流动性管理决策支持系统研究	上海证券交易所	上海证券交易所
上市公司交叉持股的法律规制研究	蒋学跃	深圳证券交易所
上市公司“分拆上市”法律问题研究	李园园、阙紫康	深圳证券交易所
交易所研究：NYSE Euronext成立NYSE Liffe拓展业务领域	赵蓉	郑州商品交易所
“创造性破坏”铸造市场新格局	赵蓉	郑州商品交易所
股指期货市场投资者结构的国际比较分析及建议	中金所	中国金融期货交易所
美国总统工作小组报告对我国跨市场监管研究的启示	中金所	中国金融期货交易所
丰业银行集团金融衍生产品业务案例：国际综合性金融机构如何参与金融衍生产品业务	中金所	中国金融期货交易所
沪、深300指数成分股调整及其影响研究	中金所	中国金融期货交易所
香港交易所现货市场本周起实施收市竞价交易	中金所	中国金融期货交易所
9 000亿新增贷款提供的信息	银河证券	中国银河证券股份有限公司

续表3

报告名称	作者	报送单位
美国复苏与再投资法案的内容与影响评析	吴旻、胡艳妮	中信建投证券股份有限公司
2009年1月FDI数据点评：基数和假期因素导致增长显著回落	诸健芳等	中信证券股份有限公司
2009年2月美国财政部国际资本流动报告点评：增持策略短期难变 优化措施有望推出	诸健芳等	中信证券股份有限公司
2009年美国没有春天	侯峻	中证期货经纪有限公司
数量化选股策略之四：数量化选股模型实证——相对价值选股	娄静等	海通证券股份有限公司
（九鼎观点）发行制度研究：新股分配机制需保护中小投资者利益	肖玉航	河南九鼎德盛投资顾问有限公司
如何提高企业再融资的效率	郑建芳	河南九鼎德盛投资顾问有限公司
核准制度下如何提高发行效率	郑建芳	河南九鼎德盛投资顾问有限公司
国际主要证券市场新股发行制度的借鉴研究	李学海	河南九鼎德盛投资顾问有限公司
基金研究：海外中国概念投资品种介绍	王雪、何天翔	华泰联合证券有限责任公司
融资融券研究系列之四：基金证券借贷的发展与中国前景	何天翔、宋曦	华泰联合证券有限责任公司
算法交易系列研究之一：追求效率与Alpha的算法交易	罗捷、曹力	华泰联合证券有限责任公司
市场高频数据研究之一：强势股策略能够战胜市场吗？	曹力、王红兵	华泰联合证券有限责任公司
算法交易系列研究之二：被动型算法交易	罗捷、曹传琪	华泰联合证券有限责任公司
机构投资者的投资决策体系研究之一：投资决策体系的国际经验	谢江、曹传琪	华泰联合证券有限责任公司
解析钢材期货中的“期转现”	侯心强	金瑞期货经纪有限公司
稳定发展中国期货市场 应对全球金融危机挑战	鲍建平	上海期货交易所
两房飓风	朱晓燕	上海期货交易所
“大小非”与限售股问题解析	陆一	上海证券交易所
深化证券经纪业务监管把保护投资者合法权益落到实处	邵锡秋	浙江证监局
试析证券机构监管理念的现状和建议	娄丽忠	浙江证监局
浙江辖区期货经纪人执业现状及相关监管对策研究	盛春红等	浙江证监局
从独立董事制度的源起谈独董体制进化构想	林航	浙江证监局
浙江证券交易佣金自律调研报告：国际化视野下浙江证券交易佣金自律问题探究	陈敏、方南	浙江证监局

续表4

报告名称	作者	报送单位
关于辖区上市公司现金分红状况的调研报告	浙江证监局	浙江证监局
新形势下提高上市公司一线监管有效性的思考和建议	蒋潇华等	浙江证监局
浙江辖区“大小非”解禁情况及减持倾向分析	王继翔	浙江证监局
非上市公众公司监管的若干理念、策略与技术问题探析	王继翔等	浙江证监局
进一步完善上市公司重大资产重组停复牌及信息披露制度	齐云、王继翔	浙江证监局
构建上市公司信息披露综合监管体系给投资者一个真实的上市公司	熊莉威	浙江证监局
提高民营上市公司治理有效性对策研究：以浙江民营上市公司为样本	王怀章	浙江证监局
第三方存管模式下证券公司经纪业务监管思路创新初探	张连锋	浙江证监局
为什么 SEC 和 CFTC 合并是一场灾难的五个理由	赵蓉	郑州商品交易所
交易所为 CDS 交易和结算做准备	赵蓉	郑州商品交易所
2009 年股票衍生品市场展望：巨浪中博击	赵蓉	郑州商品交易所
高素质人才是高水平风险管理的保证	赵蓉	郑州商品交易所
宏观策略研究：创业板开闸激发市场热情	陈伟	中国民族证券有限责任公司
2008 年全球衍生品市场纵览	王安清	大连商品交易所
CFTC 限制非商业客户持仓数量政策解读	王安清	大连商品交易所
以储藏手段为切入点发挥资本市场在助推人民币国际化进程中的作用	侯外林、臧学众	广东证监局
大小非解禁压力量化分析：大小非对市场影响实证分析	钟精腾	国海证券有限责任公司
信用债专题研究（一）：国债收益率对信用利差的影响	张旭、皮敏	国信证券股份有限公司
期货研究：股指期货将带动 2009 年中国期货业继续狂奔	雍志强、周健	海通证券股份有限公司
指数分析：分红指标对构造基本面指数的影响	胡倩等	海通证券股份有限公司
风险波动预测之一：风险波动预测模型综述	石建明、单开佳	海通证券股份有限公司
财经评论：房屋销售岂能经常性触犯法律红线	肖玉航	河南九鼎德盛投资顾问有限公司
财经评论：破冰“潜规则”利于资本市场健康发展	肖玉航	河南九鼎德盛投资顾问有限公司

续表 5

报告名称	作者	报送单位
行业配置数量化研究之七：货币周期与行业轮动策略	宋曦、何天翔	华泰联合证券有限责任公司
创新型基金产品研究系列之三：交叉上市的 ETF	王雪、何天翔	华泰联合证券有限责任公司
数量化策略：涨跌幅相关性指标揭示反弹或将持续	曹力	华泰联合证券有限责任公司
指数组合管理专题研究系列之一：指数组合管理系统的设计	曹传琪、罗捷	华泰联合证券有限责任公司
全球经济：国际宏观经济身陷泥淖 商品期货难演独立行情	王伟娟	鲁证期货经纪有限公司
基于 EWMA 模型的沪锌期货波动率计算实证研究	李泽海	上海期货交易所
中国何以能够在几乎没有外资参与的情况下培育期货市场	赵蓉	郑州商品交易所
拉丁美洲交易所渴望全球化	赵蓉	郑州商品交易所
深度研究：创业板推出需要建立几大机制	宋健	中国民族证券有限责任公司
关于福耀玻璃董事长曹德旺先生捐赠股份设立慈善基金会引发的相关问题研究	林锐	福建证监局
控股股东以定向增发方式向上市公司注入资产的规制研究	林锐	福建证监局
财经评论：基金约定收益发行有悖《基金法》	肖玉航	河南九鼎德盛投资顾问有限公司
指数组合专题研究之三：现金头寸对指数组合的影响	曹传琪、罗捷	华泰联合证券有限责任公司
指数组合管理专题研究之四：指数组合的现金管理策略	曹传琪、罗捷	华泰联合证券有限责任公司
市场风险度量：市场风险偏好指数与动荡指数	戴爽、宋曦	华泰联合证券有限责任公司
宏观经济：金融危机扰乱步伐 回归平衡尚需时日	王伟娟	鲁证期货经纪有限公司
宁波辖区证券期货经营机构投资者教育工作现状及改进提高建议	宁波证监局	宁波证监局
现行证券公司分类评价监管特点定位与完善路径探析	孔兵、袁蓓	陕西证监局
有什么方法可以抑制另一场石油泡沫？	赵蓉	郑州商品交易所
世界经济与股市：世界经济进入筑底阶段	王小军	中国民族证券有限责任公司
美国农户利用期货市场及政府推动情况研究	刘岩	大连商品交易所
期货市场对现货价格波动性影响实证分析：以大商所豆油期货品种为例	刘岩、高扬	大连商品交易所
融资融券管理机制及主要交易规则	赵旭	东北证券股份有限公司金融与产业研究所

续表6

报告名称	作者	报送单位
福建东百集团股份有限公司股权激励案例分析：关于我国股权激励制度实施中存在问题的思考	张世增	福建证监局
调查研究（第5期）：完善股东代表诉讼制度 提高上市公司治理水平	郑松山	福建证监局
海南辖区证券期货经营机构反洗钱工作调研报告	林一臻	海南证监局
SWARCH - logistic 石化行业模型：基于多因素回归的 SWARCH 模型在行业配置中运用	胡倩、张峰	海通证券股份有限公司
时事观察：从麦道夫事件看金融理财风险	肖玉航	河南九鼎德盛投资顾问有限公司
ETF 套利交易深度研究系列之二：ETF T +0 日内趋势交易	王红兵	华泰联合证券有限责任公司
ETF 套利交易深度研究系列之三：ETF T +0 日内交易的成本分析	王红兵	华泰联合证券有限责任公司
融资融券研究系列之六：融资融券在产品设计中的运用	联合证券	华泰联合证券有限责任公司
风格轮动指数：风格转换的终极研究	刘湘宁、宋曦	华泰联合证券有限责任公司
分类监管新规的导向、影响及券商运营策略调整	朱有为	华泰证券股份有限公司
吉林辖区证券期货经营机构反洗钱工作情况调查报告：证券期货业反洗钱工作存在的问题及对策研究	吉林证监局	吉林证监局
现货市场对期货交割的影响分析	霍瑞戎	上海期货交易所
浅析美国节能减排政策的现状与趋势	周秋玲	上海期货交易所
申万研究决策参考（第1期）	蒋健蓉	上海申银万国证券研究所有限公司
金融危机对中小企业板上市公司影响分析	陈斌、陈华敏	深圳证券交易所
算法交易：市场发展新趋势	赵蓉	郑州商品交易所
日本交易所面临新挑战	赵蓉	郑州商品交易所
匈牙利、意大利证券结算体系考察报告	中登公司	中国证券登记结算有限责任公司
美国、香港证券市场限制股票卖空浅析	夏峰、吴松青	中国证券登记结算有限责任公司
出席亚太中央证券存管机构组织第十二届年会的报告	中登公司	中国证券登记结算有限责任公司
香港结算对雷曼兄弟破产事件处理始末及其启示	中登公司	中国证券登记结算有限责任公司
中国经济强劲复苏的可持续性研究	吴娜	东北证券股份有限公司金融与产业研究所

续表 7

报告名称	作者	报送单位
重大研究课题：大小非对市场影响实证分析	钟精腾	国海证券有限责任公司
A 股研究：PE 分位点方法看行业配置策略	陈瑞明	海通证券股份有限公司
数量化选股模型：风格轮动模型	郑雅斌、胡倩	海通证券股份有限公司
时事观察：中国新股 IPO 现象影响香港市场	肖玉航	河南九鼎德盛投资顾问有限公司
市场分析：天量缺口后市场如何运行?	肖玉航	河南九鼎德盛投资顾问有限公司
市场观察：大小非减持倍增值得警惕	肖玉航	河南九鼎德盛投资顾问有限公司
超越指数的成长型选股策略：成长 G50 的业绩回顾	谢江、王红兵	华泰联合证券有限责任公司
英国期货市场考察报告	洪珺	上海期货交易所
美国 CTA 立法及其对我国的启示	雷晓冰	上海期货交易所
金融危机改变全球信用衍生品市场的竞争格局	苏依依、罗呈	上海期货交易所
全球主要证券市场有关发行与上市制度分析：从市场现实出发的制度安排	陆一	上海证券交易所
关于上市公司违规担保的几点思考	天津证监局	天津证监局
本次金融危机对辖区证券经营机构监管的启示	田荔琴	福建证监局
第三方存管模式下证券公司账户管理的风险与防范措施	林丹、陈婷	福建证监局
福建期货市场机构投资者现状及潜力分析	李永春	福建证监局
新环境下进一步加强辖区上市公司治理监管工作的研究	林锐	福建证监局
关于打击非法证券活动中收集和固化电子证据的思考	刘亮等	福建证监局
7 月份经济数据解读：复苏态势明显 政策将更加重视科学引导和支持	王伟娟	鲁证期货经纪有限公司
PMI 专题：内需强劲趋势再次压倒季节性	董先安	兴业证券股份有限公司
寻求突破中构建伊斯兰衍生品市场	赵蓉	郑州商品交易所
日本交易所发展对策之探究	赵蓉	郑州商品交易所
期货市场为另一个十年辉煌做好准备	赵蓉	郑州商品交易所
对当前我国财政投资政策的效果评估报告	东北证券	东北证券股份有限公司金融与产业研究所
推进辖区市场约束力建设实现资本市场监管机制的转变	岳仁华	福建证监局

资料来源：中国证监会证券期货市场研究报告数据库。

二、中国证券业协会对证券行业理论研究的组织

中国证券业协会组织了2009年度中国证券业协会年度科研课题研究成果评选，在经历参考选题发布、课题申报和立项、研究成果提交、评审、公示等一系列工作环节后，从106家证券公司、61家基金管理公司、95家证券投资咨询机构、3家金融资产管理公司、5家资信评级机构、18家基金托管（代销）银行、36家地方中国证券业协会和部分科研单位提交的205项研究成果中评选出共7类54项优秀研究成果。这7类包括证券市场运行类（A类）、金融产品创新类（B类）、上市公司类（C类）、证券公司类（D类）、基金公司类（E类）、宏观坏境类（F类）和投资者教育专项课题类（G类）。

中国证券业协会对当前证券研究的工作重点要求各会员单位既要准确把握证券研究的市场需求，也要科学确定证券研究的选题。2009年，中国证券业协会重点组织的研究主要包括以下内容：一是及时跟踪国际金融危机发展动态，加强危机演变趋势、传导路径、传导机制和应对策略研究；二是加强宏观调控政策研究，包括货币政策、财政政策、产业政策调整对资产价格的影响研究，资本市场传导当前经济政策的路径研究，资产价格波动对金融市场、实体经济影响程度和路径研究，资本市场创新促进消费研究；三是加强资本市场的稳定发展研究，包括资本市场系统风险预警技术研究、当前经济政策对直接融资挤出效应的研究、资本市场稳定的政策工具研究、资本市场改革路径研究；四是加强对证券行业改革开放和创新发展研究，包括证券行业压力测试研究、合格投资者制度研究、长期激励机制研究、分类监管政策体系研究。

同时，中国证券业协会也积极探索规范证券研究工作方面的制度机制，提出：一要完善证券研究基本业务的法律制度；二要强化证券研究基本业务的自律机制；三要明确证券研究基本业务产业化扶持政策；四要提升中国证券业协会科研课题研究工作的引导作用。

表 8-2　　“2009 年中国证券业协会科研课题”获奖名单

课题类别	所获奖项	课题项目	作者	报送单位
证券市场运行类	一等奖	创业板市场系统风险预警技术及其应用研究	闻岳春、黄福宁、叶美林	浙商证券有限责任公司
	二等奖	A 股流动性测度和基本面影响因素研究	肖彦明、冯恂、张鹏、李斌、周纪庚	国联证券股份有限公司
		中国股票市场有效性问题研究——实证分析与政策建议	周小全、徐海军、高上、周捷、林豪杰、李建	中原证券股份有限公司、河南财经学院国际经贸关系研究所
	三等奖	信贷资金流入股市规模和途径研究	胡月晓、许瑾	上海证券有限责任公司
		国内分析师预测能反映市场预期吗？——基于 MBE 的市场反应研究	汪辉、曹胜	海通证券股份有限公司、上海财经大学
		内幕交易的预警研究	祖传夫、李戈、李帅、郭晓杰、梁健、周祎	东兴证券股份有限公司
		投资者行为与股市波动性关系研究	胡浩、严高剑、赵文荣、马坚	中信证券股份有限公司
		投资者情绪对股票市场影响研究	史永东、朱萍、甄红线、陈日清、李竹薇、田蕊	东北财经大学应用金融研究中心
金融产品创新类	一等奖	融资融券业务标的证券、可充抵保证金证券实证研究	魏舒明、提云涛、袁英杰	申银万国证券股份有限公司
	二等奖	我国 IPO 市场的询价发行机制研究	张骏、单永志、刘钰善、孟铁柱、顾弘智、查文舜	申银万国证券股份有限公司
		投资者分类制度下的融资融券客户征信研究	万励、夏涛	长江证券股份有限公司
	三等奖	中小企业集合债券信用评级研究	曾江洪、雷黎涛、刘欣、秦宇佳	中南大学
		中国信用交易运作机制研究及建议	梁爽、张彦春、朱婧	中国建银投资证券有限责任公司
		基于 logic 模型的信用债定价	吴国栋、傅浩	东兴证券股份有限公司
		境外结构化产品成败案例分析——来自买方的观点	徐习佳、薛大威、林龙军、潘峤	兴业全球基金管理有限公司
		融资融券业务试点制度研究	刘景德、冯磊	信达证券股份有限公司

续表1

课题类别	所获奖项	课题项目	作者	报送单位
上市公司类	一等奖	上市公司大股东占款的约束机制研究	姚兴涛、李剑峰、郭敏	上海证券有限责任公司
	二等奖	上市公司高管薪酬实证分析	孙永祥、林浚清、战明华、朱承亮、赵月亮、俞天甲	财通证券有限责任公司
		我国上市公司大股东侵占问题研究——表象、实质及演变	胡可果、孙宏英、迟刚、赵小川、马洪丹、张琳	中国证券监督管理委员会辽宁监管局、辽宁大学
	三等奖	上市公司高管薪酬体系的实证分析	袁季、马洪娟、王丽萍、邝贤锋	广州证券有限责任公司、暨南大学、广东轻工职业技术学院
		上市公司资本结构实证	刘喆、黄晓彬、王大力	西南证券股份有限公司
		上市公司股份回购制度研究	毕子男、金晓彤、李敬国、张晓野	东北证券股份有限公司
		高科技上市公司估值方法研究	冯剑	东北证券股份有限公司
		乘数估值在A股市场的有效性研究	张戬、李涛、刘会明、叶丙南、杨洋	中银国际证券有限责任公司
证券公司类	一等奖	证券公司压力测试机制研究	谈伟军、于敬兢、陈代全、胡晔永	申银万国证券股份有限公司
	二等奖	证券公司合规管理制度变迁研究	吴斌、王可、李如虎、肖红建	海通证券股份有限公司
		证券公司压力测试的制度机制研究	张爱民、王博、姚炳书	中原证券股份有限公司
	三等奖	券商净资本监管政策的国际动态比较与国内实施效果分析	曹松涛、林喜鹏	招商证券股份有限公司
		证券公司压力测试研究	李钦、王伟、温渤、谢希、梁钧	中信证券股份有限公司
		从华尔街模式终结看两种投资银行经营机制的比较	蒋健蓉	上海申银万国证券研究所有限公司
		证券控股集团协同机制构建问题研究	成国平、朱有为、宋艳锴、包学诚	华泰证券股份有限公司
		我国证券公司风险评估与预警体系研究	马震亚、杨晟、郑旭斌、石慧、戴欢欢、秦斌	东吴证券有限责任公司

续表2

课题类别	所获奖项	课题项目	作者	报送单位
基金公司类	一等奖	中国机构投资者与市场稳定性研究	陈露、周健、谢琳、张贻军	海通证券有限公司、上海交通大学安泰经济管理学院、厦门大学经济学院
	二等奖	中国私募股权投资基金发展研究	郑德理、欧阳铭、孙路、赵巧敏	广州证券有限责任公司
		房地产信托投资基金（REITs）试点研究	帅晖、王玉亭、谢至超、肖建、陈莺	招商证券股份有限公司
	三等奖	基金公司多元化研究——一个模型框架与海外案例借鉴	薛大威、杨青、潘峤、邵岚卿	兴业全球基金管理有限公司
		我国基金选股择时能力的实证研究与启示	任少华、戴欢欢、张丽丽、方健雯、吴非	东吴证券有限责任公司
		房地产信托投资基金（REITs）试点研究——基于现有法律框架下的设计与运作	张建龙、邢恩泉、郝艳丽	西南证券股份有限公司、北京大学经济学院
		风险量化技术（VaR）在基金投资管理中的应用	曹志刚、章菲、翟云飞	大成基金管理有限公司
		基金经理的业绩持续性研究	姚小军、邱小平、陆靖昶	浙商证券有限责任公司
宏观环境类	一等奖	资产价格波动对实体经济影响机制和影响程度研究	毕劲松、蒋成杰	首创证券有限责任公司
	二等奖	货币政策调整对股票市场价格影响的实证研究	解学成、徐明东、付立春	西南证券股份有限公司
		金融资产价格成为货币政策目标的问题研究	周明剑、钟伟、官皓、张楠、魏胜	太平洋证券股份有限公司、北京师范大学金融研究中心
	三等奖	美元、经济周期和资产周期分析框架及推论	于军、邻峰、刘可、曲晓兴、彭子姮、刘津	中信证券股份有限公司
		中国资产价格波动与实体经济稳定	吕立新、饶明	信达证券股份有限公司
		资本市场创新对消费增长的影响研究	马保明、侯巍、樊廷让、邓晓兰、翟太煌、黄显林	山西证券股份有限公司、西安交通大学经济与金融学院
		产业政策调整影响资产价格的实证研究	黄琳、罗标强、戴欢欢	东吴证券有限责任公司
		金融深化、资本市场发展与产业升级的实证研究	崔秀红、黄仕川、胡海浪、丁小玲	西南证券股份有限公司

续表3

课题类别	所获奖项	课题项目	作者	报送单位
投资者教育专项课题类	一等奖	基于体检概念的投资行为测评——激发投资者主动接受教育的动力	陈晖、姚帅君、马超群	华西证券有限责任公司
	二等奖	投资者非理性行为数量分析与投资者教育方案设计	陈林、王蕴珏、左秀海、康珊、刘俊希、蒋佳良	华宝证券有限责任公司
		投资者教育与券商盈利模式研究	郑云娟、刘英	国信证券股份有限公司
	三等奖	证券市场投资者教育长期规划研究	吕丽华、鲍松柏、张雷	世纪证券有限责任公司
		投资者非理性行为分析与投资者教育	封文丽、刘晓磊	河北经贸大学
		完善投资者教育体系，构筑投资者教育长效机制	李建勇、赵桂萍、刘建洲、蔡世锋、邸永忠、兰文波	广发证券股份有限公司

资料来源：中国证券业协会网站。

三、证券交易所的理论研究和组织

（一）上海证券交易所的理论研究和组织

“上证联合研究计划”于2000年首次推出，以上海证券交易所向证券研究机构发出研究课题的方式，组织证券研究机构对市场重点、热点和前沿问题进行深入研究，其宗旨在于动员和整合社会研究资源，提升中国证券市场的研究水准，促进优秀研究成果的交流，为中国证券市场的健康运作、发展创新服务。目前，“上证联合研究计划”已成功地开展了20期，取得了丰硕的研究成果（见表8－3）。“上证联合研究计划”经过多年的运作，有效加强了上海证券交易所与国内外研究机构之间的合作和沟通，形成了证券市场研究的合力。“上证联合研究计划”参与研究的队伍不断扩大，研究形式和组织方式也在不断完善，成为中国证券市场一个有影响的“智库”，成为中国证券市场研究的一支重要力量。

表 8－3　　2009 年“上证联合研究计划”主要课题

时间	课题名称	作者
2 月	对我国股市“T＋1”交易制度影响的探讨	对外经济贸易大学金融学院、迈阿密大学商学院金融系课题组
11 月	上市公司高管激励制度设计	北京师范大学经管学院课题组
11 月	《上市公司整体上市模式与效果分析》研究报告	复旦大学课题组
12 月	上市公司高管激励制度设计	上海荣正投资咨询有限公司课题组
12 月	《指数跟踪类产品（ETF、ETC 等）创新研究——跨境 ETF》	嘉实基金管理有限公司跨境 ETF 课题组
12 月	合格投资人制度比较研究——基于行为金融、风险管理和系统工程的视角	天津大学管理学院课题组
12 月	境外反向与杠杆型 ETF 研究及我国的创新设想	华夏基金管理有限公司课题组
12 月	ETF 做市商研究	长江证券金融衍生产品部课题组

资料来源：上海证券交易所网站。

（二）深圳证券交易所的理论研究和组织

深圳证券交易所历来都很重视理论研究，于 1997 年 4 月成立了深圳证券交易所综合研究所，设立了中国证券业第一个博士后工作站——深圳证券交易所博士后工作站。综合研究所研究实力雄厚，主要研究我国证券市场综合性、基础性重大课题，取得了一系列高质量的研究成果。1999～2007 年，深圳证券交易所曾举办了 9 届“深圳证券交易所会员单位与基金公司研究成果奖”的评选活动。从 2008 年起，该评选活动暂停，深圳证券交易所的理论研究转向以深圳证券交易所综合研究所和博士后工作站为主的模式。

此外，深圳证券研究所于 1991 年 7 月创办《证券市场导报》，于 1993 年 3 月经国家新闻出版署批准公开发行。《证券市场导报》创刊 19 来，以促进我国证券市场的理性、建设性与创造性为宗旨，始终站在证券理论研究最前沿和实践最前沿，逐步发展成为我国证券研究领域的前沿杂志。

深圳证券交易所 2009 年研究报告见表 8－4。

表 8-4　　深圳证券交易所 2009 年研究报告

日期	报告名称	作者
2009.02.11	上市公司交叉持股的法律规制研究	蒋学跃
2009.05.20	全球互联网上市公司概况分析	肖立见、才静涵
2009.06.18	金融危机对中小企业板上市公司影响分析	陈斌、陈华敏
2009.07.23	农业产业化龙头企业发行上市问题研究	佘坚
2009.09.15	中小企业金融支持体系：理论、证据与公共政策	阙紫康
2009.09.29	NMS 法案对美国证券交易机制与交易系统的影响	许永华

资料来源：深圳证券交易所网站。

第三节　2009 年中国各证券研究机构的发展和研究情况

一、复杂的形势突显宏观研究的重要性

股市是经济的晴雨表，反映了宏观经济基本面的变化。股权分置改革后，2/3 股份不能流通的历史遗留问题终于得到了彻底解决。在全流通的环境下，股市作为经济晴雨表的作用日益得以体现。尤其是在我国经济日益全球化的背景下，2008 年全球金融危机的爆发使宏观经济与股市的关系前所未有的密切。2008 年全球经济的急速衰退，2009 年在世界各国救市政策下经济的蹒跚复苏，期间更是穿插着推出政策、经济二次探底、流动性过剩、通货膨胀等问题的讨论，复杂的经济形势使得宏观成为影响股市最重要的一股力量。

从 21 世纪初，伴随着证券研究方法向基本面的转变，宏观研究的重要性日益突显，宏观对行业的基础和统领地位逐渐确立。在行业与宏观联系日益紧密的今天，“自上而下”的研究和选股策略大行其道。据《新财富》调查，八成分析师对于“宏观研究统领行业分析”的观点表示认同。宏观判断的准确性对于行业和公司研究起到了重要的方向性和基础性作用。如果宏观判断失误，势必影响到对行业和公司前景的判断，也会对机构的业绩产生较大的负面影响。2008 年业绩大幅下滑的基金初尝了宏观失误的苦果，而在 2009 年更为复杂的

宏观经济形势下，那些在宏观研究领域具有优势的证券研究机构则在“新财富”行业评选中斩获颇丰，那些名列前茅的研究团队通常在宏观领域也排名靠前（见表8－5）。

表8－5　　2009年第七届新财富宏观研究和本土最佳团队排名

机构	宏观研究排名	本土最佳研究团队排名
中信证券	1	1
中金公司	2	4
申银万国证券	3	2
安信证券	4	10
光大证券	5	10

资料来源：《新财富》总第104期，2009年12月号。

在我国，对宏观研究颇为重视还有一个重要的原因，那就是在新兴加转轨的背景下，中国经济的发展具有明显的政策导向特征，而中国的股市也还有着“政策市”的影子，尽管这种情况正在慢慢改观。在2009年，中央4万亿元的投资计划、新兴产业以及各区域振兴计划的发布都带起了一轮又一轮的股市投资高峰，各种投资主题总是能与各种宏观调控政策的出台相伴。因此，作为看得见的手的政策对经济和资本市场的发展具有举足轻重的影响。

二、证券公司研究机构全面实现转型

早期证券公司对于经纪业务和自营业务收入过于依赖，受到这种“通道式”盈利模式的影响，早期证券研究部门主要定位于服务证券公司内部其他部门，并且因为无法为证券公司贡献显性盈利而一度被边缘化。而2001年之后，随着证券业垄断格局的打破以及外资投资银行的竞争，国内证券公司开始从“通道服务”向“增值服务”转变，研究业务开始受到重视，并且研究实力逐步成为证券公司着力培育的核心竞争力。各家证券公司开始调整内部组织架构，打破前后台的界限，以整合各业务部门之力协同作战。以前边缘化的研究服务逐步被纳入证券公司的业务流程，对兄弟部门形成有力的支持。

证券公司内部经纪、投资银行及资产管理业务对研究服务的依赖性日益增强的同时，随着基金、社保、商业保险等机构投资者的发展壮大并成为市场主流投资者，大部分有实力的证券公司研究机构的服务对象和业务重点发生了改变，共同基金、社保基金、私募基金、信托公司、财务公司、QFII、商业保险公司等相继成为分析师的服务对象。推出优质研究服务、抢占佣金市场业已成为证券研究机构的主要目标，而这也促使了证券公司研究机构的定位或功能再次发生“对外服务”全方位的转型。如今证券公司的研究机构主要侧重于服务外部机构投资者，并且取得了显性的利润，由原来的成本中心逐渐演变成为利润中心。据《新财富》调查，2004 年当时没有一家机构定位“对外服务”，“内外兼顾，侧重外部”的机构也仅占 13%。而到 2009 年，全部参加“新财富最佳分析师”评选的机构都已经不同程度开展了全面的外向型服务，这其中不乏刚刚转型的中小券商研究机构。

随着研究机构定位的转变，研究部门的价值得以突显，竞争也日趋激烈。在研究覆盖面不断扩大、机构客户的需求多样化的背景下，机构扩容压力大，人才争夺十分激烈。据《新财富》调查，受访的研究机构负责人有九成表示，现时研究所的分析师规模并不能满足服务客户的需求，分析师人才严重不足。未来，各机构无一例外有扩招计划，扩招人数少则 10 人，最多达到 30 人。机构销售作为连接分析师和机构客户的桥梁，是分析师研究观点的传声筒和扩大器，也是客户多样化、专业化需求的反馈者。证券研究机构定位的转变客观上对研究机构的销售规模和能力提出了更高的要求，机构销售规模扩张是近几年证券研究行业的一个显著趋势。这从“新财富最佳销售服务经理”评选可见一斑，2005 年《新财富》首次引入该项评选时，被机构投资者提名的销售被机构投资者提名的销售服务经理仅 76 人，本届评选被提名人数已经增长到 328 人，是 4 年前的 4 倍多。

三、研究机构开始着重研究体系的建立

面对机构客户越来越多样化和专业化的要求，全面转型“对外服务”的证券公司研究机构开始重视研究体系的建立。这是因为各个研究领域之间都存在着有机的联系，如宏观研究是行业和股票研究的基础，如今任何行业的研究都离不开对宏观形势的判断；而行业和股票研究又不得不考虑上中下游的产业链

关系。任何关键指标的预测都因为各种有机的联系而存在勾稽关系。可见，对任何一个方面的研究都需要考虑其相关的领域，否则极有可能出现整体研究观点的不统一，或出现偏差和研究的片面化，影响服务效果。

在研究体系的建立上，有两个方面需要考虑：一是行业的覆盖面要广；二是要建立有机的上中下游研究链。在这两个方面，申银万国证券研究所是业内最早开始进行探索的研究机构。独立法人的体制则更加保证了其研究的独立性，进而对其拓展研究实力提供了更为宽松的条件。申银万国证券研究所完全以对外服务为导向，努力扩大行业研究覆盖面，从而能够获得更大的客户源。经过多年培育和发展，其行业研究覆盖了40多个二级行业，重点覆盖海内外500家上市公司，已成为国内行业覆盖最广、机构客户市场覆盖最全面的研究机构之一。如今，在行业覆盖方面，中金、中信等大型证券公司也奋起直追，建立起了分析师超过上百人、覆盖面广的研究团队。而中小型证券公司也在不遗余力地扩大行业覆盖面。

行业覆盖面广只是研究体系搭建的第一步，而具有更重要意义的则是在各研究领域之间建立起有机的上中下游关系。申银万国证券研究所在这方面进行了有益的探索。2008年11月，申银万国证券研究所在业内率先推出“关键假设表”，构建以此为抓手的研究体系，有效增加了研究所内部各研究部门间的体系协同。经过多年的努力，申银万国证券研究所已经初步实现了从经济、制度、金融市场、各类行业、上市公司和股票、债券、基金、衍生品、到金融产品设计和投资策略等领域的全覆盖，建立了体系化的证券研究链条，其效果也得到了客户的充分认同，并且在基金佣金市场份额上得到了充分的体现。

四、证券研究机构竞争格局基本形成

随着机构投资者队伍的不断壮大，佣金市场这块蛋糕将会越做越大，而如今体现证券公司核心竞争力的研究机构将直接参与搏杀争夺市场份额。经过近20年的发展，国内证券研究机构有望形成梯队式、具有各自领先优势的竞争格局。

处在第一梯队的属于老牌劲旅：以中金、中信、申银万国和国泰君安为代表。这类证券公司拥有较长的发展历史，实力雄厚，长期以来保持研究的优势地位。它们的研究队伍大，研究覆盖面广，研究质量颇受好评，在《新财富》排名屡次取得不菲的成绩（见表8－6）。根据基金年报，在2009年基金佣金市场中，这4家证券公司排名前4，其中申银万国佣金排名第1，依次为中信证券、中金公司和国泰君安。这4家证券公司的分佣都在4亿元、占比都在6%以上，4家机构合计占据了佣金市场的27.31%。

表8－6　2009年第七届新财富本土最佳研究团队

名次	机构	第1名	第2名	第3名	第4名	第5名	总分
1	中信证券	13	3	2	3	4	93
2	申银万国证券	5	4	11	2	2	80
3	招商证券	1	8		2	1	42
4	中金公司	3	3	3	1	2	40
4	国金证券	3	3	2	2	3	40
4	国泰君安证券	2	3	2	2	3	40
7	国信证券		1	5	3	2	27
8	海通证券	1	1		5	1	20
9	华泰联合证券	1	2	1		2	16
10	光大证券	1	1		1	5	16
10	安信证券		1	1	4	1	16

资料来源：《新财富》总第104期，2009年12月号。

处在第二梯队的以海通证券、国信证券、招商证券、安信证券、华泰证券、国金证券、高华证券、银河证券、中信建投、中银证券等证券公司为代表。海通证券、国信证券、招商证券、安信证券发展比较稳定，研究实力在《新财富》中能够排在前10名。在基金佣金市场中，排名也比较靠前，其中海通证券、国信证券、招商证券、安信证券、国金证券和北京高华证券分列第5～第10名（见表8－7）。而在业内一度稳居前10的银河证券、中信建投、中银证券等，则由于同业的快速发展而在2009年被挤到了10名之外，说明第二梯队中的机构竞争较为激烈，格局变化较大。

表 8－7　　2009 年基金佣金分仓排名

机构	佣金总量（万元）	比例（%）	排序
申银万国证券	46 854.97	7.25	1
中信证券	45 444.02	7.04	2
中金公司	43 612.62	6.75	3
国泰君安证券	40 893.27	6.33	4
海通证券	30 697.53	4.75	5
国信证券	29 842.05	4.62	6
招商证券	29 807.76	4.62	7
安信证券	28 037.17	4.34	8
国金证券	24 320.07	3.77	9
北京高华证券	21 928.90	3.40	10
中国银河证券	21 918.60	3.39	11
中信建投证券	21 142.82	3.27	12
中银国际证券	19 747.97	3.06	13
广发证券	17 981.64	2.78	14
长江证券	17 150.81	2.66	15
光大证券	17 008.83	2.63	16
长城证券	15 971.90	2.47	17
东方证券	14 841.98	2.30	18
兴业证券	14 250.34	2.21	19
中国建银投资证券	12 885.31	2.00	20
华泰证券	12 147.18	1.88	21
平安证券	11 335.85	1.76	22
联合证券	9 990.54	1.55	23
瑞银证券	8 459.15	1.31	24
国元证券	8 276.31	1.28	25

资料来源：根据各基金公司年报整理。

处在第三梯队的则属于刚刚转型对外服务的中小型证券公司。这类证券公司规模偏小，带有明显的区域性特征，由于成立时间尚短，或者转型较晚，导致无论在行业覆盖还是研究水平等方面，与大型、老牌的券商差距较大，无法与其抗衡。因此，它们的策略大打“专精牌”，集中资源聚焦优势领域，形成自己的重点行业和研究特色，以提升其品牌和影响力。比如，山西证券研究所凭借优越的地理位置和对省内主要煤炭类上市公司的深入了解，将煤炭开采作为对外服务中主打的特色和优势研究领域。民族证券研究所则以专题化、行业化两大卖点吸引买方，走“精、深、透”之路。在2009年光伏产业前景扑朔之时，民族证券在乐山市邀请了50多家投资机构展开实地调研，并在当地政府支持下，力邀众多光伏企业高层出席，提供了许多第一手材料，使得机构对整个多晶硅产业的形势有了全面的把握，颇受机构青睐，民族证券研究所也因此在新能源研究领域获得了关注。

五、证券公司的理论研究情况

2009年是最复杂的一年。在各国联合出台一系列救市政策下，全球金融危机的阴霾正在慢慢褪去，全球经济正处在复苏的通道之中。然而，经济复苏之路并非一帆风顺，经济刺激政策的后果也开始慢慢显现，流动性过剩导致通货膨胀预期抬头，经济退出政策又引发了经济二次探底的担忧，房地产过热降温难以及天量投资下的调结构难等问题突显。面对复杂的经济形势，市场对证券研究机构和分析师的工作给予了极大关注，世界经济和宏观经济研究仍然统领着证券公司研究的大方向。

2009年证券公司的研究主要围绕宏观和市场热点进行，其中包括危机后我国宏观经济走势及海外经济走势、通货膨胀及房地产过热等问题。2009年也是我国证券市场制度创新的一年，创业板的退出进一步完善了多层次资本市场，市场以及研究部门都给予了极大的关注。表8－8分别列出了申银万国证券研究所、国泰君安证券研究所、中信证券研究所和中国国际金融有限公司的专题研究成果，较有代表性地反映了2009年国内证券研究机构理论研究的方向和热点。

表8－8

申银万国证券研究所	
标题	作者姓名
从政策性增长到内生性复苏	李慧勇
信心落地生根、投资春色无限	李慧勇、孟祥娟
危局初定，静待蜜月	李慧勇、孟祥娟
投资主导复苏，外需姗姗不来	李慧勇
等待出口	李慧勇、孟祥娟

续表 1

标题	作者姓名
扩内需、调结构成工作终点	李慧勇、孟祥娟
再平衡推动中国金融新上升周期	李慧勇、孟祥娟
上海双中心建设——启动现代服务业的金钥匙	于旭辉
世博效应助推上海经济发展	孟祥娟、刘莹
从 NASDAQ 看创业板的投资机会	于旭辉、蒋健蓉
把握创业板在与主板互动中的投资关系	于旭辉、蒋健蓉
识别拐点	贺振华
经济周期与行业轮动	贺振华
美元汇率将结束下跌长周期	刘莹
保八效果初现，紧缩为时尚早	孟祥娟、李慧勇
中西部梦想——区域经济专题	贺振华
G20 峰会标志全球化进入新阶段，具有解决危机的实际意义	刘莹
迪拜债务危机——起点还是终点？	刘莹
美国金融市场复苏进入下半场	刘莹
国泰君安证券研究所	
标题	作者姓名
言退出为时过早，调结构恰逢其实	李迅雷、王虎、吕春杰
明年春色倍还人——中国区域间产业转移专题研究	张林昌、王成
精彩世博，热点纷呈	陈锡伟、许娟娟
通货膨胀预期后的博弈	张晗、王成
寻找中国下一个崛起的区域	李迅雷、汪进
2010 年中国产业发展展望	杨建龙
创业板：十年磨一剑	策略团队
货币现象服从供需关系	李迅雷、王虎、吕春杰
低碳经济与中国可持续增长	谭小雨、汪进
走出 GDP 崇拜，反思中国经济增长的质量	李迅雷、王虎
危机阶段论	张晗、王成
资产价格膨胀未必导致通货膨胀	李迅雷、王虎
中信证券研究所	
标题	作者姓名
你方唱罢我登场——区域振兴中的投资机会	褚建芳、孙稳存
寻找区域增长的高点	褚建芳、孙稳存

续表2

标题	作者姓名
从 PPI 看企业盈利回升趋势	于军、曲晓兴
告别通货紧缩	褚建芳、孙稳存
复苏之路：转型中实现增长	褚建芳、孙稳存
回归正常增长	褚建芳、孙稳存
对通货膨胀的关注已提上日程	褚建芳、孙稳存
政策微调不改复苏趋势	褚建芳、孙稳存
警惕创业板对货币市场利率的冲击	王铭峰、郭沁苗
创业板推出简评	于军
中国国际金融有限公司	
标题	作者姓名
低碳革命——美国经济需要新引擎	刘奥琳、孙淼玲
调结构、促平衡，更好应对国际挑战	哈继铭、沈建光
通货膨胀预期成为事实前，货币难以大幅紧缩	哈继明、邢自强、徐剑
国内外宽松政策短期内不会“退出”	哈继铭、沈建光
中国退出刺激措施为时尚早	哈继铭、沈建光
房地产行业世博、迪斯尼及国企重组下的投资机会	白宏纬
布局低碳经济，构建绿色组合	曾令波、朱亚峰徐继强
首批创业板公司价值初探	曾令波、徐继强
低碳革命、低碳股	曾令波
激活民间投资以促内需、调结构	哈继明、沈建光、刘奥林、邢自强
世博会有望提振 2010 年上海消费市场	郭海燕、浅炳

资料来源：维赛特。

第九章　2009 年国际证券业发展报告

第一节　2009 年国际证券业发展概况

一、全球经济增长概况

2009 年，在经历严重的全球衰退之后，由于广泛的公共干预支持了需求并降低了金融市场的不稳定性和系统性风险，经济增长正在进入比预期更为强劲的复苏，但是各地区的复苏速度不尽相同。继发生近代历史上最严重的全球衰退之后，经济增长已稳固下来，并且该趋势在 2009 年下半年延伸到先进经济体。

总体来看，全球各经济体实际 GDP 在 2009 年开始逐步恢复（见图 9－1）。2009 年 4 季度同比数据更清楚表明经济活动正在复苏。

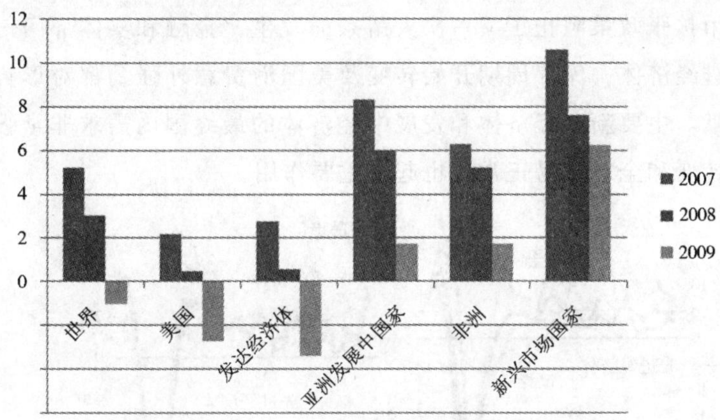

图9-1　各主要经济体实际GDP增长

资料来源：《世界经济展望》数据库。

在先进经济体中，前所未有的公共干预已使经济活动稳定，甚至促使若干经济体恢复适度增长。在新兴经济体中，2010年实际GDP增长预计将从2009年的1.75%达到近5%（见图9-2）。在亚洲经济复苏带动下，新兴和发展中经济体普遍走在了复苏的前列。近期初级商品价格反弹以及支持性政策对许多新兴和发展中经济体起到帮助作用。此次反弹的触发因素是先进经济体和许多新兴经济体所采取的强有力公共政策，这些政策支持了需求，也消除了对全球性衰退的担心。

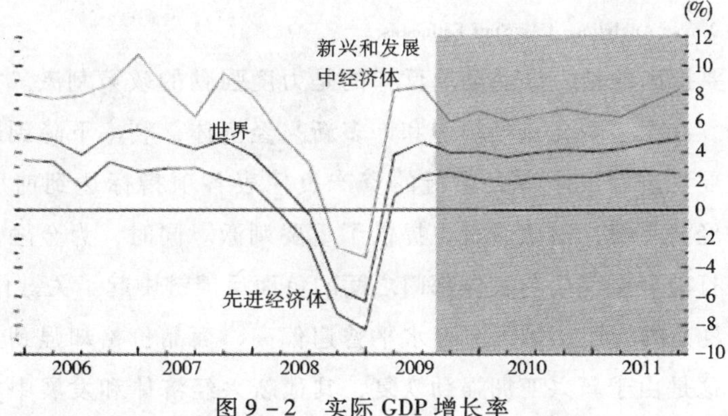

图9-2　实际GDP增长率

资料来源：IMF Staff Estimates。

2009年下半年，全球生产和贸易得以恢复（见图9-3）。各国纷纷采取的财政及货币扩张政策阻止了又一次大萧条的发生，金融和实体部门信心强劲反弹。在先进经济体，库存周期开始转变及美国消费意外强劲都对形势发展做出了积极贡献。主要新兴经济体和发展中经济体的最终国内需求非常强劲，当然库存周期转变和全球贸易正常化也起了重要作用。

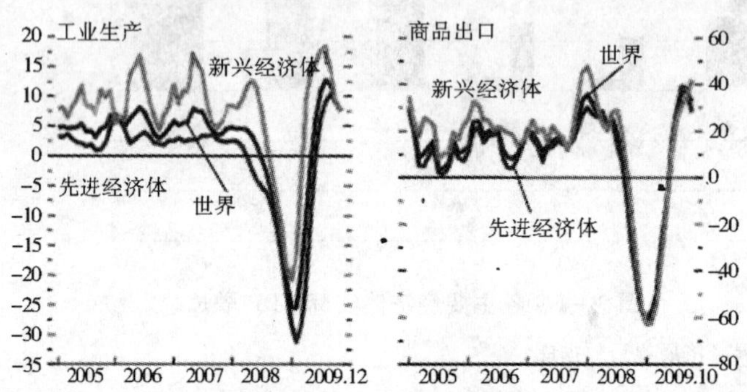

来源：Haver Analytics 以及基金组织工作人员的计算。

注：新兴经济体包括：阿根廷、巴西、保加利亚、智利、中国、哥伦比亚、爱沙尼亚、匈牙利、印度、印度尼西亚、拉脱维亚、立陶宛、马来西亚、墨西哥、巴基斯坦、秘鲁、菲律宾、波兰、罗马尼业、俄罗斯、斯洛代克共和国、南非、泰国、土耳其、乌克兰和委内瑞拉。

先进经济体包括：澳大利亚、加拿大、捷克共和国、丹麦、欧元区、中国香港特区、以色列、日本、韩国、新西兰、挪威、新加坡、瑞典、瑞士、中国台湾省、英国和美国。

图 9－3　全球工业生产与商品贸易增长

资料来源：Haver Analytics；IMF Staff Estimates。

特别需要指出的是，推动全球反弹的是力度强劲的政策刺激。货币政策一直非常宽松，在大多数先进经济体和许多新兴经济体，利率下降到历史最低水平，一些主要先进经济体中央银行的资产负债表各项指标达到前所未有的水平。为对付经济下滑，财政政策也提供了重要刺激。同时，为金融部门提供的公共支持在打破金融部门与实体部门之间的负面反馈链中起了关键作用。

在经济复苏的初期，尽管库存水平普遍偏高，商品价格却强劲上扬。在很大程度上，这是由于新兴亚洲强劲恢复，其他新兴经济体和发展中经济体也开始恢复，全球金融条件得以改善（见表 9－1）。随着来自新兴经济体的强劲需求，预计商品价格将进一步上升。但鉴于目前库存指数依然偏高，价格上涨压力趋于温和。

表 9-1　　全球经济展望　　（单位:%）

年份	2008	2009	2010 展望	2011 展望
全球产出增长率	3.0	-0.8	3.9	4.3
发达经济体	0.5	-3.2	2.1	2.4
美国	0.4	-2.5	2.7	2.4
欧元区	0.6	-3.9	1.0	1.6
德国	1.2	-4.8	1.5	1.9
法国	0.3	-2.3	1.4	1.7
意大利	-1.0	-4.8	1.0	1.3
西班牙	0.9	-3.6	-0.6	0.9
日本	-1.2	-5.3	1.7	2.2
英国	0.5	-4.8	1.3	2.7
加拿大	0.4	-2.6	2.6	3.6
其他发达经济体	1.7	-1.3	3.3	3.6
亚洲新兴工业化经济体	1.7	-1.2	4.8	4.7
新兴发展中经济体	6.1	2.1	6.0	6.3
非洲	5.2	1.9	4.3	5.4
撒哈拉以南	5.6	1.6	4.3	5.5
中欧和东欧	3.1	-4.3	2.0	3.7
独联体	5.5	-7.5	3.8	4.0
俄罗斯	5.6	-9.0	3.6	3.4
俄罗斯以外	5.3	-3.9	4.3	5.1
亚洲发展中国家	7.9	6.5	8.4	8.4
中国	9.6	8.7	10.0	9.7
印度	7.3	5.6	7.7	7.8
东盟	4.7	1.3	4.7	5.3
中东	5.3	2.2	4.5	4.8
西半球	4.2	-2.3	3.7	3.8
巴西	5.1	-0.4	4.7	3.7
墨西哥	1.3	-6.8	4.0	4.7
欧盟	1.0	-4.0	1.0	1.9
全球进出口额（商品及服务）	2.8	-12.3	5.8	6.3
石油价格（美元）	36.4	-36.1	22.6	7.9
发达经济体 CPI	3.4	0.1	1.3	1.5
新兴经济体 CPI	9.2	5.2	6.2	4.6

资料来源：IMF。

二、全球证券业概况

（一）全球上市公司数量

美洲地区交易所上市公司数量自2003年以来首次出现下降，目前已为10 387家，同比降幅高达11.90%；欧洲、非洲及中东地区连续第二年下降，目前为13 703家；而亚太地区保持小幅增长，上市公司数量已增至20 901家，成为融资需求最为活跃的板块（见图9－4）。

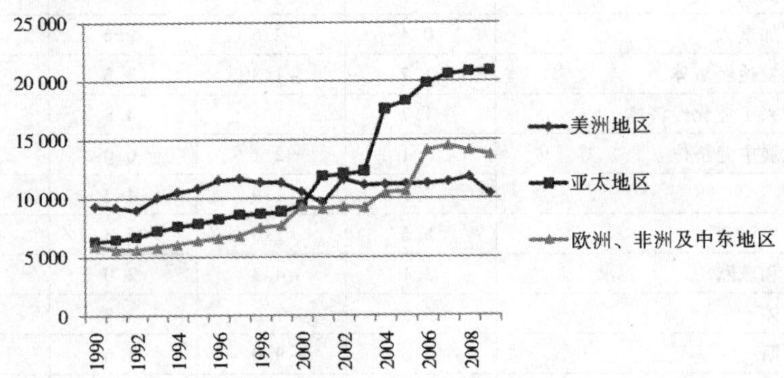

图9－4　1990～2008年全球主要地区交易所上市公司数量增长情况

资料来源：WFE。

（二）股票市值

2009年全球股票市值最大的5家交易所分别是纽约泛欧交易所集团（美国）（NYSE Euronext，U.S.）、东京证券交易所（TSE）、纳斯达克OMX（NASDAQ OMX）、纽约泛欧交易所集团（欧洲）（NYSE Euronext，Europe）和伦敦证券交易所（LSE）（见表9－2、图9－5和图9－6）。

表 9－2　　　　　2008～2009 年按市值排名的前十大交易所

	交易所	2009 年年末（10 亿美元）	2008 年年末（10 亿美元）	变化率（以美元计价,%）	变化率（以当地货币计价,%）
1	纽约泛欧交易所集团（美国）	11 838	9 209	28. 5	28. 5
2	东京证券交易所	3 306	3 116	6. 1	8. 6
3	纳斯达克 OMX（美国）	3 239	2 249	44. 0	44. 0
4	纽约泛欧交易所集团（欧洲）	2 869	2 102	36. 5	32. 6
5	伦敦证券交易所	2 796	1 868	49. 7	34. 4
6	上海证券交易所	2 705	1 425	89. 8	89. 9
7	香港交易所	2 305	1 329	73. 4	73. 6
8	多伦多证券交易所	1 608	1 033	55. 7	34. 2
9	巴西证券期货交易所	1 337	592	125. 8	69. 7
10	孟买证券交易所	1 306	647	101. 9	93. 3

资料来源：WFE。

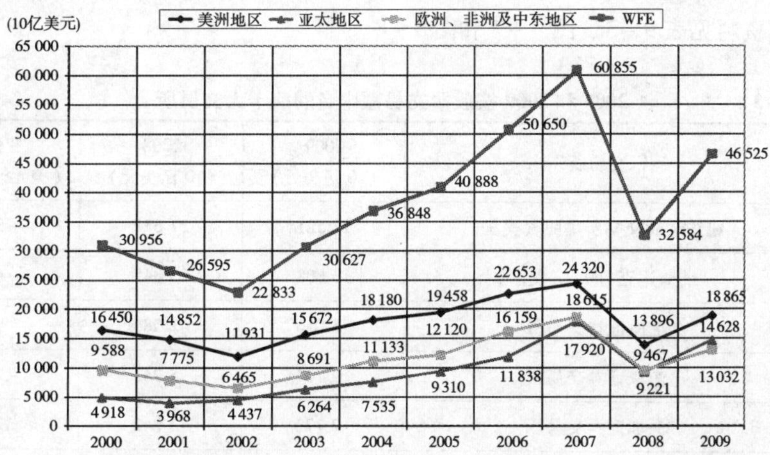

WFE	30 956	26 595	22 833	30 627	36 848	40 888	50 650	60 855	32 584	46 525

图 9－5　2000～2009 年股票市值变化

注：从 2003 年起，对于一些交易所数据进行了更新，对全球贸易值的图片进行了微改。WFE 成员在此期间增加，特别是 2002 年接纳为会员国的上海证券交易所、深圳证券交易所、孟买证券交易所和印度 NSE 交易所。历史系列没有进行调整。

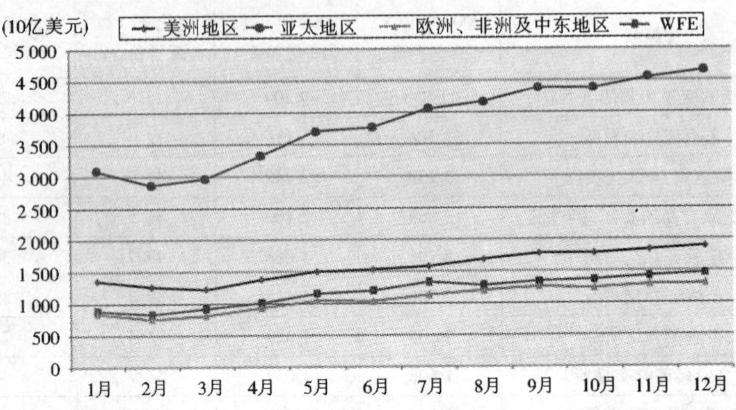

图9－6　2009 年全球主要地区逐月股票市值变化趋势

（三）股票交易价值

根据资料见表9－3、图9－7和图9－8。

表9－3　**2008 和 2009 按股票交易额排名的前十大交易所**

	交易所	2009（10 亿美元）	2008（10 亿美元）	变化率（美元计价，%）
1	纽约泛欧交易所集团（美国）	17 521	27 651	－36.6
2	纳斯达克 OMX（美国）	13 608	23 845	－42.9
3	上海证券交易所	5 056	2 584	95.7
4	东京证券交易所	3 704	5 243	－29.4
5	深圳证券交易所	2 772	1 242	123.2
6	纽约泛欧交易所集团（欧洲）	1 935	3 837	－49.6
7	伦敦证券交易所	1 772	3 844	－53.9
8	韩国交易所	1 570	1 435	9.4
9	德意志交易所集团	1 516	3 148	－51.8
10	香港交易所	1 416	1 562	－9.3

资料来源：WFE。

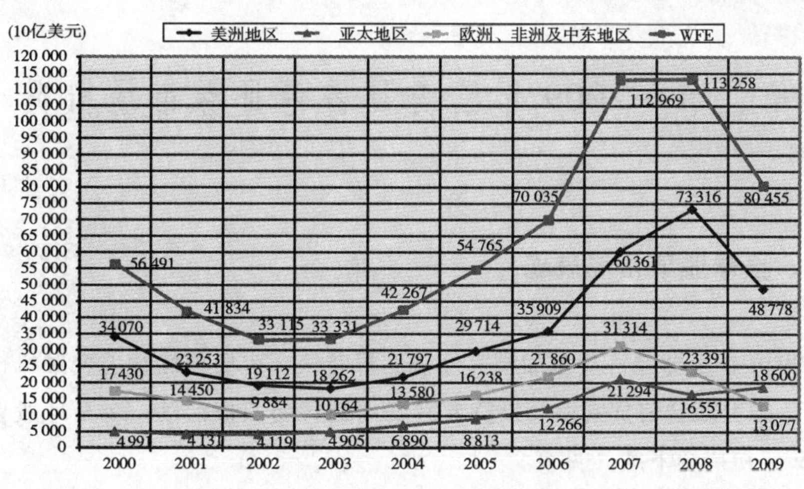

WFE	56 491	41 834	33 115	33 331	42 267	54 765	70 035	112 969	113 258	80 455

图 9-7　股票交易每股价值变化

注：对 2007 之后的纳斯达克 OMX 和纽约泛欧交易所集团（美国）数据进行了更新，对近年全球贸易值图片进行了少许修改。

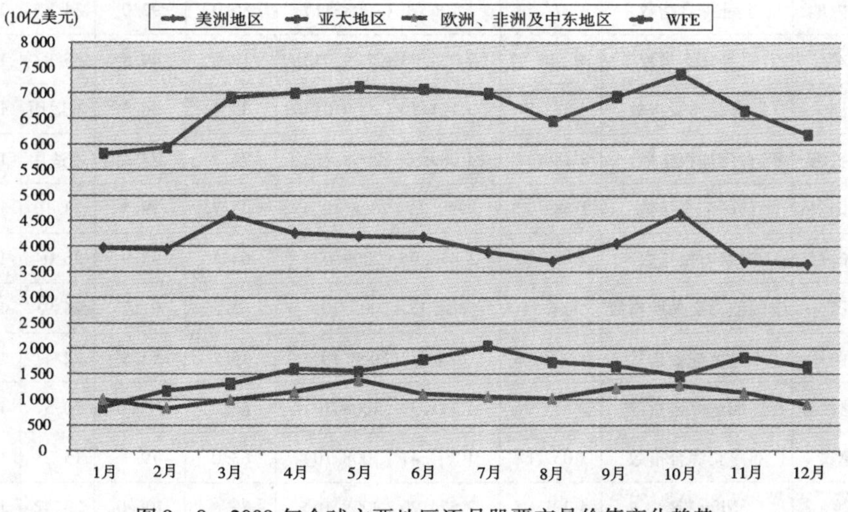

图 9-8　2009 年全球主要地区逐月股票交易价值变化趋势

资料来源：WFE。

第二节　2009年欧美及香港证券市场概况

一、全球股票市场表现

2009年，全球经济危机加剧，经济前景暗淡，市场担忧欧美金融机构的财政状况，加上随着信贷紧缩及投资者撤资而进行的减债活动，令全球股票市场于2009年初持续下跌（见表9－4）。

表9－4　主要股票市场的表现

		指数水平		百分率变幅（%）		市盈率	
		2009年年底	2008年以来的最低位	与2008年年底相比	与最低位相比	2009年年底	2008年6月底
中国香港	恒生指数	21 872. 50	11 015. 84（2008. 10）	52. 0	98. 6	22. 87	13. 43
	恒生中国企业指数	12 794. 13	4 990. 08（2008. 10）	62. 1	156. 4	20. 48	15. 43
中国内地	上证综合指数	3 277. 14	1 706. 70（2008. 11）	80. 0	92. 0	34. 80	21. 36
日本	日经225指数	10 546. 44	7 054. 98（2009. 03）	19. 0	49. 5	35. 82	15. 95
澳洲	所有普通股指数	4 882. 70	3 111. 70（2009. 03）	33. 4	56. 9	不适用	13. 93
中国台湾	台湾加权指数	8 188. 11	4 089. 93（2008. 11）	78. 3	100. 2	不适用	12. 74
韩国	韩国综合指数	1 682. 77	938. 75（2008. 10）	49. 7	79. 3	23. 10	13. 00
新加坡	海峡时报指数	2 897. 62	1 456. 95（2009. 03）	64. 5	98. 9	26. 04	10. 70
泰国	泰国证券交易所指数	734. 54	384. 15（2008. 10）	63. 2	91. 2	26. 91	13. 00
马来西亚	吉隆坡综合指数	1 272. 78	829. 41（2008. 10）	45. 2	53. 5	22. 41	12. 75
印度尼西亚	雅加达综合指数	2 534. 36	1 111. 39（2008. 10）	87. 0	128. 0	30. 57	14. 96
菲律宾	菲律宾综合指数	3 052. 68	1 704. 41（2008. 10）	63. 0	79. 1	15. 28	10. 89
印度	Nifty指数	5 201. 05	2 524. 20（2008. 10）	75. 8	106. 0	23. 42	13. 94
越南	VN指数	494. 77	235. 50（2009. 02）	56. 8	110. 1	16. 05	不适用

续表

		指数水平		百分率变幅（%）		市盈率	
		2009 年年底	2008 年以来的最低位	与 2008 年年底相比	与最低位相比	2009 年年底	2008 年 6 月底
MSCI 亚太（日本除外）（美元）		416.54	200.36（2008.11）	68.4	107.9	30.78	13.51
美国	道琼斯指数	10 428.05	6 547.05（2009.03）	18.8	59.3	16.24	14.33
	纳斯达克指数	2 269.15	1 268.64（2009.03）	43.9	78.9	44.53	34.64
	标准普尔 500 指数	1 115.10	676.53（2009.03）	23.5	64.8	24.28	21.20
英国	富时 100 指数	5 412.88	3 512.09（2009.03）	22.1	54.1	61.47	11.18
德国	DAX 指数	5 957.43	3 666.41（2009.03）	23.8	62.5	60.24	12.06
法国	CAC 指数	3 936.33	2 519.29（2009.03）	22.3	56.2	16.70	11.23

资料来源：彭博。

面对这场危机，大部分政府及中央银行纷纷推出多项刺激经济措施，以稳定金融市场并刺激经济。2009 年 3 月初，各主要基准指数较 2008 年年底的水平低 2% ~25%。各国中央银行透过减息、向银行体系注资及采取宽松的货币政策，刺激国内的经济，并对金融机构提供支持。鉴于复苏迹象提早出现，投资者憧憬经济前景及企业盈利逐步改善，环球股票市场亦随此乐观情绪而上涨。截至 2009 年底，各主要基准指数较 2008 年年底的水平上升 19% ~ 87%。

2009 年年底，迪拜政府寻求重组迪拜世界及其附属公司棕榈岛集团(Nakheel)的债务，并提出延迟偿还债项 6 个月，令部分投资者关注杜拜世界的债权银行如汇丰及渣打银行等的财务状况会受到波及，环球股票市场应声下跌。其后，阿布扎比政府宣布一项 100 亿美元的拯救计划，股市随即回升。

二、美国市场

市场对经济前景感到悲观，加上忧虑金融机构资金短缺及美国汽车制造商破产，令欧美市场于 2009 年年初跌至低位。其后由于企业盈利及经济数据改善，全球经济前景转趋乐观，市场随之大幅反弹，收复之前失地。与 2008 年年底的水平相比，截至 2009 年年底，道琼斯指数升 19%，纳斯达克指数升 44%（见图 9 -9），标普 500 指数升 24%。

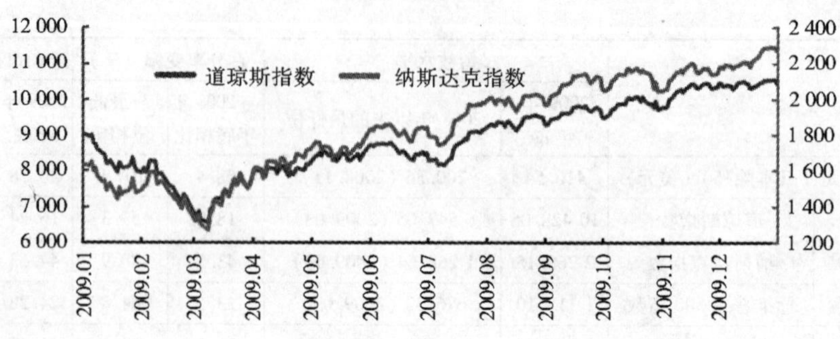

图 9－9　道琼斯指数及纳斯达克指数表现

数据来源：彭博。

尽管出现复苏迹象，但由于经济数据不一致，显示美国的经济前景仍然不明朗。在 2009 年第 3 季度，美国本地生产总值按季增长 2.2%，结束长达 4 个季度的经济收缩期，但本地生产总值仍较 2008 年第 3 季度的数字低 2.6%。2009 年 10 月，美国失业率创 26 年新高，达 10.2%。美国联邦储备委员会在 12 月重申将继续维持低息环境及宽松的货币政策，直至经济平稳增长。

自 20 世纪 70 年代起，美国已经历过 4 次严重经济衰退，失业率亦曾 4 次见顶。根据过往经验，美国联邦储备委员会平均于失业率见顶的 13 个月后，开始调升联邦基金目标利率。以此推论，在目前经济衰退的情况下，若失业率于 2009 年年底或 2010 年年初见顶，联邦基金目标利率便会于 2010 年年底或 2011 年年初调升。然而，市场亦忧虑现时宽松货币政策及前所未见的低利率，可能会导致另一资产泡沫出现。因此，美国联邦储备委员会实际加息的时间可能会早于预期，以防出现资产价格泡沫。

三、欧美市场

欧美市场于 2009 年 3 月从低位反弹。截至 2009 年年底，富时指数及 CAC 指数较 2008 年年底上升 22%，DAX 指数则上升 24%。

美国市场下挫，加上出口减少，亚洲股市于 2009 年第 1 季度亦跟随下跌，但其后在全球经济复苏的憧憬下大幅反弹。亚洲市场于 2009 年回升，在此期间的升幅由日本的19%至印度尼西亚的87%不等。

澳洲及挪威因经济持续好转，成为金融危机爆发后最早加息的国家。自2009年10月起，澳洲储备银行将基准利率提升共75基点至3.75%，挪威中央银行亦已将基准利率提升共50基点至1.75%。澳洲及挪威都是资源充裕的国家，同样因商品价格上涨而加息。然而，两国的做法亦加深了市场的忧虑，各国政府可能于2010年开始陆续撤回刺激经济措施及采取货币紧缩政策，拖慢全球经济复苏的步伐。

四、香港证券市场

2009年年初，环球经济前景不明朗，加上市场忧虑美国金融机构的财政状况，令香港市场的投资情绪受到影响。由于市场对汇丰控股的供股计划存在忧虑，恒生指数在3月9日下挫至11344点的低位，而汇丰股价当日一度跌至33元，是10年以来的最低水平，但其后股价在2009年年底除权后强劲反弹，回升至89.4元的水平。

然而，随着市场对全球经济前景转趋乐观，加上内地推出更多刺激经济方案及企业盈利改善，香港市场自2009年3月下旬起大幅反弹。大量资金流入亦带动香港股市上扬；地产股随着豪宅价格急升更跑赢基准指数的表现。恒生指数创下16个月以来的新高，一度突破23000点水平。截至2009年年底，恒生指数较2008年底上升52%，而国企指数则上涨62%。

港股在2009年上半年交投淡静，下半年则因市场气氛转好及热钱流入而交投畅旺。港股平均每日成交额为620亿港元，较2008年低14%，较2007年则减少29%（见表9-5）。内地股票仍然是交投最活跃的股票，占市场总成交的46%。相比之下，恒生指数成分股（H股及红筹股除外）约占市场总成交的13%。

表 9－4 每日平均成交额 （单位：10 亿港元）

	2009	2008	2007	相对于以下期间的百分率变幅（%）	
				2008	2007
恒生指数成分股（H 股及红筹股除外）	7.9（13%）	11.2（16%）	12.1（14%）	－29.46	－34.71
内地股票	28.6（46%）	34.4（48%）	42.7（48%）	－16.86	－33.02
H 股	20.8（33%）	25.1（35%）	31.6（36%）	－17.13	－34.18
红筹股	7.8（12%）	9.3（13%）	11.1（13%）	－16.13	－29.73
衍生权证	6.6（11%）	14.0（19%）	19.1（22%）	－52.96	－65.45
牛熊证	6.7（11%）	4.2（6%）	0.3（0.4%）	+59.52	+2 133.33
其他	12.5（20%）	8.2（11%）	13.9（16%）	+52.44	－10.07
市场总计	62.7（100%）	72.0（100%）	88.1（100%）	－13.47	－29.28

资料来源：香港交易所。

恒生指数单日波幅在 2009 年收窄至平均 2% 的水平（2008 年为 2.7%，而 1998 年则为 2.8%）。恒生指数期权的引伸波幅亦稳步下跌，于 2009 年底约为 23.6%。

与现货市场的情况一样，期货产品于 2009 年的成交量亦下跌（见表 9－6）。在期货产品中，恒生指数期货合约仍然是交投最活跃的产品，几乎占所有期货交易的一半。与 2008 年相比，恒生指数期货的平均每日成交量下降 6%。恒生国企指数期货的交投活跃程度仅次于恒生指数期货，占所有期货交易约 1/3。恒生国企指数期货的成交量亦下跌 16%。截至 2009 年年底，恒生指数期货未平仓合约有 68 456 张，恒生国企指数期货未平仓合约则有 74 324 张。

期权市场的成交量在 2009 年轻微下跌。股票期权仍是交投最活跃的期权产品，但成交量较 2008 年下跌 15%，而恒生指数及恒生国企指数期权产品的成交量却有所增加（见表 9－5）。

表 9－5　按产品类别划分的衍生工具平均每日成交量（合约张数）（单位：张）

		2009 年	2008 年	2007 年
期货	恒生指数期货	83 750	89 368	70 045
	小型恒生指数期货	37 494	32 761	17 657
	恒生国企指数期货	50 077	59 428	44 271
	小型恒生国企指数期货	3 232	1 726	–
	股票期货	1 098	1 058	1 435
	3 个月港元利率期货	10	98	129
	黄金期货	27	62	–
	其他期货产品	1	4	34
期货总和		175 689	184 505	133 571
期权	恒生指数期权	21 686	15 723	30 531
	小型恒生指数期权	1 158	646	284
	恒生国企指数期权	7 924	6 642	7 052
	股票期权	191 676	225 074	187 686
	其他期权产品	0	2	6
期权总和		222 444	248 087	225 559
期货、期权总和		398 133	432 592	359 130

数据来源：香港交易所。

第三节　2009 年国际投资银行业务发展概况

一、全球股票发行活动

随着全球经济的逐步回暖，2009 年全球股票及关联证券市场发行量较 2008 年有显著增长，达到 8 666 亿美元（见图 9－10）。2009 年全球共有 3 898 单股票及关联证券发行案例，其中再融资为 3 068 单，IPO 为 525 单，可转换债券融资为305单。2009年金融行业融资额为3 139亿美元，较2008年增长39.20%，依然排名各行业融资之首。

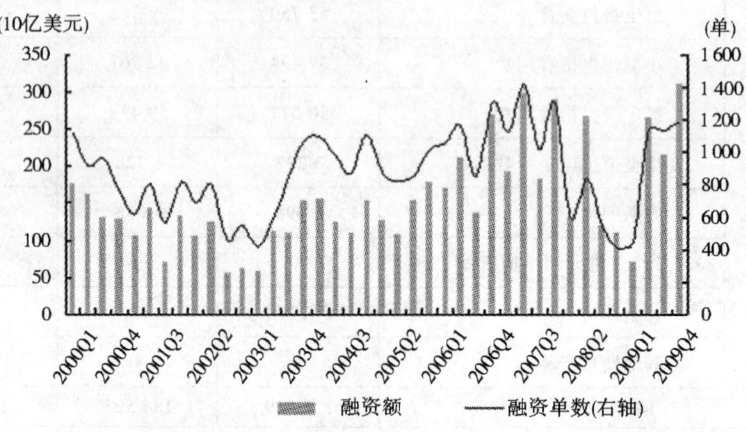

图9－10　全球股票及相关类证券融资额和融资单数

数据来源：Thomson Reuters。

从发行结构看，全球股票及关联证券市场仍然以再融资为主，2009年发行量为6 575亿美元，占股票及关联市场发行总量75.87%，较2008年同比增长了51.69%。IPO的发行量为1 141亿美元，占股票及关联市场发行总量的13.16%，较2008年增长了20.95%；可转换债券的发行量为950亿美元，占股票及关联市场发行总量的10.97%，延续了上一年度的减少趋势（见表9－6）。

表9－6　　全球股票及相关证券融资的结构分布

融资分类	2009年		2008年		2009/2008增长率（%）
	融资额（含超额配售）（百万美元）	融资单数	融资额（含超额配售）（百万美元）	融资单数	
IPO	114 090.53	525	94 332.37	579	20.95
再融资	657 493.50	3 068	433 442.52	1 556	51.69
可转换债券	95 041.93	305	104 606.12	223	-9.14
合计	866 625.96	3 898	632 381.01	2 358	37.04

数据来源：Thomson Reuters。

从全球股票发行市场看，欧洲、中东以及非洲地区（EMEA）在2009年的股票相关融资量为2 663亿美元，超过了2008年排名首位的美国，占据第1名

（见表9－7）。美国市场2009年股票相关融资量为2 501亿美元，排名第2。亚太地区以1 625亿美元的融资量排名第3。2009年融资量较2008年有显著增长的分别是亚太地区和日本，同比增长率分别为105.71%和325.42%。除日本外，全球主要发行市场的融资单数在2009年均有显著增加。

表9－7　全球股票融资的主要区域分布

区域	2009年		2008年		2009/2008 增长率（%）
	融资额（含超额配售）（百万美元）	融资单数	融资额（含超额配售）（百万美元）	融资单数	
EMEA	266 286.25	927	216 084.22	759	23.23
美国	250 077.12	746	237 906.48	374	5.12
亚太地区	162 452.39	1 182	78 970.42	561	105.71
日本	64 292.41	90	15 112.78	92	325.42
澳大利亚	59 354.59	585	40 066.83	386	48.14
拉丁美洲	32 157.80	44	24 240.42	24	32.66
其他市场	32 005.40	324	19 999.86	162	60.03
合计	866 625.96	3 898	632 381.01	2 358	37.04

数据来源：Thomson Reuters。

2009年全球股票发行前十大承销商累计承销金额占总融资金额的比例为61.25%，平均费率为1.58%，比2008年2.42%的费率有显著下降（见表9－8）。JP摩根以1 043亿美元的承销额位列第1，市场份额为12.03%；高盛则延续了2008年排名第2的位置，承销金额为833亿美元，市场份额为9.62%。美国投资银行依然在全球股票融资前十大承销商排名中占据了半壁江山。

表9－8　2009年全球股票融资中投资银行的市场份额及排名

投资银行名称	承销金额（含超额配售）（百万美元）	市场份额（%）	融资单数	承销费（百万美元）	承销费率（%）
JP摩根	104 258.13	12.03	391	1 433.80	1.38
高盛	83 341.29	9.62	263	1 077.50	1.29
摩根士丹利	66 998.22	7.73	283	893.50	1.33
瑞银	56 033.80	6.47	265	905.00	1.62
美银－美林	51 812.92	5.98	303	674.80	1.30
瑞士信贷	50 703.26	5.85	216	717.10	1.41
德意志银行	39 522.82	4.56	200	572.80	1.45
花旗	37 141.31	4.29	253	456.10	1.23

续表

投资银行名称	承销金额（含超额配售）（百万美元）	市场份额（%）	融资单数	承销费（百万美元）	承销费率（%）
野村证券	26 264. 50	3. 03	71	471. 30	1. 79
苏格兰皇家银行	14 628. 29	1. 69	112	387. 10	2. 65
前 10 家合计	530 704. 54	61. 25	2 357	7 589. 00	1. 58
全球合计	866 625. 96	100. 00	3 898	13 542. 26	1. 56

数据来源：Thomson Reuters。

（一）美国股票市场发行情况

2009 年美国股票市场融资单数较 2008 年有显著增长，从 374 单上升至 746 单，总融资额仅增加 5. 12%，显示出平均融资规模的下降。2009 年 IPO 融资额为 167 亿美元，比 2008 年的 264 亿美元下降 36. 74%，美国保险数据供应商 Verisk Analytics 成为 2009 年美国市场最大的 IPO 发行人，但发行规模仅为 22 亿美元，远低于 2008 年 VISA 卡 197 亿美元的 IPO 发行量。

金融行业依然是最活跃的融资行业，占总融资额的 39. 76%；其次是能源和电力行业，占总融资额的 10. 74%；房地产行业则位居第 3，占总融资额的 9. 98%。

2009 年 JP 摩根依然是美国股票承销额最大的投资银行，累计承销 331 亿美元，占全美股票及相关证券发行承销总额的 13. 25%；高盛集团位列第 2，累计承销 321 亿美元，占 12. 84% 的市场份额。美国股票及关联证券市场的平均承销费率为 3. 11%，显著高于全球平均水平（见表 9 – 9）。

表 9 – 9　2009 年美国股票融资中投资银行的市场份额及排名

投资银行名称	承销金额（含超额配售）（百万美元）	市场份额（%）	融资单数	承销费（百万美元）	承销费率（%）
JP 摩根	33 130. 77	13. 25	202	1 043. 39	3. 15
高盛	32 116. 77	12. 84	136	935. 93	2. 91
美银 – 美林	24 142. 43	9. 65	192	802. 32	3. 32
摩根士丹利	22 167. 33	8. 86	139	688. 24	3. 10
花旗	13 793. 35	5. 52	115	422. 68	3. 06
瑞士信贷	10 443. 25	4. 18	85	319. 69	3. 06
德意志银行	9 592. 70	3. 84	76	318. 19	3. 32
巴克莱资本	9 214. 75	3. 68	81	280. 54	3. 04

续表

投资银行名称	承销金额（含超额配售）（百万美元）	市场份额（%）	融资单数	承销费（百万美元）	承销费率（%）
瑞银	6 588.83	2.63	77	189.36	2.87
富国	4 291.52	1.72	75	152.03	3.54
合计	165 481.70	66.17	1 178	5 152.37	3.11

数据来源：Thomson Reuters。

（二）欧洲、非洲及中东地区（EMEA）股票发行市场

EMEA 地区股票融资总额从 2008 年的 2 161 亿美元上升至 2009 年的2 663 亿美元，融资单数也从 759 家增加到 927 家。再融资和可转换债券是构成 2009 年 EMEA 市场发行量上升的主要因素。其中，再融资同比上升 29.91%，可转换债券同比上升 109.89%。英国汇丰银行以 194 亿美元的再融资成为 2009 年 EMEA 市场的融资规模之首，高盛和 JP 摩根－嘉诚集团担任了该项目的承销商。但 2009 年 EMEA 市场的 IPO 融资仅为 93 亿美元，比 2008 年的 289 亿美元下滑了 67.82%。

EMEA 按国家排名的股票市场发行量见图 9－11。

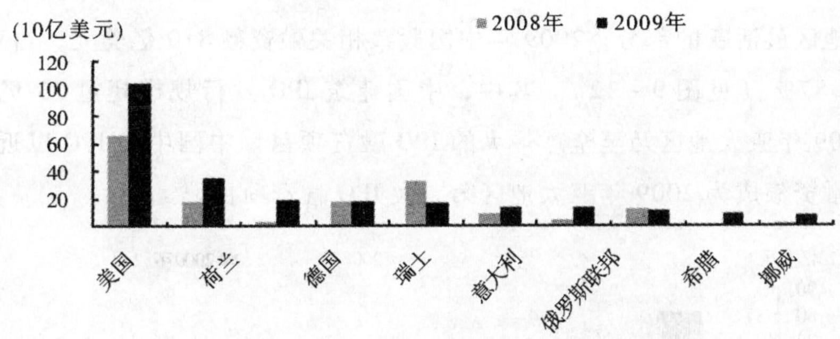

图 9－11　EMEA 按国家排名的股票市场发行量

数据来源：Thomson Reuters。

JP 摩根是 EMEA 股票市场 2009 年承销额第 1 的投资银行，累计承销 480 亿美元，占 EMEA 市场总承销额的 18.04%；高盛集团位列第 2，累计承销 299 亿美元，占 11.22% 的市场份额（见表 9－10）。EMEA 股票及关联证券市场的平均承销费率为 0.65%，显著低于全球平均水平。

表 9－10　　2009 年 EMEA 股票融资中投资银行的市场份额及排名

投资银行名称	承销金额（含超额配售）（百万美元）	市场份额（%）	融资单数	承销费（百万美元）	承销费率（%）
JP 摩根	48 037. 36	18. 04	98	546. 43	1. 14
高盛	29 881. 58	11. 22	48	192. 59	0. 64
摩根士丹利	23 220. 33	8. 72	56	123. 26	0. 53
瑞士信贷	20 360. 88	7. 65	36	107. 41	0. 53
瑞银	18 513. 85	6. 95	58	64. 67	0. 35
德意志银行	16 564. 63	6. 22	53	175. 84	1. 06
美银－美林	15 995. 22	6. 01	58	59. 77	0. 37
花旗	10 938. 17	4. 11	52	39. 12	0. 36
巴黎银行	10 352. 19	3. 89	44	6. 82	0. 07
汇丰控股	9 751. 60	3. 66	29	16. 44	0. 17
合计	203 615. 81	76. 47	532	1 332. 35	0. 65

数据来源：Thomson Reuters。

（三）亚太地区（日本、澳大利亚除外）股票市场发行情况

2009 年亚洲股票市场发行量从 2008 年的 790 亿美元上升至 1 625 亿美元，同比增长 105. 70%。融资单数也从 561 单迅速增长至 1 182 单。中国市场依然是亚太地区最活跃的部分，2009 年中国股票相关融资额 810 亿美元，占亚太地区的 49. 87%（见图 9－12）。其中，中国建筑 IPO 发行规模超过 73 亿美元，成为 2009 年亚太地区乃至全球最大的 IPO 融资项目。中国中冶 IPO 以近 28 亿美元的融资额成为 2009 年亚太地区第二大 IPO 融资项目。

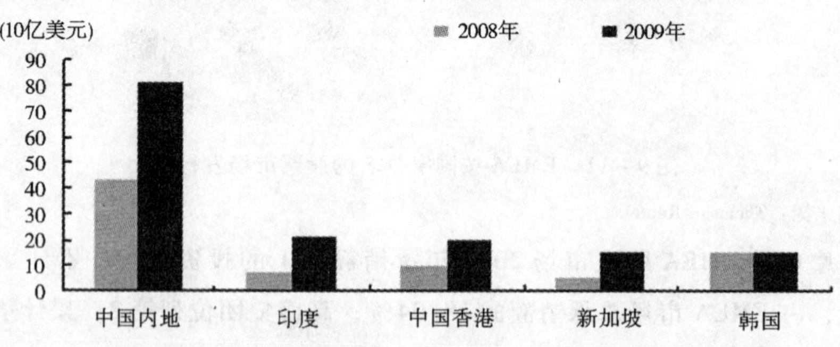

图 9－12　亚太地区按国家及地区排名的股票市场发行量

数据来源：Thomson Reuters。

瑞银是亚太地区市场2009年股票承销额第1的投资银行，累计承销155亿美元，占亚太地区市场总承销额的9.55%；第2位是摩根士丹利，累积承销144亿美元，占亚太地区市场总承销额的8.84%。

（四）日本股票市场发行情况

2009年日本市场股票相关融资额达640亿美元，与2008年相比增长325.42%。与股票融资额的增长相反，日本市场2009年的融资单数为90单，比2008年减少了2单，体现了该市场平均融资规模的显著上升（见图9-13）。其中，三菱日联金融集团121亿美元的再融资成为日本市场2009年最大的股权融资项目。但日本市场的IPO融资额和融资单数均较2008年有显著下降，2009年IPO融资仅为20单，融资总额为6.26亿美元。

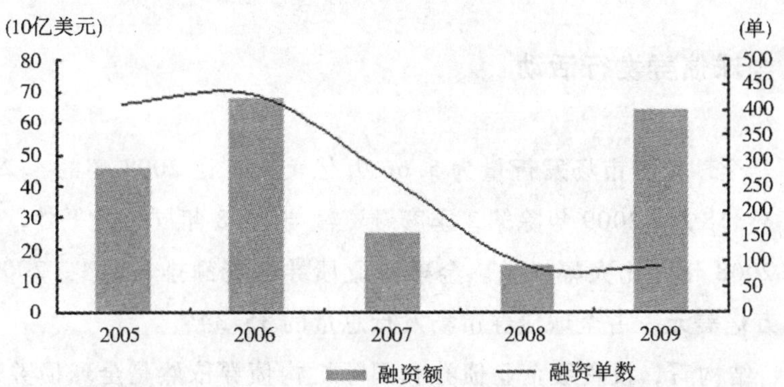

图9-13　2009年日本股票市场融资额及融资单数变化

数据来源：Thomson Reuters。

野村证券连续第7年在股票承销上位列第1名，市场份额为37.17%，承销额为239亿美元，承销单数为46单（见表9-11）。

表9-11　　2009年日本股票融资中投资银行的市场份额及排名

投资银行名称	承销金额（含超额配售）（百万美元）	市场份额（%）	融资单数	承销费（百万美元）	承销费率（%）
野村证券	23 900.16	37.17	46	806.08	3.37
大和证券	5 111.25	7.95	12	184.65	3.61
高盛	4 181.73	6.50	5	149.35	3.57
摩根士丹利	3 828.65	5.96	5	133.37	3.48

续表

投资银行名称	承销金额（含超额配售）（百万美元）	市场份额（%）	融资单数	承销费（百万美元）	承销费率（%）
JP摩根	3 380.74	5.26	4	114.65	3.39
三菱日联	1 315.40	2.05	9	55.45	4.22
美银－美林	1 211.96	1.89	4	43.20	3.56
瑞穗金融	1 093.42	1.70	11	43.45	3.97
日本花旗	1 091.13	1.70	3	40.00	3.67
瑞银	1 075.51	1.67	4	39.25	3.65
合计	46 189.95	71.85	103 *	1 609.45	3.65

*由于部分发行项目由多家投资银行同时承销，因此纳入各投资银行名下的融资单数加总比日本市场2009年的发行合计数大。

数据来源：Thomson Reuters。

二、全球债券发行活动

2009年全球债券市场发行量为5.66万亿美元，比2008年的4.25万亿美元增长了33.18%。2009年除第2季度融资额与2008年同比持平外，其他3个季度均较2008年同比大幅增长。金融行业债券融资额排名第1，2009年发行金额为2万亿美元，占全球债券市场发行总量的35.34%。

从发行结构看，投资级企业债券和国际机构债券依然是全球债券市场融资的主要组成部分，分别占据2009年债券发行总量的40.40%和29.96%。高收益企业债券和国际机构债券发行量在2009年的增幅分别为364.31%和106.56%。此外，其他类型债券（主要包括新兴市场企业债）在2009年也较2008年有81.38%的显著增长。相反，资产抵押债券和联邦信用机构债券的发行量较2008年分别有30.88%和1.22%的下降（见表9－12及图9－14）。

表9－12　**2009年全球债券市场融资结构分析**

债券分类	2009年		2008年		2009/2008 增长率（%）
	融资额（百万美元）	融资单数	融资额（百万美元）	融资单数	
长期债券	5 166 914.17	10 924	3 835 540.00	8 687	34.71
资产抵押债券（ABS）	174 067.89	335	251 852.00	629	－30.88

续表

债券分类	2009 年		2008 年		2009/2008 增长率（%）
	融资额（百万美元）	融资单数	融资额（百万美元）	融资单数	
MBS	347 145.63	533	235 568.90	496	47.36
高收益企业债券	176 468.63	363	38 006.30	96	364.31
投资级企业债券	2 284 541.11	5 204	2 017 684.30	4 134	13.23
联邦信用机构债券	437 793.61	1 107	443 189.10	1 517	-1.22
国际机构债券	1 694 309.48	2 148	820 245.60	1 424	106.56
其他类型债券	52 587.82	1 234	28 993.80	391	81.38
短期债券	488 421.65	2 685	419 452.20	2 854	16.44
合计	5 655 335.82	13 609	4 254 992.20	11 541	32.91

资料来源：Thomson Reuters。

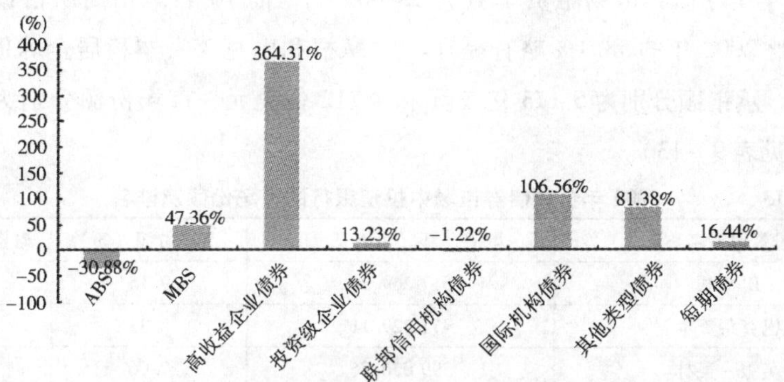

图 9 - 14　2009 年各类债券融资额较 2008 年的变化情况

资料来源：Thomson Reuters。

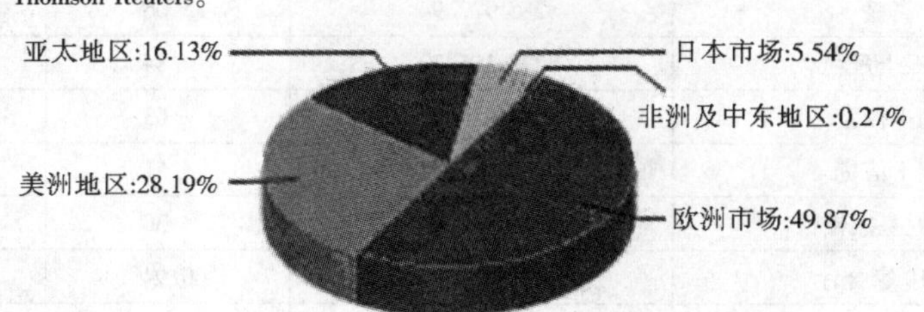

图 9 - 15　2009 年全球投资级企业债券融资的主要区域分布

资料来源：Thomson Reuters。

从投资级企业债券的发行市场来看（见图 9 - 15），欧洲市场是 2009 年债券发行量最大的市场，占全球总发行量的 49.87%；排名第 2 的是美国市场，占全球债券发行总量的28.19%。亚太地区和日本市场的债券发行量占全球债券发行总量的比例分别为16.13%和5.54%。

从发行货币来看，欧元和美元是国际债券发行的主要币种（见图9－16）。

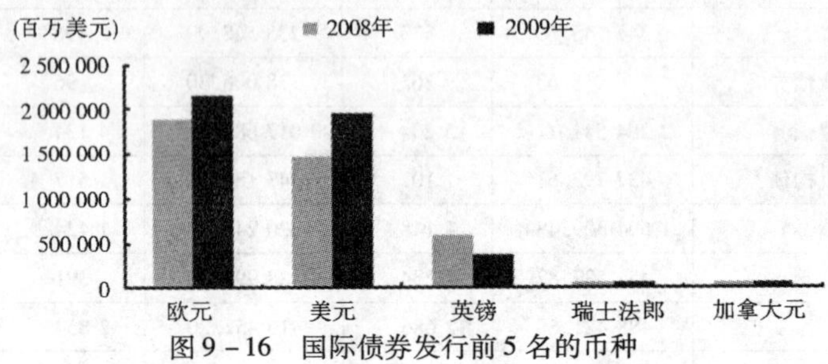

图9－16　国际债券发行前5名的币种

资料来源：Thomson Reuters。

2009年全球债券市场融资单数为13 609单，前10名承销商所占市场份额为60.9%，比2008年的58.1%略有提升。JP摩根和巴克莱资本稳居全球债券承销商的前2名，承销额分别为5 173亿美元和4 712亿美元，市场份额分别为9.15%和8.33%（见表9－13）。

表9－13　2009年全球债券市场中投资银行的市场份额及排名

投资银行名称	承销金额（百万美元）	市场份额（%）	融资单数（单）
JP摩根	517 269.29	9.15	1 334
巴克莱资本	471 229.11	8.33	1 053
美银－美林	399 026.86	7.06	1 077
花旗	388 497.86	6.87	994
德意志银行	350 384.31	6.20	993
高盛	285 972.94	5.06	698
摩根士丹利	273 555.32	4.84	712
汇丰控股	261 916.75	4.63	887
瑞士信贷	255 054.38	4.51	736
苏格兰皇家银行	243 320.90	4.30	7 480
前10家合计	3 446 227.72	60.94	9 232
全球合计	5 655 335.82	100.00	13 609

数据来源：Thomson Reuters。

（一）美国债券市场发行情况

2009年美国债券发行市场经历了良好复苏，全年债券发行量达2.3万亿美元，发行3 150单（月度数据见图9－17）。其中，投资级企业债券发行量为7 164亿美元，共发行793单；国际机构债券发行量为4 971亿美元，共发行263单；联邦信用机构债券发行量为4 347亿美元，共发行1 089单；高收益企业债券发行量为1 468亿美元，发行334单；MBS（含CMBS）发行量为2 944亿美元，发行423单；ABS发行量为1 452亿美元，发行179单。

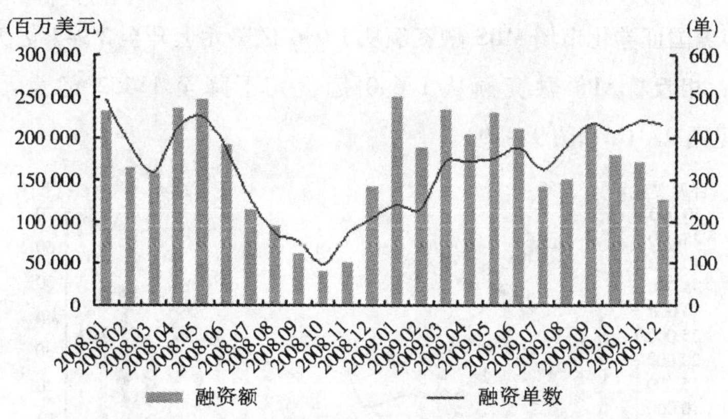

图9－17 美国市场债券月度融资额和融资单数变化

数据来源：Thomson Reuters。

JP摩根和美银－美林分别占据美国债券发行市场承销商第1名和第2名的位置，累计承销额分别为3 165亿美元和3 020亿美元，市场份额分别为13.7%和13.1%（见表9－14）。

表9－14 2009年美国债券市场中投资银行的规模和份额

投资银行名称	承销金额（百万美元）	市场份额（%）	融资单数
JP摩根	316 521.25	13.70	796
美银－美林	301 978.82	13.10	785
花旗	278 638.52	12.00	590
巴克莱资本	274 184.40	11.90	471
摩根士丹利	197 810.64	8.60	450
高盛	195 601.41	8.50	436
德意志银行	163 795.67	7.10	420
瑞士信贷	119 476.51	5.20	309
苏格兰皇家银行	86 043.82	3.70	252

续表

投资银行名称	承销金额（百万美元）	市场份额（%）	融资单数
汇丰控股	73 983.60	3.20	163
合计	2 008 034.64	87.00	4 672

注：由于部分发行项目由多家投资银行同时承销，因此纳入各投资银行名下的融资单数加总比2009年美国市场发行合计数大。

数据来源：Thomson Reuters。

2009年美国证券化市场MBS融资额从1 930亿美元上升至2 944亿美元，升幅为52.51%；相反，ABS融资额从1 640亿美元下降至1 452亿美元，降幅为11.49%（见图9－18和图9－19）。

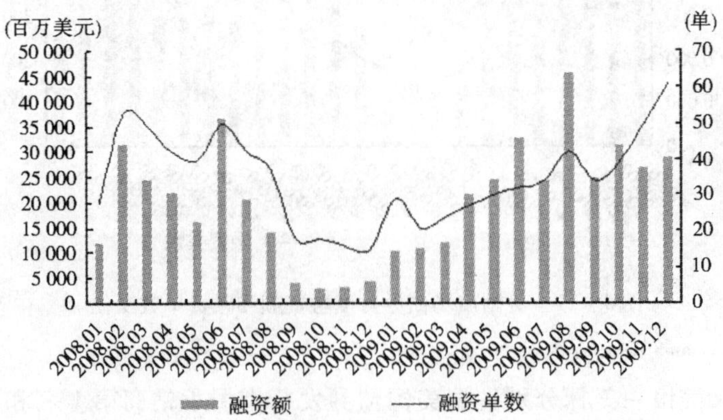

图9－18　美国MBS债券月度融资额和融资单数变化

数据来源：Thomson Reuters。

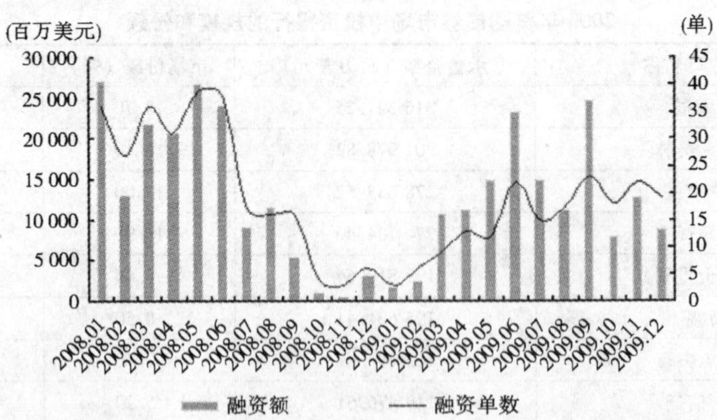

图9－19　美国ABS债券月度融资额和融资单数变化

数据来源：Thomson Reuters。

花旗占据美国ABS发行市场承销商第1的位置，累计承销额为293亿美元，市场份额为20.2%；美银－美林占据美国MBS发行市场承销商第1的位置，累计承销额为515亿美元，市场份额为17.5%（见表9－15）。

表9－15　2009年美国资产证券化市场中投资银行的市场份额及排名

ABS市场	承销金额（百万美元）	市场份额（%）	融资单数（单）
花旗	29 328.82	20.2	39
JP摩根	28 423.32	19.6	50
美银－美林	26 442.66	18.2	56
巴克莱资本	17 351.71	12.0	40
德意志银行	14 155.83	9.8	32
苏格兰皇家银行	10 193.47	7.0	37
瑞士信贷	8 243.53	5.7	32
巴黎银行	2 968.22	2.0	11
摩根士丹利	2 393.64	1.6	7
高盛	1 593.43	1.1	8
合计	141 094.63	97.2	312
MBS市场	承销金额（百万美元）	市场份额（%）	融资单数（单）
美银－美林	51 507.94	17.5	77
巴克莱资本	42 865.79	14.6	38
高盛	42 201.19	14.3	35
瑞士信贷	31 066.74	10.6	40
JP摩根	29 214.21	9.9	41
花旗	22 923.47	7.8	31
苏格兰皇家银行	21 981.77	7.5	36
德意志银行	18 832.83	6.4	39
杰富瑞	9 869.85	3.4	26
摩根士丹利	8 183.45	2.8	19
合计	278 647.24	94.8	382

数据来源：Thomson Reuters。

（二）国际债券市场（不含美国）发行情况

2009年国际债券市场融资额上升至3.4万亿美元，发行数量为10 459单（见图9－20）。其中，欧洲债券市场融资额2.4万亿美元，发行数量为3 218

单。2009年最大的国际债券融资是德国中央及地方政府等机构发行的债券，金额总数达1 646亿美元，仅次于美国政府机构发行的债券金额。

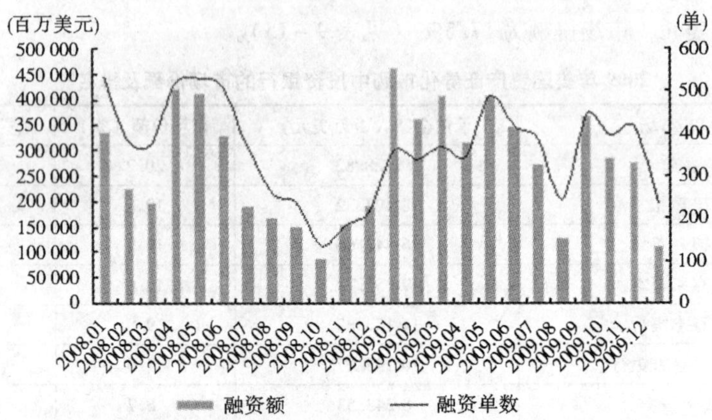

图9－20　国际债券融资额和融资单数的月度变化

数据来源：Thomson Reuters。

巴克莱资本和JP摩根分别占据2009年国际债券发行市场承销商排名的第1位和第2位，承销额分别为3 417亿美元和3 285亿美元，市场份额分别为10.2%和9.8%（见表9－16）。

表9－16　　2009年国际债券市场中投资银行的市场份额及排名

投资银行名称	承销金额（百万美元）	市场份额（%）	融资单数（单）
巴克莱资本	341 684.25	10.2	659
JP摩根	328 480.09	9.8	749
德意志银行	275 804.44	8.3	693
美银－美林	249 913.14	7.5	611
花旗	246 153.16	7.4	535
汇丰控股	236 220.26	7.1	618
摩根士丹利	204 292.00	6.1	411
巴黎银行	197 101.29	5.9	541
苏格兰皇家银行	189 490.14	5.7	550
高盛	179 185.35	5.4	388
合计	2 448 324.12	73.4	5 755

注：由于部分发行项目由多家投资银行同时承销，因此纳入各投资银行名下的融资单数加总比2009年国际市场发行合计数大。

数据来源：Thomson Reuters。

2009年欧元标价的债券融资1.6万亿美元，较2008年同比上升106.92%。其中，以欧元标价的投资级企业债券在2009年融资额为1.4万亿美元，较2008年同比上升44.99%，占当年债券融资总额的85.30%。

（三）亚太地区（含澳大利亚、不含日本）债券市场发行情况

2009年亚太地区债券市场发行金额达1 622亿美元，比2008年上升133.57%，共完成239单融资。澳大利亚和韩国占据了发行金额排名的前2位，分别融资997亿美元和238亿美元，发行数量分别为124单和86单。金融行业和政府机构是亚太地区债券市场发行最活跃的部门，分别占据了42.6%和42.0%的债券发行融资份额。澳大利亚的Westpac Banking Corporation和Commonwealth Bank为债券发行金额排名的前2位，融资额分别为284亿美元和268亿美元。2009年亚太地区债券市场中投资银行的市场份额及排名见表9－17。

表9－17　2009年亚太地区债券市场中投资银行的市场份额及排名

投资银行名称	承销金额（百万美元）	市场份额（%）	融资单数（单）
德意志银行	17 560.31	10.8	49
JP摩根	15 303.95	9.4	36
花旗	15 283.21	9.4	39
高盛	15 266.20	9.4	37
汇丰控股	14 356.11	8.9	38
美银－美林	14 207.13	8.8	35
巴克莱资本	12 846.81	7.9	34
摩根士丹利	11 707.17	7.2	33
瑞银	7 404.29	4.6	18
瑞士信贷	4 852.72	3.0	20
合计	128 787.90	79.4	339

注：由于部分发行项目由多家投资银行同时承销，因此纳入各投资银行名下的融资单数加总比2009年亚太市场发行合计数大。

数据来源：Thomson Reuters。

（四）日本债券市场发行情况

2009年日元债券发行量为2 321亿美元，比2008年上升了16.27%。其中，国际机构债券发行量的增加额和增幅最大，分别达266亿美元和72.03%。

政府机构和金融行业的融资额分别排名第1和第2（见图9－21）。

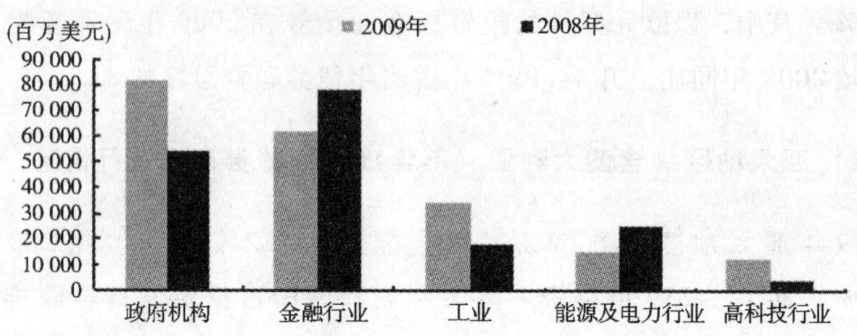

图9－21 日本债券市场发行量排名前5位的行业

数据来源：Thomson Reuters。

野村证券是2009年日元债的最大承销商，共承销了256单债券，承销总额为526亿美元；三菱日联排名第2，共承销了212单债券，承销总额为489亿美元（见表9－18）。

表9－18 2009年日本债券市场中投资银行的市场份额及排名

投资银行名称	承销金额（百万美元）	市场份额（%）	融资单数（单）
野村证券	52 567.10	22.6	256
三菱日联	48 903.76	21.1	212
大和证券	44 188.16	19.0	225
瑞穗金融	42 166.84	18.2	254
日本花旗	8 759.19	3.8	54
三井助友	8 558.57	3.7	25
高盛	4 732.99	2.0	33
花旗	2 993.26	1.3	16
巴黎银行	2 690.98	1.2	19
美银－美林	2 593.00	1.1	20
合计	218 153.85	94.0	1 114

数据来源：Thomson Reuters。

三、并购业务市场情况

据Thomason Reuters的数据显示，2009年全球宣布的企业并购交易总额为1.9万亿美元，比2008年减少了26.63%，延续了2008年度的下降趋势。其中，2009 年第 3 季度宣布并购额 4 498 亿美元，较 2008 年同比下降 42.17%。

从已宣布并购交易的市场区域来看（见表 9－19），2009 年美国市场并购交易总额较 2008 年下降 18.95% 为 7 343 亿美元，欧洲市场下降 44.90% 为 5 570亿美元，亚洲地区市场下降 19.58% 为 2 661 亿美元；相反，日本市场交易额上升 13.02% 至 955 亿美元，是全球主要已宣布并购交易的市场中唯一出现交易额上升的地区。从已实施并购交易的市场来看，美国、欧洲、亚太地区和日本的交易额均呈下降趋势。

表 9－19　　已宣布、已实施并购交易的主要地区分布

已宣布并购	2009 年		2008 年		2009/2008 增长率（%）
	并购金额（百万美元）	并购次数	并购金额（百万美元）	并购次数	
美国	734 326.38	7 760	905 979.44	9 376	－18.95
欧洲	556 972.34	13 657	1 010 833.02	13 880	－44.90
亚太地区（除日本）	266 069.97	8 458	330 864.13	8 284	－19.58
日本	95 525.25	2473	84 519.91	2535	13.02
合计	1 652 893.94	32 348	2 332 196.50	34 075	－29.13
已实施并购	2009 年		2008 年		2009/2008 增长率（%）
	并购金额（百万美元）	并购次数	并购金额（百万美元）	并购次数	
美国	730 344.88	6 404	925 058.52	8 092	－21.05
欧洲	544 597.50	11 368	1 208 069.65	11 323	－54.92
亚太地区（除日本）	154 427.34	4 650	255 360.41	4 698	－39.53
日本	66 676.15	2 308	92 037.89	2 483	－27.56
合计	1 496 045.87	24 730	2 480 526.47	26 596	－39.69

数据来源：Thomson Reuters。

2009 年已宣布并购交易的顾问费为 304 亿美元，较 2008 年同比下降 18.72%；已实施并购交易的顾问费为 226 亿美元，较 2008 年同比下降 35.61%。

从并购市场的行业分布来看，金融、能源电力、医疗保健、工业是 2009 年全球并购最活跃的前四大行业。金融业并购交易额占全球的 20%，主要是私募股权基金、保险公司、银行、经纪公司等金融机构之间的增资和股权收购；能源电力行业占整个市场的 15%，医疗保健和工业各占 11%（见图 9－22）。

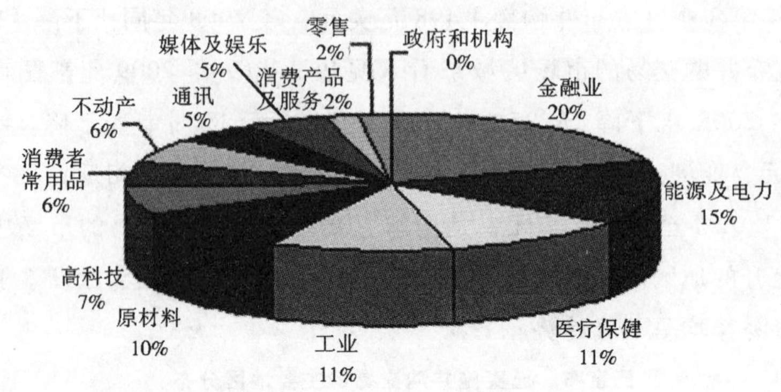

图9－22 2009年并购交易最活跃的行业分布

数据来源：Thomson Reuters。

在全球并购交易市场（包括已宣布并购和已实施并购）的国际投资银行中，高盛和JP摩根均分别占据第1和第2的位置（见表9－20和表9－21）。其中，2009年高盛在已宣布并购的交易市场中取得17.2亿美元的咨询费收入，市场份额为5.7%，涉及并购金额为5 850亿美元；JP摩根取得15.3亿美元的咨询费收入，市场份额为5.0%，涉及并购金额为4 819亿美元。

表9－20 2009年全球并购交易市场中投资银行的市场份额及排名（已宣布并购）

投资银行名称	咨询费（百万美元）	市场份额（%）	并购额（百万美元）	并购次数	费率（%）
高盛	1 722.36	5.7	584 980.54	328	0.29
JP摩根	1 533.92	5.0	481 929.35	318	0.32
摩根士丹利	1 477.47	4.9	629 130.78	322	0.23
瑞士信贷	987.96	3.3	351 159.79	270	0.28
美银－美林	841.29	2.8	321 978.29	209	0.26
瑞银	821.90	2.7	292 273.51	263	0.28
花旗	807.34	2.7	457 858.18	221	0.18
罗斯柴尔德	767.11	2.5	216 904.65	258	0.35
拉扎德	746.26	2.5	288 638.48	237	0.26
德意志银行	688.33	2.3	294 221.05	219	0.23
合计	10 393.94	34.4	3 919 074.62	2 645	0.27

数据来源：Thomson Reuters。

表 9-21 2009 年全球并购交易市场中投资银行的市场份额及排名（已实施并购）

投资银行名称	咨询费（百万美元）	市场份额（%）	并购额（百万美元）	并购次数	费率（%）
高盛	1 331.50	5.9	552 594.35	253	0.24
JP 摩根	1 120.80	5.0	442 282.20	260	0.25
摩根士丹利	1 007.37	4.5	585 808.51	241	0.17
美银-美林	831.98	3.7	481 484.43	207	0.17
瑞士信贷	718.47	3.2	260 718.51	224	0.28
瑞银	672.82	3.0	271 625.15	217	0.25
花旗	654.72	2.9	516 144.46	199	0.13
罗斯柴尔德	627.52	2.8	217 328.86	236	0.29
拉扎德	621.38	2.8	277 484.78	203	0.22
德意志银行	554.77	2.5	251 268.11	200	0.22
合计	8 141.33	36.3	3 856 739.36	2 240	0.21

数据来源：Thomson Reuters。

第四节 2009 年国际经纪业务发展概况

一、2009 年全球金融市场交易情况

（一）股票交易情况

2009 年，全球交易所股票交易总额为 8 万亿美元，比 2008 年大幅减少，同比降幅达 29.2%（见图 9-23）。尽管全球交易总额下降，但是各地区间的差异非常明显。仅亚太地区的股票交易额呈现上升趋势，美洲和欧洲地区股票交易额的降幅均超过三成。

美洲地区股票交易额为 4.9 万亿美元，比 2008 年的 7.3 万亿美元减少了 32.9%，占全球股票交易额的 60%。2009 年的美洲地区股票交易所占份额不仅低于 2000 年美洲地区股票交易份额（66%），也较 2008 年下降了 4 个百分点。

亚太地区的股票交易额为1.9万亿美元，上升趋势明显，比2008年增加了12.8%。2009年亚太地区占全球总交易额的24%，而2000年这一比例仅为10%。

欧洲、非洲及中东地区股票交易额为1.3万亿美元，比2008年减少了44%，占全球总交易额的16%，2000年占比为24%。

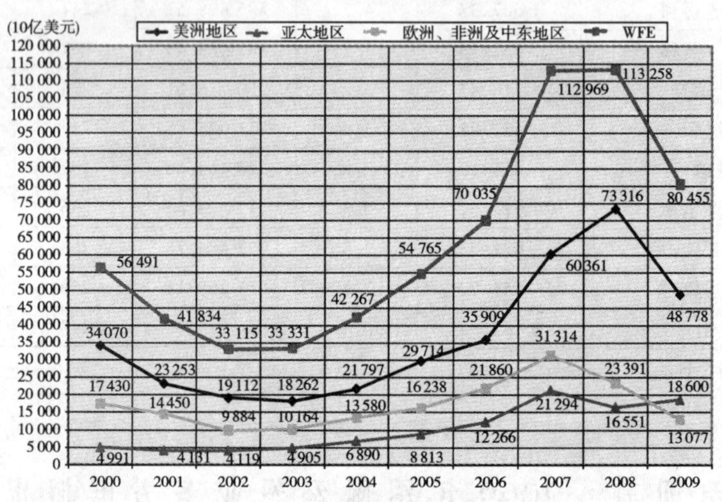

图9-23　分地区股票交易额

资料来源：WFE、中信证券。

从单个股票交易所的情况来看，股票交易额排名前十大的交易所中（见图9-24），只有上海证券交易所、深圳证券交易所和韩国股票交易所的交易额比2008年有所增长，其余交易所的交易额均比2008年减少。

纽约泛欧交易所集团（美国）以17万亿美元的交易额占据榜首，比2008年减少36.6%。排名第2的纳斯达克股票交易所交易额为13.6万亿美元，比2008年减少42.9%。

2009年亚洲地区的交易额强劲增长，上海证券交易所和深圳证券交易所增长十分突出。其中，2009年上海证券交易所股票交易额为5万亿美元，按美元计量的交易额比比2008年增长95.7%，排名第3；2009年深圳证券交易所股票交易额为2.8万亿美元，按美元计量的交易额比比2008年增长123.2%，排名第5。

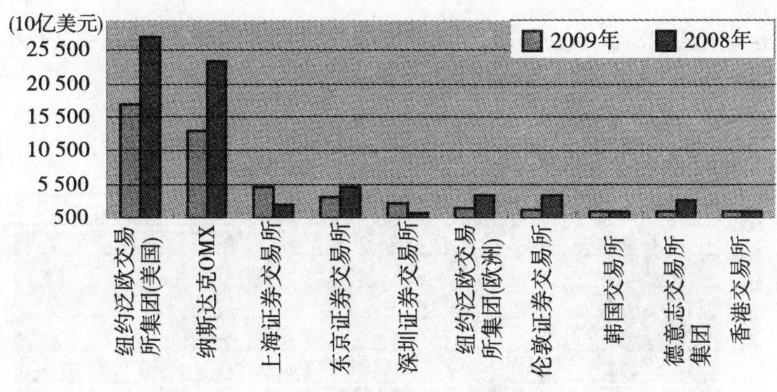

图9－24　2009年股票交易额最大的10家交易所

资料来源：WFE、中信证券。

（二）债券交易情况

BME西班牙交易所蝉联全球交易所第1名（见图9－25），债券交易额为8.14万亿美元，以美元计算的交易额比2008年增长了19.3%，以本地货币计算的交易额比2008年增长了24.5%。

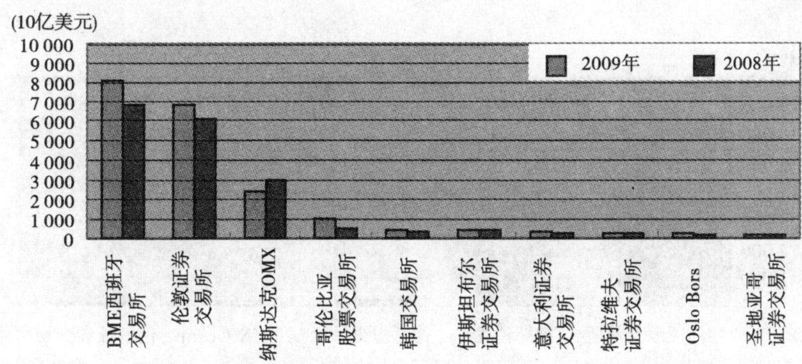

图9－25　2009年债券交易额最大的10家交易所

资料来源：WFE、中信证券。

（三）证券化衍生产品交易情况

在证券化衍生产品交易方面，香港交易所2009年交易额为4.29万亿美元，比2008年减少25.2%，居全球首位（见图9－26）。

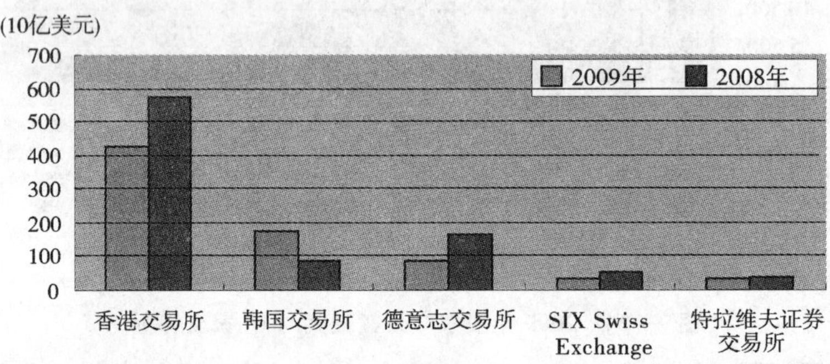

图9－26　2009年证券化衍生产品交易量最大的5家交易所

资料来源：WFE、中信证券。

（四）ETF产品交易情况

纽约泛欧交易所集团（美国）2009年ETF交易额为4.37万亿元，居各交易所首位，比2008年减少35.9%（见图9－27）。

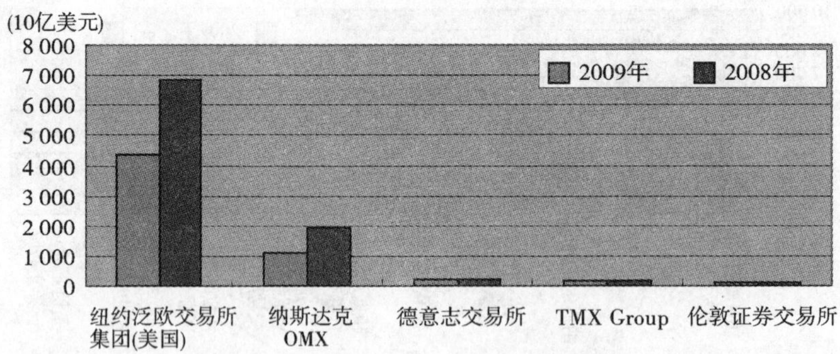

图9－27　2009年ETF交易额排序

资料来源：WFE、中信证券。

二、美国经纪商概况

（一）券商分类

美国证券业协会将券商分为全国性综合类券商、大型投资银行类、以纽约为基地的小型区域券商、以纽约为基地的大型区域券商、小型区域券商、中型区域券商、大型区域券商、折扣商、清算公司、佣金介绍型公司等类型。

全国性综合类券商的代表有摩根士丹利、瑞士银行等公司。大型投资银行类券商的代表有瑞士信贷第一波士顿、摩根大通等公司。区域类券商的规模均比上两类的要小。2009 年美国证券业协会注册券商总数量为 600 多家。

（二）美国证券业从业人员数量

2001 年，受美国经济低迷以及股票市场调整的影响，美国证券业盈利水平下降，证券公司纷纷裁员，证券业从业人员人数不断下降，于 2003 年下降至最低点 75 万人次。随着行业景气度提升，证券业从业人数于 2004 年重拾增长势头，增长 3.2%。2007 年年底从业人员人数超越前期历史高点，增长至 85.57 万人次，同比增长 2.5%。其后，美国次贷危机不断加剧，影响了许多金融公司，导致 2007 年下半年各公司纷纷裁员，从业人员人数增长趋势开始放缓。自 2008 年第 2 季度证券从业人数创下历史最高纪录 86.98 万人之后，由于美国经济低迷，下半年失业人数增加，导致从业人数扭转了连续 31 个月的升势。截至 2009 年年末就业人数减少为 79.9 万人，比 2008 年减少 6.52%（见图 9-28）。

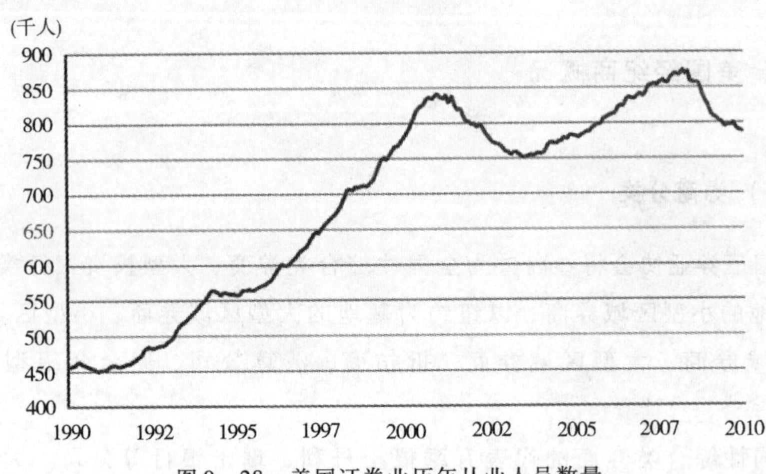

图 9－28　美国证券业历年从业人员数量

资料来源：美国证券业协会、中信证券。

（三）股票市场交易情况

2009 年，美国主要股指呈现出先抑后扬的走势。由于金融风暴的继续影响，标普 500 指数最低下探 869.32 点，随后螺旋式走高，最后收于 1115.1 点，全年涨幅 20%；纳斯达克指数最低下探 1265.52 点，最后收于 2269 点，全年涨幅 39%（见图 9－29）；道琼斯指数最低下探 6440.08 点，最后收于 10428 点，全年涨幅 15%。

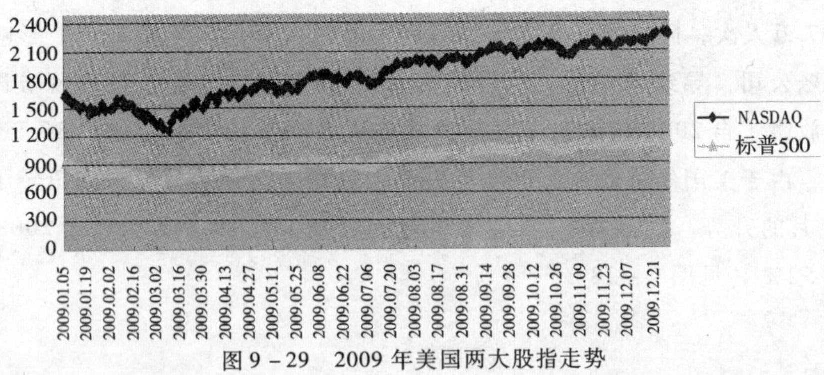

图 9－29　2009 年美国两大股指走势

数据来源：SIFMA、中信证券。

2009 年，美国股指虽然呈现上涨态势，然而交易额确比 2008 年大幅减少。

纽约泛欧交易所集团（美国）比2008年减少了36.6%，纳斯达克OMX所比2008年减少了42.9%（见图9-30）。

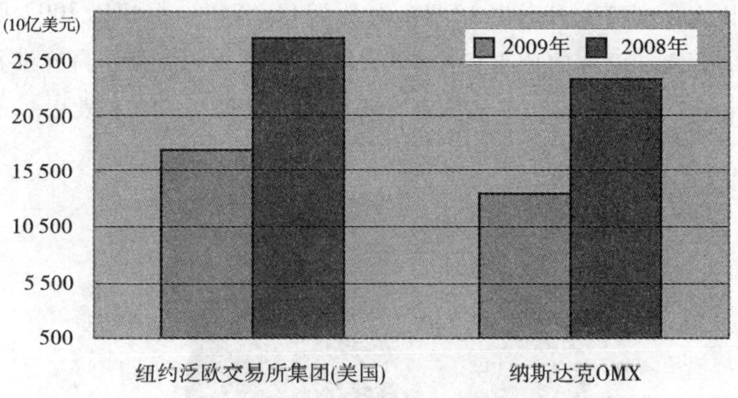

图9-30　2009年与2008年美国股票交易额对比

数据来源：SIFMA、中信证券。

第五节　2009年国际基金业发展概况

2009年全球共同基金管理规模相比2008年大幅提高，达到229 643亿美元，但较2007年高峰时的261 296亿美元规模仍有较大距离。美国占据全球共同基金市场份额的48%，继续保持第一大共同基金市场的地位，因此，我们在论述全球共同基金市场基本状况的基础上，系统论述美国基金业的发展状况。此外，我们也对香港基金市场作一个简单的描述。

一、全球共同基金市场管理资产规模变迁（2001~2009年）

根据《2010 Investment Company Fact Book》统计的数据，2009年全球共同基金资产达到229 643亿美元。其中，美洲地区拥有共同基金125 972亿美元，占全球比重为54.86%；欧洲75 455亿美元，占全球比重为32.86%；亚太拥有共同基金27 152亿美元，占全球比重为11.82%；非洲最少，占全球比重仅仅为0.46%，而且完全集中在南非（见图9-31）。与2008年相比，美洲的比重下降，由55.76%降至54.86%，但仍占据全球共同基金业的半壁江山；亚太地区的比重小幅度上升，由10.7%上升至11.82%，但相比2007年14.1%的占比仍有距离；欧洲的比重相比2008年的33.1%则有所下降；非洲的占比虽小，但相比2007年0.37%的比重有所提高（见表9-22和表9-23）。

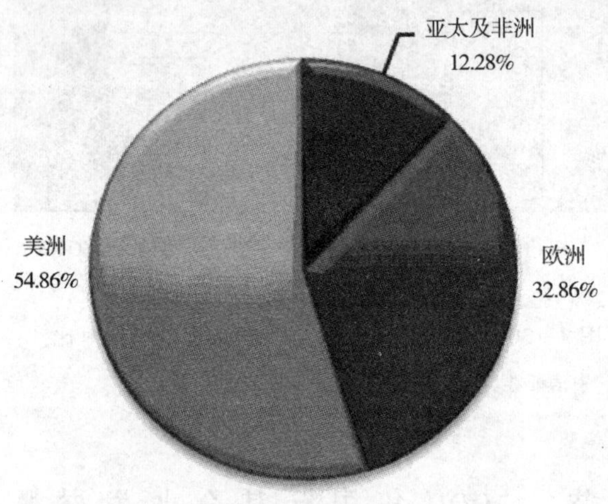

图9-31　2009年全球共同基金地区结构

资料来源：www. ici. org。

从美洲的情况来看，美国是共同基金最发达的市场，也是全球共同基金最发达的市场。美国拥有共同基金111 207亿美元，占美洲的比重为88.28%，占全球的比重达到了48%，接近一半。

从欧洲的情况来看，欧洲各国之间尽管也存在着差别，但差别较美洲小很多。其中，卢森堡的共同基金市场最大，拥有22 940亿美元，占欧洲的比重为30.4%；其次为法国，拥有18 056亿美元，占欧洲的比重为23.93%；再次为英国，占欧洲的比重为9.66%。

从亚洲的情况来看，亚洲的共同基金市场主要分布在澳大利亚、中国香港和日本。

表9－22　全球共同基金净资产　（单位：亿美元）

地区	2001	2002	2003	2004	2005	2006	2007	2008	2009
美洲	74 331	67 763	79 695	87 925	97 639	114 691	134 211	105 794	125 972
美国	69 749	63 904	74 144	81 069	89 048	103 965	119 995	96 011	111 207
欧洲	31 680	34 630	46 828	56 405	60 023	78 039	89 349	62 881	75 455
卢森堡	7 587	8 039	11 041	13 961	16 358	21 883	26 851	18 608	22 940
法国	7 134	8 451	11 484	13 710	13 627	17 693	19 897	15 911	18 056
德国	2 137	2 092	2 763	2 960	2 968	3 403	3 721	2 380	3 175
英国	3 167	2 889	3 965	4 927	5 471	7 552	8 975	5 270	7 291
亚太	10 392	10 639	13 615	16 779	19 393	24 565	36 783	20 375	27 152
澳大利亚	3 340	3 563	5 184	6 351	7 001	8 643	11 930	8 411	11 988
中国香港	1 701	1 643	2 558	3 436	4 605	6 311	8 184	N/A	N/A
日本	3 439	3 032	3 491	3 995	4 700	5 789	7 140	5 753	6 607
韩国	1 194	1 495	1 217	1 774	1 990	2 519	3 300	2 220	2 646
中国台湾	497	622	762	773	573	556	583	461	583
非洲	146	210	345	540	656	780	952	694	1 063
南非	146	210	345	540	656	780	952	694	1 063
全球	116 549	113 241	140 483	161 648	177 710	218 075	261 296	189 745	229 643

资料来源：www.ici.org。

表9－23　全球共同基金数量　（单位：只）

地区	2001	2002	2003	2004	2005	2006	2007	2008	2009
美洲	13 449	13 884	13 921	14 064	13 764	14 474	15 457	16 459	16 982
美国	8 305	8 244	8 126	8 041	7 975	8 117	8 024	8 022	7 691
欧洲	27 343	28 858	28 541	29 306	30 060	33 151	35 210	36 780	33 054
卢森堡	6 619	6 874	6 578	6 855	7 222	7 919	8 782	9 351	9 017
法国	7 603	7 773	7 902	7 908	7 758	8 092	8 243	8 301	7 982
德国	1 077	1 092	1 050	1 041	1 076	1 199	1 462	1 675	2 067
英国	1 749	1 787	1 692	1 710	1 680	1 903	2 057	2 371	2 266
亚太	12 153	10 794	11 641	11 617	12 427	13 479	14 847	14 909	14 795
澳大利亚	N/A	N/A	N/A	N/A	N/A	N/A	N/A	N/A	N/A
中国香港	952	942	963	1 013	1 009	1 099	1 162	N/A	N/A
日本	2 867	2 718	2 617	2 552	2 640	2 753	2 997	3 333	3 656
韩国	7 117	5 873	6 726	6 636	7 279	8 030	8 609	9 384	8 703
中国台湾	312	351	401	445	459	447	456	443	460

续表

地区	2001	2002	2003	2004	2005	2006	2007	2008	2009
非洲	426	460	466	537	617	750	831	884	904
南非	426	460	466	537	617	750	831	884	904
全球	53 371	53 996	54 569	55 524	56 868	61 854	66 345	69 032	65 735

资料来源：www. ici. org。

从组成结构来看，2009 年全球共同基金中，股票型基金占 42.42%，债券型基金占 21.49%，混合型基金占 11.09%，货币市场基金占 25%（见图 9－32）。此结构与 2008 年相比发生了较大的变化，其中股票型基金大幅回升（由 34% 提高到 42%），货币市场基金规模占比波动较大（由 2007 年的 19% 提高到 2008 年的 31%，2009 年又下降到 25%），债券型基金和混合型基金的比重变化不大。

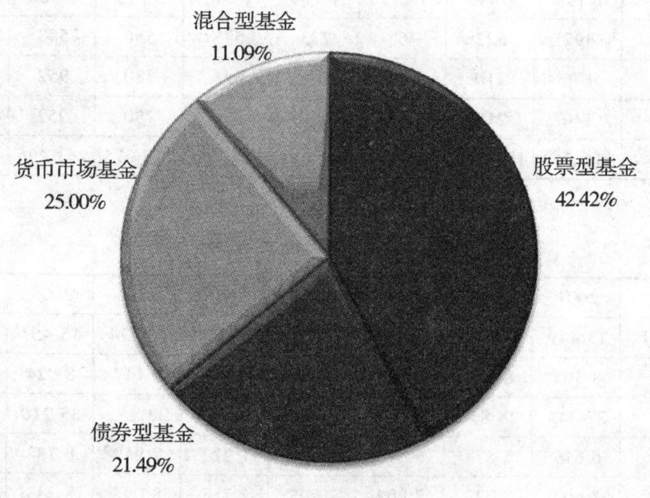

图 9－32　2009 年全球共同基金类型结构

资料来源：www. ici. org。

二、美国共同基金市场概况（2001～2009 年）

（一）维持股票型基金和货币市场基金为主的行业格局

美国共同基金市场维持了以股票型基金和货币市场基金为主的行业格局

（见表9－24）。其中，股票型基金占比为44.98%；货币市场基金占比为30.09%；债券型基金占比19.12%；混合型基金依然处于最低端，占比为5.81%。

表9－24　　2001～2009年美国不同类型共同基金发展趋势　　（单位：亿美元）

年份	股票型基金	混合型基金	债券型基金	货币市场基金	合计
2001	34 182	3 463	9 251	22 853	69 749
2002	26 625	3 255	11 305	22 720	63 905
2003	36 842	4 305	12 478	20 520	74 145
2004	43 841	5 193	12 904	19 132	81 070
2005	49 398	5 673	13 572	20 405	89 048
2006	59 105	6 532	14 944	23 385	103 966
2007	65 159	7 186	16 793	30 858	119 996
2008	37 045	4 987	15 657	38 322	96 011
2009	49 576	6 408	21 062	33 162	110 208

资料来源：www. ici. org。

2009年，资金对安全性的需求仍在继续，但流出势头相比2008年有所缓解，主要是货币市场基金资金净流出规模较大为5 390亿美元，股票型基金净流出90亿美元，混合型基金净流入230亿美元，而债券型基金净流入则高达3 760亿美元（见表9－25）。

表9－25　　2008、2009年美国不同类型共同基金规模变动情况

分类	2008年		2009年	
	总规模（亿美元）	占比（%）	总规模（亿美元）	占比（%）
股票型基金	37 045	38.58	49 576	44.98
混合型基金	4 987	5.19	6 408	5.81
债券型基金	15 657	16.31	21 062	19.12
货币市场基金	38 322	39.92	33 162	30.09
合计	96 011	100.00	110 208	100.00

资料来源：www. ici. org。

（二）封闭式基金的资产规模稳步增长

虽然与开放式基金相比，封闭式基金的规模相对很小，但回顾过去几年，封闭式基金的资产规模呈现稳步增长态势。2001年为1 431亿美元；2007年增长到3 129亿美元；但是2008年降低到1 884亿美元；2009年有所增长，总规

模2 282亿美元，仍未恢复到2007年的水平（见表9－26）。

表9－26　美国封闭式基金规模变动情况　（单位：亿美元）

年份	股票型			债券型				合计
	合计	国内股票型	全球股票型	合计	国内课税债券	国内市政债券	全球债券	
2001	311	223	88	1 102	266	745	91	1 413
2002	337	266	71	1 250	256	900	94	1 587
2003	530	430	100	1 610	554	941	115	2 140
2004	824	638	186	1 720	642	949	129	2 544
2005	1 056	771	285	1 714	641	946	127	2 770
2006	1 225	878	347	1 759	681	946	132	2 984
2007	1 462	876	586	1 667	623	887	157	3 129
2008	762	473	289	1 122	339	677	106	1 884
2009	926	540	386	1 356	440	779	137	2 282

资料来源：www. ici. org。

我们也注意到，与中国封闭式基金主要由股票型基金构成不同，美国的封闭式基金市场主要由债券型基金构成，占比达到59.42%。

（三）ETF蓬勃发展

ETF结合了开放式基金和封闭式基金的特点，既可以申购赎回，也可以在二级市场交易，因而自推出以来便获得了广泛的认同。目前，美国ETF的资产规模达到了7 769亿美元，实现了持续快速的发展，占美国基金市场的比重处于继续扩大趋势中（见表9－27）。其中，全球股票型ETF、商品型ETF和债券型ETF的规模增长引人注目。美国国内股票型ETF的规模虽然也有一定增加，但增幅较小。我们认为，ETF良好的产品特性使得其未来发展的空间很大。

表9－27　美国ETF规模变动情况　（单位：亿美元）

年份	国内股票型	全球股票型	商品型	债券型	合计
2001	800	30	0	0	830
2002	929	53	0	39	1 021
2003	1 323	140	0	47	1 510
2004	1 840	336	13	85	2 274
2005	2 158	652	48	150	3 008

续表

年份	国内股票型	全球股票型	商品型	债券型	合计
2006	2 761	1 112	147	205	4 225
2007	3 650	1 797	289	346	6 082
2008	3 245	1 137	357	572	5 311
2009	3861	2093	745	1 070	7 769

资料来源：www. ici. org。

三、香港共同基金市场概况

香港基金业在2009 年取得149. 7 亿美元的总销售额，与2008 年相比略有下降。按累计的资产总规模分析，截至2009 年3 月底，股票型基金的资产规模达到2 917 亿美元，占全市场的比重为46. 42%，仍然为最大的子类；其次为债券型基金，占全市场的比重为27. 94%（见表9－28）。上市交易的品种中，ETF 规模达到4 968 亿港元，相比2008 年底增加了86%，发展迅猛，数量也从24 只增加到43 只；REITs 的数量在2009 年没有增加，但规模扩大到738 亿港元（见表9－29）。

表9－28　　香港基金产品情况

基金类型	数量（只）	占比（%）	资产规模（亿美元）	占比（%）
债券型基金	348	18. 02	1 756	27. 94
股票型基金	1 114	57. 69	2 917	46. 42
混合型基金	113	5. 85	327	5. 20
货币市场基金	44	2. 28	711	11. 32
基金的基金	105	5. 44	54	0. 86
指数基金	59	3. 06	430	6. 84
保本基金	123	6. 37	33	0. 53
对冲基金	14	0. 73	8	0. 13
其他特别基金	11	0. 56	48	0. 76
合计	1 931	100. 00	6 284	100. 00
伞形结构	162			
认可基金数目	2 093			

数据来源：香港投资基金公会，2009 年3 月31 日。

表9－29　　香港交易所交易基金情况

	ETF数量（只）	ETF资产规模（亿港元）	REITs数量（只）	REITs资产规模（亿港元）
2005	8	541	3	379
2006	9	735	5	531
2007	17	1 056	7	661
2008	24	2 665	7	464
2009	43	4 968	7	738

数据来源：香港交易所。

第六节　2009年国际证券投资咨询业务发展概况

一、国际证券投资咨询业的现状

证券投资咨询业在普及证券知识、吸引和服务证券投资者、传播证券市场信息和提高证券市场透明度等方面推动了证券市场的发展和完善。反过来，经济、证券市场的发展也会带动证券投资咨询业的繁荣。

在西方发达国家，证券市场建立之初就产生了投资咨询业务的萌芽。1920年，全球第一家投资咨询公司在美国波士顿成立，证券投资咨询业也开始发展起来。近年来，随着全球经济的稳步增长、金融全球化趋势的不断推进，国际市场的证券投资咨询业务发展迅猛。比如美国在1999年注册有6 650家证券投资咨询机构，其为大约18万亿美元的金融资产提供咨询服务；而到最近，美国注册的证券投资咨询机构数量已增至11 300家，其服务的金融资产大概增长到43万亿美元。这还仅仅是美国官方统计的数据，市场中实际提供证券投资咨询服务的机构数量更为庞大。

（一）证券投资咨询机构与证券分析师

随着证券专业化程度的提高，为节省投资者全面收集和正确分析信息的成本，并为投资者提供专业的投资建议，证券投资咨询机构应运而生。该机构拥有的投资分析专家，拥有先进的信息跟踪设备和专业知识，被称为证券分析师。

证券分析师的主要任务是对特定证券、公司和行业进行尽职全面调查，将研究结果形成报告，成为投资建议的依据。按分析师研究报告用途，分析师可分为卖方分析师（Sell - side Analysts）和买方分析师（Buy - side Analysts）。卖方分析师通常受聘于经纪公司，研究报告公开发布，主要供机构和个人投资者使用。买方分析师主要在共同基金、对冲基金、投资咨询公司等投资机构工作，研究报告主要供公司内部投资决策使用。

如今，随着信息技术的发展以及信息的广泛传播，证券分析师对股价走势有着越来越大的影响。即使一些公司的基本面没有什么变化，市场上的著名分析师关于这些公司的报告也会导致股价暂时的波动。鉴于证券分析师的市场影响力以及潜在的利益冲突，对其行为进行监管就十分必要。通常，对证券分析师行为的监管主要来自分析师所在机构、自律组织和证券监管机构。比如，纽约证券交易所规则 472 条和纳斯达克规则 2210 条均要求证券分析师披露相关利益冲突情况，说明分析师所在公司是否是分析师推荐股票的做市商、是否在近期承销了分析师所推荐的股票等。

（二）国际证券分析师的专业素质要求

国际对证券分析师的专业素质要求非常高，这一点从证券从业人员的执业考试难度中可以看出。在美国，证券从业人员大致有 4 种级别的考试：（1）普通的经纪人考试通常由州和地方证管办出题，考试范围只是与证券经纪业务相关的基础知识；（2）证券从业人员资格考试则通常由全国统一同业公会出题，需要涉及一些自律原则，而一般参加考试者均需要接受有关的函授教学；（3）证券投资咨询资格的考试则较难，没有良好的专业素养、不经过认真的准备，一般很难通过；（4）试题最深的是证券分析师资格考试，其在内容广度和深度上都有很高的要求。在美国，要取得证券分析师资格，需要通过三级考试，最少要花 3 年时间，各级考试的平均通过率大约只有 60%，涉及的考试科目有经济学、统计学与数量分析、财务分析、资产评估、证券分析与资产组合管理、金融市场及其工具等等。

在日本，虽然获取证券分析师资格只需要经过两级考试，但考试科目很全面，涉及经济、金融、财务、会计乃至职业伦理等等现实金融分析的各个方面。

在法国，所有的证券分析师都受过高等教育，而且证券监管机构对分析师资格的审定有着严格的规定和程序。并且，法国目前出现了一种趋势，即许多从事证券分析师工作的人都兼具金融和工科两方面的背景，证券分析师的素质由此可见一斑。

除了资格考试以外，国际市场对证券分析师专业素质和业绩表现最权威的评价来自于《机构投资者》（Institutional Investor）杂志每年一次的分析师排名。证券分析师上榜即等于通过了一流分析师的标准认证。2009 年《机构投资者》杂志组织的“全美研究团队”排名中，一共有 10 个类别 65 个行业的分析师参选，评选的主体包括 890 多家投资机构中的 3 000 多名机构投资者，其中包括全美 100 家最大资产管理公司中的 87 家，其管理的资产总额超过 10.2 万亿美元。评选的主要依据包括四个要点：股票的推荐、盈利预测、撰写的研究报告、总体的服务水平。从机构投资者的角度看，在《机构投资者》杂志的排名中，证券分析师的行业知识一直都是投资者最重视的因素，其次是分析师的专业性和对行业变化回应的及时性（见表 9－30）。

表 9－30　　机构投资者对证券分析师最看重的因素

排名	机构投资者看重的因素
1	行业知识
2	专业性
3	回应及时性
4	和管理层的沟通
5	特色服务
6	撰写报告
7	金融模型
8	及时有效回访
9	观点形成
10	研究报告发放
11	盈利预测
12	推荐股票

资料来源：《Institutional Investor》。

（三）国际证券分析师提供投资建议的价值

证券分析师是证券市场中的专业分析人员，其作用在于通过其优于一般投资者的信息收集途径和专业分析能力，向市场参与者提供合理反映证券内在价值的价格信息，从而减弱证券市场的价格偏离，促进市场的有效性，为市场参与者赚取投资收益。

James H. Bjerring、Josef Lakonishok 和 Theo Vermaelen 对加拿大一家全国性券商的分析师推荐进行了研究，结果显示分析师推荐的信息内容并不是立刻反映到市场价格中，但遵循分析师推荐的投资者在扣除交易成本后将会得到显著的正异常收益。

Barber 等人发现，在不考虑交易成本的情况下买入那些分析师评价最高的主流推荐股票并卖空那些评价最低的主流推荐股票，同时根据分析师推荐变化进行投资组合头寸的日调整，将会得到大于 4% 的年度异常总收益。不过，调整频率的降低或者对调整变化反应的延迟都会消除该收益。

Kent L. Womack 对美国 14 家主要券商的证券分析师买卖推荐进行研究，发现了股票价格形成和分析师推荐影响股价能力的证据。Womack 按照两条不同思路进行了研究，首先分析了价格和交易量在事件期前、事件期中和事件期后对于不同推荐变化的反应，他发现了显著的初期价格和交易量反应。Womack 第二个研究焦点是他发现股票在分析师推荐后 6 个月存在超额收益。为了检测这是否暗示着证券分析师具有预测能力，Womack 使用计算机模拟技术对分析师推荐的市场择时和股票选择“精度”进行比较，通过持有那些分析师调整投资评级至买入或卖出样本中公司的股票，并比较分析师实际推荐期后的原始收益和模拟事件期（随机选择事件期）后收益，结果显示，在推荐前的股票价格和最终价值之间存在明显的系统性差异。对于分析师的买入推荐，平均的事后漂移是温和与短期的；但是对于分析师的卖出推荐，事后漂移更大，并且持续时间到了 6 个月。因此，证券分析师的确显示出有市场择时和选股的能力，分析师提供的推荐买入股票最具备市场择时和短期择股的价值。

然而，在 2008～2009 年这轮次贷金融危机中，国际证券分析师由于近乎全体失算而备受指责，许多分析师对于雷曼等濒临破产企业的股票给予“买人”或“持有”的投资评级，也令人怀疑其研究体系的可靠性甚至研究的价值。究其原因，证券分析师对股市的看法往往偏于乐观是源头之一。事实上，在2001年的安然（Enron）破产事件中，证券分析师对于股市过度乐观的评级涉嫌利益冲突就曾引来监管机构的担忧。安然申请破产前2个月，在丢失大量财务数据和市场份额下降50%的背景下，跟踪研究该公司的17名分析师中仍有10人对其给出“强烈推荐”的评级，5人给出“买入”的评级。此时，安然的股价已从一年前最高的90美元下滑到不足40美元。

二、国际证券投资咨询业的制度安排

证券投资咨询对投资者的投资决策具有重大影响，为了规范证券投资咨询行为，国际市场多制定专门立法来规范证券投资咨询行为。比如美国的《投资顾问法》（1940）、日本的《有价证券投资顾问法》（1986年制定，1998年修正）等。同时，国际市场还辅以其他多层次的规范，形成以专门立法为核心的规范群。

（一）咨询主体

为投资者提供证券投资分析意见并指导投资的主体，在成熟市场有“投资顾问”（美国、日本）、“财务顾问”（英国）等不同称谓。投资顾问一般包含咨询报酬、业务、内容三要素。咨询报酬为直接或间接从委托人或第三人取得利益，来源不限于咨询相对人，名称不一定为顾问费；咨询业务无需作为行为人唯一或主要的业务；咨询内容为提供与证券有关的投资价值分析和买卖建议。境外投资顾问职业内部一般划分了不同的层次。

（二）市场准入

为防止缺乏专门知识与经验的主体进入投资咨询行业，成熟市场普遍建立了投资咨询机构、人员的市场准入制度。

1. 咨询机构的市场准入主要有三种形式。一是许可制，主管机关对投资咨询的市场准入享有较大的裁量权，监管重点放在事前防范。许可制虽有利于保障投资者利益，但有限制营业自由之虞。二是登记制（美国），凡符合法律规定条件的主体，证券监管机关即允许其准入市场，监管重点放在事后取缔。登记制虽有利于促进营业自由，但可能影响投资者利益。三是双轨制（日本），根据投资咨询的业务类型，采取差别化市场准入要求，对单纯提供投资咨询服务的投资咨询机构采取登记制，而对从事全权委托业务的投资咨询机构采取许可制。

2. 对于咨询人员的市场准入，不同市场的宽严程度不同，一般包括专门的资格考试外加一定期限的实习。资格考试通常划分为若干等级，覆盖内容逐渐扩大，深浅程度逐级加深。通过考试后的人员须经一定期限的实习，合格后方可执业。除市场准入的积极资格规定外，一些国家或地区还有市场禁入的“消极”资格规定。为提高顾问人员的素质，还有对其进行后续职业培训的严格规定。

（三）业务范围

国际市场投资咨询的业务大致分为 4 个类型。一是通过合同或契约，以发送投资分析报告等形式，向特定客户提供证券投资咨询建议。二是通过公开发表投资分析报告、出版报刊及书籍、开办证券投资讲座等形式，向公众提供某些特定证券投资价值的判断和建议。三是通过合同或者契约，代表特定客户对有价证券的投资组合进行管理。四是提供并购重组等财务或金融顾问服务。其中前两项为投资咨询业务，第三项为全权委托业务，第四项为财务顾问业务。随着金融自由化、经营综合化及业务网络化的发展，原来禁止全权委托的国家或地区逐渐开禁了该项业务，以前奉行分业管理的国家或地区（如美国、英国）相继允许金融机构兼营彼此的业务，传统“面对面”的咨询方式逐渐发展为网上非接触式咨询。

（四）基本义务

在投资咨询法律关系中，投资者往往处于弱势地位。为了保护投资者的合法权益，国际投资咨询立法都规定了咨询主体的基本义务。

1. 诚信义务。咨询主体与客户之间构成信赖关系。作为受托人，投资咨询机构承担最大诚信义务，独立作出专业判断，让客户利益优先于自身利益。诚信义务内在包含基本信息披露义务、避免利益冲突义务、适合性义务和最佳执行义务。遏制投资咨询潜在利益冲突、规范投资咨询的行为，有利于保护投资者及确保市场公平、有效和透明的目标。

2. 信息披露义务。国际成熟市场奉行“充分披露哲学”，投资咨询机构的信息披露义务和其市场准入条件之间存在互补关系。信息披露的对象不限于监管机构，而是更重视对投资者的信息披露。信息披露的内容包括：申请批准或注册时，向监管机构披露市场准入要求的信息；与客户签约前或签约时，向客户披露其需要了解的信息；合同存续期间，向客户披露利益冲突等信息；签约后一定期限内，允许客户解除顾问合同而不承担法律责任（“冷却期”制度），以便让投资者有足够的时间充分理解投资咨询机构披露的信息。

3. 适合性义务。包括“合理基础适合性义务”和“特定客户适合性义务”，要求投资咨询机构向客户提供投资建议或推荐投资产品须有合理依据，适合客户的经济情况、投资知识、投资经验、投资目的、风险承受能力等。投资咨询机构不但应“了解产品”，而且应“了解客户”，对所推荐投资产品和特定客户负有调查义务，定期更新资料并据此调整投资建议，如实披露信息缺失（如有）及由此可能产生的风险。随着互联网的发展，在线咨询的出现并不改变投资咨询“合理基础适合性义务”，至于是否承担“特定客户适合性义务”，则取决于其是否知悉客户的相关情况。

（五）法律监管

投资者对投资咨询机构的信赖或信任很容易被滥用，从而产生欺诈、误导、操纵市场等违法行为，故成熟市场强调对投资咨询行为的监管。

1. 广告。对投资咨询广告行为的规范包括两个方面。一是明确界定投资咨询广告的内容，即借助多种公共传播途径，向不特定多数人发布招揽信息，旨在吸引潜在客户并挽留现存客户；二是详尽列举禁止性投资咨询广告，包括使用他人获利的证词或感谢信、仅提及过去获利的推荐、不说明投资决策工具的局限性及困难、未披露的重要事实、作免费或保证获利的表示，以及其他不真实、错误或误导性陈述等。

2. 欺诈。违背前述诚信义务及其项下的具体义务很大程度上构成欺诈。反欺诈是成熟市场投资咨询立法的重要内容，禁止投资咨询机构对客户或潜在客户有虚伪、隐匿、欺诈行为或其他足以致他人误信的行为，包括利益冲突、投机行为、内幕交易等，并要求建立“防火墙”等制度预防及控制投资咨询机构的欺诈行为。认定欺诈只需投资咨询有欺诈行为，至于其是否有主观意图，是否产生了客观损害，则不予考虑。如果投资咨询机构按要求履行了信息披露义务，即可排除某些行为（如投机）的欺诈性。

（六）责任追究

成熟市场投资咨询机构的责任形式包括行政责任、刑事责任和民事责任，建立了包括监管机关、司法机关、自律组织、合规执行官等在内的多层次监督体制和责任追究机制。近年来，成熟市场有提高投资咨询法律责任的倾向，如美国提高了违法投资咨询从业人员的最高刑期，并集中对在线咨询、高风险咨询机构等开展专项执法检查。此外，成熟市场还规定了投资咨询对第三人的民事侵权责任，甚至将因错误投资建议给投资者造成的损失纳入投资者保护计划的补偿范围（如英国），强调通过加强投资者教育对投资者进行保护。

三、国际证券投资咨询业发展的全球化趋势

随着全球证券市场的不断发展、市场资金的跨国流动日益频繁，证券投资咨询业发展的国际化趋势也愈加显著。证券投资咨询业的国际化主要包括两方面内容；一是业务方式的国际化；二是业务范围的国际化。随着金融业的混业化，国际证券投资咨询业已经同其他类型的投资咨询活动复合在一起，形成了综合型的投资咨询公司，规模十分庞大。比如，高盛、摩根士丹利和瑞银等机构通过在全球设立子公司或合资公司的形式将其卖方投资咨询业务扩展到不同的资本市场；而一些资产管理公司则通过设立全球基金或 QFII 的形式将投资管理业务和买方研究咨询业务国际化。

发达市场国家对国际证券投资咨询机构在本土开展业务往往持有很开放的态度，这方面美国是典型。美国为国外证券投资咨询机构设定了宽松的经营注

册条件。比如美国证券交易委员会并不要求拟在美国注册经营的国外证券投资咨询机构在美国本土有住所或者在美国设立分支机构。同时，证券交易委员会对国际机构的从业人员最低教育程度、资金等等皆无明确要求。国外机构在美国注册经营的决定性条件是其是否曾受到过法律或纪律惩处。

另一方面，如果国外证券投资咨询机构在美国仅有不足15人的客户规模，并且其不对外以投资咨询的形式公开提供证券投资咨询服务，同时也不为在《投资公司法》下必须注册登记的投资公司提供咨询服务的话，那就可以在美国免予注册。不仅如此，《投资咨询法》对国外机构的经营给予了更大的便利。比如，对不足15人的客户规模进行衡量时，美国本土的证券投资咨询机构必须计算其所有的客户，而国外机构则被允许仅计算美国客户数量。

第七节　2009年国际证券业风险控制概况

一、风险概述

在全球各大经济体政府的强力经济刺激措施下，全球资本市场在2009年均呈现出企稳复苏的迹象，2009年美国道琼斯工业指数从8281.38点上升至10428.05点，上涨26.08%；我国上证综合指数从1834.95点上升至3277.14点，上涨78.79%。经过重组和政府救助后，全球各大投资银行也逐步通过优化其资产结构恢复了往日的活力，盈利状况较2008年大为改善，高盛公司2009年净利润为133.85亿美元，较2008年的23.22亿美元大幅上涨。

随着经济的逐步复苏，与金融危机最严重的时期相比，2009年国际证券市场的风险出现了新的变化，从对金融衍生品和杠杆过度使用带来的风险演变为泡沫破裂后的债务危机（迪拜债务危机）和由激进的财政刺激政策引发的主权信用风险。

（一）迪拜债务危机

2009年11月25日，阿联酋财政部宣布，阿联酋其中一个酋长国——迪拜政府所有的迪拜世界公司及旗下的房地产子公司棕榈岛集团寻求延迟6个月偿还债款，同时还公布了迪拜世界的债务重组计划。迪拜债务风波由此爆发。

迪拜债务风波与迪拜房地产泡沫破灭密切相关。在全球金融危机爆发前的4年间，海外资金大量涌入使迪拜的房地产价格不断飙升并形成泡沫。受金融危机的影响，这一泡沫在2008年下半年破裂。到本次债务风波之前，迪拜的房价和房租已较危机前的顶点下跌了近60%。房地产市场的滑坡重创了迪拜的经济，直接导致了迪拜世界的偿债违约。

发生危机的迪拜世界是由迪拜政府所有的大型综合性企业集团，其在迪拜近年的快速增长中发挥了重要的作用。在全球金融危机日趋缓和的背景下，迪拜世界突然宣布延期偿债的消息打击了市场对于迪拜政府还债能力的信心，也使得投资者陷入了对尚未暴露的金融风险的极度担忧之中。

在本次风波的消息公布后，全球股市产生强烈反应。欧洲股市在11月26日出现重挫，其中英国金融时报指数、德国法兰克福指数分别下跌3.2%、3.3%。亚洲股市连续两天大幅下挫，其中11月27日跌幅最深。当日，日本、澳大利亚、韩国和中国台湾主要股指分别下滑3.2%、2.9%、4.7%和3.2%；香港恒生指数下跌4.8%，其中被披露为迪拜世界主要债权人的汇丰控股和渣打银行股价跌幅分别高达7.6%和8.6%。经过感恩节休市后于27日开市的美国股市也出现补跌，其中道琼斯指数下跌1.5%。迪拜债务风波激发了市场避险需求，大量资金转向美元资产，纽约商品交易所美元指数从74.3的低点反弹，27日当天升幅达1.0%，与此同时，受美元升值以及市场对全球经济复苏存在疑虑的影响，纽约黄金价格下跌1.1%，西得克萨斯原油价格下跌2.5%。

尽管迪拜只是一个小型经济体，但市场对其债务风波作出了激烈的反应。主要原因是，近年来海湾国家的经济高速增长，世界各地的投资者蜂拥而入。为分享该地区的经济发展成果，各国及地区的投资者已深深介入了迪拜经济，一旦该地区的经济增长显著放缓，巨额资本涌入积累的风险必然暴露出来，并将向全球扩散。迪拜债务风波对整个欧洲地区的负面影响最为显著，债务风波发生后，欧元、英镑对美元均出现一定程度的贬值。特别是英国的大型金融机构，它们原本就在全球金融危机中受到重创，当前正处于缓慢恢复的过程中，由于对迪拜世界介入较深，这次债务风波对它们再次造成沉重打击。

为解决债务风波，迪拜政府积极向阿联酋的另一酋长国阿布扎比寻求帮助。12 月 14 日，迪拜政府宣布，已经收到来自阿布扎比 100 亿美元的援助资金，其中 41 亿美元用于偿还迪拜世界 14 日到期的债务，这缓解了市场的疑虑，迪拜债务风波暂时得到平息。

（二）国家主权债务风险

金融危机发生以来，为了救助危机和刺激经济增长，各国及地区采取了激进的财政政策，加大了举债力度，导致相当部分国家及地区的债务负担过重。其中希腊问题最为严重（相关资料见图 9－33）。2009 年 12 月 8 日，惠誉将希腊的信贷评级由 A－下调至 BBB＋，前景展望为负面；2009 年 12 月 15 日，希腊发售 20 亿欧元国债；2009 年 12 月 16 日，标准普尔将希腊的长期主权信用评级由 A－下调为 BBB＋；2009 年 12 月 22 日，穆迪将希腊主权评级从 A1 下调到 A2，评级展望为负面。

图 9－33　希腊 5 年期 CDS 走势

数据来源：Bloomberg。

此外，欧元区其他国家，如西班牙、葡萄牙、爱尔兰等的主权信用也受到市场密切关注。这些国家在金融危机中财政状况不断恶化，多数国家的公共债务和赤字占GDP比例超过了《马斯特里赫特条约》规定的60%和3%的警戒线（见图9－34及图9－35），从而引发了市场对其财政可持续性的担忧。国际评级机构已将西班牙、葡萄牙、爱尔兰等国的主权评级展望调为负面。在此之前的2009年1月，国际评级机构曾下调葡萄牙、西班牙、希腊的主权信用评级，并将爱尔兰的信用评级展望级别从“稳定”下调为“负面”。2009年8月，波罗的海三国立陶宛、拉脱维亚和爱沙尼亚的主权信用评级也被国际评级机构调降。

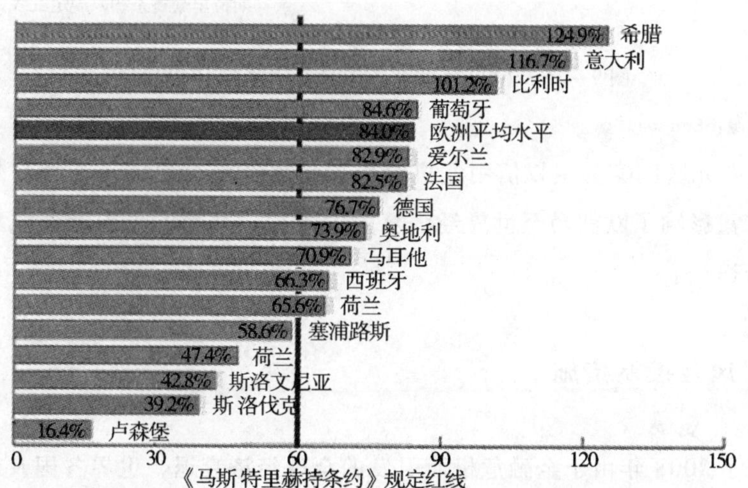

图9－34　2009年欧洲各国债务与GDP比值

数据来源：EU－Kommission。

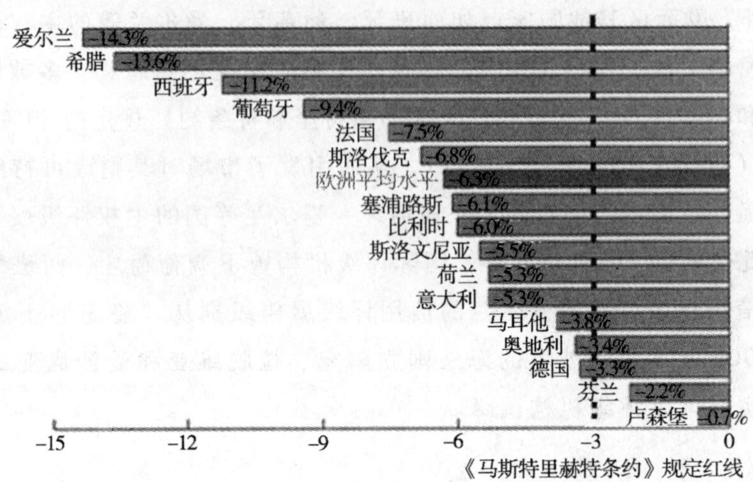

图 9－35　2009 年欧洲各国公开赤字与 GDP 比值

数据来源：Eurostat。

此次欧元区国家的主权信用危机给仍未走出经济衰退的欧洲经济带来重大打击，严重影响了欧洲乃至世界经济复苏的进程。目前，仍未看到顺利解决危机的恰当途径。

二、风险控制措施

经历了 2008 年由于金融危机而引发的全球经济衰退，世界各国及地区都在反思金融危机中暴露出来的、金融体系风险控制方面的薄弱之处。一方面，各国及地区政府从监管角度对原有的金融监管体系进行改革，对金融机构采取更为严格的控制措施，弥补原有监管体系的不足；另一方面，国际市场的各参与方也都或主动、或被动地采取了“去杠杆化”的方式，客观上起到了降低风险水平、加强风险控制的作用。

（一）监管机构采取措施加强风险控制

2009 年 3 月，美国财政部长盖特纳向国会提出了监管改革框架的初步设想，建议对尚游离于监管之外的场外衍生品市场进行全面监管。同时，美国财政部、商品期货交易委员会（CFTC）、证券交易委员会（SEC）和其他联邦监管机构，联合就此监管框架对商品交易法、证券法及相关法律提出了修订意见。

从金融发展史来看，包括期货、期权之类的初级衍生品均经历了监管从无到有的过程。此次危机之后对于机构自创的复杂衍生品的管理同样需要有形之手的介入。美国国际集团（AIG）等事件表明，一方面，监管者未能充分有效的识别衍生品市场的潜在风险；另一方面，对于已识别的风险，监管者也无法获得相应的政策干预授权，其原因在于目前针对场外衍生品交易的联邦监管政策相对较为缺乏。针对这些问题，新的监管目标要求在金融产品创设的独立性、透明性等方面向市场充分公开；产品创设应避免过度复杂，并需要由监管机构确认其创设的必要性；买卖双方需要与中间商完全分离，避免最基本的“运动员”与“裁判员”身份重叠的错误。

2009 年 5 月 13 日，美国财政部长盖特纳、美国证券交易委员会、商品期货交易委员会代理主席邓恩联合宣布了关于场外衍生品交易的新监管框架，新框架旨在增加场外交易的透明度，防止市场操纵。

美国总统奥巴马也于 2009 年 6 月 17 日正式公布了金融监管体系改革“白皮书”，推出 70 年来最大规模的金融监管改革方案，旨在堵塞美国金融体系的漏洞，避免金融危机的重演，恢复对美国金融体系的信心。

奥巴马计划将采取三个基本步骤。首先，监管机构将获得更大的权力，监管从抵押贷款到复杂证券的全部交易。这是为了防止金融定时炸弹（诸如无文件贷款和过去 10 年的抵押债务）在未来被引爆。第二，也是最重要的，金融企业将减少负债，保持更多的资金储备。这相当于要求买房者付出更多的首期房款。在投资收益变坏时，更多资本可为公司提供更大的缓冲。第三，若缓冲不足，允许政府收购摇摇欲坠的金融公司，就像它已经实施的购买传统银行一样。监管者可以确保公司的经营时间足够长，以防止恐慌和缓慢售空。

欧盟成员国领导人也于 2009 年 6 月 19 日推出了一份雄心勃勃的金融监管改革计划，旨在加强欧洲金融体系的稳定与协调，推进欧盟金融的一体化，提升欧盟金融在全球的地位。欧洲各国的各项内部措施也不断出台，加快改革步伐。2009 年 9 月 23 日，欧洲委员会正式公布了改革欧洲金融体系的方案，包括设立一个负责宏观监督的“欧洲系统性风险理事会”（ESRB）和一个负责微观监督的“欧洲金融监督系统”（ESFS）。

金融危机打破了西方发达国家金融监管体系的“神话”，“走下神坛”的欧美金融体系面临着严峻的挑战，改革方案的出台预示着未来国际金融监管改革的趋势和方向。

（二）金融市场及金融机构的去杠杆化

本次金融危机的其中一个显著原因是经济体内各参与方采用了过高的杠杆——房地产投资人尤其是偿债能力不佳的投资人采用了高杠杆购房，各类资产以过高的杠杆证券化后成为金融资产，金融资产投资人运用过高杠杆从事投资等等。以美国为代表的高杠杆预支消费的经济模式，在经过相当长一段时间的持续繁荣后，后续资金不足，难以支撑市场持续上涨，成为触发市场下跌的最后一根稻草，而此前带来高收益的高杠杆此刻却带来了加速损失，导致一系列负面连锁反应的发生。

从这一经历后，“去杠杆化”成为一个流行的话题，并被付诸现实。

首先是金融产品的去杠杆化。金融危机前，以资产证券化为代表的金融工程技术创造了大量的结构性衍生金融产品，这些衍生金融产品与某种资产挂钩，为这些不易流通的资产带来了流动性；为了使其收益更具吸引力以及实现所谓的信用增级，这些金融产品都被设计了内含杠杆。从 2007 年开始，为防止经济过热，监管当局开始调高基准利率，美国房地产价格由此下跌，房贷违约率因此上升，直接导致建立在次级按揭房贷基础上的金融衍生品的价格暴跌，其杠杆化的特性进一步放大了损失的幅度，成为本次金融危机最直接的表象。因此金融产品本身的去杠杆化首当其冲，各类含有高杠杆的金融资产都被重新检讨。具有高杠杆特征的产品变得难以销售，金融产品的去杠杆化表现为市场的大幅萎缩（见图 9 – 36）。

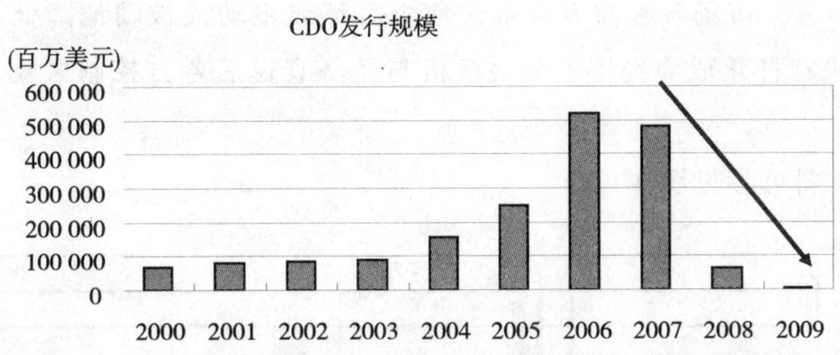

图 9－36　CDO 的发行规模在 2009 年几乎处于冻结状态

资料来源：SIFMA。

其次是金融机构的去杠杆化。持续的繁荣不但促使一贯以机智博取利润著称的投资银行加大使用财务杠杆进行投资，商业银行也在巨额利润的诱惑下大规模参与杠杆化金融产品的交易活动，不仅提供相关金融服务，还以自有资金大规模购买这些产品。同时，2001 年后，监管当局以低利率政策为代表的经济刺激措施为市场带来了大量低成本的资金，进一步为金融机构运用杠杆带来了便利。最终，市场的崩溃加上杠杆的运用导致了巨额损失，迫使金融机构减记不良资产，并大规模缩减在各种资产上的风险暴露，这又进一步加剧了市场的下滑。

去杠杆化迫使金融机构退出各类市场，不仅退出投资也退出相关的金融服务，尤其是其对信贷政策的调整，促使市场进一步发生变化。几家曾经成绩显赫的金融机构陷入绝境，使得各金融机构相互间对对方的稳健性充满怀疑，这不但导致信贷成本的大幅调升，还促使借贷条件变得异常苛刻；使得那些依赖金融机构获取短期流动性支持的机构投资人不仅需要面对市场暴跌，还需要面对资金链断裂的风险，促使他们不得不出售所持资产，这又形成了投资人的去杠杆化。

由于美欧具有高度发达的金融市场，普通的美欧消费者都或多或少地参与到金融市场中。总体而言，美欧消费者的财富与其金融市场高度关联，金融市场的崩溃导致消费者的财富大幅缩水，导致消费者为了维持基本生活而减少了消费杠杆。

总体而言，市场各参与方在本次危机后都或主动或被动地降低了所使用的杠杆，去杠杆化成为经历了金融危机与经济衰退后各方控制风险水平的共同选择。

相关资料可参见图 9－37。

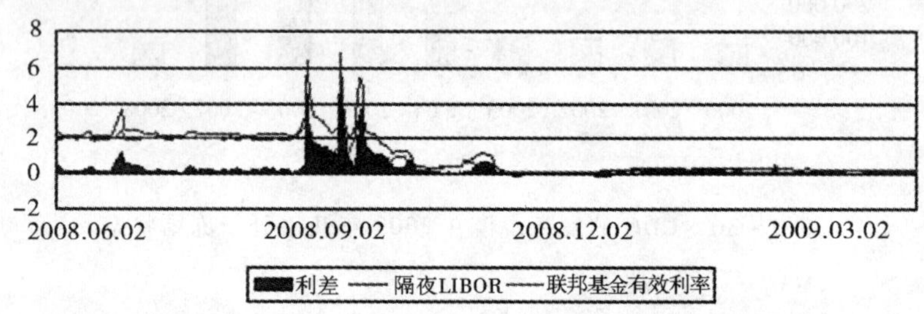

图 9－37　LIBOR 与联邦基金有效利率的利差曾经异常高企

数据来源：Bloomberg。

后　记

《中国证券业发展报告（2010）》的编撰工作，延续了往年的编撰原则和办法。中国证券业协会会长黄湘平同志担任本书主编，中国证券业协会其他领导和6家参与撰稿单位的负责人担任编委会委员。撰稿单位做了精心分工，宏源证券股份有限公司负责撰写“第一章 2009年中国证券业发展概况”，国信证券股份有限公司负责撰写“第二章 2009年中国投资银行业务发展报告”，国泰君安证券股份有限公司负责撰写“第三章 2009年中国证券经纪业务发展报告”，中国证券业协会发展战略工作委员会负责撰写“第四章 2009年中国证券投资咨询与资信评级业务发展报告”，各相关特别会员单位分别负责撰写“第五章 2009年中国证券业协会特别会员发展报告”，广发证券股份有限公司负责撰写“第六章 2009年中国证券业新技术的应用与改进”，中国证券业协会投资者教育办公室负责撰写“第七章 2009年中国证券业投资者教育发展报告”，上海申银万国证券研究所有限公司负责撰写“第八章 2009年中国证券业的理论研究”，中信证券股份有限公司负责撰写“第九章 2009年国际证券业发展报告”。由于自2006年起中国证券业协会每年都另外专门组织编写《中国证券投资基金业年报》，为了避免重复，本报告不再单列“投资基金业发展报告”的相关内容。

初稿完成后，在中国证券业协会发展战略工作委员会的组织下，中国证券业协会下设的相关专业委员会：证券经纪专业委员会、投资银行专业委员会、证券分析师专业委员会和信息技术专业委员会的委员们分别对不同章节的初稿进行了认真审阅并提出了很好的修改意见。各写作小组根据各专业委员会的意见对初稿进行了认真修改。

本报告在编撰过程中，得到了中国证券业协会各会员单位和特别会员单位的大力支持，在此向他们表示衷心的感谢。同时，我们也希望广大读者能够继续支持我们的工作，对《中国证券业发展报告（2010）》的不当之处提出宝贵意见，以便我们进一步改进。

《中国证券业发展报告（2010）》编委会

2010 年 11 月